음악과 사회: 비판과 소통의 場

한국창작음악 – 비평과 해석 사이 **008**

음악과 사회: 비판과 소통의 장場

초판1쇄	2025년 10월 17일
지은이	(사)음악미학연구회 엮음 원유선, 오희숙 책임편집
발행처	모노폴리
발행인	강정미
출판등록	2008년 5월 21일 제2023-000054호
주소	경기도 파주시 회동길 480 아트팩토리엔제이에프 B동 437호
전화	031-944-6692
팩스	031-944-6693
홈페이지	www.mpmusic.co.kr

ISBN 978-89-91952-94-2   [94670]
ISBN 978-89-91952-39-3   [세트]

한국창작음악 – 비평과 해석 사이 **008**

음악과 사회: 비판과 소통의 장場

(사)음악미학연구회 엮음
원유선, 오희숙 책임편집
지형주, 노재현, 손민경, 임현택, 강지영 편집위원

모노폴리

서문

음악은 추상적인 속성이 강하기 때문에, 흔히 다른 장르의 예술보다도 사회와의 연관성이 희박하다고 여겨진다. 그러나 음악은 언제나 사회를 반영하고, 통합하며, 나아가 변혁을 촉발하는 힘을 지니고 있었다. 루카치(G. Lukács)는 음악을 현실 세계에 대한 인간 내면의 감정을 반영하는 이중의 모방으로 보면서, 추상적인 음의 흐름조차 사회를 충실하게 반영한다고 보았다. 그런가 하면 아도르노(Th. W. Adorno)는 음악이 개념적 사고를 넘어 삭막한 사회의 실상과 은폐된 진실을 드러내며, 진정한 음악은 사회적 진실(die Gesellschaftliche Wahrheit)을 대변하고 외부 세계에 저항해야 한다고 주장하였다.

그렇다면 이러한 음악의 사회성은 동시대 한국 창작음악의 현장에서 어떻게 드러나는가? 또한 오늘날 한국의 작곡가들은 역동적으로 변모하는 한국 사회 속에서 무엇을 포착하고 어떻게 발언하고 있는가? 2025년 [한국창작음악-비평과 해석 사이] 8권에서는 이러한 문제의식에 응답하는 31명의 한국 작곡가 및 작품에 주목했으며, 음악이 사회와 관계 맺는 양상을 여섯 개의 범주로 나누어 조망하였다.

1장 '작은 목소리로 사회를 보다'에서는 이민자의 불안, 소수자의 목소리, 모멸감과 분노 등 개인이 사회에서 경험하는 감각과 문제의식을 음악으로 형상화한 작품들에 주목하였다. 유도원(김주희 저)은 개인의 목소리들이 얽히며 역사의 거시적 흐름이 형성되는 과정을 음악으로 드러냈고, 유소정(마들렌 포군트케 저)은 '아름다움'이라는 사회적 요구가 낳는 긴장과 폭력을 다층적 매체로 섬세하게 드러냈다. 박정은(조민경 저)은 실험 음악극의 형식으로 억압과 해방이라는 상반된 이미지를 교차시키며, 다양한 매체를 통해 역사와 사회를 성찰하고자 했다. 또한 이병무(김서림 저)는 디지털 시대의 파편적 감각과 동시대성을 비인과성의 인과성이라는 역설적인 형식으로 엮어내었고, 이윤지(손민경 저)는 외국에서 언어적 충돌과 억양의 차이를 특정한 리듬 패턴으로 구현하면서, 이민자의 불안한 정체성을 예술적으로 다뤄냈다. 유주환(조민경 저)은 동명의 사회학 저서 『모멸감』에 나타난 내용을 바탕으로 모욕감, 굴욕감, 연민 등 사회에서 경험하는 내면의 상처를 신랄하게 풀어냈다. 그런가 하면 박명황(이창성 저)은 사이버 공간의 분노 문화를 풍자적 속주와 불협화음으로 풀어내기도 하였다.

2장 '음악은 그날을 기억한다'에서는 팬데믹, 전쟁, 세월호 참사 등 한국의 비극적 사건을 다룬 음악들을 조명하였다. 유범석(이민희 저)과 홍승기(이예지 저)는 팬데믹이라는 최근의 사회 현상을 다뤘지만, 판이하게 다른 접근 방식을 보여준다. 유범석은 별주부전, 말러, 퀸 등의 텍스트와 음성을 콜라주하여 인간, 환경, 정치의 충돌을 풍자적으로 드러냈으며, 홍승기는 코로나19가 침투하고 확산되는 과정을 현대 주법들로 재현해 팬데믹의 트라우마를 체험하게 하였다. 신숙경(김예림 저)과 김지영(김가온 저)의 작품은 전쟁이라는 역사적 비극을 조명하였다. 신숙경이 피아노 트리오의 불편한 음향과 무용의 거북한 몸짓으로 전쟁의 참혹함과 무관심을 직면하게 했다면, 김지영은 판문점에서 대립과 연대, 갈등과 평화가 공존하는 아이러니를 섬세한 음악적 대비와 소통의 제스처로 표현하였다. 세월호 참사를 조명한 이재신(김연수 저)의 음악에서는 혼란과 애도의 정서를 한 곡 안에 담아내, 사회적 기억과 치유의 메시지를 전달하였다.

3장 '슬픔과 애도의 잔향'에서는 사회적 비극에 따른 죽음, 재난, 상실에서 비롯된 고통 등을 감정적 차원에서 구현한 작품들을 다뤘다. 박성미(송예진 저)는 독립운동가의 삶에서 비롯된 슬픔을 첼로와 오케스트라의 고음과 정적으로 형상화했고, 이한신(정다운 저)은 브레히트의 시를 매개로 슬픔의 정서를 다층적으로 다뤄냈다. 이혜원(이창성 저)은 갖가지 사회적 비극에서 비롯된 집단적 상실을 독주 바이올린의 다이내믹 대비와 현대 주법으로 풀어냈으며, 김성국(임현택 저)은 강강술래, 시 낭송, 합창, 소녀의 증언 등을 통해 비통함과 위로를 거쳐 희망으로 나아가는 집단적 염원의 노래를 들려주었다.

4장 '사회적 시선, 개인의 파편'은 사회 구조 속에서 소외되거나 망각된 개인의 흔적을 음악적으로 포착하고 성찰한 작품들에 집중하였다. 황성호(이예지 저)의 작품은 전자음악, 합창, 퍼포먼스 등 다양한 매체들을 혼합하여 인간이 매체에 종속 되어가는 과정을 그리며 인간다움의 본질을 찾고자 했다. 정성엽(오희숙 저), 이의경(마들렌 포군트케 저), 이상빈(원유선 저)은 사회로부터 보호받지 못한 채 쓸쓸히 생을 마감한 이들의 흔적을 성찰하였다. 정성엽의 작품이 무연고 사망자를 소재로 삼아, 고독한 죽음을 주제로 하면서도 동시에 생동감 넘치는 음악으로 위로를 전한다면, 이의경의 음악은 필드 레코딩, 전자음향, 퍼포먼스 등으로 죽음의 현장을 형상화하며 사회적 성찰을 촉구한다. 마찬가지로 자살자들의 유서에 바탕을 둔 이상빈의 음악은 노이즈, 잔향, 비가청 주파수 등 은폐된 소리들을 활용하여 한국 사회의 보이지 않는 고통을 드러내고 있다. 또한 나실인(이혜진 저)은 여러 음악적 장치를 통해 다양한 사회 구성원들이 빌런이 될 수 밖에 없는 사회적 모순에 주목하였다. 노재봉(윤예원 저)의 작품은 오케스트라로 기억의 생성과 상실을 세밀하게 그려내면서, 치매와 고령화 사회라는 현실을 성찰하게 만든다.

5장 '우리가 사는 지구'에서는 오늘날의 심각한 환경 문제를 음악이 어떻게 응시하고 있는지에 주목하였다. 정재은(조인희 저)의 작품은 실내악 악기로 환경 위기의 심각성을 비탄과 소망의 교차로 그려내었다. 상승하려는 선율은 거듭 하강되며 좌절되지만, 반복되는 리듬과 재도약의 시도를 통해 회복에 대한 희망이 나타난다. 마찬가지로 이은주(권애영 저)의 곡은 환경 위기에 대한 연대와 성찰을 촉구하면서, 환경 파괴를 멈춰 달라는 절박한 호소를 독특한 음악 언어로 형상화했다.

6장 '역사 돌아보기'에서는 과거 근현대사의 상흔과 기억을 음악적으로 재현하고 성찰하는 작품들을 살펴보았다. 박준영(노재현 저)은 이상의 시를 토대로 사회의 불합리와 구조적 모순을 도발적으로 드러냈고, 이건용(장유라 저)은 민요와 서양 기법을 융합하여 민중의 절망과 희망을 집단적 서사로 형상화했다. 정태봉(지형주 저)은 1987년 민주화 운동의 희생을 삼재론의 정신으로 승화시켜 애가적 성격을 보여주었으며, 김성기(안정순 저)는 민요와 전래 동요를 변주해 공동체적 노스탤지어를 불러일으켰다. 안진(임수진 저)은 '단발머리'를 모티브로 억압과 해방의 서사를 오보에와 피아노로 풀어냈고, 장석진(안정순 저)은 사탕수수밭 이주민의 고통을 확장된 주법으로 재현해 노동에 대한 기억을 청각적 체험으로 전이시켰다. 위안부 문제를 다룬 오예민(박수인 저)은 소프라노와 전자음향, 영상을 결합해 음악적 제의를 형성하고, 침묵된 목소리에 귀 기울일 것을 촉구하였다.

올해 『한국창작음악-비평과 해석 사이』 제8권에는 26명의 필자들이 그 어느 때보다도 열정적으로 참여하였다. 지난 1년간 매달 이어진 세미나에서는 음악이 사회와 맺는 다양한 관계를 어떻게 이해하고 해석할 수 있을지에 대한 논의가 치열하게 전개되었다. 필자들은 작품의 분석을 넘어, 음악이 어떻게 사회적 목소리를 담아내며 시대적 문제를 비판하거나 성찰할 수 있을지에 관하여 참신한 의견과 독창적인 시각을 제시해주었다. 이러한 과정을 통해 음악이 견고한 음향적 구조를 넘어서 사회와 긴밀히 닿아 시대의 진실을 증언하고, 새로운 성찰의 장을 열어가고 있음을 확인할 수 있었다. 사회와 음악의 접점을 탐구하는 무거운 주제를 진지하게 성찰하며 좋은 글을 집필해주신 필자님들께 마음 깊이 감사의 말씀을 전한다.

이번 비평집도 여러분들의 귀중한 협력으로 무사히 출간될 수 있었다. 악보, 음원, 영상 자료를 기꺼이 제공해주시고 음악과 사회에 대해 진솔한 대화를 나눠주신 31명의 작곡가들께 진심으로 감사드린다. 독자들이 QR코드와 함께 귀한 음악을 들을 수 있도록 늘 완벽하게 작업해 주시는 하지원 선생님과, 꼼꼼하고 세심한 편집 작업으로 큰 도움을 준 강성태 편집조교님께 감사 드린다. 올해도 교정, 디자인, 발행, 마케팅까지 출판의 모든 과정에 정성을 기울여주신 배상연 대표님께 특별한 감사의 말씀을 드린다. 이번 비평집이 한국 창작음악이 사회와 맺는 관계를 새롭게 조망하고 성찰하며 음악과 사회를 잇는 다리가 되는 계기가 되기를 염원해 본다.

책임편집위원 원유선, 오희숙

차례

IV. 사회적 시선, 개인의 파편

V. 우리가 사는 지구

VI. 역사 돌아보기

I. 작은 목소리로 사회를 보다

작곡가 **유도원**

유 도 원
바이올린, 첼로, 피아노를 위한
〈연속적, 그리고 비연속적 움직임〉

글 · **김주희**

유도원(1975-)은 음악 외적 세계에서 영감을 얻되, 감각적 심상과 이성적 조직 사이에서 균형을 탐구하는 작곡가이다. 서울대학교 작곡과 졸업 후 네덜란드 헤이그 왕립음악학교에서 석사 취득 및 전자음악 과정을 이수하였다. 이후 영국 런던대학교에서 연구석사(MPhil)를 독일 바이마르 국립음대에서 콘체르트엑자멘 과정을 마쳤다. 활발한 작곡 활동을 이어오며 벨기에 세계현대음악제(2012 ISCM WORLD MUSIC DAYS) 당선, 일신문화재단으로부터 일신작곡상을 수상하였으며, 2012 서울스프링실내악축제 상임작곡가와 2018 서울시립교향악단 아르스노바 위촉작곡가로 활동하였다. 현재는 작곡동인 소리목에서 활발히 활동하고 있으며, 부산대학교 예술대학 음악학과 교수로 재직중이다.

감각적 심상을 구조로 구축하다

유도원은 미술, 문학, 소음, 자연현상 등 음악 외적인 소재들을 '음악화'하는 것에 끊임없이 몰두해왔다. 주목할 점은 그가 음악 외적인 대상에서 출발하곤 하지만, 작곡 과정은 충실히 음악 내부에 기반한다는 것이다. 유도원은 감정적 표현보다는 형식적 구성과 전개를 통해 감각적인 인상을 구축하며, 음악적 구조 속에서 외적 대상의 의미를 암시한다. 이처럼 음악 외적 대상을 음악적 언어로 번역해내는 그의 방식은 형식과 직관이 정교하게 균형을 이루는 접근이다.

외적 대상에서 음악적 DNA를 추출한다!

유도원에게 음악 외적인 대상은 마치 변환되기를 기다리는 미가공의 재료와도 같다. 실제로 그의 작품 목록을 살펴보면 화가 렘브란트, 폴 세잔 등의 자화상에 그려진 팔레트에 대한 심상을 대상으로 한 〈화가의 팔레트〉(2016), 직선과 사선의 이미지를 음악적 시공간에서 만들어 낸 〈직선과 사선 무늬들〉(2017), 우주의 충격파 음향과 공간의 파동을 표현한 〈침묵의 공간으로부터의 파동〉(2017) 등 많은 작품들이 음악 외적 대상을 작곡의 출발점으로 삼고 있다. 그렇지만 유도원은 표제의 이미지나 대상을 음향적으로 묘사 및 모방하는 것에 집중하지 않는다. 그는 외적 대상을 음악적 재료로 '치환'하여 소재에 대한 아이디어를 얻은 다음, 재료들을 재조합하고 발전시키는 이성적인 작업에 주력한다.

〈Action Painting〉(2009/2012)은 시각적 재료를 대상으로 한 작품이다. '액션 페인팅'이란 즉흥적으로 물감을 드리핑(Dripping)하여 순간의 행위를 통해 우연적인 질감을 만들어내는 회화 기법을 의미한다. 이러한 액션 페인팅의 비정형성을 음악화한 작품이 〈Action Painting〉이다. 예를 들어 전반부에서 반음과 온음 간격을 빠르게 오가는 변형된 트릴 음형을 통해 드리핑 기법의 즉흥적인 에너지를 표현한다. 반면 중반부에서는 한 음이 길게 지속되는 선적인 진행으로 변화되며 앞선 진행과 확연하게 대비된다. 또한 앞서 등장했던 대비되는 두 재료가 병치되고 합쳐지기도 하면서 음악은 드리핑 기법처럼 '비정형적'인 흐름으로 변모된다. 즉 그는 드리핑을 표현하는 음색적인 효과를 펼치는 것에 기대지 않는다. 대신 액션 페인팅 특유의 무질서를 음악 구조 속에 조직한다. 그렇게 치환된 재료는 음악 구조 안에서 움직이며 외적 대상의 성질을 조용히 암시한다.

동시대 사회적 현실과 긴밀하게 호흡하기

사회 속에 존재하는 여러 현실의 이야기는 유도원에게 있어 음악을 통해 끊임없이 되묻게 되는 주제이다. 그는 텍스트를 음악화하는 작업을 통해 문학 작품과 신문기사와 같은 활자화된 정보를 작곡의 계기로 삼아 그 속에 드러난 동시대 사회적 맥락과 시대적 문제들을 음악으로 사유한다.

예를 들어 개인의 신념과 현실의 충돌을 다룬 〈대조적 환상〉(2017)은 김금희 작가의 소설 『조중균의 세계』에 기반한다. 이 소설은 현대 경쟁 사회에서 약점으로 치부되는 정의, 원칙, 양심을 고집하는 조중균과 현실 세계 사이의 이야기이다. 바이올린과 피아노를 위한 〈대조적 환상〉은 이러한 조중균의 세계와 현실 세계가 빚어내는 공존과 대립을 음악적으로 표현한 작품으로, 규칙적인 리듬 구조와 불규칙적인 리듬구조가 여러 중심음 주변에서 대립되고 융화되며 소설 서사의 구조를 음악적 구조로 구현한다. 또다른 작품 베이스클라리넷과 첼로를 위한 〈이질적 독백〉(2020)은 카프카(Franz Kafka)의 소설 『변신』에서 그리는 그레고르의 소외를 비추며 사회적 무가치함에 의한 인간의 소외를 응시한다. 소설에서 가족의 생계를 책임지고 있었던 가장 그레고르는 어느 날 벌레로 변해 더 이상 출근을 못하게 된다. 가장으로서의 역할을 하지 못하게 되면서 그는 무용한 존재로 전락하고, 결국 가족에게 처참히 외면당한다. 이 소설을 기반으로 한 음악에서 베이스 클라리넷은 첼로와 리듬적 구조를 공유하기도 하지만 어느 순간 이해받지 못하는 혼잣말처럼 음악적 맥락에서 이탈한다. 이러한 이질적인 음악적 구간을 통해 고립된 내면을 보여주듯 클라리넷은 그저 '독백'한다.

이 두 작품은 모두 동시대 사회 속에 존재하는 문제들과 깊이 연결되어 있다. 개인과 사회적 시선의 대립, 그리고 노동과 생산성 중심 사회에서 소외된 존재는 자신들이 속한 사회의 병리를 거울처럼 비춘다. 이처럼 유도원은 사회적 현실을 음악화하는 작업을 통해 동시대 사회와 긴밀하게 호흡한다.

바이올린, 첼로, 피아노를 위한 〈연속적, 그리고 비연속적 움직임〉
(The Movement of Continuity and Discontinuity for Violin, Cello and Piano, 2019/2020)

작은 목소리가 만드는 사회

하루에도 수백 건씩 쏟아지는 온라인 뉴스 속에서 우리는 사건들의 발생과 확산을 마주한다. 정치·사회적 격변, 재난, 사고 등 여러 다른 성격의 전환적인 사건들이 역사의 흐름을 만들어내고, 그 흐름 속에서 개개인은 저마다의 방식으로 삶을 이어간다. 그러나 역사의 흐름을 만들어내는 것은 사회적 사건뿐만은 아니다. 때로는 개인의 목소리가 변화를 촉구하는 원동력이 되기도 한다. 〈연속적, 그리고 비연속적 움직임〉은 바로 이러한 사건들에 의한 역사의 흐름을 포착하여 음악화한 작품이다. 이 작품의 악기 편성은 피아노, 바이올린, 첼로이며, 2019년 11월 예술의 전당에서 열린 작곡동인 소리목 제40회 정기연주회에서 초연되었다.

이 곡은 음악 외적인 대상에서 출발할지라도 음악적 재료들의 조합과 발전을 통한 형식적 구성의 완성도에 몰두하는 작곡가의 특성상 음악 내재적인 논리로 작품을 분석할 수 있다. 그러나 사회적인 맥락과 연관지어 바라볼 때 음악적 구조 속에 파편의 움직임을 통해 드러나는 사회의 복합적인 현실이 담겨 있다고 해석할 수 있다. 곡 도입부터 끝까지 지속되는 '비례 리듬'은 일반적인 리듬 기보 없이 음과 음 사이의 간격으로 리듬을 시각화한 기보법으로, 작품을 관통하는 연속적인 시간축을 형성하며 사회적 흐름을 상징한다. 그 비례 리듬 속으로 개인을 치환한 16분음표·8분음표 음, 콜레뇨 바투토, 2도 간격 화음, 하모닉스 트레몰로의 파편적인 재료들이 간헐적으로 나타나며 연속적인 축에 균열을 일으킨다.

작품은 개인과 사회를 치환한 음악적 재료들의 발전에 따라 크게 네 개의 부분으로 나뉘어진다. 첫 번째 부분(도입~섹션C)은 대비되는 두 흐름이 보인다. 피아노와 현악기는 서로 다른 2도 간격의 음정을 여리게(**ppp**) 반복하다가, 현악기는 16분음표 음을 파편적으로 연주한다. 한편 피아노의 2도 음정(A♭-B)은 동음의 비례 리듬으로 전개되는데, 곡이 진행되면서 이 음정은 변화되며 연속적인 흐름을 구축한다. 특히 앞서 파편적인 움직임을 보이던 바이올린과 첼로는 점차

C음의 비례 리듬으로 변화되며 연속적 흐름에 동화되기도 하지만, 다시 피아노에서 콜레뇨 바투토 음형과 2도 간격 화음의 새로운 음악적 재료들이 파편적으로 등장한다.

두 번째 부분(섹션D~E)에서는 연속적인 비례 리듬 축에 진동이 예고된다. 지금까지 사회적 흐름을 이어오던 동음의 비례 리듬 안으로 불규칙한 음들이 끼어들며 파편적인 움직임이 축을 뒤흔들기 시작한다. 다만 이 움직임은 안정된 구조로 자리잡지 못한 채 금세 사라진다. 사라진 뒤에는 변화된 2도 음정이 이어지고, 하모닉스 트레몰로가 단편적으로 등장한다. 이렇게 예상되지 않는 음형의 파편적인 등장은 음악적 흐름에 예기치 못한 긴장감을 불어넣는다.

그 긴장감은 세 번째 부분(섹션F~I)에서 파편적인 재료들이 결집함으로써 폭발한다. 앞서 단편적으로 등장했던 콜레뇨 바투토, 불규칙한 음, 2도 간격의 화음, 하모닉스 트레몰로는 모두 비례 리듬 속에 동시에 얽힌다. 곧이어 이 파편들 중 불규칙한 음이 비례 리듬을 주도한다. 약 100마디가량 진행되며 두 번째 부분과 달리 거대한 흐름을 이끌다가 작품에서 유일한 호모포니 구간으르 이어진다. 이때 다이내믹은 급격하게 확대(*ppp~ff*)되고, 스포르찬도(*sffz*)로 마지막 화음을 강하게 타격함과 동시에 억눌린 에너지가 폭발하며 다시 비례 리듬으로 전환된다. 빠르게 변화하는 2도 음정과 매우 빠른 트레몰로 음으로 음악적 흐름이 크게 요동치고, 어느새 합류된 2도 간격의 화음은 이 흐름을 주도하며 새로운 국면을 만들어낸다. 마지막 네 번째 부분(섹션J)은 쉼표와 페르마타로 앞선 진행이 단절된 후에 이어진다. 앞서 파편적인 재료에 의해 소용돌이치던 서사는 해체되고, 2도 간격 화음은 다시 파편화되어 나타난다.

이 작품에서 치환된 개인과 사회의 음악적 재료가 구조 속에서 얽히며 만들어내는 긴장, 응집, 확산, 침묵은 우리의 사회 현실을 반영한다. 파편적인 음악적 재료가 사회적 흐름인 비례 리듬과는 무관하게 병치되어 나타나듯, 사회를 의식하지 않고 각자의 리듬으로 살아가는 개인일 때도 있다. 그러나 이러한 파편들은 비례 리듬 속에 얽히며, 온라인 뉴스에서 다양한 개인의 사건과 목소리가 동시에 드러나듯 여러 사람의 이야기가 뒤엉켜 사회적 표면 위로 떠오르기도 한다. 이 중 하나의 목소리가 사회적인 공감을 일으켜서 사회를 휘감으며 큰 파장을 일으키지만, 다시 파편화되어 나타나는 것처럼 사회의 열기가 잦아든 듯 보이기도 한다. 그러나 그 흔적은 사라지지 않고, 여전히 사회의 변화를 증언하고 새로운 변화의 가능성을 성찰하게 한다. 이처럼 이 작품은 개인의 작은 목소리가 사회의 흐름을 이끄는 중요한 원동력임을 음악을 통해 보여준다.

[연주영상 보기]

The movement of continuity and discontinuity

연속적, 그리고 비연속적 움직임

for Violin, Cello and Piano

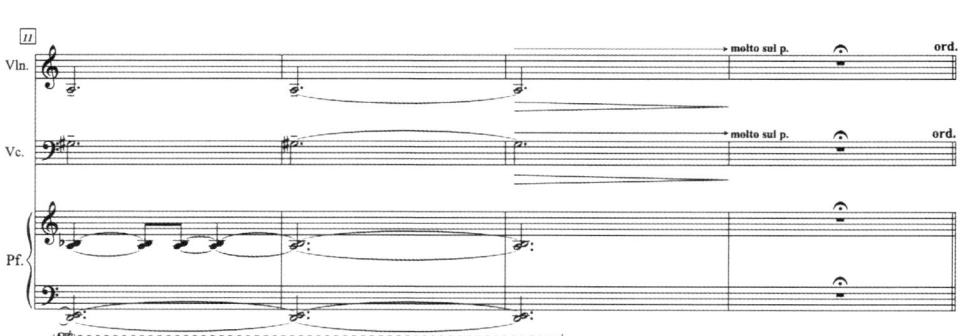

김주희: 오랜 시간 음악을 이어오시면서 특별히 영향을 받았던 상황이나 인물이 있을까요?

- 유도원: 특별하게 영향을 받았던 시점은 독일에서 유학했던 시간이었습니다. 독일 작곡가들은 우리가 어떻게 흘러와서 지금 여기에 있고, 앞으로 어떠한 작품을 써야 하는지에 대한 당위성이 항상 있더라고요. 그러한 점들에 대해 영향을 많이 받았고, 제가 배웠던 독일 바이마르 음대의 미하엘 옵스트(Michael Obst) 선생님도 이 점에 대해 강조를 많이 하셨습니다. 그리고 옵스트 선성님께 배우면서 작품에 대해 접근하는 방식도 달라졌습니다. 예를 들어, 옵스트 선생님께서는 왜 꼭 선율을 쓰려고만 하느냐는 이야기를 레슨 때 가끔 하셨어요. 제가 처음에는 이해를 못 했는데, 배우다 보니 선율이라는 게 작곡을 해서 만든다기보다는 음악적 소재의 결합으로 발생하는 결과물이라는 개념으로 말씀하신 겁니다. 이러한 점들이 저에게 영향을 주지 않았나 생각합니다. 그리고 독일에서 스펙트랄적인 방법론을 공부했었어요. 그러면서 전자음악 또는 소리의 현상들을 어떻게 기악 음악화하는지 고민하며 작업했던 것들이 저에게 많은 변화를 준 것 같아요.

김주희: 그러면 독일에서 공부하시기 전과 후가 많이 달라지셨을 것 같습니다.

- 유도원: 네, 많이 달라졌죠. 그때 기호 체계에 대한 것도 많이 생각하게 되었습니다. 노테이션이라는 것이 결국은 기호 체계잖아요. 기호 체계들의 선택에 의한 사고의 변화에 관한 체험도 많이 했습니다. 어떠한 기호 체계를 선택하느냐에 따라서 작곡가의 사고에 영향을 주는 게 있더라고요.

김주희: 선생님 작품을 들어보면 비례 리듬 기보법을 〈침묵의 공간으로부터의 파동〉, 〈연속적, 그리고 비연속적인 움직임〉 등의 작품에서 활용하신 것 같습니다. 이 기보법에 대해 어떻게 생각하고, 접근하시는지 더 듣고 싶습니다.

- 유도원: 독일 유학 당시에 시간 안에서 음들을 조직하고 구성하는 방법에 대한 고민을 많이 했었어요. 당시에 스펙트랄을 공부하면서도 그랬고요. 이에 대한 돌파구로 비례 리듬 기보법(proportional rhythmic notation)에 관해 연구했었습니다. 비례 리듬 기보법은 그리제이(Gérard Grisey), 뮤라이(Tristan Murail), 베리오(Luciano berio)가 많이 사용했었는데, 그리제이나 뮤라이의 경우 스펙트랄과 관련 있는 작곡가들이죠. 이러한 기보들을 연구하고 사용하면서 시간 안에서 음들을 조직하고 구성하는 방법들을 체득하게 된 것 같아요. 저의 경우는 작품 안에서 비례 리듬 기보법과 일반적인 기보법을

함께 사용해 상호 보완적인 관계를 맺기도 하고, 대비를 이루기도 하는 효과를 만들어 내는 방식으로 주로 사용합니다. 일반적인 기보법의 경우에는 박이 있고, 박 안에서 음들을 조직합니다. 즉 박이 모여서 박자가 되고, 그러한 틀 안에서 여러 형태의 리듬이 생성되지만 결국은 주기적인 박동 안에 갇히게 됩니다. 반면에 비례 리듬 기보법은 시간 안에서 음들의 간격에 의해 리듬이 결정되기 때문에 일반적인 기보법과 비교해 유연한 측면이 있죠.

김주희: 선생님은 음악 외적 소재를 음악화하는 방법론에 있어서 표제음악적인 접근 방식을 지양한다고 하셨습니다. 이것이 저에게 궁금증을 불러일으키는 부분이었어요. 왜냐하면 선생님 작품을 감상하다 보면 표제에 따른 직접적인 묘사가 아닌 것 같은 인상을 받았고, 그래서 명확하게 음악 외적인 대상을 그리고 있지 않다는 느낌을 받았거든요. 작품이 더 재미있게 느껴지는 포인트이기도 했고요.

- 유도원: 저는 음악 외적인 소재의 것들을 음악화할 때 음악 외적인 소재를 감성적으로 표현하지 않고, 작곡의 초기 단계에서 소재에 해당하는 음악적 아이디어를 설정한 후 그것을 음악적 재료로 치환합니다. 예를 들어서, 세포 안에 있는 DNA가 어떤 생물체의 모든 정보를 담고 있잖아요. 이렇게 세포 속 DNA처럼 작품의 아이디어를 음악적 재료로 치환할 때 작곡가의 생각이 구체적이고 압축되는 형태로 음악적 재료에 내포될 수 있게 합니다. 그러면 내가 특별히 표제적으로 표현하지 않더라도 치환한 재료가 발전하게 되면 이미 음악적 재료 안에 정보들이 압축되어 있기에, 이들의 구성과 발전만으로도 작곡가의 아이디어가 발현한다고 저는 생각을 하고 있거든요. 그리고 치환된 음악적 재료들을 발전시킬 때는 표제적이거나 음악 외적인 소재들을 작품에 표현하더라도 가능하면 감정적인 것을 배제합니다만 직관은 들어갈 수밖에 없는 것 같아요. 이게 수학이 아니니까요. 그렇지만 직관이 들어가더라도 이러한 절차를 거치게 되면 굉장히 '정제된 직관'이 됩니다. 그래서 절대 음악적인 것을 견지하되 표제 음악적인 성격도 갖게 되는 형태가 되는 거죠.

김주희: 선생님의 작품 중에는 텍스트를 대상으로 작곡한 작품도 많습니다. 그중에서 〈대조적 환상〉, 〈이질적 독백〉, 〈자아 영역〉 등의 작품들이 각각 개인의 신념과 현실 세계의 충돌, 소외와 고뇌, 자아에 관한 질문을 담고 있었는데요. 이것들은 어떻게 보면 지금 우리 사회에서 지속적으로 이어져 온 문제들과도 연결되는 것 같습니다. 사회에 관련된 많은 문제에 관심을 지속해서 갖고 계셨나요?

- 유도원: 네, 사회에 관한 관심은 항상 있습니다. 덧붙여서 현재 '소리목'이라는 작곡동인에 적극적으로 참여하고 있는데, 이 단체에서 '책이 있는 음악회'를 2016년부터 하고 있습니다. 여기에서 동시대의 한국 소설가와 시인들과 협업을 많이 했었는데요. 협업했던 작가들의 소설 또는 시에서 어떤 시대성을 가진 작품들이

많았고, 그 작품들을 소재로 작업을 하면서 사회적 성격을 갖춘 작품들이 나오게 된 계기도 있습니다.

김주희: 〈연속적 그리고 비연속적 움직임〉 작품도 사회를 암시하고 있습니다. 텍스트를 음악화 한 작품인데, 선생님께서 '텍스트'를 음악적 재료로 사용하실 때 어떤 과정을 거치시나요?

- 유도원: 〈연속적 그리고 비연속적 움직임〉의 경우 텍스트를 통해 접한 사건들과 역사의 흐름을 음악화한 작품인데요. 이렇게 텍스트를 음악화한다는 것이 어려운 작업이긴 합니다. 왜냐하면 활자를 읽고 음악화한다는 것이 어떻게 보면 굉장히 추상적이잖아요. 이러한 추상적인 것들을 음악화하기 위해 앞서 말씀드린 것처럼 작곡의 초기 단계에서 작곡가의 생각을 구체적이고 압축으로 담을 수 있는 음악적 재료로 치환하는 작업을 한 후, 작곡하는 방식으로 접근을 합니다.

김주희: 마지막으로 음악 활동을 계속하게 만드는 동기가 있을까요?

- 유도원: 현대음악 작곡가들은 결국 작가와 같다고 생각해요. 세상을 바꾸거나 하는 그런 것이 아닐지라도 저희만이 만들 수 있기에 존재의 가치를 가진 것이고, 또한 희소하므로 더 귀하기도 한 것 같아요. 이런 것들은 사실 모든 순수 예술이 가진 특성이기도 합니다. 중요한 것은 누가 뭐라 하던 자신이 추구하는 어떤 목소리를 내고 그 길을 걸어가는 거죠. 그게 저희의

의무라고 생각하고 있습니다.

김주희: 인터뷰에 응해 주셔서 감사합니다. 선생님의 진솔한 이야기를 들을 수 있었던 뜻깊은 시간이었습니다. 앞으로의 음악 활동도 응원하겠습니다.

작곡가 **유소정**

유소정
〈너무나도 아름다워 도달할 수 없는〉

글 · 마들렌 포군트케(Madlen Poguntke)

유소정(1994-)은 인간과 세계를 구성하는 것들에 대한 질문을 바탕으로 음향을 탐구하는 작곡가이자 사운드 아티스트이다. 실험 음악, 사운드 설치, 퍼포먼스를 결합해 예술의 경계를 확장하며, 전통 악기, 전자음악, 공연 요소의 융합을 통해 창의적인 접근을 시도하고 있다. 아쟁으로 음악을 시작한 그는 경희대학교 음악대학 작곡과를 졸업하고, 프라이부르크 국립음대에서 작곡과 전자음악 석사 과정을 마쳤다. 그의 작품은 앙상블 리셰르슈(Ensemble Recherche), 듀오 인탁트(Duo Intakt), 앙상블 모르프(Ensemble Morph) 등 현대음악 단체에 의해 초연되었고, 스트라스부르 르 쁘씨!(Strasbourg le PSSST!), 빨라쪼 리찌(Palazzo Ricci), 사운드 이펙트 서울(Sound Effects Seoul) 등에서 연주되었다. 현재는 프라이부르크를 중심으로 활동하며, 소리와 예술에 대한 자기만의 주체성을 탐색하고 있다.

경계 위의 소리: 친밀함과 사회적 충돌 사이에서

유소정은 전통적 의미의 음악을 쓰지 않는다. 그는 소리, 몸, 제스처로 생겨나는 질문에서 출발한다. 그것은 '나는 누구인가', '여기 있는 나는 누구인가'라는 정체성의 문제이자, '누가 보이고 누가 보이지 않는가', '나는 얼마나 상처받기 쉬운가'라는 가시성과 취약성의 문제다. 그의 작품은 퍼포먼스적 공간을 이루며, 관객을 낯선 존재로 만든다. 스스로의 성별, 지위, 정체성을 어색하게 자각하게 하고, 때로는 그것을 강하게 요구한다. 소리뿐 아니라 공간, 시각·촉각적 재료, 목소리와 움직임이 함께 개입한다. 그의 음악은 의식과 연극, 자기분석의 경계를 오가며, 소리의 친밀함과 사회적 충돌 사이에 머문다.

사회적 목소리, 개인의 파편

그의 음악적 사고는 사회가 만들어낸 여성성, 몸의 이미지, 그리고 정체성에 대한 비판적 시선 속에서 형성된다. 작품은 직접적이고 선언적인 메시지를 내세우기보다는, 소리와 움직임, 공간이 만들어내는 미학적 층위를 통해 의미를 전달한다.

〈그건 칭찬이 아니에요〉(Das ist kein Kompliment, 2021)에서는 아시아 여성들의 목소리가 겹겹이 쌓이며 인종차별과 성차별의 경험을 드러낸다. 멀리서 들으면 하나의 소음처럼 흘러가지만, 가까이 다가서면 각자의 개별적인 서사와 어조가 뚜렷이 드러난다. 동일하게 보이는 목소리 속에서도 서로 다른 정체성과 상처가 존재한다는 사실을 청자는 직접 체험하게 된다. 유소정은 이와 같이 거리감과 밀착의 변화를 통해 비판적 제스처를 구사하며, 관객이 움직이는 행위 자체가 작품의 의미를 드러내는 중요한 매개가 된다.

〈사운드 오브 사일런스 프로젝트〉(Project: Sound of Silence, 2023)는 유리 조각과 깨진 잔에서 발생하는 섬세한 소리, 그리고 거울이 산산이 부서지는 영상으로 연약하고 불안정한 정체성을 표현한다. 작품 전반에 배치된 침묵은 오히려 더욱 밀도 높은 청각적 긴장을 형성하며, 관객으로 하여금 소리와 이미지 사이에서 균형을 찾도록 유도한다. 〈나의 마지막 길에 함께해 주셔서 감사합니다〉(Welcome to my funeral, 2023)에서는 소음과 자연음이 공간을 가득 채우는 가운데, 한 사람이 유리벽 뒤에 앉아 있고, 관객은 그에게 추억을 글로 남길 수 있다. 이때의 소리들은 음악적 구조보다는 분위기와 감정을 강조하며, 죽음 이후에도 지속되는 기억과 정서를 환기한다. 그의 작품들은 멜로디나 조화로운 음악어법보다는 소리와 침묵, 퍼포먼스를 통해 '나'라는 사회적 구성물의 균열과 상처 가능성을 탐구하며, 관객의 참여와 해석 속에서 비로소 완성된다.

소리의 탐색

그에게 작품은 확정된 결과물이 아니라 탐색의 과정이다. 미리 정해진 악보가 아니라 움직임, 목소리, 오브제, 공간에서 비롯되며 열려 있고 불확정적이다. 목소리와 몸짓은 단순히 다른 사람의 움직임이나 소리를 따라 하는 것이 아니라, 몸을 통해 직접 느끼거나 생각하는 것을 표현하는 방식이다.

그는 묻는다. 이번에 드러내고 싶은 것은 소리인가, 움직임인가? 목소리는 단순한 소리가 아니라 에너지를 전달하고, 사회적·정신적 저항을 나타내는 도구다. 동시에 서로 다른 감정과 의미가 공존하는 복합적인 공간이다. 그는 반복적 음향과 억양 변화를 통해 단순한 서사나 형식 대신 다층적이고 인간적인 소리의 장을 창조한다. 목소리는 현장에서 스피커를 통해 '작동'하며, 듣는 이와 상호작용하며 의미와 감정을 만든다. 특히 〈나의 마지막 길에 함께해 주셔서 감사합니다〉에서 유소정은 장례식을 연출하고, 관객은 눈물을 흘리기도 한다. 그러나 이는 목표가 아니라 친밀함과 성찰이 작동했음을 보여주는 지표일 뿐이다. 음악 안에서 일어나는 일은 사람들 사이에서도 일어난다. 그는 이러한 과정을 통해 목소리를 단순한 발화가 아닌 살아 있는 행위로 확장하며, 작품마다 다른 질문을 던진다. 질문은 매번 새로운 맥락을 열어주고, 관객은 소리에 몰입하며 스스로 해석을 만들어 간다. 때로는 침묵이 소리만큼 강하게 작동하며, 관객의 몸과 감각을 흔든다. 이처럼 유소정의 작품은 언제나 완결된 답이 아니라 또 다른 탐색으로 이어진다.

그에게 작곡은 질문이 가능한 공간을 여는 행위다. 실존적이면서 사회적이며, '나'와 사회가 얽힌 생각의 움직임이다. 사용되는 재료는 단순한 상징이 아니다. '모든 것이 과장 없이, 그러나 단호하게 창조'을 위한 도구로 변화된다.'

〈너무나도 아름다워 도달할 수 없는〉
(*Zu schön, schön zu sein, 2024*)

아름다움이라는 폭력 – 구조와 해체의 소리

〈너무나도 아름다워 도달할 수 없는〉은 2024년 8월 2일, 고양아람누리 새라새극장에서 프로젝트 앙상블 모프팀의 연주로 초연되었다. 이 작품은 목소리, 전자음향, 비디오, 몸짓을 엮어 아름다움, 소유 욕구, 자기 통제에 대한 사회적 이미지를 성찰하는 일종의 퍼포먼스다. '아름다움'은 고정된 미의 기준이나 관념으로 제시되지 않고, 몸짓과 소리, 공간을 통해 구성되고 해체되는 과정을 탐색하는 것이 중심 아이디어다. 특히 여성의 몸을 중심으로 사회가 강요하는 심미적 요구가 감정과 존재, 지각에 불러일으키는 긴장을 다룬다. 아름다움은 이상적인 미가 아니라, 그 이름 아래 은폐된 폭력으로 드러난다는 것이다.

〈너무나도 아름다워 도달할 수 없는〉은 다섯 개 장면의 느슨한 구조를 따르며, 고정된 서사 없이 시공간을 이동하고, 전통적인 무대가 아닌 바닥에 설치된 사운드 퍼포먼스 환경 속에서 전개된다. 공간과 관객 사이의 수직적 위계는 무력화된다. 바닥에는 책, 램프, 나무 의자, 금속 용기, 체인 등이 흩어져 있으며, 단순한 오브제가 아니라 행위의 동력으로 기능한다.

첫 번째 장면, 공연은 연기자가 후면에서 등진 자세로 시작되며, 큰 숨을 들이쉰 후 8채널 전자음향(Audio_1)이 시작된다. 이어 "This is a beautiful story"라는 문장이 반복되다 해체되어 속삭임, 숨결, 잔여적 울림으로만 남는다. 각각 "단단한 어조", "슬프지만 단호하게", "조용히 흐느끼듯이" 등 정서적 지시어에 따라 말하며, 점차 신체적·감정적 소리로 변모한다. 숨, 떨림, 파편화된 소리의 음성적 레이어가 밀도 있는 정서를 만들어낸다. 이는 단순한 텍스트 붕괴가 아니라 정체성 해체와 이탈의 과정이다. 목소리는 프로그래밍된 시스템을 통해 8개의 스피커로 분산되며, 채널은 무작위로 켜지고 꺼진다. 전환 속도는 200~1500밀리초로 조정되고, 지연 효과가 더해져 메아리·반향·잔향이 다층적으로 퍼진다. 관객은 소리가 이동·흩어지는 가운데 떠도는 감각을 경험하며, 목소리는 공간을 가로지르는 의미 없는 파편이 된다. 이후 연기자는 천천히 돌아 관객과 시선을 마주친다.

두 번째 장면, 시선은 침묵의 언어로 작동하며, 소리의 부재 속에서 몸과 감정이 직접 전달된다. 이어 세 번째 장면에서 연기자는 체인을 몸에 감고 금속 용기 안의 인공 꽃, 인형, 램프 등을 꺼내 체인에 연결한다. 이탈리아 가곡 〈내 사랑〉(Caro mio ben, 1783)의 멜로디가 허밍으로 등장하며, 언어 없이 섬세한 정서가 전달된다. 움직임과 허밍은 기억, 억압, 애착의 흔적을 상기시키며, 물리적 제약과 정동적 울림이 교차되는 지점을 형성한다. 네 번째 장면, 공연 전 나누어진 쪽지에는 관객이 독일어나 영어로 작성한 개인적 문장이 담겨 있다. 연기자는 손전등을 들고 관객 속으로 들어가 쪽지를 수집하고 읽거나 노래처럼 부른다. 관객은 의미 생성의 주체로 전환되며, 언어와 감정이 소리로 변해 공간을 부유한다. 이는 공연자·관객, 해석자·수용자의 고전적 구도를 무너뜨리고, 무대와 객석의 경계를 지운다. 여기서 참여는 적극적 행위가 아니라 감정적 경험으로 정의되며, 소리를 통해 관객은 자신의 존재를 자각한다.

마지막 장면, 연기자는 무대로 돌아가 체인을 풀어 금속 용기에 떨어뜨린다. 책을 베고 눕고, 〈내 사랑〉의 마지막 문장 "그대 없이 내 마음은 시들어가네"를 조용히 읊조린다. 전등이 꺼지며 공연은 어둠 속에서 끝난다. 이 장면은 해방, 이탈, 혹은 조용한 저항으로 읽히며, 목소리·신체·오브제·감정의 잔향이 공명한다.

〈너무나도 아름다워 도달할 수 없는〉에서 '아름다움'은 단일 미적 범주가 아니라, 사회적 구조·감정·신체·공간이 교차·상호작용하는 수행적 조건으로 제시된다. 네 요소가 함께 작용해 아름다움이 형성되고 경험되는 방식을 결정한다. 더 나아가 이 작품은 의미나 서사를 직접 제시하지 않지만, 관객과 함께 질문하고 느끼며, '아름다움'이라는 요구를 의심하고 해체하는 시도를 하고 있다. 정제된 음성과 움직임, 불완전하고 예측 불가능한 공간의 소리는 미적 거리감과 사회적 긴장을 새롭게 조율하며, 아름다움 아래 은폐된 폭력을 섬세하게 드러내는 것이다.

[연주영상 보기]

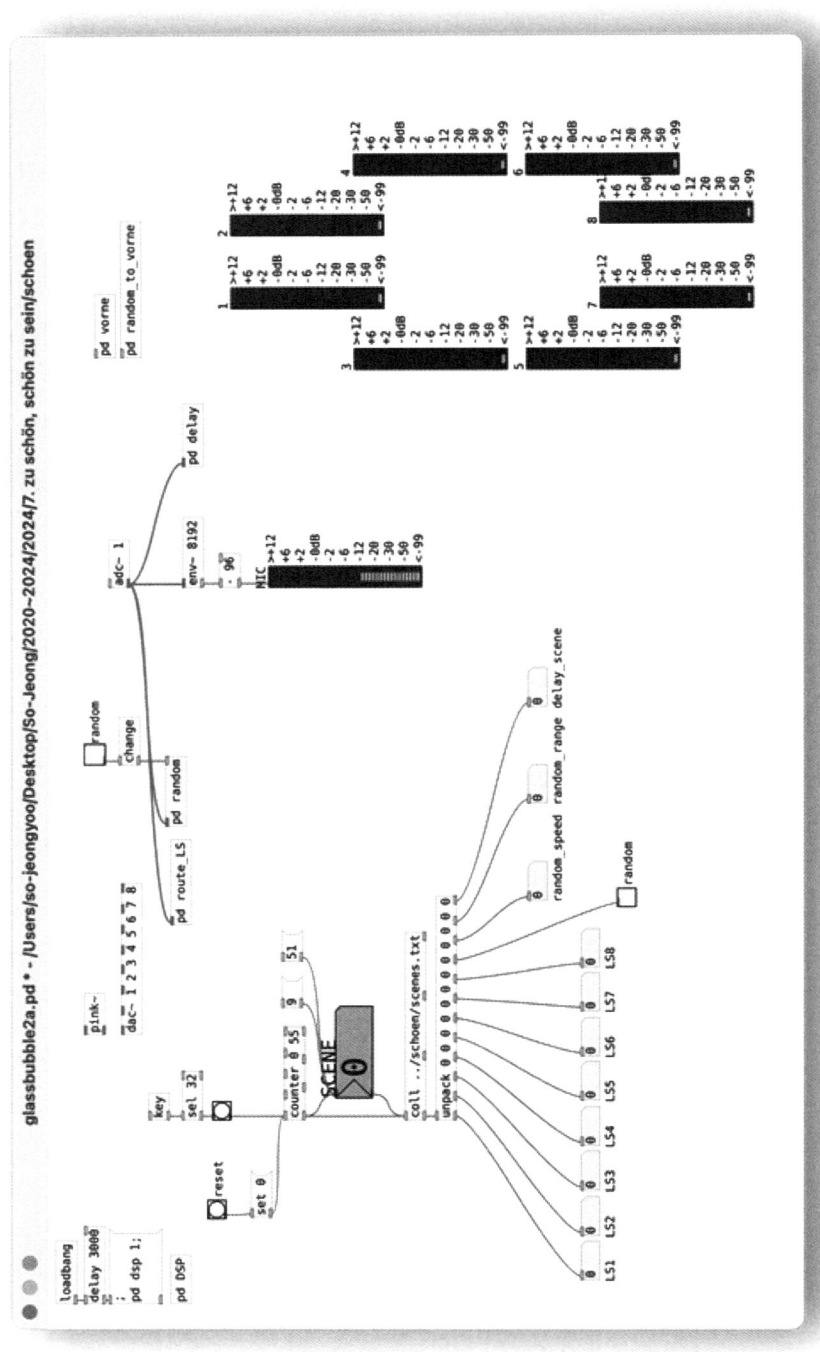

2025년 5월 8일 오후 7시
Zoom 화상 인터뷰

마들렌: 인터뷰에 응해주셔서 진심으로 감사드리며, 이렇게 귀한 시간을 내주셔서 매우 기쁩니다. 작곡가님께서는 음악과 작곡을 어떻게 시작하게 되셨는지 궁금합니다.

- 유소정: 어릴 적부터 표현에 대한 관심이 많았습니다. 하지만 그것은 사회적이고 시끄러운 의미의 표현이 아니라, 내면 깊은 곳에서 우러나는 필요였습니다. 저는 이를 종종 이렇게 설명합니다. "마치 꽉 찬 큰 물풍선 같은데, 터지지 않고 끝까지 차 있는 상태이다. 그 풍선을 바늘로 찌르면 펑 소리는 나지 않고 아주 가늘지만 강한 물줄기가 튀어나온다." 저에게는 바로 그런 에너지가 쌓여 있었고, 그것을 표현할 방법을 찾고 있었습니다. 음악은 그 내면의 압박을 명확하고 방향성 있는 형태로 풀어내는 매개체가 되었습니다. 그리고 그 과정에서 소리와 침묵 사이의 긴장, 감정의 미세한 떨림에 귀기울이는 법을 배우게 되었습니다. 제게 작곡은 단순한 결과물을 만드는 일이 아니라, 제 내면을 탐구하고 질문을 던지며, 스스로를 이해하려는 과정입니다.

마들렌: 작곡가님의 음악은 감각적이면서도 개념적인 밀도를 지니고 있다는 인상을 받았습니다. 작곡가님의 미적 감수성이나 예술 세계 형성에 영향을 끼친 요소들이 있다면 무엇일까요?

- 유소정: 저에게 가장 큰 영향을 준 것은 '모호함'을 견디는 감각이었던 것 같습니다. 어린 시절부터 주변의 분위기나 정서적 뉘앙스에 민감했는데, 그것이 때로는 말로 설명되지 않는 경험으로 다가왔습니다. 그래서 늘 확실한 것보다 애매한 것, 경계에 있는 것에 끌렸습니다. 음악뿐만 아니라 영화, 미술, 문학 등 다양한 예술 장르에서 받은 인상들이 저의 음악 속에서 자연스럽게 스며든다고 생각합니다. 특히 시적 언어나 침묵, 감정의 여운 같은 요소들은 저의 작품에서 중요한 자리를 차지합니다.

마들렌: 작곡가님의 전체 음악 세계를 관통하는 주제나 문제의식이 있다면 무엇이라고 생각하시나요?

- 유소정: 아마도 '존재에 대한 질문'이 아닐까 싶습니다. 저는 단순히 소리를 만드는 사람이기보다는, 감정, 기억, 신체성, 언어 이전의 층위들을 탐색하고 싶습니다. 그래서 제 작품은 늘 어떤 식으로든 '나'와 연결되어 있지만, 동시에 그 '나'의 경계가 불분명해지는 순간들을 포착하고자 합니다. 이러한 지점에서 자연스럽게 목소리, 공간, 관계성 같은 요소들이 등장합니다. 그리고 무엇보다 형식에 대한 질문 즉, '음악이 반드시 어떤 구조를 가져야 하는가?' 라는 질문도 중요하게 생각합니다. 저는 고정된 구

조보다는 열린 구조, 관객의 감각을 통해 완성되는 형식에 더 끌립니다.

마들렌: 그렇다면 작곡가님께 목소리는 어떤 존재인가요?

- 유소정: 목소리는 저에게 가장 직접적이고 강력한 매체입니다. 텍스트와 에너지, 미묘한 뉘앙스를 동시에 전달할 수 있고, 몸에서 바로 나오는 소리이기 때문입니다. 저는 억양, 파편화, 호흡 같은 요소들에 민감하게 반응하며, 이를 통해 직관적이고 감각적인 소통을 이끌어내고자 합니다. 무대 위에서 목소리는 단순히 정보를 전달하는 수단이 아니라, 공간과 관객 사이를 잇는 감각적 다리 역할을 합니다. 동시에 목소리는 쉽게 부서지고 흔들릴 수 있는 매체이기도 해서, 그 취약성 자체가 제 음악에서는 중요한 미학적 자원이 됩니다.

마들렌: 작곡가님의 작품 〈너무나도 아름다워 도달할 수 없는〉에 대해 질문하고 싶습니다. 이 작품은 어떤 계기로 시작되었고, 어떤 주제를 품고 있었나요?

- 유소정: 저는 오랫동안 아름다움이라는 주제에 관심을 가져왔습니다. 특히 완벽함에 대한 열망과 그것이 결코 달성될 수 없다는 긴장에 매료되어 있습니다. 예를 들어 저는 꽃을 매우 좋아하지만, 그 꽃이 금방 시드는 것이 슬프기도 합니다. 무언가 아름다운 것이 늘 덧없고 불완전하다는 감정을 작품에 담고 싶었습니다. 그래서 제목도 '너무 아름답다는 것'이라는 역설적인 의미를 담게 되었습니다. 아름다워지고 싶지만 완전한 아름다움은 결코 도달할 수 없다는 뜻입니다. 이 긴장과 모순이 바로 제가 음악을 통해 풀어보고자 한 주제입니다.

마들렌: 그 안에서 "This is a beautiful story"라는 문장이 반복되고 분해되는 부분이 인상 깊었는데, 〈내 사랑〉(Caro mio ben, 1783)이라는 선율을 허밍으로 사용하신 이유 또한 궁금했습니다.

- 유소정: "This is a beautiful story"라는 문장은 반복되면서 점차 의미가 사라지고, 순수한 소리의 운동으로 변합니다. 처음에는 문장이었지만, 나중에는 숨소리, 파편, 잔향만 남습니다. 이것은 우리가 일상적으로 사용하는 언어조차 어떻게 쉽게 비워질 수 있는지를 보여주고 싶었던 시도입니다. 한편 〈내 사랑〉은 저에게 개인적인 의미가 있는 곡입니다. 한국에서는 대부분의 학생들이 음악 시간에 이 곡을 배우지만, 종종 감정과는 연결되지 않은 채 형식적으로 전달됩니다. 저는 이 노래를 허밍으로 사용함으로써 감정 없는 노래, 혹은 잊혀진 감정의 흔적을 표현하고 싶었습니다.

마들렌: 공연에서 체인, 꽃, 손전등 같은 오브제가 자주 등장하는데, 이들은 단순한 장식 이상의 의미를 지닌 것 같습니다.

- 유소정: 체인은 개인적이면서도 사회적인 제약을 상징합니다. 동시에 그 속에서 벗어날 수 있는 가능성을 나타내기도 합니다. 저는 폭력을 거부하기 때문에 체인이 아프지 않도록 신

중하게 구성했습니다. 꽃은 아름다움과 덧없음을 동시에 상징하고, 인공 꽃을 사용한 것은 그 긴장을 더욱 분명히 하기 위해서였습니다. 손전등은 공간 속에서 존재감을 드러내는 장치로 사용되며, 관객이 저의 움직임을 시각적으로 따라가도록 돕는 역할도 합니다. 이 오브제들은 퍼포먼스의 일부가 아니라, 감각과 질문을 연결해주는 다층적인 매개입니다.

마들렌: 그렇다면 관객과의 상호작용은 작곡가님께 얼마나 중요한 요소인가요?

- 유소정: 매우 중요합니다. 저는 예술을 단절된 표현이 아니라, 끊임없는 질문과 대화라고 생각합니다. 관객을 가르치거나 설득하려는 것이 아니라, 각자의 감각을 깨우고 스스로 질문을 던지도록 이끄는 것이 저의 목표입니다. 그래서 관객의 참여 방식도 강요된 것이 아니라, 자연스럽게 작품 안으로 스며드는 방식이 되었으면 합니다. 사운드와 퍼포먼스는 그런 점에서 매우 효과적인 매체입니다. 언어보다 더 깊은 층위로 연결될 수 있기 때문입니다.

마들렌: 마지막으로, 작곡가님께 영향을 준 롤모델이 있으셨는지, 그리고 앞으로 어떤 방향의 작업을 구상하고 계신지도 궁금합니다.

- 유소정: 구체적인 롤모델보다는 저마다의 언어를 만들어가는 예술가들에게서 영향을 많이 받았습니다. 형식이나 장르에 얽매이지 않고, 자기 감각을 믿고 나아가는 태도가 저에게는 중요하게 느껴졌습니다. 앞으로도 저는 공연과 설치, 텍스트와 소리 사이를 넘나드는 작업을 계속해 나가고 싶습니다. 동시에 젊은 작곡가들에게는 '불확실함을 견디는 힘'을 갖추라고 말하고 싶습니다. 모든 것을 설명할 수 없을 때에도, 감각을 믿고 나아가는 용기야말로 예술에서 가장 필요한 요소라고 생각합니다.

마들렌: 진심 어린 인터뷰에 다시 한번 깊이 감사드립니다. 앞으로의 작업에도 좋은 영감과 울림이 함께하길 기원합니다.

작곡가 **박정은**

박 정 은
실험음악극 〈질곡: 차꼬와 수갑〉

글 · 조민경

박정은(1986-)은 매력적인 음향 재료를 결합하여 넓은 영역에 걸친 사운드 스펙트럼을 구축하는 작곡가다. 추계예술대학교 작곡과를 졸업한 뒤 한양대학교에서 석사과정을 마친 후, 독일 하노버 국립음대와 뒤셀도르프 국립음대에서 작곡을 공부했다. 오스트리아 임펄스 국제작곡콩쿠르, 독일 지그부르크 및 슈투트가르트 작곡콩쿠르 등에서 입상하며 국제적인 주목을 받았으며, 독일 비텐 현대실내악음악제, DLF 현대음악포럼, ISCM 세계현대음악제 등 유수의 무대에서 작품을 발표하였다. 그의 작품 세계는 전통적인 악기 편성과 연주 방식을 넘어 일상적 사물의 소리, 특수 주법, 실험적 사운드를 적극적으로 도입함으로써 다채롭게 확장된다. 최근에는 매력적인 소리에 대한 탐색에 더해 시각예술, 무용, 문학 등 타 예술 장르와의 융합을 통해 '실험음악극'이라는 새로운 형식을 모색하고 있다.

수많은 나의 모습, 수많은 나의 소리

'나'를 규정하는 조건은 무엇일까? 이름, 성별, 생김새, 나이, 혹은 직업 등의 정체성이 떠오른다. 하지만 이 모든 것 외에도 결코 간과할 수 없는 것이 있다면, 그것은 바로 타자와의 관계를 통해 형성되는 나의 모습이다. 이러한 관계적 맥락 속에서 '나'는 고정된 실체가 아니라 끊임없이 변화하며 재구성되는 존재로 드러난다. 가족 안에서는 자녀 혹은 부모로, 친구들 사이에서는 위로를 건네거나 조언을 구하는 사람으로, 그리고 전쟁과 폭력 등의 문제에 직면할 때는 우리가 어떤 방향으로 나아가야 할지를 고민하는 공동체의 일원으로. 작곡가 박정은에게 이 모든 관계의 층위는 곧 자신을 둘러싼 크고 작은 사회로 다가온다. 이러한 사회 속에서 그의 기억에 남겨진 장면과 그의 마음에 새겨진 감정은 때로는 사색적으로, 때로는 실험적으로 펼쳐지는 음악 속에 녹아든다.

마음을 사로잡는 음향과 세심한 구조 사이의 균형을 찾아서

일찍이 대학 시절부터 박정은은 무조적 음향, 해체된 소리에 본능적으로 끌렸으며, 실험적인 음악 언어에 깊이 빠져들었다. 인사이드 피아노(inside piano)와 같이 현대음악에서 자주 등장하는 주법뿐만 아니라 어항, 와인병, 구슬 등의 일상적 사물을 활용해 소리의 스펙트럼을 과감히 확장해 갔다. 이처럼 박정은에게 있어 중요한 것은 작곡가 자신의 마음을 사로잡는 매혹적인 소리를 찾아내는 것이었다. 그러나 여러 소리를 시간의 흐름 속에서 효과적으로 조직하는 구조를 모색하는 작업 또한 이에 못지않게 중요했다. 이 두 방향에 대한 치열한 고민을 병행하며 내면화하는 과정을 거친 후, 박정은은 독일 유학 시기 동안 개성적인 음향과 세심한 구조 사이의 균형을 정교하게 조율해 나갔다.

이렇게 벼려낸 예술적 언어를 통해 박정은은 개인의 섬세한 기억부터 사회와 역사의 무게까지, '나'라는 존재가 지닌 다양한 목소리를 작품 속에 담아낸다. 예를 들어 플루트, 클라리넷, 바이올린, 첼로, 피아노를 위한 〈얼룩진 잔향들〉(2019 작곡, 2021 개작)에서는 작곡가가 유학 시절 자주 찾았던 쾰른 대성당에 관한 기억을 관악기의 에어 사운드, 피아노의 스트링 글리산도, 다양한 현악기 특수 주법 등으로 포착했다. 그러나 박정은은 이 곡을 개인적 기억에 관계된 것으로 국한하지 않고, 과거와 현재에 걸쳐 대성당을 채웠을 무수한 소리와 이야기들에 대한 상상력으로 확장한다. 맹렬한 음향 블록과 섬세한 소리의 대비, 바흐 코랄의 인용 등을 통해 하나의 장소에 얼룩져 있는 여러 가지 잔향들을 청각적으로 구현한 것이다. 또 다른 예로, 금관 오중주를 위한 〈전쟁〉(2014)은 작곡가가 1차 세계대전을 다룬 다큐멘터리에서 접한 신음, 군인의 발소리, 사람이 죽어가는 소리, 희망을 놓지 않던 목소리 등을 소재로 삼는다. 박정은은 서로 다른 관의 길이를 가진 금관악기를 통해 전통적인 전쟁 음악에서 연상되는 상징적 음향을 소환하면서도, 그 이면에 자리한 야만성과 폭력의 실상을 드러낸다. 동시에 끝끝내 꺼지지 않는 인간의 존엄성을 함께 질문한다.

음악의 경계를 넘어서는 실험

박정은은 최근의 작품 활동에서 기존의 음악 형식 자체를 넘어서는 실험을 이어가고 있다. 시각예술, 무용, 문학 등 다양한 예술 영역과의 경계를 허물며 '실험음악극'이라는 새로운 장르를 개척하는 것이다. 이 과정에서 철학자 한병철의 저작들이 중요한 영감을 주었다. 박정은은 『피로사회』(2010), 『타자의 추방』(2017), 『서사의 위기』(2023) 등의 저서를 통해 현대 사회의 억압 구조와 자기 착취, 사라지는 타자성, 무너지는 서사에 대한 문제의식을 접하며, 이를 자신의 예술적 상상력 속에서 독특하면서도 날카로운 방식으로 풀어내고자 한다. 이후의 지면에서 다룰 〈질곡: 차꼬와 수갑〉(2024)은 이러한 실험음악극 시리즈의 서막을 여는 작품이다. 뒤이어 발표된 〈WHO ARE YOU〉(2024)는 착취가 내면화된 사회 속에서의 '진짜 내 모습'에 대한 질문을 던진다. 더욱 휴머니즘적인 메시지에 초점을 둔 세 번째 음악극 〈억(抑): 질곡 두 번째 이야기〉(2025)도 초연을 앞두고 있다. 일련의 음악극들을 통해 박정은은 작곡가를 넘어 연출가이자 총괄 감독으로 활약하며, 현대 사회 속 인간의 모습에 대한 예술적 성찰을 지속하고 있다.

실험음악극 〈질곡: 차꼬와 수갑〉
(Experimental Music Theatre 〈Fetter: Shackles and Handcuffs〉, 2024)

우리를 옭아맨 모든 질곡에서의 해방을 그리며

　'질곡'(桎梏)은 옛 죄인들을 속박하기 위해 채웠던 차꼬와 수갑을 아울러 이르는 말이다. 또한 속박으로 인한 고통의 상태를 나타내는 표현으로 사용되기도 한다. 박정은은 지인과의 우연한 대화에서 '질곡'이라는 단어를 들은 이래 이 말이 주는 울림에 강하게 사로잡혔다. 바삐 흘러가는 삶의 한복판에서 미처 눈치챌 새도 없이 나를 옭아맨 것들을 들여다보기 시작한 것이다. '나의 질곡'에 대한 작곡가의 내밀한 생각은 곧 타인을 옭아매는 질곡에 대한 문제의식으로 확장되어, 우리가 속한 사회의 구조적 억압에 관한 질문으로 이어졌다. 실험음악극 〈질곡: 차꼬와 수갑〉은 이러한 고민의 여정을 배경으로 탄생하였다.

　일반적으로 '음악극'이라 하면 관객은 하나의 완결된 서사를 중심으로 전개되는 공연 형식을 떠올린다. 그러나 이 작품은 그러한 기대를 의도적으로 비껴간다. 7개의 독립적인 음악 작품들이 고유한 색채와 분위기를 지닌 채 프로그램의 중심을 이루고, 각 곡 사이를 잇는 '시 낭송'(Bridge-Poetry Performance)과 무용수의 몸짓이 함께 어우러지며 전체를 구성하는 독특한 방식을 택하고 있다. 여기에 명확한 서사 구조나 등장인물들을 중심으로 한 드라마는 존재하지 않는다. 그럼에도 불구하고 이 작품에서는 분명 독특한 방식의 '극적인' 차원이 감지된다. 언뜻 보기에는 이질적인 단편처럼 흩어진 시청각적 경험들이 실은 '억압'과 '해방'이라는 상반된 이미지 사이를 진자처럼 오가며 점진적으로 의미를 쌓아 나가기 때문이다.

　막이 오르면 검붉은 조명 아래 스산한 분위기의 무대가 펼쳐지고, 제1곡 '질곡의 소리'가 시작된다. 무대 중앙에는 버려진 섬의 쓰레기였던 악기 파편들로 구성된 오브제가 자리하고, 이어서 온몸을 각각 흰색과 검은색으로 뒤덮은 두 무용수가 등장한다. 이들은 망자의 한을 달래어 저승으로 인도하는 씻김굿을 연상시키는 국악 타악과 피리 선율에 맞춰 제의적인 몸짓을 선보인다. 흰색 무용수가 긴 천으로 검은 무용수를 옭아매면, 곧이어 등장한 세 번째 무용수가 그

천을 풀어내며 그의 해방을 돕는다. 세 번째 무용수는 시를 낭송하거나, 무대 위에서 음악과 호흡을 맞춰 억압과 질곡의 흔적을 몸으로 드러낸다. 그는 특정한 해설자나 길잡이 역할을 수행하지는 않지만, 각 장면을 잇는 연결고리로 기능하며 관객이 작품의 흐름을 놓치지 않도록 돕는다. 이 가운데 박정은의 음악들은 우리 일상과 역사를 가로지르는 여러 가지 질곡의 단상을 그려낸다.

예를 들어, 플루트와 드럼 세트를 위한 작품인 제3곡 'Edge'(모서리)에서는 투명하게 울리는 플루트 선율이 전자음향과 결합되면서 불안정하게 뒤틀리고, 여기에 강렬한 드럼 타격이 얽히면서 억압된 국면에서 터져 나오는 다양한 '목소리'를 연상시킨다. 또한 오보에, 클라리넷, 알토 색소폰을 의한 제4곡 'Balance'(밸런스)에서는 유사한 음색을 지닌 악기들이 제한된 음역 안에서 함께 움직이다가 이따금 경계를 벗어나며 긴장감을 조성한다. 겉으로는 균형을 이루는 듯하지만, 그 안에는 끊임없는 질곡에 흔들리는 불안한 심리가 은밀히 드러난다. 제5곡 '8 Radio Music for 8 performers'(8명의 연주자를 위한 8개의 라디오 음악)은 실시간 라디오 방송을 매체로 활용하며, 한국 근현대사를 관통해온 억압의 기억, 특히 식민지 시대의 질곡을 작품에 담아낸다. 박정은은 경성에 라디오가 처음 도입되었을 당시 이를 둘러싸고 환호했던 시민들의 모습을 담은 역사적 기록에 주목했다. 그는 이 장면을 암울한 시대 속에서도 잠시나마 빛났던 '공동체적 화합의 순간'으로 해석하며, 그 정서를 이 작품의 정서적 지층에 섬세하게 연결하였다. 이러한 흐름은 일제 강점기 대중가요 '목포의 눈물' 멜로디로 시작하는 제7곡 'Dazwischen'(그 사이에)로 이어지고, 작품은 끝을 향해 나아간다.

이렇듯 〈질곡: 차꼬와 수갑〉은 작곡가가 들려주고자 한 '질곡의 소리'들이 모여 큰 궤적을 그리는 음악극이다. 박정은은 이번 작품에서 자신의 예술 세계를 관통해온 '소리와 구조의 균형'에 대한 탐구를 한층 확장했다. 각각 독립된 음악 작품들이 시와 무용, 전위적 오브제와 어우러지며 하나의 흐름으로 꿰어지는 '메타 구조'를 완성한 것이다. 이 구조 속에서 박정은은 개인적 질곡에서부터 역사적·사회적 질곡에 이르는 문제들을 무대 위에 효과적으로 펼쳐 보인다. 이로써 관객은 자연스럽게 부분과 전체의 관계를, 억압과 해방의 다양한 층위를 성찰하게 된다.

[연주영상 보기]

그림 1. 실험음악극 〈질곡: 차꼬와 수갑〉 제1곡 '질곡의 소리'의 한 장면

Dazwischen (2023)
for Piri, Korean traditional percussion instruments, and Accordion

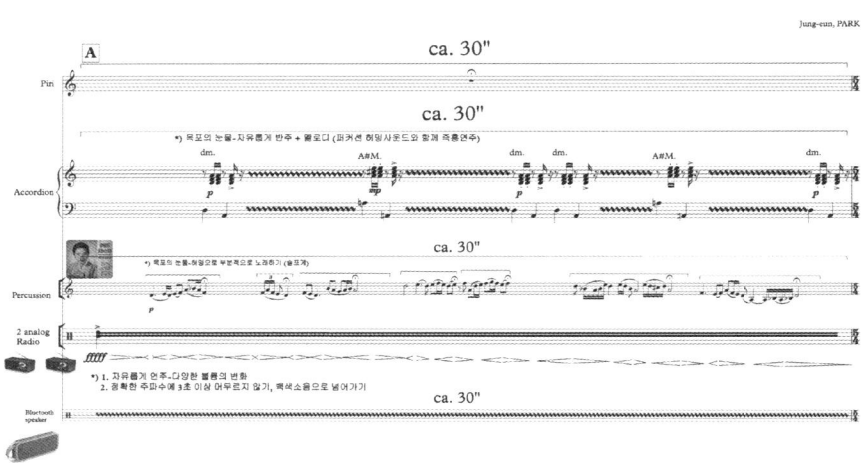

그림 2. 실험음악극 〈질곡: 차꼬와 수갑〉 제7곡 'Dazwischen'(그 사이에)의 악보

조민경: 처음 뵙겠습니다. 첫 번째 질문으로, 작곡가님께서 처음 음악을 접하시게 된 계기가 궁금합니다.

- 박정은: 음악을 처음 접한 계기를 떠올리면, 아무래도 교회가 가장 먼저 떠오릅니다. 어릴 적부터 교회를 다니면서 음악에 익숙해졌고, 피아노 반주도 자주 맡았어요. 피아노 학원도 다니긴 했지만, 사실 제가 더 재미있다고 느꼈던 것은 교회에서의 즉흥 연주였습니다. 그 시절에 피아노뿐만 아니라 기타나 드럼 같은 악기들도 어깨너머로 배우고 연주해보면서, 소리에 대한 감각을 점점 넓혀갔던 것 같아요. 타악기를 좋아하게 된 것도 그 무렵부터였습니다. 동작 자체가 음악의 일부가 되는 타악기 특유의 에너지와 직관적인 매력이 저와 잘 맞았거든요. 그렇게 음악에 점점 빠져들었고, 다양한 소리에 관한 관심이 작곡이라는 방향으로 자연스럽게 이어졌어요. 악기를 전문적으로 연주하는 것보다 여러 가지 소리를 엮어 새로운 음악을 만드는 데에 더 끌렸던 것 같아요. 그렇게 해서 본격적으로 작곡을 공부하게 되었습니다.

조민경: 학부 시절에는 어떤 스타일의 작품을 주로 작곡하셨는지 궁금합니다.

- 박정은: 저는 비교적 이른 시기부터 전통적인 화성 체계나 조성음악에서 벗어나고 싶다는 생각이 강했습니다. 제가 대학을 다니던 시절에는 2학년 후반이나 3학년 무렵부터 현대음악을 쓰기 시작하는 경우가 많았는데, 저는 1학년 때부터 해체된 음향에 큰 흥미를 느꼈어요. 특히 2학년 여름방학에 참가했던 다름슈타트 국제음악제는 제게 큰 충격이자 전환점이 되었습니다. 그곳에서 들은 현대음악들이 너무 인상 깊어서 "현대음악이 이런 거였어?"라는 감탄이 절로 나올 정도였고, 그 경험 이후 본격적으로 무조음악과 음향 중심의 작곡을 진지하게 탐구하게 되었습니다.

조민경: 이후 독일에서의 유학 시기의 경험 중 특히 인상 깊게 남은 경험이 있으신지요?

- 박정은: 유학 시절을 통틀어 가장 인상 깊었던 경험을 꼽자면, 독일 방송국(DLF)으로부터 위촉을 받아 참여하게 된 프로젝트가 아닐까 싶습니다. 독일 유학을 시작한 지 채 1년도 되지 않았던 시점이었고, 마침 그 해가 1차 세계대전 발발 100주년이 되는 해인 2014년이었죠. 그런 역사적 의미를 지닌 프로젝트에 동양계 여학생으로서 참여하게 되었다는 사실 자체가 매우 특별하게 다가왔습니다. 제게 주어진 작업은 금관 오중주 편성으로 '전쟁 이후'(postwar)를 주제로 한 작품을 쓰는 일이었는데, 그렇게 탄생한 작품이 〈전쟁〉(2014)이었어요. 저는 직

접 전쟁을 겪은 세대는 아니지만, 동시대를 살아가는 사람으로서 '전쟁'이라는 단어를 어떻게 받아들여야 할지 고민했어요. 독일 청년들과 한국 청년들이 시대를 인식하는 방식의 차이, 우리 세대가 겪고 있는 비물리적인 형태의 전쟁들, 예컨대 사회적 억압이나 자기 착취 같은 것이 떠올랐습니다. 그러던 중 우연히 접한 세계대전 관련 흑백 다큐멘터리가 제게 결정적인 영감을 주었어요. 당시 예술가들이 수용소 안에서도 끝까지 예술을 포기하지 않았던 모습에 깊은 감명을 받았고, 결국 그 다큐멘터리에서 들려온 소리들을 금관악기의 물리적 특성을 실험하면서 구현하는 작업에 몰두하게 되었습니다. 이 과정을 통해 저는 소리 자체에 더욱 집중하게 되었고, 그것이 제 작곡가로서의 방향성과 예술적 문제의식을 더욱 선명하게 구체화하는 계기가 되어주었습니다.

조민경: '새로운 소리로의 확장'이 작곡가님의 작품 세계에서 굉장히 중요한 부분을 차지하는 것으로 느껴집니다. 한편으로, 이러한 음향을 유기적으로 엮는 구조를 설정하는 작업 역시 작곡가의 입장에서 굉장히 중요한 일일 것 같다는 생각이 들어요.
- 박정은: 맞아요. 저 역시 항상 그 두 가지 사이의 균형에 대해 깊이 고민하고 있습니다. 예컨대 아무리 참신하고 독창적인 음색을 쓴다고 해도, 그것이 구조적인 흐름 안에서 제 자리를 찾지 못한다면 청중은 결국 음악적 설득력을 느끼기 어려울 겁니다. 반대로 구조만 단단히

짜여 있을 뿐, 그 안에서 울리는 소리가 특별함 없이 평범하게 들린다면, 그 음악은 생명력을 잃게 되겠죠. 그래서 저는 곡을 쓸 때마다 새로운 소리를 탐색하면서도, 그 소리들이 시간이라는 축 안에서 어떻게 전개될지를 동시에 고민합니다. 그런 작업을 계속하다 보면, 제한된 재료 안에서 '최대한의 가능성'을 끌어내는 방식에 점점 익숙해지게 돼요. 음악은 결국 시간 예술이기 때문에, 어떤 소리가 언제 나오고, 얼마나 머물다가, 어떻게 다음 소리로 이어지는지를 설계하는 일이 구조를 만드는 일의 핵심이라고 생각합니다. 이렇게 구조와 소리가 적절한 균형을 이룰 때, 비로소 낯설고 새로운 소리도 하나의 이야기처럼 자연스럽게 청중에게 다가갈 수 있는 것 같아요.

조민경: 그렇다면, 최근 작품들에서 음악극 형식을 자주 택하시는 이유가 있을까요?
- 박정은: 사실 제가 하는 작업을 정확히 '음악극'이라고 불러도 될까 고민이 되기는 합니다. 전통적인 음악회도 아니고, 그렇다고 오페라나 뮤지컬의 방식도 아닌, 기존 장르의 범주에 쉽게 포섭되지 않는 형태이기 때문에 가장 가까운 말로 '실험음악극'이라 부르고 있죠. 저는 이것을 일종의 실험적인 무대예술로 생각하고 있어요. 이러한 방향을 선택하게 된 데에는 최근 몇 년간 연극을 관람한 경험이 큰 자극이 되었습니다. 연극에서는 인간이 인간에게 직접 말을 건네는, 추상적이지 않은 방식으로 삶을 다루는 경우가 많았고, 그 여운이 깊고 오래 남더

라고요. 반면 현대음악 공연은 그 메시지가 비교적 추상적인 층위에서 머무는 경우가 많아서, 새로운 감각적 경험을 끌어내는 데에 한계를 느낄 때도 있었어요. 그래서 저는 '음악 내부의 실험'에서 '음악을 둘러싼 전체 형식'에 대한 실험으로 시선을 옮겨 보자고 생각하게 되었습니다. 쉽게 말해, '폼'(form) 자체를 다르게 구성해 보는 시도를 하고 있는 것이죠.

조민경: 작곡가님의 작품이 무대 공간 전체를 아우르는 실험으로 확장된 배경을 더욱 자세히 이해할 수 있었습니다. 특히 실험음악극 〈질곡: 차꼬와 수갑〉은 한병철 철학자의 저서와도 연관성을 지니는 것으로 알고 있습니다. 한병철 철학자의 사유 중 어떤 점이 작곡가님의 예술과 특히 공명한다고 느끼시는지요?

- 박정은: 제가 처음 읽었던 한병철 선생님의 책은 『피로사회』였어요. 이 책에서 다루는 개념, 그리고 그 개념들을 풀어내는 문체가 단순히 철학적으로만 다가오지 않고 굉장히 직관적이고, 예술적으로 느껴졌던 기억이 나요. 텍스트가 일종의 예술 작품처럼 다가왔다고 해야 할까요? 그 이후로 『타자의 추방』, 『에로스의 종말』, 『서사의 위기』 같은 저작들도 연이어 읽게 되었고, 그 사유들이 자연스레 제 작품에도 영향을 주기 시작했습니다. 예를 들어, 『에로스의 종말』을 읽고는 사랑에 관한 트리오 작품을 썼고, 『타자의 추방』과 『피로사회』는 〈질곡: 차꼬와 수갑〉과 깊게 맞물려 있어요. 반복적이고 기계적인 억압 구조, 자기 자신을 끊임없이 착취하는 현대인의 존재 방식, 그리고 여기에서 벗어나려는 해방의 몸짓이 제 작업 속에서 중요한 주제가 되었죠.

조민경: 답변 감사합니다. 마지막으로, 작곡가님께 '사회'란 어떤 의미로 다가오는지 여쭤보고 싶습니다.

- 박정은: 제게 '사회'란 결국 '나'와 관계를 맺고 있는 모든 것들의 집합이에요. 사람뿐만 아니라 하나의 물건, 어떤 앱, 모임, 집단, 심지어 자연 현상까지도 저와 어떤 방식으로든 관계를 맺고 있다면, 모두 사회의 일부라고 생각합니다. 그래서 작업을 시작할 때도 언제나 이런 관계 속에서 출발하게 돼요. 일상 속에서 마주한 경험이나 개인적인 감정을 다루는 작품이든, 전쟁이나 억압처럼 무거운 주제를 담고 있는 작품이든, 결국 그 출발점에는 늘 '내가 그 안에서 무엇을 느끼고 있었는가'라는 질문이 있었습니다. 그렇게 완성된 작품들에 자연스럽게 저의 감정과 시선이 스며들게 되고요. 결국 사회란, 여러 가지 층위의 관계들 속에서 내가 어떤 태도로 살아가고 있는지를 끊임없이 되묻게 만드는 공간이 아닐까 생각합니다.

조민경: 긴 시간 인터뷰에 응해주셔서 감사합니다.

작곡가 **이병무**

이 병 무
〈인스턴트 음악〉

글 · 김서림

이병무(1972-)는 음악의 형식, 음향의 배치, 소리의 구조를 새로운 시선으로 바라보며 치열한 세공으로 감각적 음향을 설계하는 작곡가이다. 서울대학교 음악대학 작곡과에서 강석희를 사사하고 독일 에센 폴크 방 대학(Folkwang-Universität Essen) 작곡과에서 기악과 전자음악/작곡전공으로 니콜라우스 A. 후버 (Nicolas Huber)와 디륵 라이트(Dirk Reith)를 사사했다. 지금은 한국예술종합학교의 작곡과 교수로 재직하며, 전통적인 매체와 전자 매체를 넘나드는 작곡활동을 하고 있다. 대표작으로는 오보에, 첼로, 콘트라베이스, 타악기, 피아노를 위한 〈가온 아(2015)〉와 피아노와 전자음향을 위한 〈무미건조한 과잉(2020/22)〉, 실내 앙상블들 위한 〈카오스모스(2023)〉 등이 있다.

형식으로 그린 기록화

이병무는 작곡이 "자기 혁신"과 같은 것이라고 말한다. 그는 매 작품을 쓸 때마다 스스로에게 어려운 과제를 부여한다. 먼저 음악 외적인 요소들을 최대한 배제하고, 음고·강도·음색·음가·공간 등 소리에 영향을 미치는 다양한 매개변수들을 찾고 실험하는 것이다. 그 결과는 전통적 매체와 전자 매체를 오가며 소리의 다차원적 성질을 드러내 온 이병무의 수많은 작품을 통해 확인할 수 있다. 그렇기에 이병무의 작품은 음악 외적인 맥락보다는 작품 내부의 논리와 기술을 중심으로 해석되어 왔다. 하지만 어떤 음악도 진공에서 탄생하지는 않는다. 작곡가의 음악 언어는 필연적으로 그가 사는 사회를 담게 마련이다. 이병무도 예외가 아니다. 그의 작품 내부를 찬찬히 들여다보면, 사회에 대한 기록이 선명하게 드러난다.

참을 수 없는 이야기

물론 이병무가 작곡 과정에서 항상 음악 외적인 요소들을 배제해 왔던 것은 아니다. 그는 "가끔 참을 수 없는 사회적 이슈에 대한 반응으로 작곡"을 해왔다. 바이올린, 비올라, 클라리넷, 콘트라베이스, 피아노를 위한 〈일방소동(2019)〉은 이병무답지 않게 표제적 성격이 강하게 드러나는 곡이다. 2019년 7월, 일본의 아베 정권이 한국에 경제 제재를 가하던 상황에서 쓰인 이 곡은 아베 총리를 명확하게 지목하는 세 음(A, B flat, E)으로 시작한다. 단음과 옥타브를 반복하며 고압적인 유니즌으로 진행되는 고전적인 조성음악의 재료들은 점차 소란스럽게 뒤엉키며 양국의 극우 세력에 대한 비판을 직접적으로 표출한다.

배우 1인, 타악기, 첼로를 위한 음악극 〈유아적 멜랑콜리〉(2011)도 마찬가지로 강한 표제성을 갖춘 작품이다. 예술인복지법 제정으로 이어진 최고은 작가의 사망과, 같은 해 한예종 학생 네 명이 스스로 목숨을 끊은 사건을 소재로 삼았다. 이 작품은 한 여인이 스스로 죽음에 이르는 과정을 배우의 대사 없는 울부짖음, 긴장감을 유발하는 첼로의 반음계 선율 등을 통해 전형적인 극음악의 문법에 따라 몰입감 있게 전개한다. 하지만 여기서 음악은 상황을 중계하거나 감정선을 부각하는 역할에 머물지 않으며, 절정부에서조차 배우의 연기와 묘한 독립성을 유지한다. 이는 여백을 태치하거나 악기들과 배우가 내는 소리를 따로 또 같이 운용하는 방식으로 이루어지며, 관객들이 극으로부터 한 걸음 물러나 숙고할 공간을 내어준다.

조각 형식이라는 현대어

최근 10년간 이병무의 음악세계를 관통하는 가장 중요한 키워드는 '조각 형식'이다. 응집력 있는 짧은 음향들을 비인과적으로 나열하는 이병무만의 형식 원리를 가리키는 말인데, 이 형식을 따르는 작품들은 "부분들 간의 구분이 잘 인지"될 수 있도록 체계적인 도식화를 통해 음향 조각들의 특색과 배치가 설계된다. 〈벤트 타우〉(2016), 〈펜엄브라〉(2018) 등이 이런 방식으로 작곡되었다.

'조각 형식'은 본질적으로 음악의 내적 논리에 집중한다. 하지만 흥미롭게도 이병무는 이 원리를 사회 참여적 성격의 작품에도 적용한 적이 있다. 소프라노와 피아노를 위한 〈푸른 하늘을〉(2017)은 세월호 침몰 사고와 박근혜 대통령 탄핵 사건을 다룬 곡으로, 4·19혁명 후 발표된 김수영의 시 "푸른 하늘을"(1960)을 음악화했다. 이 곡은 독특하게도 시가 아닌 뜻 없는 감탄사들을 가사로 사용한다. 대신 시에 등장하는 시어 14개를 의미에 따라 긍정적(예: 자유, 푸른 하늘)/부정적(제압, 말)/그 둘을 중계하는 단어(혁명, 피)로 분류하고, 각 범주마다 조용·밝음·일관, 소동·적극·셈, 괴기·우스꽝·변덕이라는 음악적 속성을 부여했다. 그리고 시어들을 다시 한 번 다섯 단계의 강도로 구분한 후, 각 시어에 부과된 속성과 강도만을 기준 삼아 시에서 시어가 등장하는 순서대로 음악을 작곡했다. 그 결과 음악은 짧고 특징적인 음향 조각들이 나열되듯 흘러간다. 관객들이 이를 듣고 작품의 비판적 의도를 즉각적으로 알아채기는 어렵다. 그러나 고도의 도식화를 통해 선별된 음향 조각들로 정제된 시는 세월의 흐름 속에서 변질된 언어를 벗어던지고, 오로지 그 안의 내밀한 감정만을 생생하게 전달한다.

위의 세 작품이 이병무가 사회 참여적 목적을 명시적으로 밝힌 곡들이다. 그 안에서 그는 직접적인 분노를 표출하기도 하지만, 선악구도를 그리는 대신 상황을 입체적으로 바라보기 위해 노력한다. 마치 소리의 다차원성을 실험하는 그의 작법처럼 말이다. 이는 다른 작품들에서도 마찬가지다. 사회 참여적 의도로 작곡되지 않은 작품들조차 격변하는 현대 사회의 풍경을 이병무 특유의 '조각 형식'을 통해 다차원적으로 기록하고 있다. "예술의 형식들은 인간의 역사를 기록물들보다 더욱 올바르게 기록해두고 있다"던 테오도르 아도르노(Theodor W. Adorno)의 말처럼 말이다.

〈인스턴트 음악〉
(Instant Music, 2018)

순간의 조각들로 조각된 이야기

〈인스턴트 음악〉(2018)은 플루트, 클라리넷, 바이올린, 첼로, 타악기, 피아노 편성의 실내악곡이다. 찰나, 순간이라는 뜻의 '인스턴트'를 제목으로 내세운 것처럼, 32개의 짧은 악장들을 20분이 채 안 되는 시간 안에 완주하는 작품이다. 이병무는 이 곡의 출발점이 베토벤의 〈32개의 변주곡 C단조, WoO 80〉이라고 밝혔는데, 해당 작품도 여덟 마디의 주제와 그 변주 32개를 10분 남짓한 시간에 이어서 연주한다. 하지만 주제와 변주 사이의 종속 관계가 설정되는 베토벤의 작품과는 달리, 이병무는 짧고 명확한 악구들을 나열하는 작법을 차용하되 그들 사이의 종속 관계를 풀어헤치는 독특한 형식 구도를 설정했다.

이는 이병무 특유의 '조각 형식'을 통해 달성된다. 작품을 구성하는 총 32개 악장들은 4~16초 길이의 짧은 악장 30개와 상대적으로 긴 악장 2개(16악장과 32악장)로 구분되는데, 짧은 악장들은 순서대로 들었을 때 그 어떤 인과성도 느낄 수 없도록 배치되어 있다. 또한 각 악장을 대표하는 셈여림은 네 단계로, 빠르기는 다섯 단계로 나눈 후 각 단계가 작품 전체에 걸쳐 같은 빈도로 사용되도록 구성하여, 곡의 전반적인 셈여림과 빠르기를 규정할 수 없도록 했다. 이러한 장치들로 인해, 이 작품은 표면적으론 무질서한 음향의 나열처럼 들리기도 한다.

그러나 이 작품은 기저에 고도의 질서를 숨기고 있다. 먼저 곡은 1부와 2부로 나뉘는데, 1부의 짧은 악장들(제1~제15악장)은 2부의 짧은 악장들(제17~제32악장)과 일대일로 대응하며, 서로 대응하는 악장들은 같은 음악적 요소들을 공유한다. 이때 1부와 2부의 악장들이 서로 대응하는 방식은 대체로 수학적 대칭성을 지키되, 악장들의 순서가 똑같이 반복되는 경우를 최소화하고 있다. 작품에 전체적인 관계성을 부여하되, 인과성이 발생할 여지는 없애고 있는 것이다.

또한 이 작품의 개별 악장은 강한 음향적 응집력을 갖추고 있다. 앞서 언급한 것처럼 작품 전체는 고도의 도식화를 통해 악장 순서가 반복되거나 특정한 셈여림이나 빠르기가 지배적으로 나타나는 것을 계획적으로 피하고 있지만, 그러한 총렬적인 아이디어는 개별 악장 내부에 적용되지 않는다. 예를 들어, 첼로를 제외한 모든 악기가 동일한 리듬으로 펄스 음형을 강조하는 1악장, 각 악기가 흩어진 음들을 산발적으로 연주하는 2악장, 강렬한 북소리의 여운 속에 피아노와 첼로의 현이 함께 공명하는 3악장은 각자 원초적 감각으로도 파악할 수 있는 선명한 개성을 갖추었고, 그 개성은 인접 악장들의 대비를 통해 세부적인 요소들까지 더욱 부각된다. 비인과적으로 나열된 짧은 음향의 연속을 계속 감상하게 하는 힘은 바로 여기에 있다. 이처럼 각 악장 안에 형성되는 음향의 응집력은 전자 매체와 고전적 매체를 오가며 소리의 여러 매개변수들을 해체하고 실험해 온 이병무의 과거를 고스란히 보여준다.

그리고 이 작품의 긴 악장들은 짧은 악장들을 지배하는 비인과성의 법칙에서 흥미로운 방식으로 벗어난다. 1부의 마지막인 제16악장은 2부의 일부 구성 요소들을 축약하고, 2부의 마지막인 제32악장은 1부의 모든 악장들을 재조합하는 방식으로 구성되었다. 이 두 악장에 이르러, 청자는 뇌리에 각인된 개별적인 음향 덩어리들을 비로소 세부 구조 대신 큰 흐름에 주목하며 자신만의 방식으로 인과성을 찾아 나서게 된다. 순간의 자극들이 서로 연결되어, 마치 영화처럼 생생하게 움직이기 시작하는 것이다. 이처럼 해체와 조합이 동시에 치밀하게 설계된 형식이 바로 이병무의 '조각 형식'의 핵심이다.

이병무에 따르면, 〈인스턴트 음악〉은 사회 참여적 목적으로 쓰인 작품이 아니다. 그럼에도 이 작품에서 비선형적 디지털 텍스트가 선형적 아날로그 텍스트를 압도하고, 유튜브 쇼츠와 틱톡 영상이 범람하는 현대의 사회상을 발견하기는 어렵지 않다. 그렇다고 해서 이 곡이 그런 사회상을 비판하는 것으로는 보이지 않는다. 단지 우리의 감각이 바뀌고 있으며, 그런 변화를 통해 우리는 순간의 조각들 사이에서 의미를 발견하며 새로운 이야기를 만들어가고 있다고 작곡가는 말하고 있는지도 모른다. 19세기 변주곡의 선명성에 20세기의 총렬적 아이디어를 접목하여 21세기를 그려낸 〈인스턴트 음악〉. 그 '조각 형식'에 담긴 것은 음악의 역사를 의식하며 현재를 편견 없이 해독해 온 이병무의 '동시대성'이라 할 수 있을 것이다.

[연주영상 보기]

"Instant Music"
for
flute, clarinet in B♭, violin, violoncello, percussion and piano
(2018)

Byung-moo Lee

김서림: 〈일방소동〉과 같은 예외도 있지만, 〈푸른 하늘을〉이나 〈유아적 멜랑콜리〉 같은 참여적 성격의 작품도 직설적으로 의견을 표명하거나, 상황을 판단하고 논평하는 방식을 취하지 않습니다. 언제나 음악적 은유를 잃지 않으며, 구조적인 아이디어를 통해 이를 구현하기도 한다는 점도 인상적이었습니다.

- 이병무: 곡마다 다른데 그것은 작곡상의 완성도와 참여적 메시지 전달이 매우 밀착되어 있기 때문입니다. 먼저 〈일방소동〉은 노골적으로 메시지를 전달하는, 그동안 제가 쓰지 않았던 성격의 곡입니다. 옥타브와 조성적 선율이 강하게 나오고, 이것들이 후반부로 갈수록 점차 난장판이 되어갑니다. 이 모든 것들이 특정 정치세력의 극우적 성향을 상징하고 있어, 표제적인 성격이 강한 곡이라고 할 수 있죠.

다음으로 음악극 〈유아적 멜랑콜리〉는 자살의 과정과 죽음에 대한 심상 등을 음악의 흐름에 얹어 보여 주는 작품입니다. 곡의 발단이 된 실제 사건들이 충격을 던졌는데, 우리 사회가 예술가들을 어떻게 대하는지 여실히 보여주는 사건들이었습니다. 젊은 학생들과 예술가들을 죽음으로까지 몰고 간 상황과 당시 그들의 마음을 제가 감히 헤아리기는 어려웠지만, 음악극을 통하여 청중들과 함께 직접 감정이입하며 추체험하고 조금이나마 위로하고 싶었습니다.

끝으로 4·19 혁명 직후에 쓰인 김수영의 시를 바탕으로 한 〈푸른 하늘을〉은 제가 즐겨 사용하는 작법을 사용해서 쓴 곡입니다. 시 자체를 감정적으로 전달하는 방법을 취할 수도 있었겠지만, 시를 구성하는 개별 시어들이 나에게 주는 느낌, 시 내에서 담당하는 의미와 표현의 정도를 형식화하여 곡을 썼습니다. 그렇기 때문에 시와 음악의 분위기가 완벽하게 일치하지는 않습니다. 물론 표현의 방식이 직접적이지 않더라도, 부패한 권력에 대항하는 의미를 담은 작품인 것은 분명합니다.

김서림: 곡을 쓸 때 '소리에 대한 관찰'이 중요하다고 한 적 있습니다. 그 당부처럼 작품 속 소리의 응집력을 만드는 기술이 탁월하다고 느꼈습니다. 소리에 대한 관찰력을 높이기 위해 특별한 노력을 하고 계시다는 인상을 받았어요.

- 이병무: 전자음악을 오래 하면서 컴퓨터로 소리를 합성하는 공부를 나름 깊이 있게 했어요. 그 과정에서 소리의 메커니즘에 대한 이해가 쌓인 것이죠. 하지만 실제 작곡을 할 때 필요한 능력은 이것이 다가 아닙니다. 객관적인 소리의 성질을 알고 기술을 익히는 것 이상으로 중요한 것은, 어떤 소리를 어떤 관점에서 듣는가 하는 방향성입니다.

입체는 어떤 방향으로 바라보느냐에 따라 완전

히 다르게 보이죠. 소리 또한 입체입니다. 어떤 관점으로 듣는가에 따라 들리는 소리도 크게 달라집니다. 이러한 관점과 의도의 변화를 통해 음악과 소리의 새로운 차원을 경험하고 지금까지 숨어 있던 새로운 파라미터들을 발견할 수 있습니다. 〈인스턴트 음악〉도 이런 맥락에서 똑같은 음악 객체를 상황에 따라 매우 다르게 받아들이는 입체적인 경험을 하도록 한 것이죠.

음높이, 강도, 길이, 음색 외에도 소리에 영향을 미치는 파라미터들은 무궁무진하게 많아요. 이들은 대부분 음고나 음색, 강도를 복합적으로 바꾸기 때문에 소리를 전통적인 요소들 중심으로 듣는 것에서 벗어나게 해 줍니다. 그래서 저에게는 직접 악기를 다루는 것이 매우 중요합니다. 머릿속으로만 상상하는 것이 아니라, 직접 실험하고 경험해서, 가장 합당한 방법으로 체계화하고 악보화합니다. 여기에서 또 중요한 것은 이 소리들의 조합입니다. 악기 하나의 가능성이 여러 조합의 가능성으로 확장되면 정말 무한한 결과를 얻을 수 있는데, 이 때에는 자신도 모르게 체화된 관습을 깨는 것이 중요합니다. 항상 현재의 조합이 최선인가를 되묻고 여러 번 퇴고하는 과정이 필수적입니다.

김서림: 자신만의 음악 형식 속에 과거의 음악 재료를 재맥락화 시키며 작품 속에 음악의 역사성을 가지고 오기도 합니다. 이병무 작곡가에게 있어 음악의 역사성은 중요하다고 여겨지는데요, 작곡가의 눈으로 바라본 지금의 음악은 어디쯤 위치해 있을

까요?

- 이병무: 역사야말로 관점에 따라서 아주 다르게 얘기할 수 있습니다. 그라우트 음악사 책에 음악사는 고전과 낭만의 반복이라는 취지의 흥미로운 글이 나오는데, 너무 도식적인 관점이긴 하지만 제가 봐도 대략 맞는 말 같습니다. 먼저 혁신적인 작곡가들이 고전이라는 새로운 기준을 세우고, 그 후에는 낭만의 시대가 펼쳐지죠. 고전은 항상 엄격했고, 낭만은 상대적으로 자유로웠습니다. 고전에 나왔던 것을 토대로 더 많은 작곡가들이, 다양한 방식으로 자신만의 음악을 펼칩니다.

현대에 들어서 가장 강력한 영향을 주는 고전은 역시나 소위 모더니즘으로 불리는 쇤베르크부터 총렬주의에 이르는 흐름이라고 생각합니다. 너무도 견고했던 조성을 부숴야 했기 때문에 매우 엄격했지만, 이들이 스스로 낭만에 해당하는 흐름을 형성하기도 하고, 또 다른 낭만주의에 해당하는 소위 포스트모더니즘의 영향을 받아 1950년대를 지나서는 여태껏 경험한 적 없는 다양성의 시대가 왔죠. 그 후 지금까지 민주주의 정치 체제가 뿌리내리면서 정보 유통과 소통의 자유로움이 보장된 가운데 개별 예술가의 개성이 극대화되며, 모든 것이 빠르게 변화하는, 사상 최대의 낭만 시대를 구가하고 있다고 생각합니다.

지금까지의 모든 음악들이 고전과 유산으로 작용하기 때문에 작곡가에 따라서 너무도 다른 결과들이 나타납니다. 그럼에도 불구하고 그 안에서도 모종의 경향이 있다고 생각해요. 이

건 제가 추구하는 방향이기도 하죠. 모더니즘이 했던 핵심 작업은 '해체'하는 작업이었습니다. 무언가를 조합하고 만드는 작업보다는 부수는 작업이었죠. 지금은 해체의 시기가 지나고 각자의 방식으로 재조합하는 시기라고 생각합니다. 그 안에서 저의 과제는 두 가지입니다. 해체와 재조합을 동시에 해나가야 하죠. 해체가 여전히 필요한 이유는 개성적인 해체가 개성적인 재조합을 만들기 때문입니다. 재조합한다는 건 소리 재료를 가지고 형태를 만드는 것이라고 할 수 있는데, 이 음형은 조성 시대나 무조 음악에서의 음형과는 다르게, 구상과 추상을 넘나드는 특징적인 구조물이 되어야 합니다.

김서림: 마지막 질문입니다. 사회 속에서 작곡가로 살아간다는 것은 어떤 의미일까요? 사회 속에서 예술가의 역할은 존재하는 것일까요?

- 이병무: 작곡가로 산다는 것은 말 그대로 그저 작곡을 하면서 사회 속에서 사람들과 어울려 사는 것이라고 생각합니다. 다만 예술가이기 때문에 사회 속에서 우리가 공통적으로 느끼고 경험하는 것들을 자신만의 시선으로 의도적이든 아니든 작품에 투영하겠죠. 그래서 작곡가에게 주어진 역할이 있다면, 그냥 자신의 일을 잘 하는 겁니다. 그 안에서 사회적으로 하고 싶은 이야기가 있다면 표현할 수도, 하지 않을 수도 있겠지만, 시대에 뒤처지지 않고, 모방하지 않는다는 예술가의 도덕률을 충실하게 지킨다면 어떤 식으로든 사회에 관한 메시지는 작품 속에 스며들게 된다고 생각합니다. 저 같은 경

우는 정말 참을 수 없을 때에 참여적인 성격의 음악을 쓰게 되는 것 같아요. 다수결의 맹점을 이용하는 위정자들이 너무 많습니다.

만약 조금 더 많은 음악가들이 사회적인 목소리를 낸다면, 사회는 음악가들이 하는 다른 작업에도 더 많은 관심을 기울일 수 있지 않을까 하는 생각은 합니다. 서양음악사에서 많은 작곡가들이 그 역할을 했고, 그랬기 때문에 현재 유럽의 예술 음악이 지니는 사회적 지분이 큰 것입니다. 7,80년대에 우리나라에도 사회적 상황에 대해 목소리를 냈던 작곡가 선생님들이 계셨습니다. 그 때 더 많은 분들이 적극적이었다면 현재 우리 예술음악의 사회적 위상이 조금 달라졌을 수도 있었겠죠. 하지만 이것은 어디까지나 선택사항일 뿐 의무는 아닙니다. 예술가에게 주어진 의무는 어디까지나 독창적인 예술세계를 펼치는 것입니다. 진취적인 예술 활동을 통해 자연스럽게 사회에 선한 영향력을 끼치는 것이 바람직하다고 생각합니다.

작곡가 **이윤지**

이윤지
피아노, 바이올린, 비올라를 위한 〈악센트〉

글 · 손민경

미국 보스턴과 뉴욕을 중심으로 활발하게 활동하는 작곡가 **이윤지**(1979-)는 이질적인 음들의 민첩한 병치와 부드러운 교차로 듣는 이들의 융복합적 감각을 자극한다. 이화여자대학교 작곡를 졸업한 후 미국으로 건너가 뉴잉글랜드컨서바토리(NEC)에서 로버트 코간(Robert Cogan) 교수를 사사하여 석사와 디플로마(Graduate Diploma)를 마친 뒤 뉴욕 대학교(NYU)에서 엘리자베스 호프만(Elizabeth Hoffman) 교수를 사사하며 상호문화성 작곡을 주제로 박사 학위를 받았다. 현재 미국 버클리 대학교(Berklee College of Music) 교수로 재직 중이다. 미국에서 2024-2025 구겐하임 펠로우, 맥나잇/미국 작곡가 포럼 등 다수의 펠로우쉽과 위촉을 받았다. 대표작으로는 〈악센트〉(The Accents, 2018), 〈부서진 천사들〉(Angels Broken, 2019), 〈이주〉(Migration, 2020/21) 등이 있다.

소리의 스냅샷으로 사회를 말하는 작곡가!

우리는 스마트폰 카메라로 셀카를 찍고, 친구들과 함께한 순간이나 인상적인 풍경을 사진으로 남긴다. 작은 렌즈 안에 포착된 이미지 속에는 우리가 중요하다고 느낀 순간과 감정이 담겨 있다. 인스타그램에서는 자연스레 포착된 스냅샷이 주는 생생한 감정과 순간에 감탄하게 된다.

작곡가 이윤지도 소리로 스냅샷을 찍는다. 그는 자신을, 그리고 자신이 몸담고 있는 문화와 사회를 포착해낸다. 특정한 장면이나 분위기는 그의 음악 속에 소리로 소환된다. 그는 다양한 소리 조각들을 만들어내고, 그것들을 병치하거나 조합하면서 하나의 스토리텔링을 구축한다. 음향의 깊이, 넓이, 높이라는 다양한 차원을 작곡가만의 시선으로 배열하며, 특히 급작스러운 템포 변화, 리듬의 기복, 음악 텍스처의 전환을 통해 긴장과 이완의 극적인 대비를 보여주기도 한다. 그 전개는 예측할 수 없고, 청자의 감각과 상상력을 강하게 자극한다. 그가 맞춘 타이밍에 찍힌 '소리의 사진'들은 악보의 공간에서 적절한 위치에 배치되어, 마치 여러 장의 사진이 순식간에 펼쳐지는 듯한 장면을 연출한다.

소리로 셀카 찍기: 존재를 탐구하는 사유

이윤지의 음악에는 존재에 대한 사유가 깃들어 있다. 그는 자기 존재의 이유를, 자신과 타자 —즉 연주자와 청중— 사이의 관계 속에서 찾으려 한다. 미국에서의 삶은 그의 정체성에 대한 고민을 더욱 깊게 만들었다. '한국' 작곡가로 바라보는 외부의 시선은 때때로 그가 전통음악을 작곡할 것으로 기대하는 시선이 자연스럽게 따라오는 듯했다.

그런데, 이윤지는 자신에게 어떤 특정 문화적 고정관념과 정체성의 틀을 전제하는 것을 거부한다. 20년 넘게 이민자로 살아온 그는 자신의 정체성이 단일하거나 고정된 것이 아님을 절실히 체감해 왔다. 미국에서 자란 한국계 미국인들과도, 한국에 사는 이들과도 완전히 동일하지 않은 어딘가에 존재한다는 경계에 선 감각은 작곡가로서의 정체성 형성에도 큰 영향을 주고 있다고 고백한다. 이런 고민은 〈악센트〉 뿐만 아니라 〈이주〉에 자전적으로 반영된다. 타국으로 이주하는 과정에서 변화하는 '나'에 대한 고찰이 담긴 이 작품은 연주자들이 악기와 무대에 선 위치, 연주 방식 등을 전복적으로 수행함으로써 연주자들의 전통적인 역할을 탈피하는 현상을 상징적으로 제시한다. 예컨대, 연주자들이 무대 위를 사방팔방 이동하며 버드휘슬을 불고, 일렉 기타를 말렛으로 두드리거나 색소폰이 그랜드 피아노의 스트링 판 위에 연주하는 등 비정형적 인 지시를 볼 수 있다. 이는 연주자의 정체성이 전통적 수행과 맞지 않는 불화(不和)를 겪으며, 이는 정체성이 존재(being) 이전에 되기(becoming)의 지속적인 과정을 통해 구성된다는 주디스 버틀러의 수행성(performativity)을 떠오르게 한다.

현대사회를 담은 소리의 한 컷!

이윤지의 렌즈는 단지 개인의 정체성에만 머물지 않는다. 그는 자신이 살아온 문화적 배경 과 지역사회, 나아가 민족의 역사까지도 음악 안에 담아낸다. 이는 단순한 경험의 재현이 아니 라, 음악이라는 매체를 통해 현대사회의 감정적, 정치적 층위들을 예민하게 포착하려는 시도다. 그는 현장 답사와 아카이브 리서치를 바탕으로, 오늘날까지 풀리지 않는 사회적 이슈와 민족적 트라우마를 소리로 기록하려 한다. 필드레코딩을 적극적으로 활용하여 과거의 흔적을 현재의 감각 안으로 끌어들이며, 시간을 초월한 감정의 진동을 청자에게 전달한다. 대표적인 예가바로 위안부 시리즈 작품들이다. 〈부서진 천사들〉(Angels Broken, 2019), 〈나인〉(Nine, 2023), 〈끝없는 겨울〉(Unencing Winter, 2025)와 같은 작품에서 그는 말해지지 못한 과거의 목소리와 역사적 침 묵을 음악적으로 소환한다. 그 중 〈부서진 천사〉에서는 생존자 박옥선 할머니의 노래 "처녀일 기"를 직접 인용하지만 그것을 단순히 차용하거나 전유하지 않는다. 대신, 자신의 레퀴엠 선율 과 정교하게 중첩/재구성함으로써, 시간의 파편과 기억의 잔향이 겹쳐지는 깊은 감정적 울림 을 준다. 이러한 접근은 미국의 실험음악가 케이지(John Cage)나 펠드만(Morton Feldman)의 콜 라주 기법을 연상시키게 하면서도, 이윤지 고유의 감각적 직조방식으로 구체화된다. 이러한 프 로젝트는 한국 내에서 민감하게 받아들여질 수 있는 위안부 문제를, 미국이라는 상대적으로 독 립적인 문화 공간에서 더 주체적인 시각으로 접근할 수 있게 한다.

이윤지는 오늘도 자신과 사회를 끊임없이 성찰하며, 소리라는 렌즈로 현대사회의 순간들을 정밀하게 포착한다. 그의 소리들은 한 사회의 감정과 기억을 정지된 이미지가 아닌 살아있는 감각으로 환기한다. 앞으로 그가 펼쳐갈 음악적 여정이 더욱 기대되는 이유다.

피아노, 바이올린, 비올라를 위한 〈악센트〉
(The Accents for piano, violin and viola, 2018)

틀림의 미학, 이민자의 영어, 음악이 되다.

익숙하지 않은 영어로 원어민과 대화할 때, 억양이나 발음이 달라 소통이 매끄럽지 않았던 경험은 누구나 가지고 있을 것이다. 문법에 맞게 또박또박 말하지만, 원어민은 종종 알아듣지 못하고 되묻는다. 이는 단순한 발음의 문제만이 아니라, '악센트(accent)' 차이와 문화적 배경에서 비롯된 오해일 수 있다.

이윤지의 〈악센트〉는 이러한 언어적 충돌의 경험에서 비롯된 작품이다. 20년 전 미국에 처음 온 그는, 영어 억양을 원어민 귀에 들리도록 고치는 데 많은 고생을 했다고 회상한다. 작곡의 배경이 된 것은 1940년대 British Instructional Films Ltd.에서 제작한 교육용 영상 〈이민자들의 영어 실력 향상법〉이다. 이 영상에서 음성학 교수는 외국인의 영어 발음을 시연한 뒤, 원어민의 "정확한" 억양을 리듬 패턴으로 제시한다.

①Ta Ta Ta Ta Ta Ta Ta Ta.   ②Ta TaTaTa Ta Ta Ta Ta.

그는 이 두 리듬을 곡의 중심 모티프로 삼았다. 전자는 이민자의 딱딱하게 쪼개진 억양, 후자는 원어민의 유연한 억양을 암시하며, 각각 16분음표 리듬과 8분음 셋잇단음표 리듬으로 형상화된다. 이 두 패턴은 피아노, 바이올린, 비올라라는 세 악기를 통해 곡 전반(섹션A-P)에 걸쳐, 개별적이거나 집단적으로 등장하며, 다양한 음악적 변형을 통해 그 의미를 확장시킨다.

작품은 시작부터 강렬하게 전개된다. 바이올린과 비올라는 강한 활 압력으로 A-F와 F-D 간의 단6도 연속 글리산도로 상·하행 오가며 다소 혼란스럽게 시작한다. 이어서 피아노가 중심음 F♯을 기반으로 한 원어민 억양의 모티프를 제시한다. 그 뒤를 이어, 현악기들이 피치카토로 빠르게 쪼개진 16분음표 리듬을 연주하는데, 이는 이민자의 말하기 방식을 반영한다. 피아노는 이민자의 악센트가 답답했는지, 원어민 리듬을 유니즌으로 강하게 강조하며, 마치 "이렇게 해야 한다"고 교정하듯 '정확한 억양'을 제시한다. 이후 비올라는 10도 이상 넓은 도약의 글리산도와 트레몰로를 통해 혼란스러운 심리를 그리며, 박자감을 흐트러뜨리는 7잇단음표는 이민자의 내면적 긴장, 혹은 과거 언어 습관에 대한 집착을 드러낸다.

중반부에 이르면, 반복된 실패와 언어 장벽 앞에서의 좌절과 침묵이 드러난다. 피아노 위에 양팔을 던지며 연주하는 '엘보우 클러스터'는 감정적 폭발의 징후처럼 들린다. 이어지는 바이올린 솔로는 잦은 도약과 불분명한 음고와 불안정한 미분음정으로 구성되어, 이민자가 낯선 환경에 적응해가며 겪는 심리적 불안정과 시행착오를 암시한다. 특히 섹션M에서는 "침묵이 있는 디아스포라 이민자의 소리"라는 지시어가 나타난다. 이 부분은 앞 섹션과 대비적으로 느린 템포와 음들의 분산과 공백들이 강조되며, 쉼표와 여백 속에서 한 음 한 음이 불안정하게 등장하고 사라진다. 단절된 존재감이 강조되는 이 순간은, 언어조차 닿지 않는 '침묵의 이민자'를 그려낸다.

작품의 종결부에서는 악기의 연주를 넘어 연주자의 말하기(speaking) 퍼포먼스를 '보여주는' 것이 특징이다. 이민자의 억양을 직접적으로 '연기'하는 듯한 이 장면은, 음악적 표현이 언어적 몸짓으로 확장된 예다. 이러한 연주자의 수행성을 통해 악센트의 실천적 의미를 강화하고 있다. 마지막 마디에서 피아노는 초반 모티브를 재현하며, 원어민 억양으로 회귀하는데, 이는 곡 전체를 하나의 이민자 언어 교육 여정처럼 마무리한다.

〈악센트〉는 약 10분간의 짧은 구성 속에서 간단한 리듬 패턴을 여러 소리의 조각들이 얽혀 다채롭게 변용하며 청중의 귀와 눈을 사로잡는다. 표면적으로는 유머와 위트를 지닌 작품처럼 보이지만, 그 속에는 이윤지 작곡가가 직접 겪은 이민자로서의 정체성의 충돌, 언어의 장벽, 자기표현의 갈망이 오롯이 녹아 있다.

더 중요한 것은, 이 작품이 미국에서 위촉·공연되었다는 사실이다. 다수 집단, 즉 백인 중심의 미국 사회 속에서 이민자가 겪는 소리내지 못한 몸부림과 정체성의 긴장이 비로소 '소리'라는 예술형식을 통해 무대 위로 등장하는 순간이기 때문이다. 한나 아렌트가 말했듯, "말하고 행동함으로써 우리는 세상에 자신을 드러내며, 존재를 '보이게' 만든다." 〈악센트〉는 바로 그런 자기-등장(self-appearance)의 예술적 구현이며, 음악은 단지 들리는 소리가 아니라, 보이지 않았던 존재를 드러내는 일종의 정치적 실천이 됨을 보여준다.

[연주영상 보기]

The Accents

Yoon-Ji Lee

손민경: 선생님은 학부 졸업 이후 미국으로 유학 온 뒤 오랜 시간 현지에서 활동하고 계시죠. 특히 서양과 한국 문화의 결합과 정체성에 대해 많이 고민해 오신 거 같습니다. 음악에서 '한국적' 정체성을 얼마나 고려하시는지요?

- 이윤지: 2004년 미국에 온 이후, 제 음악 속 '한국적 정체성'에 대해 혼란스러움을 오랫동안 느껴왔습니다. 특히 2006년 다름슈타트에서 겪은 경험이 제제 큰 충격이었죠. 동양 출신 작곡가로서 자주 비교 대상으로 언급되는 인물들이 윤이상, 토루 타케미츠(Toru Takemitsu), 추웬청(Chou Wen-chung) 선생님 같은 이른바 '동양 음악을 세계에 알린' 대표 작곡가들이었는데, 그 이후 세대인 저희에게는 무언의 질문이 따라붙습니다. "너는 윤이상 같니, 진은숙 같니?" 이 질문 자체가 동양 출신 작곡가에 대한 문화적 고정관념과 정치성의 틀을 전제하고 있다는 점에서 매우 혼란스러웠습니다. 미국에 처음 왔을 때도 저는 '한국 작곡가'로 분류되곤 했는데, 마치 전통음악을 작곡할 것으로 기대하는 시선이 자연스럽게 따라오는 듯했습니다. 그런데 저도 그들과 동등한 작곡가이고, 제 음악이 특정 민족성이나 국가로 한정될 이유가 없다고 느꼈습니다. 특히 마스터 클래스에서는 종종 "제3세계 작곡가들은 먼저 서양의 음악을 배우고, 그다음 자신의 전통을 접목해야 한다"라는 식의 발언을 듣곤 했습니다. 하지만 한국 사회는 이미 포스트콜로니얼, 글로벌라이제이션을 거치며 변화했고, 저희 세대는 한복도 입지 않고 맥도날드를 먹고 자란 세대입니다. 그런 저희에게 전통은 '타고나는 것'이 아니라, 배워야 하고, 선택해야 하는 대상입니다. 그래서 '전통을 가져오라는 요구는 제겐 실감나지 않는 말로 다가왔고, 한동안은 정체성, 그리고 한국을 표현하는 것을 제 곡에서 어떻게 드러내는 것이 가장 저다운 것인지에 대한 질문을 오랫동안 떠안게 됐습니다.

손민경: 그래서 그런지, 〈이주〉 작품에서는 한국적인 소리보다는 미국에서 살아가는 '이민자'로서의 실제적인 경험과 삶 자체를 표현한 인상을 받았습니다.

- 이윤지: 이 곡은 제가 미국에서 여러 번 이민자로 살아가며 느꼈던 정체성의 변화에서 출발했어요. 이민자로 살다 보면 정체성이 하나로 고정되지 않고 계속 변화하죠. 그래서 〈이주〉는 연주자들의 역할과 정체성이 계속 바뀌는 과정으로 표현했어요. 예를 들어, 처음에는 피아노 연주자와 색소폰 연주자가 기타를 연주하기도 해요. 여기서 말하는 '기타 연주'는 우리가 흔히 생각하는 방식이 아니라, 미국 실험음악에서처럼 기타 줄만 트레몰로나 뜯는 방식일 수 있어

요. 연주자들은 리허설 때 타악기를 새로 배우기도 하고, 무대 위에서 악기를 바꾸며 계속 다른 정체성을 갖게 됩니다. 마지막에는 각각의 방식으로 프리페어드 피아노를 함께 연주하는 상황에서 곡을 마무리하죠. 결국 하고 싶은 말은, 정체성은 고정된 것이 아니라 끊임없이 이동하고 변화하는 것이라는 점이에요. 이동하지 않아도 변할 수 있고, 어떤 하나로 규정할 수 없다는 걸 음악적으로 보여주고 싶었어요.

손민경: 〈부서진 천사〉, 〈나인〉, 〈끝없는 겨울〉에서는 사회적으로 화두가 되는 '위안부'를 주제로 작품을 쓰셨는데, 시작하게 된 계기가 궁금합니다.
- 이윤지: 2007년 미국 연방 하원의 위안부 결의안 통과 이후, 한 미국 언론사로부터 위안부 관련 작곡을 의뢰받은 저는 한국 '나눔의 집'을 찾아가 할머니들을 직접 만났습니다. 그러나 미디어에서 보던 모습과는 달리, 실제 할머니들은 강인하고 단단한 분들이었고, 제가 꺼낸 '고통'이라는 말은 대화의 단절로 이어졌습니다. 그 경험을 통해 타인의 트라우마는 내가 표현할 수 있는 대상이 아니다'라는 사실을 깨닫고, 당시 프로젝트를 포기했습니다.
12년 후, 다시 작곡 제안을 받았을 때는 '표현'이 아닌 '기록'의 관점에서 접근하며 〈부서진 천사〉라는 곡을 완성하게 되었습니다. 이 작업은 MusicUnitedUs의 위촉, 피리 연주자 가민, 비쥬얼 아티스트 이창진, 리디안 현악사중주, 이후에 다큐멘터리 제작자 허문호 국장의 협력이 중요했습니다. 이후 저는 이 주제를 미국에서

예술로 계속 기록하겠다는 약속을 했고, 2023년 생존자 수에서 착안한 〈나인〉 등의 작품을 통해 위안부 문제를 기억하는 작업을 이어가고 있습니다. 이 문제는 해결보다 '기억'이 더 중요한 주제이며, 제가 할 수 있는 일은 그 흔적을 '남기는 일' 것입니다.

손민경: 전반적으로 작곡을 어떻게 하시나요? 영감부터 착상, 구상부터 작품 제작까지 전반적인 곡 작업이 궁금합니다.
- 이윤지: 제 작곡 방식은 전통적인 선형적인 구조보다는 비선형적인 방식에 기반해 있어요. 흔히 말하는 '모티브를 발전시키는' 방식보다는, 저는 여러 음악적 파편을 동시에 구성하는 스타일이에요. 마치 '소닉 스냅샷'을 찍듯, 다양한 사운드 조각들을 만들어내고 그것들을 병치하거나 조합하는 방식이죠. 처음에는 이 조각들을 만들어 놓고, 그다음엔 수정 혹은 진화시키는 작업에 들어가요. 각각의 파편이 어떤 시간, 공간, 맥락에서 들어가야 할지를 고민하죠. 중요한 건, 이 사운드 조각들이 서로 어떻게 연결되고 영향을 주는지를 살피는 거예요. 소리의 강도를 조절해서 흐름이 자연스럽게 이어지도록 하기도 하고, 어떤 부분은 과감하게 잘라내기도 해요. 실제로 들을 땐 그 자름이 느껴지지 않을 수도 있지만, 저는 명확하게 구분해서 배치합니다. 그런 방식으로 감성과 구조를 병치시키면서 전체적인 곡의 목표를 향해 조형해 나가는 거죠.

손민경: 곡 작업하러 뉴욕에 자주 가시는 거 같습니다. 지금 뉴욕은 어떤 곳인가요?

- 이윤지: 뉴욕은 지금도 엄청나게 빠르게 변화하는 도시라서 한마디로 정의하긴 어려워요. 하지만 음악적으로 보면, 여전히 몇 가지 뚜렷한 흐름이 있어요. 첫째는, 유럽 클래식과 아방가르드의 전통을 잇는 주류 작곡가들의 흐름이 있고요. 둘째는, 뉴욕 스쿨 존 케이지를 시작으로 이스트 빌리지 등에서 발전한, 이른바 뉴욕 다운타운 실험음악 계열이 있어요. 이쪽은 몰튼 펠드만 같은 작곡가들의 영향을 받은 독립적인 현대음악이죠. 셋째는, 뱅 온 어 캔(Bang on a Can) 같은 단체를 중심으로 한 미니멀리즘과 팝음악 기반의 음악 흐름도 여전히 강해요. 그 외에도 이 독자적으로 자신의 음악적 세계를 구축하고 다양한 전통과 실험, 장르와 문화를 넘나들고, 즉흥연주를 기반한 존 존(John Zorn), 엘리엇 샤프(Elliott Sharp) 등 있고요. 이 모든 곳들이 공존하는 곳이 뉴욕이고 저에게도 그런 환경이 큰 영향을 줬어요.

손민경: 현재 작곡뿐만 아니라 후학을 양성하시면서 바쁜 일정을 보내고 계시는 거 같습니다. 마지막으로 글로벌 무대를 꿈꾸는 현대음악 후배 작곡가들에게 한 말씀 부탁드립니다.

- 이윤지: 저는 버클리대에서 학생들을 가르칠 때 항상 이렇게 말해요. "자신만의 목소리를 찾는 게 가장 중요하다." 세상에는 곡 잘 쓰는 사람이 정말 많아요. 그런데 중요한 건, 내가 왜 이 작곡을 해야 하는지, 내 음악이 왜 지금 이

무대에서 들려야 하는지, 그 존재 이유를 스스로 내 자신과 사회 사이에서 그리고 나 자신과 연주자 그리고 관객들 가운데서 찾는 것이에요. 그래야 이 길을 오래 걸어갈 수 있고, 계속해서 곡을 쓰게 되거든요. 기술은 기본이고, 그 위에 자신만의 예술적·미학적 관점을 길러야 한다고 생각해요. 음악을 넘어서, 더 넓은 시야에서 스스로의 예술세계를 고민해보는 것. 그게 결국 오래가는 작곡가가 되는 데 꼭 필요한 태도라고 생각합니다.

손민경: 오랜 시간 음악 세계에 대해 자세히 이야기 나눠주셔서 감사합니다.

작곡가 **유주환**

유주환
현악사중주를 위한 열 개의 斷想 〈모멸감〉

글 · 조민경

유주환(1968-)은 연세대학교에서 작곡을 전공하고 대학원 과정을 마친 뒤, 미국 플로리다 주립대학교에서 작곡 박사학위를 취득했다. 귀국 후에는 개인 작품발표회를 비롯해 화음챔버오케스트라 등 다양한 단체와 협업하며 활발한 창작 활동을 이어갔고, 국내외 여러 기관으로부터 음악상을 수상했다. 프라임 필하모닉 오케스트라의 상임 작곡가를 역임하기도 했다. 대학에서 작곡, 음악이론, 음악사 등 폭넓은 분야를 가르쳤고, 지휘자로서 활동한 경험을 바탕으로 『퀵서비스 관현악법』을 집필했다. 나아가 시민대학에서도 인문학, 현대음악, 전통음악 등을 주제로 강의하며 음악을 사회와 연결하는 활동에 힘써왔다. 이처럼 유주환은 음악가로서의 사회적 역할을 지속적으로 모색하며, 현재는 미국 오이코스 대학교(Oikos University) 음악대학의 교수로 재직하며 창작과 교육 활동을 이어가고 있다.

이 음악이 누군가에게는 등대의 빛처럼 닿기를

삶을 예측할 수 없는 거대한 바다에 비유한다면, 우리는 저마다의 배를 타고 각자의 속도로 이 바다를 항해하고 있는 셈이다. 변치 않는 사실은 누구도 다른 이의 항해를 대신해줄 수 없으며, 타인이 향해갈 방향을 강요할 수도 없다는 것이다. 작곡가 유주환이 바라보는 예술의 역할은 기본적으로 이러한 인식 위에 놓여있다. 그는 자신의 음악이 청자에게 '이렇게 살아야 한다'거나 '이것이 옳다'는 식의 메시지를 직접적으로 전달할 수 있다고 믿지 않으며, 반드시 그래야 한다고도 생각하지 않는다. 오히려 그가 떠올리는 것은 바다의 한가운데 솟은 등대의 모습이다. 등대는 방향을 직접 지시하지 않는다. 그러나 그 빛은 때로 삶의 항로를 가늠하게 해주는 작은 실마리가 되기도 하고, 잠시 멈춰 숨을 고를 수 있는 여백을 허락해주기도 한다. 자신의 음악이 누군가의 삶에 그런 등대처럼 스쳐 지나가는 순간이 있다면, 유주환은 그것으로 충분하다고 말한다.

'내가 듣고 싶은 소리'에 집중하기

대학 시절, 유주환은 오선지 위에 음표를 그리는 작곡과 학생이었을 뿐만 아니라 주변 사람들이 작곡한 음악을 직접 지휘하며 포디엄에 서기도 하였다. 이러한 경험 속에서 그는 빼곡한 음표들과 실제로 들려오는 소리의 관계를 진지하게 고민하였다. 일련의 고민 끝에 그가 내린 결론은 외부의 기준에 자신을 맞추기보다 '내가 듣고 싶은' 음악을 쓰는 사람이 되자는 것이었다. 중요한 것은 어떠한 음악적 기술을 쓰는지가 아니라, '나의 소리로 이뤄진, 나 자신이 확신할 수 있는 음악'을 향해가는 것이다. 이러한 열정은 미국 유학 시절을 거쳐 현재에 이르기까지 그의 음악 세계를 형성하는 원동력이 되었다.

이렇게 탄생한 그의 작품들은 작곡가 자신과 참 닮아있다. 섬세한 감성의 결 사이사이로 예리하고 날카로운 에너지가 스며 나온다. 예를 들어 피아노 사중주 1번 〈생성-律〉(2006)은 문인상 화가의 한국화에서 영감을 받아 작곡된 음악이다. 이 작품에서 그는 시각적 단상을 있는 그대로 '재현'하기보다, 한국화 특유의 농담과 붓질에서 느껴지는 인상을 그만의 섬세하고 날카로운 감각으로 포착했다. 관습적인 템포 표기를 최대한 배제하고, 네 악기가 엮어내는 구성음 사이의 여백과 텍스처의 밀도만으로 완급을 조절하는 음화(音畵)를 구현한 것이다. 한편, 피아노와 오케스트라를 위한 〈동요주제에 의한 교향적 변용〉(2014)에서도 그의 감각이 빛을 발한다. 어린이 청중을 위해 작곡된 이 작품에서 그는 '반짝반짝 작은 별'의 친숙한 선율을 주제로 삼았다. 주목할 점은 원곡을 과도하게 해체하거나 난해하게 만들지 않으면서도 열세 차례에 걸쳐 다양한 음악적 변용을 펼쳐낸다는 것이다. 때로는 몽환적인 음색으로, 때로는 역동적인 에너지로 진행되는 피아노와 오케스트라의 대화를 따라가다 보면, 익숙한 선율이 다채로운 음악적 층위로 확장되는 과정을 자연스럽게 마주하게 된다. 그 속에서 청자는 친숙함과 새로움이 교차하는 순간에 즐거운 미소를 짓게 된다.

나의 프리즘을 통해 비춰본 과거 작곡가의 음악들

유주환은 사랑하는 과거 작곡가들의 음악을 재해석하고, 이를 자신만의 음악적 프리즘을 통해 여러 가지 방식으로 새롭게 빚어내기도 한다. 바이올린과 피아노를 위한 〈호두까기 모음곡〉(2021)의 경우, 차이콥스키의 동명 작품을 실내악 편성으로 압축해 새로운 질감을 구현하고, 여기에 자신의 음악적 아이디어를 접목해 신선한 분위기를 자아낸다. 이처럼 기존 작품을 재구성하여 새로운 의미를 부여하는가 하면, 과거 음악의 특정 주제를 자신의 작품 안으로 끌어들여 현대적 맥락 속에 배치하기도 한다. 그 대표적인 예가 바이올린 솔로를 위한 〈프로메테우스〉(2024)이다. 세 악장으로 구성된 이 작품의 마지막 악장에서 유주환은 프로메테우스가 겪는 내면적 고통을 그리는 가운데, 베토벤 〈교향곡 제3번〉 4악장의 주제를 새롭게 해석하여 작품에 녹여냈다. 이 주제는 베토벤이 〈교향곡 제3번〉보다 먼저 작곡한 〈프로메테우스의 창조물〉(Die Geschöpfe des Prometheus)에서 유래한 것이기도 하다. 즉, '프로메테우스'라는 상징적 주제 아래 서로 다른 시대의 두 작곡가가 각기 다른 감성과 미학으로 음악적 대화를 나누고 있는 셈이다. 이렇듯 유주환은 과거의 음악에 창의적으로 응답하며 자신의 음악 세계를 확장해 나간다.

현악 사중주를 위한 열 개의 **斷想** 〈모멸감〉
(Humiliation for String Quartet, 2013)

나를 상처입힌 감정을 음악으로 마주하는 일

수치심, 자기혐오, 굴욕, 혹은 비참함. 이런 감정들은 우리 내면의 취약한 곳을 건드리며 오래 도록 낫지 않는 상처를 남긴다. 이처럼 인간을 무너뜨리는 감정들을 하나로 묶는 이름이 있다면, 그것은 아마도 '모멸감'이 아닐까? 국어사전은 이를 '업신여김과 깔봄을 당하며 느끼는 수치스러운 느낌'이라 정의한다.

사회학자 김찬호는 『모멸감: 굴욕과 존엄의 감정사회학』(2014)에서 모멸감이 한국 사회의 다양한 병리 현상 이면에 깊숙이 자리하고 있다고 분석한다. 현악 사중주를 위한 〈모멸감: 열 개의 단상〉(2013)은 바로 이 저서를 음악적으로 해석한 프로젝트의 일환으로 작곡되었다. 그렇다면, 유주환은 복잡한 사회학적 담론을 어떻게 음악으로 표현할 수 있었을까? 그는 원고를 읽는 과정에서 특정한 문장들이 자신 내면 깊숙이 묻혀 있던 감정을 자극하고, 잊고 있던 경험을 불현듯 상기시키는 것을 느꼈다. 그는 바로 이것에 집중하기로 했다. 김찬호의 글이 사회 구조 속에서 모멸감의 작동 방식을 학문적으로 살펴본 것이라면, 유주환의 음악은 이 감정이 개인의 내면에 남긴 흔적을 솔직하게 마주하고 표현한 것이다.

유주환의 『모멸감』은 작곡가가 포착한 '모멸감'의 다양한 양상을 주제로 한 열 개의 곡으로 이루어져 있다. 마치 한 권의 책이 여러 장(章)으로 나뉘듯, 각 곡은 순서대로 '1장', '2장'과 같은 형식으로 명명되어 있으며 저마다의 제목을 지닌다. 전체적인 흐름을 보았을 때, 작품의 문을 여는 첫 세 개의 장은 타인과의 관계에서 비롯된 상처와 그 흔적을 다룬다. 제1장 '감정의 찌꺼기'는 잔여물처럼 남아 불편함을 일으키는 정서적 잔상을 드러낸다. 좁은 간격의 고음역을 스타카토로 하행하는 바이올린, 무심한 듯 울리는 비올라의 피치카토, 짤막한 리듬을 반복하는 첼로가 마음 놓을 새 없이 신경을 콕콕 찌르며 음악을 주도한다. 제2장 '모욕의 응어리'는 보다 직접적으로 의식에 맺힌 분노의 감정을 표현한다. 음악의 전반적인 결은 제1장과 이어지지만,

현악기의 술 폰티첼로(sul ponticello) 주법의 스산하고 냉랭한 음색이 전면으로 치고 나온다. 제3장 '감정의 위장'에서는 모욕을 당하는 순간에도 아무렇지 않은 척 본심을 감추는 우리의 모습이 떠오른다. 중간 음역대의 모티브가 얕은 크레센도와 데크레센도를 반복하며 아슬아슬하게 이어지다가, 일순간 터져 나오는 진심처럼 갑작스레 음역의 폭을 수직으로 확장한다. 그러나 음악은 이내 처음의 담담한 모티브로 돌아와 마무리된다.

이어지는 장에서는 개인을 넘어 사회로 확장되는 모멸감의 단상이 주를 이룬다. 제4장 '허풍당당 왈츠'는 헤미올라를 활용하여 박절을 비튼 왈츠풍 음악인데, 허세와 자기과시로 내면의 결핍을 감추는 사람들의 모습을 꼬집는다. 제5장 '울지 못한 자들을 위한 노래'는 참담한 운명 속에 이름 없이 잊힌 이들에게 바치는 서정적 비가(悲歌)이다. 제6장 '연민의 메아리'는 타인을 향한 동정이 오히려 모멸을 낳는 역설적인 상황에 대한 성찰을 담고 있으며, 이어지는 제7장 '거머리 행진곡'에서는 포르타멘토(portamento) 주법으로 연주되는 현악기의 음색이 끈질기게 들러붙는 모욕의 언어를 연상시킨다. 이렇게 고조되던 긴장감은 제8장 '사라방드: 시를 좋아하시나요?'에서 잠시 숨을 고른다. 의례적인 위로의 말 대신 '시를 좋아하시나요?'라는 진심 어린 물음은 상대의 존엄을 있는 그대로 인정하는 방식이 된다. 이 순간의 섬세한 온기가 음악 전반에 스며들어 청자의 마음을 적신다. 이어지는 제9장 '에고의 감옥'은 살갗을 파고드는 겨울바람이 귓가를 스치듯 차갑고 날카로운 감각을 일깨운다. 이 단상은 한겨울, 이승을 떠난 지인의 부재를 마주하며 '타인'의 의미를 깊이 성찰하게 된 작곡가의 내밀한 기억과 공명한다. 마지막 제10장 '마음의 발견'은 실타래를 풀어내듯 이어지는 제1 바이올린의 선율이 비올라로, 제2 바이올린으로, 마침내 첼로로 그 영역을 넓혀가며 캐논을 구성한다. 모든 악기가 마침내 하나로 연결되는 음악적 전개에서 '나와 타인을 함께 사유하는 마음'이 조용히 모습을 드러낸다.

이처럼 유주환은 자신을 상처 입힌 감정은 물론, 자신이 상처를 주었을지도 모를 타인의 감정까지도 음악을 통해 마주한다. 이러한 마주함은 어떠한 결론을 제시하는 것이라기보다는, '직면'이라는 행위를 통해 스스로의 취약함을 끌어안으려는 시도에 가깝다. 그의 음악을 듣다 보면 청자 역시 어느새 내면 깊숙한 감정과 조용히 마주하게 된다. 그렇게 각자의 상처를 저마다의 방식으로 보듬는 시간 속에서, 유주환의 음악은 한순간 우리 삶을 비추고 지나간 등대의 빛처럼 잔잔한 울림을 남긴다.

[연주영상 보기]

현악사중주를 위한 열개의 斷想 <모멸감>
〈Humiliation〉 for String Quartet

1. 감정의 찌꺼기

유주환 (2013)

조민경: 만나 뵙게 되어 반갑습니다. 첫 번째로, 선생님께서 처음 음악에 관심을 갖게 되신 계기가 궁금합니다.

- 유주환: 가장 먼저 떠오르는 것은 어머니의 얼굴입니다. 제가 아주 어릴 때부터 어머니께서 집에서 피아노 교습소를 운영하셨거든요. 정확히 기억은 잘 나지 않지만, 아마 밖에서 흙장난을 하면서도 늘 집에서 들려오는 피아노 소리를 듣고 있었을 겁니다(웃음). 어머니께서는 제게 정말 열정적으로 피아노를 가르쳐주셨지만, 사실 그 시절의 저는 여느 아이들처럼 틈만 나면 밖에 나가 놀고 싶어 했고, 피아노가 마냥 즐겁기만 했던 것은 아니었어요. 그래도 음악이 늘 흐르던 그 집의 분위기, 그리고 그 속에서 자연스럽게 음악을 가까이하게 된 어린 시절의 기억이 지금도 선명하게 남아 있습니다. 작곡가의 길을 처음 권해주신 분도 어머니셨죠. 고등학교 2학년까지는 평범하게 공부하던 학생이었는데, 어느 날 어머니께서 작곡을 전공해보는 건 어떻겠냐고 조심스레 말씀하셨어요. 나중에 여쭤보니, 제가 어떤 길을 택하더라도 결국엔 다시 음악으로 돌아올 것 같다는 직감

이 드셨다고 하더군요. 그 말이 오래도록 마음에 남아 있습니다. 돌아보면, 제 삶의 가장 이른 시기부터 어머니께 참 많은 것을 배웠다는 생각이 듭니다.

조민경: 음악과 뗄 수 없는 유년기와 청소년기를 보내신 것 같습니다. 혹시 이 시기에 특별히 좋아하셨던 작곡가나 작품도 있었나요?

- 유주환: 그럼요. 저는 어릴 때부터 브람스를 정말 좋아했어요. 초등학교 5학년 무렵 아버지께서 브람스의 〈이중협주곡〉(Double Concerto)이 담긴 카세트테이프를 선물해 주셨는데, 그걸 방학 내내 집 안에서 틀어놓고 들었던 기억이 아직도 선명하게 남아 있습니다. 그 무렵부터 자연스럽게 클래식 음반에 관심이 생기기 시작했고, 브람스를 비롯해 다양한 작곡가들의 음반을 하나둘 모으게 되었죠. 요즘도 이 곡의 새로운 녹음이 나왔다는 소식을 들으면 가급적 꼭 찾아 들으려 합니다. 그렇게 쌓인 음반들은 지금도 제게 소중한 컬렉션으로 남아 있어요. 물론 저도 요즘은 스트리밍을 자주 이용하지만, 마음에 깊이 와닿는 음악은 가능하면 실물 음반으로 소장하려고 해요. CD나 LP로 음악을 듣는 감각은 여전히 저에게 특별한 경험으로 다가옵니다.

조민경: 이어서 작곡가님께서 미국 유학을 하셨던 시기에 대해서도 여쭙고 싶습니다. 유학 기간 동안 작곡가님의 작품 세계에는 어떤 변화가 있었는지 궁금합니다.

- 유주환: 솔직히 말씀드리자면, 유학 시절에는 일단 적응하면서 모든 일정을 소화하느라 정말 바빴어요(웃음). 아주 현실적인 문제들에 부딪히는 날들도 많았죠. 작곡가로서 지향하는 방향이 유학을 이어가면서 크게 달라지지는 않았어요. 한국에서도, 미국에서도 저의 음악적 방향을 존중하고 지지해주신 선생님들을 만날 수 있었고, 덕분에 비교적 자유롭게 제 세계를 만들어나갈 수 있었습니다. 그 시기에 특히 기억에 남는 경험이 있다면, 학교에서 오케스트라 리허설을 자주 맡게 되었던 일이에요. 지휘를 정식으로 전공한 것은 아니었지만, 지휘자 선생님의 부재 시에 제가 리허설을 맡곤 했거든요. 이 덕분에 다양한 고전 작품들을 직접 지휘해볼 기회를 얻을 수 있었습니다. 그 시간이 오히려 작곡이나 이론 작곡보다 더 깊이 몰입할 수 있었던 순간이기도 했어요.

조민경: 지휘를 하셨던 경험이 작곡가님의 작품 창작에도 영향을 미쳤을까요?

- 유주환: 아무래도 그렇죠. 사실 한국에서 작곡을 공부할 때도 학생들끼리 서로의 곡을 지휘해주는 일이 많았고, 저 역시 자연스럽게 여러 곡을 지휘할 기회가 있었어요. 그런데 어느 날 포디엄 위에 섰을 때, 어떤 사건을 계기로 문득 이런 생각이 들더라고요. "아, 나는 사람들과 소통할 수 있는 음악을 쓰고 싶구나." 그게 무슨 의미인지 곰곰이 생각해보니, 결국 제가 좋아하는 소리로 가득 찬 음악을 쓰는 일이라는 걸 깨달았어요. 그전까지 제가 쓴 악보들에는 연

주자 입장에서 다루기 쉽지 않은 복잡한 소리가 많았어요. 돌이켜보면 그런 소리는 제 안에서 자연스럽게 흘러나온 것이라기보다, 어쩌면 주변의 기준이나 흐름에 맞추려는 의식에서 나온 결과였던 것 같습니다. 그런데 자신의 음악에 진정으로 확신을 지니려면, 결국 악보에 담긴 소리가 내 안에서 비롯된 것이어야 한다는 생각이 들었어요. 그때부터 남들이 좋다고 말하는 방향을 좇기보다는, 내가 믿을 수 있는 소리와 방식으로 작곡가의 길을 걸어야겠다는 마음이 자리 잡기 시작했습니다.

조민경: 이제 '비평과 해석 사이'에서 다루는 작품인 〈모멸감〉에 대해서 질문을 드리고 싶습니다. 『모멸감: 굴욕과 존엄의 감정사회학』의 저자이신 김찬호 선생님과는 어떻게 인연을 맺게 되셨는지요?

- 유주환: 김찬호 선생님과의 인연은 정말 오래되었습니다. 선생님께서는 연세대학교의 매우 유명한 사회학 강사셨고, 저는 학부 시절 그분의 수업을 들었던 학생 중 한 명이었죠. 김찬호 선생님의 강의는 정말 인기가 많았어요. 선생님의 강의에서는 다양한 전공의 학생들이 모여 자유롭게 토론하고 질문을 던지며 사고를 확장해 나갔는데, 저도 그 분위기에 녹아들며 활발히 토론에 참여했습니다. 그 과정에서 선생님과 자연스레 접점이 생겼어요. 어느 날 쉬는 시간에 제가 사회 문제에 관해 던진 질문이 인상 깊으셨는지, 이후 수업에서 제가 토론을 이끌 수 있는 기회를 주셨어요. 수백 명의 학생 앞

에서 제 생각을 이야기하고 질문을 받았는데, 그 질문들의 주제가 정말 폭넓었어요. 그런데 이상하게도 그 상황이 전혀 부담스럽지 않고, 오히려 굉장한 지적 자극으로 다가왔던 기억이 납니다. 그때의 경험을 계기로 김찬호 선생님과의 소중한 인연이 시작되었고, 지금까지도 이어지고 있습니다.

조민경: 사회학 저서와 음악을 연결한 출판 프로젝트를 처음 제안하신 분도 김찬호 선생님이셨을까요?

- 유주환: 네, 맞습니다. 어느 날 김찬호 선생님과 함께 점심을 먹던 자리에서 "이런 책을 구상 중인데, 그 내용을 음악으로도 표현해보면 어떨까"라는 제안을 해주셨어요. 선생님은 제가 오랫동안 마음 깊이 존경해 온 선배이기에, 저 역시 기쁜 마음으로 꼭 참여하고 싶다고 말씀드렸습니다. 오랜 시간 이어져 온 인연 덕분에 선생님의 사유를 접할 기회가 많았던 것도 사실이에요. 하지만 제가 실제로 집중했던 것은 텍스트를 음악으로 '옮기는 것'이 아니라, 텍스트를 마주하며 제 안에서 일어난 반응을 음악으로 재구성하는 데에 있었습니다. 예컨대 인간과 존재에 대한 의식, 모멸감이라는 감정의 결, 사회적 시선과 같은 것들을요. 김찬호 선생님뿐 아니라 출판사인 문학과지성사도 이 방향을 긍정적으로 지지해주셨기에 저 역시 더욱 작곡에 몰입할 수 있었습니다.

조민경: 정말 특별한 인연을 통해 탄생한 작품인 것 같습니다! 마지막으로, 작곡가님께 '사회'란 어떠한 의미로 다가오는지를 여쭤보고 싶습니다.

- 유주환: 가끔 사람들은 자신이 속한 환경이나 신념이 세상의 중심이라고 여기는 듯한 태도를 보일 때가 있습니다. 예컨대 자신이 사는 지역, 믿는 종교, 혹은 국가가 가장 옳다고 굳게 믿는 모습 말이죠. 저는 그런 사고방식이 조금 불편하게 느끼기도 하고, 쉽게 동조하기보다는 조심스럽게 한걸음 물러서게 되는 편입니다. 세상은 훨씬 더 넓고 다양한데, 그런 시선이 우리의 시야를 좁히는 것 같기 때문입니다. 그래서 제게 '사회'란, 언제나 나 자신을 중심에 두기보다 타인의 입장에서 한 번쯤 생각해보려는 노력에서 출발한다고 생각합니다. 그리고 그러한 노력을 가능하게 하는 기반에는 반드시 '관용'이 있어야 한다고 믿습니다. 관용이란, 나와 다른 생각이나 방식을 무조건 받아들이는 것이 아니라, 그것을 억누르거나 배제하지 않고 존중하는 태도라고 생각해요. 누군가를 가르치거나 교화하려 하기보다는, 자신의 생각을 타인에게 강요하지 않고, 서로 해를 끼치지 않는 방식으로 각자의 삶을 존중하며 공존하는 것. 그것이 제가 생각하는 사회의 가장 이상적인 모습입니다.

조민경: 긴 시간 인터뷰에 응해주셔서 감사합니다.

작곡가 **박명황**

박 명 황

알토 색소폰과 피아노를 위한
〈실례지만 지금 불타고 계십니다〉

글 · 이창성

박명황(1987-)은 뛰어난 감각과 다양한 매체로부터의 영감을 자신만의 방식으로 참신하게 음악으로 풀어내는 작곡가이다. 프랑스 리옹 생떽쥐베리 고등학교를 졸업한 박명황은 이후 프랑스 리옹 2대학 음악학과, 리옹 국립 고등 음악원에서 작곡기법 학사를 취득하였으며, 스위스 제네바 국립고등음악원 대학원 피아노과를 졸업하였다. 이후 파리 국립 고등 음악원에서 작곡기법 석사를 취득하였으며, 동음악원에서 영화음악 작곡과를 졸업하였다. Mon premier festival, Festival Music & Cinema d'Aubage 등 각종 영화제와 시네마 콘서트에 작곡 및 연주로 활약하였으며, 1st International Westjords Piano Festival에서 초빙 작곡가 및 피아니스트로 참여하였다. 2024년에 부산 금정문화재단 은빛샘홀에서 '클래식과 사운드트랙 사이' 작곡발표회를 열었다. 현재는 국내에서 작곡가 및 피아니스트로 활동하며 부산대학교에 출강 중이다.

자신의 탁월한 감각을 신뢰하는 작곡가

박명황은 날카롭게 벼려진 감각에 온전히 집중하여, 독특하고도 신비로운 음악을 빚어내는 작곡가이다. 그는 어렸을 적부터 음악을 전공한 부모 밑에서 음악과 함께하는 삶을 살았고, 16살에 본격적으로 작곡가가 되겠다고 결심한 후 프랑스로 건너가 전문 작곡가의 길을 걷기 시작했다. 작곡가 본인이 밝히듯, 그의 음악에는 20세기 초 프랑스 음악의 영향이 강하게 느껴지며 그의 작품에는 프랑스 음악 특유의 섬세하고도 미묘한 색채감과, 음향에 대한 예민한 감수성이 진하게 배어 있다. 박명황이 사용하는 화성과 그 화성의 움직임은 주로 조성을 기반으로 하고 있으나, 전통적인 기능화성 체계로는 쉽게 분석하기 어렵다. 이는 그가 단지 복잡한 반음계적 화성이나 불협화음을 자주 사용하는 데 그치는 것이 아니라, 화성을 구상할 때 이론적 체계보다 실제 음향적 경험과 감각을 우선시하기 때문이다.

이성의 논리보다는 감각의 논리를 중시하는 박명황은, 곡을 쓸 때 피아노 앞에서 직접 하나하나 건반을 눌러가며 소리를 확인한다. 그는 손으로 눌러본 화음의 울림을 귀로 듣고, 그 울림의 여운이나 잔향을 바탕으로 다음 화성으로의 진행을 결정한다. 따라서 그의 음악에는 작곡가 박명황만의 독특한 감각적 논리가 가득 담겨 있다. 피아노를 위한 〈호수의 메아리〉(Echoes from Man's Lake, 2018/2024)와 〈눈 속에 파묻힌 이야기〉(Tales Under the Snow, 2022)에서 전체적인 구조는 조성 혹은 선법으로 파악할 수 있으나, 세부적인 화성의 사용에서는 해결되지 않는 불협화 음정들이 연속적으로 진행되며 청자에게 매혹적인 감각을 선사한다.

이러한 박명황의 음악 어법은 다른 매체와 결합했을 때 탁월한 시너지를 발휘하기도 한다. 그는 프랑스에서 작곡뿐 아니라 영화음악도 전공했으며, 이 분야의 거장 브루노 쿨레(Bruno Coulais, 1954-)에게 사사하며 영화음악 고유의 기법을 익혔다. 가령, 씨네콘서트용으로 작곡된 〈숲속 깊은 곳에〉(Au fond des bois, 2019)에서는 한 소년과 소녀의 신비롭고도 공포스러운 사랑을 다룬 줄거리와 절묘하게 어우러지는 섬세한 음향을 느낄 수 있다. 특히 반음 하나 차이로 섬세하게 변화하는 화음 위로 솔로 악기군의 돌발적인 선율들이 켜켜이 쌓여가는 이 작품은 단순히 영상 속 인물이나 줄거리를 따라가는 데 그치지 않고, 영상만으로는 채울 수 없는 공백을 섬세하게 메워주는 역할을 한다.

플레이어로서 도전할 수 있는 음악

작곡가 박명황의 화성 진행만 놓고 보면, 그는 영상 감각이 뛰어나고 듣기 좋은 감성적인 음악을 만드는 작곡가로 여겨질 수도 있다. 그러나 박명황은 연주 난도가 매우 높게끔 곡을 작곡하여, 연주자를 종종 난처하게 만들기도 하는 일종의 '천진난만함'을 지닌 인물이기도 하다. 그가 일부러 곡을 어렵게 쓰는 데에는 두 가지 이유가 있다. 첫째, 그는 도전적인 게임을 즐기는데, 특히 고난도의 탄막 게임이나 리듬 게임을 즐겨 한다. 이러한 게임에서 자신이 끝내 깨지 못했던 스테이지나 도전 과제를 마침내 클리어했을 때 느끼는 희열을, 음악 속에서도 경험할 수 있기를 바랐던 것이다. 둘째, 박명황은 뛰어난 피아니스트이기도 하다. 연주자의 입장에서 그는 관객과 소통하기 위한 음악보다는 작곡가와 연주자 사이의 교감을 중시하는 음악을 지향한다. 그는 곡이 아무리 어렵더라도, 그것을 마스터해 가는 과정에서 연주자가 작품에 애착을 느끼고, 마침내 무대에서 빛날 수 있기를 바란다고 말한다.

그 예로 플루트와 피아노를 위한 〈내면의 적〉(2024)이나, 알토 색소폰과 피아노를 위한 〈실례지만, 지금 불타고 계십니다〉(2019/2022)는 극한의 속주와 테크닉으로 연주자를 괴롭게 만들지만, 그만큼 강렬한 인상을 남기는 곡들이다. 이렇게 난이도 높은 곡들에는 박명황 특유의 독창적이면서도 장난기 넘치는 아이디어가 가득 담겨 있다. 그는 연주자가 아무리 연습을 열심히 해도 필연적으로 틀릴 수밖에 없는 지점을 곡 곳곳에 설정해 놓음으로써, 일부러 실수를 유발하기도 한다. 이에 대해 박명황은, 인간은 언제나 '완벽함'을 갈망하지만 결국 완벽할 수 없는 존재이며, 그러한 불완전함이야말로 인간을 인간답게 만든다고 말한다. 따라서 박명황의 음악에서 읽어낼 수 있는 메시지는 다음과 같을지도 모른다. 인간의 불완전성은 결코 부정적이거나 고쳐야 할 결함이 아니라, 오히려 그 나약함 덕에 우리의 삶은 예측 불가능하고도 아름다운 가능성이 가득하다.

알토 색소폰과 피아노를 위한 〈실례지만 지금 불타고 계십니다〉
(Excuse me, you are on fire, 2019/2022)

분노로 꺼지지 않는 현대 사회의 가상공간

인터넷의 등장은 세계를 송두리째 바꿔놓은 분수령이 되었다. 이제 누구나 손끝 하나로 자신의 목소리를 온전히 낼 수 있으며, 인류가 만들어 낸 새로운 가상공간에서는 정보와 의견이 초 단위로 유통된다. 그런데 아이러니하게도, 사이버 공간에서 가장 자주 마주치는 감정은 다름 아닌 '분노'다. 익명성을 기반으로 한 이 공간에서는 다양한 형태의 분노가 분출되지만, 그중에서도 가장 악질적인 것은 타인의 발언에 대한 비아냥이다. 이러한 비아냥은 분노를 끊임없이 증폭시키고, 한때 유토피아처럼 보였던 인터넷 세계는 어느새 꺼지지 않는 화염에 휩싸인 지옥처럼 보이기도 한다. 박명황의 〈실례지만 지금 불타고 계십니다〉는 이러한 현대 사회의 신종 분노를 절묘하게 풍자한다.

〈실례지만 지금 불타고 계십니다〉는 2019년 6월, 브뤼셀 왕립음악원에서 초연되었으며, 현재 UCLA 음악도서관의 '현대음악 악보 컬렉션(Contemporary Music Score Collection)'에 등재되어 있다. 이 곡의 제목은 온라인 카드 게임 《하스스톤》에 등장하는 캐릭터의 대사에서 따온 것이다. 이 표현은 처음에는 단순한 게임 속 대사로 소비되었으나, 대사의 풍자적인 뉘앙스와 캐릭터의 목소리가 절묘하게 어우러지며 곧 인터넷 밈(meme)으로 확산되었다. 여기서 '밈'이라는 용어는 원래 영국의 진화생물학자 리처드 도킨스(Richard Dawkins, 1941-)가 제안한 유전적 개념으로, 오늘날의 인터넷 문화에서는 빠르게 퍼지고 자유롭게 변형되는 이미지, 문장, 영상 등의 콘텐츠를 일컫는다. 이 작품이 차용한 해당 밈은, 온라인상에서 흥분을 감추지 못하거나 열정적으로 자신의 의견을 개진하는 이들을 조롱하는 데 사용된다. 겉으로는 공손한 어투를 사용하지만, 실제로는 상대의 과잉 감정을 비아냥거리며 정서적 거리를 두는 냉소적인 태도를 드러낸다.

이 작품은 A-B-A´-Coda로 구성되어 있으며 색소폰과 피아노의 불타는 듯한 속주로 시작된다. 먼저 강렬한 도입부(마디1–13)를 살펴보면, 악보에는 'Fast'라는 템포 지시가 기입되어 있으며, 색소폰은 미끄러지듯 순차 하행과 갑작스러운 도약이 교차하는 빽빽한 선율을 연주한다. 리듬 역시 셋잇단, 여섯잇단, 일곱잇단 등이 교차하면서, 음악은 끊임없이 미끄러지는 듯한 인상을 준다. 이에 대비되어 피아노는 선율이 아닌 화음을 반복적으로 두드리는데, 그 화음들은 음정 간격이 극단적으로 넓어 연주자가 마치 컴퓨터 자판을 연타하듯 격렬하게 건반을 두들겨야 한다. 이러한 도입부는 '키보드 배틀'이라는 인터넷 문화를 연상시키며, 피아노가 자판을 두드리는 행위로 해석된다면, 그 위를 흐르는 색소폰의 선율은 격렬한 댓글이 써지는 과정을 음악적으로 구현한 것이라 볼 수 있다. 도입부에서 처음 등장하는 색소폰의 선율(마디1–2)은 이 곡의 핵심 아이디어로 작용하며, 이후에는 색소폰과 피아노의 옥타브 더블링(마디14–15) 형태로 재현되거나, 리듬이 변형(마디169-170)되면서 곡의 형식을 구분 짓는 단서로 기능한다.

리듬의 변화와 피아노의 과잉된 코드 진행이 펼쳐지던 파트를 지나, 마디32에서는 다소 얌전한 방식으로 음악이 전개된다. 이 구간에서는 3/4박자를 16분음표로 쪼개어 규칙적으로 진행하는 패턴이 나타나며, 비교적 안정된 흐름을 보여준다. 그러나 마디88에 이르면, 마디1–2에 등장했던 색소폰 선율이 다시 제시되며, 잠시 소강되었던 분위기가 급격히 고조된다. 이러한 분위기 전환은 마디110에서도 반복된다. 활활 타오르던 두 악기는 이 지점에서 스윙 리듬을 사용하며 재즈풍의 음악을 노래하기 시작한다. 이는 잠시 가상공간에서의 분노가 사그라드는 듯한 인상을 주지만, 돌발적으로 터져 나오는 피아노의 불협화음은 언제든 다시 분노가 솟구칠수 있음을 암시한다. 이를 상징적으로 보여주는 마디169에서는 다시 한 번 도입부의 색소폰 선율이 등장하며, 음악은 다시금 격렬히 불타오른다.

이 곡의 코다 부분(마디191부터) 역시 흥미롭다. 곡이 최후반부에 이르면 템포가 'slow'로 변화하며, 두 악기는 마치 아무 일도 없었다는 듯 서정적인 선율을 조화롭게 연주하기 시작한다. 마침내 색소폰과 피아노가 화해에 다다른 것일까. 그런데 이러한 화해의 순간은 곧바로 깨져버리고 만다. 곡은 포르테가 세 개(*fff*)나 적혀있는 스포르찬도와 함께, 어느 하나 협화적이지 않은 음정들을 날카롭게 쏟아내며 마무리된다. 결국 이 곡은, 인터넷 공간이 끝내는 언제나 불타오를 수밖에 없는 곳임을 암시한다. 실례지만 지금, 아니 언제나 우리는 활활 불타고 있다.

[연주영상 보기]

Excuse me, you are on fire

for alto saxophone and piano

Myung Hwang PARK

✷ Suggested tempo. Performers are suggested to play as fast as possible while not degenerating the performance quality.

✷✷ all of respirations(comma) are ad libitum

2025년 7월 9일 오후 2시
온라인 ZOOM 비대면 인터뷰

이창성: 안녕하세요. 작곡가님의 활동을 찾아보다가, 16세에 본격적으로 작곡을 시작하셨다는 이야기를 보고 놀랐습니다. 이후 프랑스로 건너가 오랫동안 활동하시며 다양한 경험을 쌓으셨는데요, 그곳의 음악 환경은 어땠는지 궁금합니다.

- 박명황: 사실 거창한 계기는 없었어요. 어릴 때부터 음악과 가까운 환경에서 자랐고, 부모님 두 분 다 클래식 음악을 전공하셨거든요. 초등학교 때는 첼로를 배우다가 중학교 3학년쯤엔 "진지하게 음악을 해야겠다"는 생각이 들었어요. 프랑스로 유학을 가게 된 건 미성년자일 때 비자 문제도 있었고, 프랑스 예술 교육 시스템이 좋다는 얘기를 많이 들었기 때문이에요. 그래서 예술고등학교부터 대학, 석사까지 쭉 프랑스에서 공부했습니다. 타지 생활이 힘들 것 같았지만, 저에겐 정말 즐거운 시간이었어요.

이창성: 작곡가님의 아카이브를 보면 대부분의 작품을 직접 연주하시는 점이 인상적이었습니다. 피아니스트로도 활발히 활동하고 계신데, 연주자로서의 경험이 작곡에 어떤 영향을 주는지도 궁금합니다.

- 박명황: 프랑스 고등학교에 다닐 때, 작곡을 하려면 무조건 연주 전공을 해야 했어요. 그래서 피아노를 집중적으로 연습했죠. 자연스럽게 연주자의 입장을 이해하게 된 것 같아요. 지금도 곡을 쓸 때 "이걸 연주하는 사람은 어떤 감정일까?"를 먼저 떠올리곤 합니다. 유학 시절 한 교수님이 하신 말이 기억에 남는데요. "작곡가의 주요 고객은 관객이 아니라, 그 곡을 연주하는 연주자다." 연습은 시간과 에너지를 굉장히 많이 요구하잖아요. 그 고된 과정을 견디게 하는 뭔가가 있어야 해요. 저는 연습 중에는 짜증이 나더라도, 무대 위에서 보람을 느낄 수 있는 음악을 만들고 싶어요.

이창성: 선생님의 음악을 들을 때마다 '화성'에 대한 민감한 감각이 느껴집니다. 특히 씨네콘서트용 작품 〈숲속 깊은 곳에〉나 〈실례지만 지금 불타고 계십니다〉에서도 색채감이 진한 화성 진행이 인상적이었는데요. 작곡 과정에서 화성은 어떤 의미를 가지는지 여쭙고 싶습니다.

- 박명황: 네, 저는 화성에 굉장히 민감한 편이에요. 고등학교 때 피아노를 전공하면서 라벨, 드뷔시, 메시앙 같은 작곡가들의 음색에 매료됐고, 그 감각이 지금의 제 음악 언어가 된 것 같아요. 요즘은 '화성 중심'의 작곡이 구시대적인 것으로 여겨지는 분위기도 있지만, 제게는 여전히 가장 중요한 출발점이에요. 곡을 쓸 때는 항상 피아노 앞에 앉아서 손으로 눌러보며, 손이 다음 화음을 어디로 향하는지, 그 잔향이 어떻게 이어지는지를 귀로 확인하면서 작업해

요. 사실 이게 제 콤플렉스이기도 해요. 저도 머리를 써서 이성적으로 작곡하고 싶은데, 항상 감각에만 의존하는 것 같거든요.

이창성: 저는 전혀 콤플렉스라고 생각하지 않습니다. (웃음) 선생님께서 연주도 직접 하시고, 〈실례지만 지금 불타고 계십니다〉의 피아노가 너무 어려워서 '이걸 도대체 누가 치지?' 싶었는데, 영상을 보니 직접 연주하고 계시더라고요. 보내주신 프로그램 노트에서도 연주 난이도를 일부러 높게 설정하신다고 하셨던 것 같은데, 특별한 이유가 있으실까요?

- 박명황: 몇 가지 이유가 있어요. 첫째는 연주자에게 일종의 '챌린지'를 주고 싶다는 욕심이에요. 어렵더라도 극복해서 무대에서 폭발적인 반응을 얻는다면, 연주자에게도 큰 보람이 될 수 있잖아요. 둘째는, 연주 준비에 많은 시간과 에너지를 쏟는 만큼 작품에 대한 애착이 생겨서 기억에도 더 오래 남는 것 같아요. 처음에는 무관심하더라도, 그 작품을 소화하기 위해 시간을 들이다 보면 점점 애착이 생기더라고요. 셋째는, 연주 도중 발생할 수밖에 없는 실수 같은 인간적인 결함을 작품의 일부로 삼아보려는 시도예요. 저는 완벽한 연주만이 정답이라고 생각하지 않고, 그 안에 담긴 '휴먼 드라마'도 음악의 일부라고 보고 있어요.

이창성: 그럼 이제 본격적으로 〈실례지만 지금 불타고 계십니다〉 이야기를 나눠보고 싶습니다. 이 작품을 쓴 계기가 무엇이며, 색소폰은 어떻게 운용하셨는지 궁금합니다.

- 박명황: 처음에는 단순히 유머러스한 고난도 곡을 써보고 싶었어요. 그러다가 인터넷 밈과 연결되면서 제목이 정해졌죠. '실례지만, 지금 불타고 계십니다'라는 밈이 이 곡의 정서와 어딘가 잘 맞는다고 느꼈어요. 색소폰을 중심으로 구성된 곡인데, 사실 색소폰은 저에게 낯선 악기라서 제일 어려웠던 건 "어디까지 어렵게 쓸 수 있을까?"였어요. 이 곡을 의뢰했던 색소폰 전공 친구가 나중에 "이거 나 죽이려고 쓴 거야?"라고 농담할 정도였어요.

이창성: 이 곡은 분위기가 매우 극적으로 변화하더라고요. 두 악기가 불타오르듯 연주하다가, 낭만적으로 변하기도 하고, 재즈처럼 노래하는 대목도 있고요. 저는 중간에 재즈 잼 세션을 연상하기도 했습니다. 이런 변화들을 통해 어떤 점들을 표현하고 싶으셨나요?

- 박명황: 사실 처음부터 극단적인 분위기 전환을 염두에 두고 쓴 건 아니었어요. 원래는 끝까지 전력 질주하듯 밀어붙이는 곡으로 구상했는데, 작곡을 하다 보니 중간에 숨을 돌릴 수 있는 부분이 필요하겠다는 생각이 들더라고요. 그래서 낭만적이고 점묘적인 구간을 삽입하게 되었어요. 연주자도 그 부분에서 잠시 숨을 쉴 수 있고요. 물론 쉬어가는 부분이라고 해도 긴장감이 흐트러지지 않도록 조심스럽게 구성했습니다.

이창성: 아무래도 이 작품이 게임에서 유행하던 밈을 소재로 하고 있어서, 게임 이야기를 안 할 수

가 없겠네요. 평소에 즐겨 하시는 게임이 있을까요?

- 박명황: 어릴 때는 리듬 게임을 정말 많이 했어요. 1998년부터 비트매니아를 시작했는데, 유학 가서도 계속 했고요. 지금은 리듬게임은 졸업했고, 주로 싱글 플레이 중심의 게임을 해요. 탄막 슈팅이나 고난도 아케이드 게임을 좋아하는 편이에요. 경쟁보다는 스스로 도전하고 마스터하는 걸 더 좋아하는 성향이라, 그런 감각이 제 음악에도 스며들어 있는 것 같아요.

이창성: 어려운 게임을 좋아하시는 걸 보니, 왜 작품들의 연주 난이도를 높게 설정하시는지 알 것 같습니다. (웃음) 〈실례지만 지금 불타고 계십니다〉를 저는 사회적 시선에서 바라봤을 때, 분노로 가득한 현대 사회의 인터넷 문화를 풍자하는 인상을 받았는데, 그런 의도에서 작곡하신 건지요?

- 박명황: 사실 처음 그런 사회적인 해석을 들었을 때는 좀 당황했어요. 저는 이 곡을 되게 유쾌하고 장난스럽게 쓰고 싶었거든요. 단순히 '불타고 있는' 밈을 음악적으로 한번 장난쳐보자는 생각이었어요. 그런데 연주되고 나서 "현대 사회를 풍자한 것 같다", "소셜미디어의 분노를 표현한 곡 같다"는 해석들이 나오니까 저도 신기했죠. 물론 제가 의도하지 않았던 해석이지만, 그런 방식으로 이 작품이 제2의 삶을 얻을 수 있다면 그것도 참 감사한 일이죠.

이창성: 어떻게 보면 그만큼 이 곡이 사회적인 감각과도 자연스럽게 교감할 수 있었던 작품이라는

뜻일지도 모르겠네요. 마지막으로, 작곡가님께서는 사회적 현상이나 사회 문제에 대해 음악이 어떤 역할을 할 수 있다고 생각하시나요?

- 박명황: 솔직히 말씀드리면 저는 약간 회의적인 입장이에요. 요즘 사회는 워낙 다원화되어 있고, 예술이 사회에 끼칠 수 있는 직접적인 영향력은 과거보다 훨씬 약해진 것 같거든요. 그럼에도 불구하고 음악이 할 수 있는 일이 있다면, 어떤 메시지를 강하게 전달하기보다는, 사람들이 감정적으로 공명할 수 있는 장면을 만드는 일이라고 생각해요. 예술이라는 공통된 경험을 통해, 일회성으로 휘발되지 않는 연대감이나 공유감을 형성하는 것이 음악의 역할이지 않을까 생각합니다.

이창성: 오늘 정말 즐거운 대화였습니다. 작곡가님의 앞으로의 활동도 계속해서 응원하겠습니다.

Ⅱ. 음악은 '그날'을 기억한다

작곡가 **유범석**

유 범 석
사중창을 위한 〈하늘, 땅, 사람 그리고 토끼〉

글 · 이민희

유범석(1968-)은 다양한 장르와 스타일을 능숙하게 다루는 작곡가다. 연세대학교 작곡과를 졸업하고 미국 인디애나 대학교에서 작곡 전공으로 석사 및 박사학위를 취득했으며 부전공으로 음악이론과 전자음악을 공부했다. 박사과정이었던 1999년에는 관현악곡 〈심상〉(心象)으로 제7회 안익태작곡상 대상을 수상했다. 대구창작합창음악제, 관현악축제, 화음챔버오케스트라의 화음프로젝트 등에서 다수의 곡을 발표했으며, 앙상블에클라, 더싱어즈 등 여러 단체에서 작품이 위촉 및 연주되었다. 2013년에는 실내악 편성의 작품으로, 2017년에는 '합창을 위한 레퀴엠과 일반성가곡'이라는 제목으로, 2021년에는 피아노 작품을 중심으로 개인작품발표회를 열었다. 현재 21세기악회 이사, 연세대학교 음악대학 작곡과 교수이다.

음악 속 북극항로를 음미하며

　전형적인 현대음악에서부터 세련된 재즈까지를 넘나드는 유범석의 음악은, 가장 기본적으로는 폴리스타일리즘으로 분류할 수 있다. 실제로 유범석의 음악은 각 작품마다 접속하는 장르가 다르며, 하나의 곡 안에서도 수평적·수직적으로 서로 다른 시대의 음악 및 짜임새가 결합한다. 흥미로운 점은 이를 행하는 방식이다. 유범석은 다양한 스타일의 음악들을 치밀하게 탐색하고 이를 정교하게 재배치하여 새로운 감각을 만든다. 이렇게 다채로운 짜임새를 다루는 유범석의 작법은 '스타일 컴포지션'의 일종으로 볼 수 있다. 그리고 이런 방식은 어떤 지점에 이르러서는 온전한 형태의 특정한 장르 음악이나 매체음악 작곡으로 확장된다.

다른 세계로 접속하는 폴리스타일리즘

　우리나라에서 대서양을 거쳐 미국으로 가거나, 혹은 수에즈 운하를 거쳐 유럽으로 가는 길은 멀고 고되다. 하지만 북극항로라는 길을 통과하면 대륙들은 훨씬 가깝다. 유범석의 음악이 그렇다. 유범석의 피아노곡에 존재하는 9도나 11도, 13도는, 미끄러지듯 빌 에반스(Bill Evans)의 재즈풍 화성진행으로 넘어가는 통로가 된다. 분리된 음악의 대륙들이 '북극항로'를 통해 가까워지는 것이다. 그렇게 유범석의 작품 속 다양한 음악의 시공간은 그만의 길을 거쳐 다른 세계로 접속한다. 이를 특수한 유형의 폴리스타일리즘으로 부를 수 있으리라.

　이런 트렌지션, 예컨대 서로 다른 음악적 대륙을 넘나드는 지름길은 특수한 음악적 장치로 구체화된다. 이를테면 그의 〈레퀴엠〉(2017)은 악장마다 그리고 섹션마다 장르가 전부 다르다. 스트라빈스키(I. Stravinsky)적인 부분 혹은 사운드 매스(sound mass)적인 부분이 있으며, 쇤베르크(A. Schönberg)를 연상시키는 부분 그리고 코랄 풍의 섹션이 존재한다. 이런 흐름 안에서 유범석은 서로 다른 짜임새의 '연결 지점'을 섬세하고도 세련되게 매만졌다. 때문에 청자는 이러한 스타일의 교체를 '충격'으로 받아들이지 않고, '접속'의 감각으로 인지한다. 새로운 세계로의 기분 좋은 트렌지션인 셈이다.

보다 구체적으로 몇몇 곡에서는 이런 전략이 비화성음의 강도를 정교하게 조절함으로써 구현된다. 사중창을 위한 〈하늘, 땅, 사람 그리고 토끼〉(2021)에서는 말러의 가곡을 인용하는데, 이 노래는 섹션의 후반부에 이르러 불편하고도 기묘한 느낌을 주는 화음과 결합한다. 그리고 이 화음은 곧 이완되듯 뒷 화음으로 진행하며 완전히 새로운 스타일의 초입이 된다. 이처럼 유범석의 작품들 안에 등장하는 독특한 몇몇 화음은 앞 섹션과 뒷 섹션의 연결에 청자가 집중하고, 그 연결의 순간을 음미하게 만든다.

스타일 컴포지션과 그 확장

유범석의 독특한 작곡방식은 기본적으로는 '가져온 스타일'을 능숙하게 다룰 수 있는 데에서 기인한다. 이는 특정 시기의 음악이나 장르가 '어떻게' 그러한 소리를 내고 있는지에 대한 분석과 탐색을 통해 이를 새로운 음악으로 재창조하는 '스타일 컴포지션'에 관련되어 있다. 예컨대 라벨(M. Ravel)의 음악이 재즈와 유사한 무드로 들린다면, 유범석은 라벨 음악의 특정 박절에 놓인 텐션노트가 무엇인지 파악하고 이를 자신의 음악 안에 도입한다.

스타일 자체를 다루는 유범석의 능력은 보다 확장된 형태, 예컨대 다양한 장르의 음악 창작으로 나타나기도 한다. 이를테면 〈비올라 협주곡〉(2015)에서는 20세기 초반 러시아 음악에서 발견될 법한 격렬한 전개가 일품이다. 이 안에서는 '비올라 협주곡'만이 갖는 특유의 에너지, 예컨대 이러한 유형의 협주곡을 들으며 가슴 벅차했던 그 순간의 감각이 재현된다. 한편 〈시간에서 듣다〉(2008) 초반부는 순수한 미니멀리스트의 반복과 점진적인 구조로 이루어져 있다. 이 작품은 '공간의 형상이 시간적 흐름으로 어떻게 나타날까?'에 대한 질문의 답으로 작곡되었는데, 이러한 작품의 의도와 미니멀리즘 테크닉이 꼭 맞아떨어진다. 유범석이 누구보다도 잘 다루는 재즈풍 화성들은 대중을 위한 '창작 뮤지컬 칸타타'라는 장르로 관객을 만나기도 했다. 엄숙한 클래식 음악회가 아닌 대중이 꽉 찬 공연장에서 발표되는 이런 곡들은, 실로 새로운 타입의 동시대 작곡가의 고습을 투영한다.

사중창을 위한 〈하늘, 땅, 사람 그리고 토끼〉
(Sky, Earth, Man and a Rabbit for 4 Vocalists, 2021)

재치 있고 세련된 예술의 사회 발언

사중창을 위한 〈하늘, 땅, 사람 그리고 토끼〉는 2021년 '한국-독일 작품 교류 연주회'의 일환으로 백남준아트센터에서 무관중으로 초연된 작품이다. 코로나 팬데믹을 주제로 한 공연으로서 "음악 공연뿐 아니라 일상의 루틴마저 멈출 정도"였던 당시 상황을 소재로 한다. 작곡가는 "인간이 쌓아온 문명과 기술 그리고 환경에 대한 변화"라는 관점에서 작품을 구상했다.

〈하늘, 땅, 사람 그리고 토끼〉는 20세기에 거세게 대두되었던 모더니즘에 대한 비판과 유사한 어조를 띤다. 특히 다양한 출처를 가진 텍스트를 꼴라주해 인간이 자연과 조화롭게 어울렸던 옛 상황을 병치시킨다는 점에서 그렇다. 하지만 이 작품은 이런 표면적인 텍스트에서 한발 더 나아가 보다 포괄적이고도 우회적인 비판을 행한다. 결국 코로나라는 현대의 재앙 안에서 우리가 알게 된 사실은 인간은 환경과 공존하지 못하고 있으며 그 안에서 예술가들이 소외되었다는 점이다. 이러한 주제 의식은 '인용'이라는 도구를 전면에 내세운 채 음악으로 구체화됐다.

〈하늘, 땅, 사람 그리고 토끼〉에서 가장 눈에 띄는 것은 다양한 텍스트를 재조합해 풍성한 의미의 총체를 만들었다는 점이다. 말러의 가곡 〈나는 세상에서 사라지고〉는 코로나로 인해 세상과 단절된 음악가의 심정을, 퀸의 〈러브 오브 마이 라이프〉는 "소수자임에도 끝까지 노력하는 사람"을 표상한다. 여기에 더해진 '홍익인간'과 〈별주부전〉을 기반으로 하는 텍스트들은 인간과 자연의 공존이라는 테마를 소환함으로써 '코로나'라는 현실과 대립 구도를 만든다. 또한 간간히 등장하는 트럼프에 대한 언급은 이런 모든 환경과 뒤엉켜 작동하는 정치적 상황에 대한 풍자를 담았다.

텍스트들은 다양한 유형의 음성 요소로 다시 한번 분류할 수 있다. 영어와 한국어로 또박또박 낭송하는 음성, 독일어로 발성을 넣어 노래하는 목소리, '음~' 하며 퍼지는 허밍, '둠! 둠!' 으로 구성된 비트박스, '아~' 로 울리는 보칼리제 등. 이게 다가 아니다. '쉬! 쉬! 쉬!' 소리를 내는 의

성어, '악!' 하는 비명, 음향연구소에서 인간의 음성 샘플로 채집할 법한 기계적인 '아! 아! 아!', 더나아가 새벽에 울릴법한 공습 싸이렌 소리까지, 성대로 만들어 낼 수 있는 영어·독일어·한글의 모든 의미화된/비의미화된(음향적) 소리가 제시되며, 이것이 섹션마다 다채롭게 결합한다. 이를테면 곡 초반에 등장하는 '하늘 땅'이라는 가사는 의미가 사라진 채 그저 '하!', '늘!', '땅!' 등 모음과 자음이 생성하는 음향적 울림에 집중한다. 반면 말러의 가곡을 허밍하는 섹션에서는 또박또박 낭송하는 영어 단어가 섞여 들어오고, 퀸의 노래를 영어 가사로 부르는 부분에서는 '아! 아! 아! 아!' 하는 분절음이 더해지는 식이다. 청자는 이런 꼴라주를 들으며 산재하는 소리의 파편을 재조합허 자유로운 해석을 행할 수 있다.

소리들은 다시 한번 음악의 특정 스타일, 그리고 더 나아가 퍼포먼스와 결합해 있다. 말러의 가곡은 '잊혀진 음악가'의 아련한 느낌을 대변한다. 몇몇 구간에 등장하는 음향 덩어리들은 16세기의 이탈리아 마드리갈 및 프랑스 샹송, 더 나아가 20세기 중반의 아방가르드 음악, 그리고 20세기 말의 대중음악을 강하게 연상시킨다. 사이렌 소리에 맞추어 성악가들은 귀, 입, 코를 막고 불안한 표정을 짓기도 한다. 이렇게 곡 안에 등장하는 다양한 요소들은 특정 소리가 품고 있던 고유의 무드와 시공간을 작품 안에 소환한다.

마지막으로 섹션의 연결에 관해 언급할 필요가 있다. 각각의 섹션은 짧으면 10초, 길면 1분 정도 지속되다가 새로운 스타일이나 짜임새로 계속해서 교체되는데 이러한 교체의 리듬이 마치 영화의 '컷팅'과 유사하다. 도브테일링과 같은 장치 없이, 일순간 새로운 장면으로 변모한다는 점에서 그렇다. 따라서 수많은 섹션이 나열되는 작품을 음미하고 있노라면 영화의 편집점이 만들어내는 거시적인 리듬과 유사한 감각을 느낄 수 있다. 작곡가가 곡 전반에 극단적으로 흩뜨린 스타일·의미의 산재가 경쾌한 커팅의 감각으로 유쾌하게 다가온다.

작품에 유쾌한 무드가 배어나온다는 점에서, 예술을 통한 사회 비판이 이토록 은유적이고 음악적인 방식으로 구현될 수 있음을 다시 한번 실감하게 된다. 진지하고도 노골적인 비판이 아닌, 재치 있고 세련된 예술의 사회 발언이 가능해지는 것이다.

[연주영상 보기]

Sky, Earth, Man and a Rabbit
하늘, 땅, 사람 그리고 토끼

♩=74

* Speak the lyrics, at the approximate pitch with very intensive but **unvoiced breathing**

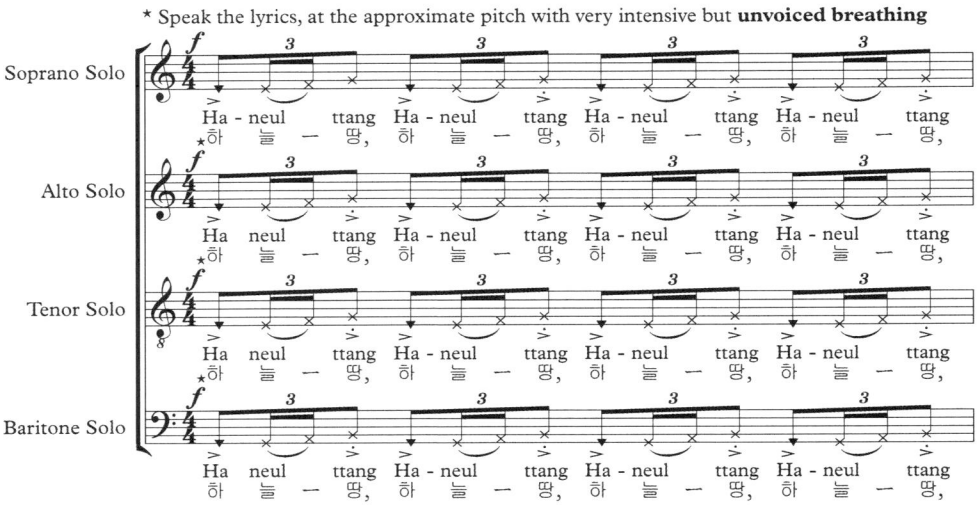

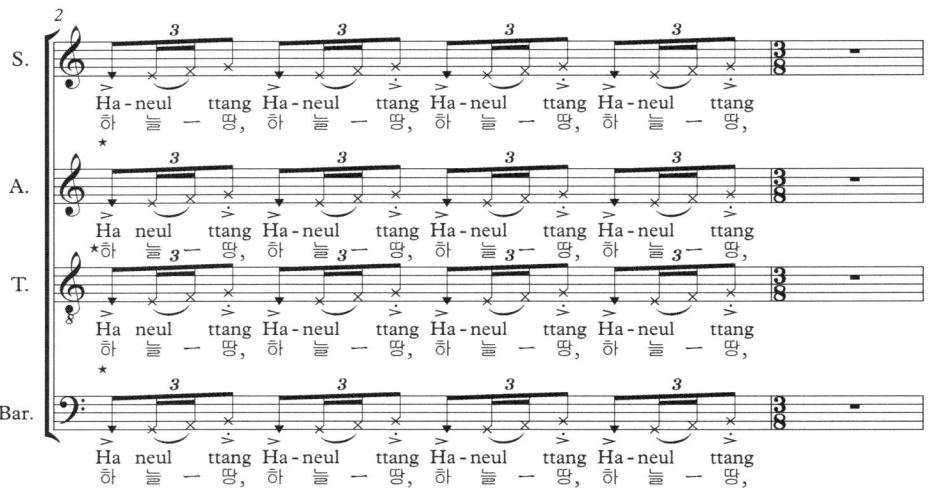

이민희: 미국과 독일에서 작곡 공부를 하셨습니다. 두 곳의 음악적 분위기가 다른지요?

- 유범석: 대학 시절, 독일에서 일 년 정도 체류했지만, 학교를 다녔던 것은 아니었습니다. 다름슈타트나 카셀의 미술 전시회, 백남준씨의 강연을 듣는 등, 독일적 분위기(?)에 이리저리 다녔던 시간이 있었고, 학위는 미국에서 했습니다. 아무튼, 단편적인 개인의 생각이지만, 미국은 뛰어난 작곡가를 '성공적인 작곡가'(successful composers)라고 본다면 유럽은 '대가적 작곡가'(maestro)랄까요? 유럽은 작가의 존재와 작가 의식에 대해 미국보다 더 무게감을 두는 것처럼 보입니다. 그래서 상대적으로 작곡가들의 사회적 의식이 크게 느껴지고, 음악적 담론도 무겁게 다가옵니다. 반면 미국에서는 작곡가가 건네는 담론을 그냥 '여러 의견 중 하나' 정도로 생각하는 경향이 있는 것 같습니다. 또한 유럽에서는 세미나에 가도 작곡에 활용된 음고, 구조, 도표, 미학 등에 시간 할애를 하고, 실제의 음악보단 음악적 의미에 대해 많은 이야기를 합니다.

유학 시절 인디애나 대학에서 레슨을 받는데, 저는 악보를 앞에 놓고 설명을 많이 하려고 했거든요? 그런데 선생님은 "그것은 너의 아이디어일 뿐이고, 내가 듣고 싶은 것은 너의 소리이고 그 소리로 너를 판단하는 것이다"라며 "너의 음악과 악보만 보자"라고 하시는 거예요? 저의 인상비평이지만, 유럽이 음악을 언어로 보는 문화라면 미국은 음악을 음악으로 보는 문화라 느꼈었습니다.

이민희: 최근과 같은 선생님의 음악스타일은 미국에서 정립되신 건가요? 본격적으로 작품을 발표하기 시작한 시기가 언제부터이신가요?

- 유범석: 이른바 조성적 재료인 3화음을 편하게 사용하기 시작한 건 미국 유학 후, 한국에 와서인 2004년부터라고 생각합니다. 한국에 오니까 실제 현장에서 사용할 음악(field music)을 작곡해야 할 일이 많이 생겼거든요. 연극음악. 무용음악, 교회음악, 독립영화음악, 카페음악 등, 실용음악적인 색채의 작업도 했고 성가도 편곡했습니다. 이런 음악들은 목적과 기능이 있고 대중친화적이며 타 장르 및 타 미디어와 결합되어 있습니다. 이를테면 〈마포나루〉(2010)는 마포아트센터의 재개관을 축하하는 곡이기도 했는데, 여기에서 현악기로 비명 지르는 곡(?)을 쓸 수는 없지 않습니까? 기능과 그 상황에 맞는 매체와 결합된 현장음악을 하는 것이 그 당시 저의 주요 작업이었던 것 같습니다.

반면, 저는 작곡 동인 위주의 소위 '작곡협회'나 '학술적 음악' 중심의 음악은 '콘서트 음악'으로 구분합니다. 이를테면 작곡협회에서 앙상블을 정해서 곡을 써달라는 위촉을 받는 경우, 그 작품은 기능적인 면을 강조하는 곡이 아니라 학술적이거나, 미학적 메시지 위주의 추상적인 음악을 공연할 때가 많습니다. 이 경우에는 제가 생각하는 종류의 음악적 판타지와 메시지를 더 담아보려고 시도합니다. 제 스스로 그런 것을 듣고 싶을 때도 있거든요.

이민희: 특정 장르나 스타일에 구애받지 않고 다양한 음악을 작곡하시는 것 같습니다.
- 유범석: '스타일 컴포지션'이라고 할 수 있지 않을까요? 이것은 특정 스타일을 들으면, 그 스타일로 작곡을 할 수 있는 것을 의미합니다. '스타일 컴포지션'을 하려면 분석도 해야 하고 해당 음악의 백그라운드도 이해하고 해야 해서, 저는 일단 음악을 많이 들으려고 합니다. 그래서 좋아했던 작곡가의 영향이 어디서든 나타나는 것 같아요.
저는 실질적인 작곡을 지향하기도 해서, 그때그때 목적에 맞는 음악을 쓰는 것이 저의 작곡적인 방향일 때도 있습니다. 그래서 가능한 모든 음악적 장르에 대해 편견을 갖지 않으려고 합니다. 각각의 음악은 각기 다른 기능이 있기 때문에, 그러한 다름으로부터 많은 것을 배우게 됩니다. 아방가르드 테크닉도 마찬가지고요.

이민희: 〈시간에서 듣다〉(2008)에서는 유독 미니멀리즘의 경향이 강하게 느껴집니다.
- 유범석: 저는 어떤 '이즘'(-ism)을 표방한 작곡가는 아닙니다. 작품의 목적에 맞다고 생각하면 테크닉을 가져와 쓰고, 그 목적이 다하면 또 다른 음향재료를 가져오고요. 간혹 자기 규칙을 만들고 자기 규칙에 얽매이는 곡을 쓰다보면 부자연스러워질 때가 있습니다. 그럴 때 다른 재료가 있으면 그것을 가져와 연결시켜 쓸 때가 있습니다. 미니멀적인 경향도 다른 장르와의 연결 및 구성 중에 나오는 개인적인 작곡방법 중 하나라고 생각합니다.

이민희: 그렇다면 선생님의 작품을 소위 폴리스타일리즘으로 설명할 수 있을까요? 슈니트케(A. Schnittke)나 크럼(G. Crumb)의 작품과 비교하면 어떤까요?
- 유범석: 슈니트케는 '충돌적인 아이러니'를 보여주는 것이 목적이기 때문에 음악으로 조성적 사운드 매스 효과를 만듭니다. 크럼은 여러 시대의 음악을 동시에 출현시키면서도 음향적 흐름과 효과에 더 중점을 두면서 곡을 씁니다. 반면 저는 음향 안에서 소리가 선율적 화성적으로 어떻게 감각적으로 진행하고 들릴지에 더 많이 신경을 쓰는 것 같습니다.

이민희: 한국에는 홍난파부터 시작되어 제3세대라는 명칭으로 이어지는 작곡가의 세대 구분이 존재합니다. 본인은 어떤 세대, 혹은 한국의 어떤 지점에 위치한 작곡가라고 생각하시는지요?
- 유범석: 현대음악은 음악의 전통을 반성하고 무력화시키는 방식으로 전개됐어요. 바흐, 모차르트와 같은 문화권에서 태어난 구미의 작곡가들은 거기에 반(反)하거나 재해석하는 음악을

해야 한다는 생각이 들었겠죠. 역사적 의식이 있기에 '반감(반미학)' 역시 생겨난 것이랄까요? 그렇게 나타난 서양의 모더니즘 현대음악은 음악적 매개변수를 총체적으로 활용해 우리가 알고 있는 음악적 감각을 무너뜨리고 인지적 혼란을 만드는 데에 치중합니다.

반면 우리는 서양음악의 시각에선, 혹은 역사음악학적으론 제3인칭의 객관적 주체라 할 수 있잖습니까? 서양음악의 원류가 아니죠. 우리는 서양음악사의 중간에 편입된, 소위 아방가르드의 '개발도상국'이었던 적이 있습니다. 윤이상 선생님이 신선한 충격을 주기도 했지만, 우리는 주류가 아니었습니다. 그래서 역설적으로 우리만이 갖는 역사적 자유가 있다고 생각합니다. 서구 모더니스트들이 가진 책임과 다르게, 이를 자유롭게 포지셔닝을 할 수 있는 제3의 공간이 있습니다.

그렇기에 저는 스스로를 포스트모더니즘 작곡가라고 생각합니다만, 저를 어떤 세대라고 정의하지는 않습니다. 서양에서는 실험주의 이후 포스트모더니즘이 대략 1970년대에 본격적으로 등장했습니다. 하지만 우리는 서양의 사조를 공부하고 발전시켰기 때문에 아무래도 현실적 음악의 공간에서 '시간의 격차'가 생길 수밖에 없고, 저도 그 영향 안에서 활동했습니다. 포스트모더니즘은 어찌 보면 복고주의라고도 할 수 있는데, 그렇다고 단지 옛것으로 돌아가는 것이 아니라 과거의 기법을 현대적인 기법과 섞어 쓰는 것을 두려워하지 않는 현대 음악이라고 말하고 싶습니다. 리게티는 "음악의 역사가 앞으로

만 가는 것이 아니라 지그재그로, 심지어는 뒤로도 갈 수도 있다"고 말했습니다. 저도 여기에 동의합니다.

이민희: 음악의 사회 반영, 혹은 음악의 사회적 발언에 대해 어떻게 생각하시는지요?

- 유범석: 음악적 표현은 그 무엇을 표방하든 그 사회를 이미 반영하고 있다고 생각합니다. 심지어 사회. 역사적 반영을 제거한 것 같은 '순수음악'이라 불리는 음악도, 음악역사학적 맥락 안에서 이미 그러한 배경을 가진 사회를 반영합니다.

만약 질문이 음악의 정치와 사회적 참여를 의미하신다면, 음악은 어떠한 의미로든, 긍적적이든 부정적이든 이미 참여 방식의 도구로, 기능적으로 예술적으로 사용되고 있다고 생각합니다. 다만 그 안에서 어떠한 방식을 어떻게 참여하고 나타내느냐는 것은, 작가에겐 선택의 문제입니다. 〈하늘, 땅, 사람 그리고 토끼〉가 음악의 사회적 발언을 의식하고 쓴 곡은 아니지만, 그것에 나타난 시사적 패러디와 인용, 그리고 혼합문들에서 보이는 언어교차들은 개인적으로 느끼는 사회에 대한 반영의 결과물이 될 수도 있습니다. 다만, 그것이 적극적으로 인식되는 것은 작곡가의 전적인 책임은 아니고, 독자들의 열린 해석에 맡겨야 될 것 같습니다.

이민희: 음악 세계에 대한 심도 깊은 말씀 진심으로 감사드립니다.

작곡가 **신숙경**

신 숙 경
피아노 트리오와 무용을 위한 〈전쟁과 여인〉

글 · 김예림

작곡가 **신숙경**(1967-)은 예민한 사회적 감수성을 토대로 가곡부터 실내악과 오페라까지 세세한 이야기를 담아내는 작곡가다. 이화여자대학교 음악대학을 졸업한 후 독일 데트몰트 음악대학에서 석사를, 미국 노스웨스턴 대학에서 석사 및 박사를 받았다. 그의 작품은 실내악, 가곡, 오페라에 걸쳐 큰 스펙트럼을 자랑하며, 다양한 곳에서 위촉 및 연주되었다. 특히 오페라 〈민호와 까치〉는 데트몰트 대학에서 연주되며 입지를 다졌으며, 미국에서는 시카고 심포니, 링컨 트리오, 벨기에 앙상블 등에 의해 위촉 및 연주되었다. 현재 한국에서 여러 작곡가 협회를 통해 지속적이고 꾸준한 창작 활동을 이어나가고 있다.

떠다니는 불합리의 유령을 찾아…!

평소 무던하게 지나쳤던 주변의 풍경을 다시 돌아봐야 할 때가 왔다. 우리 주변 곳곳에 숨어 있는 '불합리의 유령'은 외면한다 한들 사라지지 않을 뿐더러, 오히려 우리의 정신을 괴롭히며 들러붙는다. 이 유령은 일상 속 성차별적 시선, 인종에 따른 편견, 전쟁으로 고통받는 이들에 대한 무관심으로 우리 곁에 나타난다. 그렇기에 '나만 피해가면 됐지'라는 안일한 생각은 더이상 통하지 않는다. 이 유령의 정체를 명확히 인식하고, 그 실상을 직시할 수 있는 기회를 만드는 것이 필요하다.

작곡가 신숙경은 이런 과제를 자신의 음악으로 수행한다. 그는 몇 개의 악기만으로도 세상 속에 숨어있는 소외감, 차별, 그리고 이로부터 파생되는 부정적 감정들을 음향으로 구현해낸다. 개인적인 고민과 경험에 얽매이지 않고, 더 나은 사회를 꿈꾸기 위해 우리가 살펴봐야 할 사회적 문제들과 현상들을 세밀하게 포착한다.

실내악이라는 작은 편성 안에서 신숙경의 음악은 불합리의 유령들을 하나씩 드러낸다. 이 과정에서 존재조차 몰랐던 불합리의 유령을 수면 위로 끌어올리고, 그 불편하고 복잡한 실상을 생생한 경험을 통해 마주하게 만든다. 결국 우리는 그의 음악을 통해 불합리의 유령을 인식하고 성찰하는 능동적 청취자가 되어간다.

외침

불합리의 유령을 잡으러 떠난 한 사람의 독백극은 기분 나쁘고 불쾌했던 주변의 시선과 감정에서 비롯된 예민한 감각에서 시작된다. 작곡가 신숙경은 그 예민한 감각을 불협화음과 비정형적인 리듬, 극단적 다이내믹을 통해 듣는 이로 하여금 깊이 있는 성찰과 인식의 전환을 이끌어낸다.

현악 4중주를 위한 〈침묵과 욕망〉(2023)은 여성에 대한 고정관념과 성차별에서 비롯된 소외감, 분노, 그리고 두려움을 '침묵'과 '욕망'이라는 두 악장으로 표현한 작품이다. 1악장 '침묵'에서는 한 악기만이 피치카토 같은 다른 연주기법을 통해 1 대 다수가 이야기하는 분위기를 형성하여, 한 개인이 다수의 압도적인 시선 속에서 느끼는 이질감과 고립감을 강렬하게 그려낸다. 2악장 '욕망'은 제시된 어느 음형 하나가 모든 악기에 있어 우위를 점하지 않으며, 모두가 목소리를 내며 각자의 이야기를 적극적으로 드러내면서 더 이상 다수에 초점이 맞춰져 있지 않다. 결국 1악장에서 느꼈던 불쾌함과 소외감 등의 감정은 정확하게 포착되어 공기 중으로 사라져버리는 듯한 인상을 남긴다.

피아노 트리오로 구성된 〈하얀 가면들의 춤〉(2023) 역시 불합리의 유령을 추적하는 그녀의 방식을 잘 보여주는 작품이다. 이 작품은 인종차별이 야기하는 불안감과 분노를 두 음 사이를 반복적으로 오가는 움직임을 통해 표현한다. 이 화음들은 작품 전반에 걸쳐 긴장감을 끊임없이 제공하며, 요동치는 음형은 불안정한 마음을 만든다.

온정어린 시선과 차별받는 이들을 향한 연대

작곡가 신승경의 음악에는 단순한 분노를 넘어선 따뜻한 시선이 담겨 있다. 그의 작품들이 불합리를 고발하면서도 절망에 머물지 않고 정화의 가능성을 제시하는 이유가 바로 여기에 있다. 음악을 통해 사회의 아픔을 드러내되, 그 아픔을 함께 나누고 치유하려는 의지가 그의 작품 전반을 관통한다.

그의 작품은 전쟁, 차별, 페미니즘 등 높은 사회적 감수성을 바탕으로 우리가 숨 쉬듯 당연하게 느끼고 있는 문제들을 예리하게 잡아낸다. 그의 음악은 상황을 묘사하기 보다는, 그로 인해 벌어진 상황어 대한 개인의 감정의 민낯을 꾸밈없이 표현한다. 그렇기에 그가 만들어내는 소리는 마냥 아름답기보다는 아주 날카롭다. 물리적으로 날카로울 뿐만 아니라, 소리와 호흡, 그리고 중간중간 만들어지는 침묵이 한데 얽혀 심리적으로 날카롭게 심장을 파고든다. 그래서 그의 작품은 단순한 음악이라기보다는 한 사람의 절규나 외침처럼 들린다. 그리고 한편으로는 그 외침을 통해 연대와 치유의 가능성을 동시에 제시한다.

이처럼 그의 작품은 사회가 만들어낸 불합리로 인해 고통받는 개인의 목소리를 담은 하나의 음악적 증언이다. 세상에게 "제발 그러지 말아 달라"고 외치면서도, 그 외침을 통해 우리 모두가 함께 나아갈 길을 모색하게 만들기 때문이다.

피아노 트리오와 무용을 위한 〈전쟁과 여인〉
(Woman in the War for piano Trio and Dance, 2023)

벅벅 긁어도 사라지지 않는 것들

'여인이여, 그대 이름은 무엇이냐? - 몰라요 / 어디서 태어났으며, 어디 출신인가? - 몰라요 / … /

당신의 마을은 아직 존재하는가? - 몰라요 / 이 아이들이 당신 아이들인가? - 네, 맞아요.'

- 비스바와 심보르스카, "베트남" 중 일부

작곡가 신숙경은 〈전쟁과 여인〉을 통해 전쟁의 참혹함과 우리의 무관심에 맞선다. 그는 직접 전쟁에 겪어보지 않는 이상 알 수 없는 그 참혹한 고통을 음악이라는 매개체로 우리에게 강제로 체험하게 만든다. 평화롭게 살아가는 우리에게 전쟁의 현실을 음악으로 비춰주어 더 이상 외면할 수 없는 불편한 진실과 마주하게 하는 것이다.

〈전쟁과 여인〉은 2023년 11월 3일 제46회 신음악회 정기작품발표회에서 초연되었다. 피아노, 바이올린, 첼로, 그리고 무용으로 이루어진 이 작품은 1악장의 '무기력한 여인'과 2악장의 '우크라이나의 어머니'로 구성되며, 비스와바 심보르카의 '베트남'이라는 시에 영감을 받아 전쟁이 지속되는 우크라이나의 슬픔을 함께하기 위해 작곡되었다. 전체적으로 조용한 절망에서 시작해 격렬한 분노로 폭발하는 감정의 곡선을 그리며, 무용이 추가되는 2악장에서 절정에 이른다.

첼로와 피아노의 몸체를 두드리는 셋잇단의 리듬으로 시작하는 인트로에서 피아니시모의 술 폰티첼로(sul ponticello)와 트레몰로는 단순한 연약함을 넘어 전쟁 속 떨리는 목소리를 직접적으로 재현한다. 마치 심보르스카 시 속 '몰라요'라는 반복되는 대답의 음향적 구현인 것이다. 이때 피아노는 4분음표의 비교적 담담한 하행 진행을 이루며 대조적인 모습을 보인다. 마디 23에서부터 점차 포르테시모로 달려나가 마디 26에서 모든 악기가 4분음표와 2분음표의 하행 진행을 보이며 질문에 대한 답을 강요하는 강압적인 분위기를 형성한다. 전반적으로 고음역대에서의 반음계 하행은 불안감과 불쾌감을 한층 돋보이게 만든다. 마디 31에서부터 1악장 '무기력한 여인'으로 진입하는데, 피아노와 현악기 모두 연속적으로 진행되는 셋잇단음표의 부유감은 불안정한 현실을 그려내며, 마디 50에서부터 도약 진행을 통해 혼란스러운 모습을 상기시킨다. 계속해서 나오는 트레몰로와 셋잇단음표, 반음하행진행, 그리고 붙임줄은 박자 형성에 어려움을 만들면서 인지적으로 불편감을 지속적으로 생성한다.

2악장 '우크라이나의 어머니'에서부터는 무용이 함께 제시된다. 1악장과 대비되는 피아노에서의 포르테시모의 붙임줄과 이음줄 사용, 붓점 리듬의 등장은 담담한 리듬을 형성하지 못한 채 공포와 급박함을 자아낸다. 피아노와 현악기 모두 상승하는 셋잇단음표와 붓점, 당김음 리듬의 복합적인 사용은 그만큼 급박하고 혼란스러운 사회를 반영한다. 또한 포르테시모와 스포르찬도로 시작하며, 정박에 제시되지 않는 리듬과 미묘하게 어긋난 바이올린과 첼로의 강세와 고음의 내지름은 사라지지 않는 부정적 감정을 확산시킨다. 여기서 무용은 음악의 파괴적 리듬과 동기화되어 전쟁의 물리적, 정신적 폭력을 가시화한다. 특히 바이올린의 고음 내지름과 동시에 나타나는 무용수의 격렬한 몸짓은 고통이 단순한 감정이 아닌 몸에 새겨진 상처임을 보여준다. 전쟁으로 인한 처절함과 고통 그리고 분노가 온몸으로 드러나며, 미세한 근육의 움직임 하나하나가 강자의 억압과 횡포를, 그리고 약자의 떨림을 그려낸다. 이로써 신숙경은 의도적으로 '듣기 불편한' 음향과 '보기 거북한' 몸짓을 창조하여 전쟁의 불편한 진실을 외면할 수 없게 만든다.

결과적으로 소극적으로 움직이는 선율, 두터운 화음들의 나열, 복잡한 타악기적 리듬은 전쟁으로 치유되지 못한 상처들을 마구 쏟아낸다. 작곡가가 만들어내는 소리는 가시처럼 피부에 파고들어버리니, 소리의 불쾌함은 결국 심리적 불쾌함으로 연결되어 버린다. 듣고 나면 어딘가 모르게 몸 구석구석이 배배 꼬인 듯 불편함을 느끼는 것이다. 마치 피부 아래 뭔가 꿈틀거리는 것 같은, 아무리 긁어대도 불편한 느낌이 없어지지 않는 그런 답답함 말이다. 작곡가 신숙경이 이 작품을 통해 드러내고 싶었던 것이 바로 전쟁으로 인한 아픔을 꺼내지 못하는 모두와 그 주변을 위한 외침이 아니었을까. 현실을 직시하게 만들고, 겪어 보지 못한 사람들에게는 간접적으로라도 이 불쾌함에 휘감겨 온몸을 긁어대고 싶은 불편함을 느끼게 한다. 결국, 이 작품은 불쾌함을 극대화하여 벅벅 긁어도 사라지지 않는 전쟁의 상처와 아픔에 대해 대신 울어주고, 괴성을 지르며 분출해주고 있다.

[연주영상 보기]

Score

I. 무기력한 여인
Helpless Woman

신숙경
Sukkyoung Shin

김예림: 〈전쟁과 여인〉에 사용된 시에 대해서 설명해주실 수 있으실까요?

- 신숙경: 노벨문학상을 받은 폴란드의 심볼스카의 시를 굉장히 좋아합니다. 〈전쟁과 여인〉의 모티브가 된 시도 그 중에 하나예요. 그리고 이 시가 어려운 문자를 쓰는 것이 아니라 일상생활에서 우리가 느낄 수 있는게 많아 좋은 것 같아요. 우리나라의 소설가 한강처럼 민족적인 것도 담고 있어서 석사할 때부터 좋아했던 시입니다.

김예림: 이 시와 피아노 트리오와 함께 〈전쟁과 여인〉에서 무용수가 큰 역할을 차지하는 것 같습니다. 어떤 점에 있어서 무용을 중요하게 생각하셨는지요? 또 시의 화자는 여성이라고 생각할 수도 있을 것 같습니다. 그런데 무용수는 남자였어요. 남자 무용수만이 이 작품에서 줄 수 있는 힘이 있다고 생각하신 것인지요?

- 신숙경: 무용가 최현석 선생님께서도 이 작품에서 어떤 걸 표현했으면 좋겠냐고 여쭤셨어요. 제가 사용한 시 내용도 여인과 병사가 간단하게 질문하는 것이었는데, 굉장히 약자라고

볼 수 있는 여인과 아기만이라도 지키려는 그 모습이 무용에서 드러나기를 바랐습니다. 또한 전쟁 속에서 너무나도 많은 사람들이 다치고 그런 아픔을 얘기하는 것이 중요했기 때문에 그 누구도 이기지 않은 패배를 말하고 싶기도 했었고요. 그래서 이러한 것을 표현해 주셨으면 했습니다. 그리고 남성/여성 무용수를 딱히 나눈 것은 아니었습니다. 다만, 움직임 자체가 강하게 표현될 수 있는 근육들이 보이는 면이 좋아서 너무 만족스러운 표현이었어요. 그리고 저항력도 더 강하고요. 물론 신체적으로 약한 여성이 강하게 액션을 취할 수 있겠지만 남성의 큰 몸이 더 크게 조금만 움직여도 강하게 표현되는 점에서 잘 맞는 것 같아요. 그래서 시에서는 어머니라는 여성이 나온 것은 맞지만, 상징적인 존재일 뿐이지 실제 전쟁에서는 많은 병사들과 어린아이들도 죽었기 때문에 제가 표현하고자 한 부분을 잘 보여주었던 것 같습니다.

김예림: 선생님의 작품을 보면 주로 실내악 편성입니다. 좋아하시는 편성이신가요? 혹은 말하고 싶은 바를 가장 잘 드러낼 수 있는 것이 실내악이라고 생각하셔서 사용을 많이 하시는 것일까요?

- 신숙경: 평소에 실내악 편성의 작품들을 많이 접하기도 했고, 실제로 많이 다뤄보기도 했었어요. 또 학생들에게 가르칠 때도 트리오 작품을 많이 다뤘었고요. 그래서 실내악 편성을 좋아하는 것 같아요. 많이 들었기 때문에 더 많은 표현을 할 수 있게 된 것이죠. 또 한편으로는 적

은 악기 수로 가성비 있게 제가 표현하고 싶은 것을 다 표현할 수 있다는 점도 좋은 것 같아요. 적은 수지만 여러 색을 가질 수 있다는 점이 바로 그런 것이죠. 그래서 연주회장도 세종 체임버홀을 가장 좋아해요. 화려하지는 않지만 세세하게 하나하나 잘 들리는 것이 좋아요. 실내악 편성에서는 첼로를 가장 좋아합니다. 그래서 제 아이 둘도 첼로를 굉장히 열심히 가르쳤어요. 레슨도 따라다닐 정도로 좋아해서, 첼로 선생님들이 작품을 보시는 관점과 해석들, 그리고 연주법을 듣고 배우면서 더 좋아진 것 같아요.

김예림: 어떤 작품 활동을 추구하시나요? 또 어떤 이야기를 꾸려 나가고 싶으신 지 궁금합니다.
- 신숙경: 이제는 대중에게 더 친숙하게 다가갈 수 있는 소리를 만들려고 노력하고 있어요. 전에는 실험적이고 소리가 해결이 안 된다든가 굉장히 현대적이었는데 이제는 대중성에 대해서 무시할 수 없는 것 같아요. 대중적인 소리를 만들어 나간다고 해도 아직까지는 현대적인 부분도 많이 남아있기도 하고요. 음악은 사람들에게 아름다움을 전달해주는 언어라고 많이 생각하잖아요. 이런 부분에 있어서도 사람들에게 더 다가가서 좀 더 쉽고 가깝게 이해될 수 있는 것이면 좋겠다고 생각해요.

김예림: 그렇다면 주로 작곡의 영감은 어디서 오시는지요? 〈전쟁과 여인〉, 〈하얀 가면들의 춤〉, 〈침묵과 욕망〉을 보면 모두 사회적인 이야기와 연

관이 되어 있어요.
- 신숙경: 제가 독일로 유학을 갔을 당시만 해도 문화 충격이 많았어요. 수많은 역사 속에서 사회적으로나 인종적으로나 차별을 하면 안 된다와 안하려고 하는 노력들이 있음에도 불구하고 일상 속에서 차별이 너무나도 많이 깔려 있는 모습을 보았어요. 백인이 다른 인종을 차별하는 모습이라든가 반대로 한국인들도 다른 인종을 차별하는 모습이요. 또 아시아인 여자라는 저의 모습 때문에 소인종으로서 나를 표현하려고 하는 필요 그 이상의 긴장감 같은 것들을 항상 갖고 있기도 했어요. 이 뿐만 아니라 미국에서 생활할 당시에도 중산층 동네에서 생활했음에도 불구하고 후드를 쓰고 저녁에 나가면 범죄자로 오해 받는 것과 또 반대로 우리도 알게 모르게 다른 사람들을 상대로 저지르는 차별들이 많다는 것을 느꼈어요. 흑인 인권 운동에서 백인 어린아이가 운동할 때는 저지하지 않고 흑인 어린아이가 운동할 때는 저지하는 모습을 보면서도 충격을 많이 받았고요. 이런 부분에서 〈하얀 가면들의 춤〉을 작곡하기도 했어요.

김예림: 한편으로는 겪지 않았어도 될 상황들을 많이 겪고 보신 것 같습니다. 그래서 사회에 많은 관심을 갖게 되신 것일까요? 갖고 계시다면 주로 어떤 지점에 마음이 가 작품으로 형상화하는지 궁금합니다.
- 신숙경: 저는 '사회'라기 보다는 '우리가 사는 세상'이라고 말씀드리고 싶어요. 저는 한국에서만 산 것도 아니고 독일이랑 미국에서 오래

살았어요. 완전히 다른 세계와 문화에서 살아온 것이에요. 어느 정도의 교육을 받고 경제적으로 안정이 됐음에도 불구하고 모든 것이 변하고 주변도 변하잖아요. 그러니까 사회가 아니라 내가 사는 곳이라고 부르는게 맞는 것 같아요. 그리고 이런 경험을 한 것이 오히려 너무 감사해요. 눈을 가진 게 얼마나 감사한 일인지 몰라요. 예를 들어, 우크라이나 전쟁처럼 누군가 고통받고 있는 상황에서, 그 배경이나 사람들에 대해 아무것도 모른다면 그냥 막연한 두려움이 사라지기만을 바라게 되잖아요. 하지만 그것을 넘어서서 다른 부분도 볼 수 있다는 게 중요한 거죠. 그리고 내가 가해자가 되지 않을 수 있음에 감사한 것이고요. 이런 부분에서 두렵지 않다는 것도 감사하고요.

김예림: 현재 관심을 갖고 있는 사회 현상이나 주변 모습이 있으신가요? 작업하고 계신 방향이 있으시다면 살짝 언급 부탁드립니다.

- 신숙경: 지금 작업을 하고 있는 것은 아니지만 가장 관심을 갖고 있는 아픔은 계엄이죠. 너무 너무 갑작스러운 어떤 폭력이 다가온 것이고, 그 폭력 앞에 너무 많은 사람이 무능력해진 것이잖아요. 또 제가 가장 항상 일하고 싶은 것은 빈곤과 중독이에요. 물론 빈곤이 매우 중요하지만, 보이지 않는 중독도 관심을 가질 필요가 있어요. 미국에서도 보면 너무 많은 젊은이들을 앗아가고 있거든요. 물론 핸드폰 중독으로 인해 많은 아이들이 불안증도 높기도 하고요. 또 마약 중독도 우리 사회에 너무 많이 침투

해 있고, 이것이 많은 선량한 사람들의 삶을 앗아가고 있거든요. 모두가 나쁜 것은 아니잖아요. 순간의 어떤 도피적인 잠깐의 잘못된 생각으로 접했다가 영영 못 돌아오는 것이 안타깝습니다. 그래서 현재 가장 관심을 갖는 것은 빈곤과 중독인 것 같아요.

김예림: 마지막으로, 선생님께서는 어떤 작곡가로 기억되면 좋겠다고 생각하시는 상이 있으실까요?
- 신숙경: 작곡가가 너무 많으니까.. 사실 기억되는 것만으로도 너무 감사한 일일 것 같아요. 그래도 순수하고 사람에 대한 이해가 많은 사람. 사랑을 가진 사람. 이렇게 기억되면 좋겠어요. 여기서 순수한 것이 제일 좋은 것 같아요. 오염되지 않고 사람에 대한 깊은 이해를 가진 사람인거죠.

김예림: 오랜 시간 감사합니다. 선생님의 마음처럼 온정 넘치는 음악을 통해 우리도 따듯한 사람이 되면 좋겠다는 생각을 하는 시간이었습니다.

작곡가 **김지영**

김 지 영
플루트와 첼로를 위한 〈판문점〉

글 · 김가온

김지영(1978-)의 음악에는 쉼표가 많다. 이 쉼표는 침묵을 자아내고, 이 침묵은 갈등으로 인한 불편함을 곱씹게 한다. 이렇게 숨어 있는 진실을 찾아내는 작곡가인 김지영은 가천대학교 음악대학 작곡과를 졸업하고 프랑스 리옹 국립음악원에서 작곡 전공 디플롬을 취득하였으며, 빌뢰르반 국립음악학교에서 전자음악을, 상태티엔느 국립음악원에서 전자음악 및 합창지휘를 공부하였다. 리옹 전자음악협회(GMVL), 경기 디지털 아카데미에서 근무하였고 현재 음악과영상창작집단NOW, 베리타스뮤지케, ISCM에서 활동 중이며 가천대학교에 출강 중이다. 최근에는 프랑스 에르퀴시 국제문화교류페스티벌에서 대금 솔로를 위한 〈대나무의 숨결〉을 발표하는 등 해외에서도 활발하게 창작음악을 발표하고 있다.

감정과 진실에 굶주린 사회

뉴스나 SNS를 통해 과도하게 많은 정보를 접할 수 있어 TMI(Too Much Information)라는 말이 유행할 정도인 요즘이지만, 그 안에 진실은 없다. 감정을 표현하는 수단은 많지만, 그 감정을 스스로 느끼고 자신의 것으로 만들기도 전에 보여주는 데 급급하기 때문이다. 진실로 자신이 느낀 감정이 아니라, 그에 어울리는 감정을 찾아내는 것에 불과한 것이다.

이렇게 "감정과 진실에 굶주린 사회"에서 김지영은 진실을 찾고자 한다. 우리 눈에 보이는 것이 전부가 아니라 그것을 덮고 있는 무언가를 벗겨낼 때 숨어 있던 진실이 드러나는 것이다. 김지영은 음악을 통해 이를 나타낸다. 〈맑은 흐림〉(Clear Cloudy, 2024)의 프로그램 노트에서 "흐린 하늘을 보는 날이 많지만 흐림 속 하늘은 항상 맑음"이라고 말한 것처럼, 플루트 독주로 시작하는 음악은 맑은 음색을 먼저 표현한다. 이내 끼어드는 클라리넷과, 연달아 나오며 빠르게 변하는 음들과 트릴로 인해 음악은 뒤엉킨 듯 혼잡하게 들린다. 하지만, 한 음을 반복해서 연주하는 등 긴 음가로 시작한 음악의 흐름은 계속된다. 어느 순간 트릴이 걷히고, 클라리넷의 화려한 연주 속에서 플루트의 긴 호흡이 다시 두드러지며 첫 부분의 맑은 하늘이 다시 나타난다. 김지영의 진실은 이러한 것이다. 잠깐 가려지더라도 그 안에 반드시 들어 있는 것. 그것은 자세히 들여다보고, 내 것처럼 느낄 때 눈앞에 명확히 나타나게 된다.

어떤 거짓은 진실이다

진실을 온전히 진실만으로 표현할 수는 없는 것일까? 이 시대의 모든 진실은 그 위에 껍데기를 더하고 있는 것일까? 그러나 김지영에게 있어 거짓된 감정은 없다. 숨기고자 하는 감정도, 숨겨진 것 안의 다양한 감정도 진리가 될 수 있기 때문이다. 그렇다면 '숨기는 것'도 진실이라고 볼 수 있지 않을까? 김지영은 〈페이스북〉(Facebook, 2021)을 통해 "나의 삶이지만 나와 다른 이로 기억되기를 바라는" 아이러니함을 솔직하게 드러낸다. 좋은 것만 보여주고 싶고, 행복한 나만 보여주고 싶은 마음도 진실이다. 김지영은 이 마음을 숨기지 않는다. 기보음과 실음이 다른

B♭ 클라리넷이, '진짜 나'와 '다른 나'를 동시에 나타낸다. 이것은 부정적인 것이 아니다. 특별하게 기억되고 싶은 순간, 나를 감추고 싶은 것도 내가 느끼는 감정이기에 솔직하게 꺼내 보이는 것이다. 'Facebook'에서 힌트를 얻어 F, A, C, E, B음을 중심으로 하고 있지만, 그중에서도 김지영은 악보에 F, A, C, E음을 주로 등장시킨다. 여기에 거울처럼 비추어지는 하행과 상행 음형은, SNS 속 우리의 모습과 실제 우리의 모습을 마주하게 하는 것 같다. 김지영에게 거짓된 감정은 없다. 숨기고자 하는 감정도, 숨겨진 것 안의 다양한 감정도 그에게는 진리이기 때문이다. 껍데기라는 거짓은 없다. 둘 다 우리 자신의 모습이니.

대위를 통한 갈등의 해결

김지영은 따뜻한 작곡가다. 모든 감정을 끌어안고 이해한다. 그 거짓을 차가운 비판으로 보는 오늘날, 김지영은 〈페이스북〉을 통해 그마저도 '감정'이라는 말로 따스하게 끌어안는다. 그가 따뜻한 작곡가인 이유는 악기의 사용에서도 나타난다. 그의 작품에는 주로 2대 이상의 악기가 등장하는데, 이들은 서로 대립하면서 갈등을 빚어내다가도 서로의 소리를 충분히 낼 수 있도록 양보하며 갈등을 해결한다. 〈판문점〉(Panmunjom, 2019/20)이나 〈재해: 가뭄과 홍수〉(Disaster: Drought and Flood, 2023), 〈맑은 흐림〉 모두에서 이를 찾아볼 수 있다. 그가 갈등을 해결하는 방식은 악기를 대위적으로 사용하는 것이다. 각자의 목소리를 내지만, 서로 타협점을 찾아가며 하나가 되는 것, 그렇게 갈등은 해결된다. 이러한 김지영의 시선이 가장 돋보이는 작품이 바로 〈꽃자리〉(2023)이다. 3대의 현악기와 3대의 목관악기라는, 작지만은 않은 편성에서 이들은 서로의 목소리를 낸다. 하지만, 각자의 영역을 침범하지 않는다. 수평적으로는 각자의 리듬으로 자신의 목소리를 내고 있지만, 수직적으로 보면 각자의 위치를 존중하고 있다. 이 존중은 잘 이루어진 조성의 소리를 내서 드러나는 것이 아니다. 여섯 대의 악기가 내는 소리를 다 들을 수 있도록 악기 사이사이마다 소리를 배치했기 때문이다. 악기들이 빚어내는 대위는 그렇게 존중과 배려가 된다.

플루트와 첼로를 위한 〈판문점〉
(Panmunjom for Flute and Cello, 2019/2020)

아이러니 속 명확한 하나

2017년, 한 북한군이 군사분계선을 넘어 귀순을 시도하다가 뒤따라오던 북한군의 총격을 받는다. 2018년, 문재인 전 대통령과 김정은 국무위원장이 '6.25 전쟁의 종전과 한반도의 완전한 비핵화 목표'를 확인한다. 이 모든 일의 중심에는 판문점이 있다. 남북관계를 극도의 긴장으로 몰아넣다가도 평화로 이끄는 판문점이라는 공간은 참으로 아이러니한 곳이다. 이러한 아이러니는 역사적으로 반복되어 왔다. 2019년 4월 9일, 세종S씨어터에서 처음으로 발표된 김지영의 〈판문점〉은 약 10분 동안 판문점의 아이러니를 담아냈다.

A-B-A´의 총 3개 부분으로 나뉜 이 작품에서는 갈등과 평화의 대비, 그리고 이들이 공존하는 순간이 나타난다. 특정한 형식보다는 음악과 음향의 대비가 특징인 이 작품에서 세 개의 부분 역시 각각 음악과 음향에 따라 구분된다. 먼저, A부분(마디1-46)에서는 갈등이 수면 위로 올라오고, 본격적으로 갈등이 심화된다. 한 가지 흥미로운 점은, 무조음악임에도 불구하고 음악 전반에서 C음을 통해 음악의 방향이 나타나고 있다는 점이었다. C음의 반복으로 음악이 진행되다, 마디8을 기점으로 플루트는 C음에서 이탈했지만 첼로는 여전히 C음 중심으로 진행된다. 플루트의 이탈로 생겨난 갈등의 기류는 점점 깊어진다. 첼로와 플루트는 서로 다른 방향으로 향한다. 하나의 음에서 벗어났다는 다소 사소한 이탈은 어느새 큰 갈등이 되었다. 플루트는 큰 도약으로 상행하고, 첼로는 비교적 순차로 하행하다 보니 서로의 이야기를 들을 순간은 거의 나타나지 않는다. 이념의 충돌에서 시작해 한순간에 전쟁이 되어 버렸던 지난날처럼, 두 악기의 사운드는 자신의 소리로 뒤엉켜 있다. 각자의 방향으로 나아가던 플루트와 첼로는 모두 날카로운 고음으로 갈등의 정점에 달한다.

그렇게 갈등을 회상하고 있으면, 새로운 바람이 불어온다. 이 바람은 고요하다. B부분(마디47-84)은 분명한 악기 소리 대신 공기로 가득한 음향 위주로 진행된다. 플루트는 키클릭(key click)과 젯휘슬(jet whistle) 주법을 통해, 첼로는 피치카토 위주의 주법으로 이전과는 다른 공기를 형성한다. 급박하고 날카로웠던 직전 부분과는 완전히 대비되는 분위기기에, 다소 긴장감이 흐르기도 한다. 하지만, 이제는 서로의 이야기를 충분히 듣고 있다. 악보를 보게 되면 쉼표가 눈에 띈다. 하나의 악기가 말할 때, 다른 악기는 소리를 잠시 멈춘다. 청자들도 번갈아 등장하는 소리에 귀를 기울일 수 있게 되고, 그 음향을 곱씹을 수 있게 된다. 마디53-56에서 플루트의 젯휘슬은 첼로의 콜 레뇨 바투토(col legno battuto)로 이어진다. 플루트가 순간의 호흡으로 사라져 버리는 것이 아니라, 그 호흡을 첼로가 이어받는다. A부분에 비해 훨씬 느슨해진 짜임새와, 귀를 기울여야만 비로소 들리는 작은 음향들은 판문점에서 진행되었을 대화들이다. 전쟁이 끝난 뒤, 서로의 이야기를 듣고 의견을 조율해 나갔을 순간들이다. 차갑고 삼엄한 경계선이었던 판문점은 이제 소통의 장소가 되었다. 플루트의 무성음에 첼로의 엷은 소리가 더해지며 웅성거리는 변화의 바람이 분다.

마디85에 이르면 A와 비슷하지만 조금은 다른 방향으로 나아가는 A´부분이 시작된다. A부분의 대조가 드러나는 점에서 여전히 맞춰나가야 할 지점이 많은 남북관계의 현재가 보인다. 다시 C음을 향해, 그리고 C음을 중심으로 곡이 진행된다. 마디8이 4분음표 단위로 어긋나기 시작했던 것과는 대조적으로, 마디85에서 8분음표 단위로 진행되는 음들은 같은 방향을 향하며 동시에 진행된다. 여전히 큰 폭의 도약으로 움직이는 플루트와, 하나의 음을 지속하는 첼로의 움직임은 대조적이다. 이 대조가 첨예한 갈등으로 나아갔던 A와는 달리, A´에서는 서로의 방향을 존중한다. A부분에 비해서 쉼표가 많아졌다는 것 역시 특징이다. 이 쉼표는 긴장감을 유발하기도 하지만, 위에서 살펴본 것처럼 소통의 바람이 되기도 한다. 평화와 긴장의 바람이 중첩되는 점, 쉼표 속에 든 긴장감과 소통이라는 두 키워드는 모두 판문점의 아이러니를 담고 있다. 하지만, 이탈로 갈등을 유발했던 플루트는 마디97에서 비로소 C로 돌아왔고, 플루트와 첼로는 C음을 함께 여러 차례 연주하며 곡을 마무리한다. 곡의 과정은 아이러니로 가득했지만, 그 결말은 명확히 '하나'로 표현된다. 휴전이라는 특수한 상황 속에서 서로 대립하다가도 하나의 민족이라는 이름 아래 서로 연대하는 남북의 아이러니한 관계는, 결국 서로의 이야기를 듣는 소통 끝에 하나가 되리라는 결말로 나아가리라.

[연주영상 보기]

2025년 6월 23일 오후 8시
Zoom 화상 인터뷰

김가온: 곡들을 보다 보면 '사회 안의 나'라는 존재에 대해 많이 생각하시는 듯합니다. 〈판문점〉도 그렇지만 〈Facebook〉에서 더욱 그를 찾을 수 있었습니다. 현재를 살아가는 작곡가로서 요즘은 어떤 사회를 보고 계신가요?

- 김지영: '페이스북'은 작곡 당시 대표적인 SNS였어요. 지금도 인스타그램을 중심으로 비슷한 생각을 하고 있습니다. 제가 보는 사회를 한 단어, 한 문장으로 정의하긴 어렵지만 감정과 진실에 굶주린 사회를 보고 있는 것 같아요. 여러 매체를 통해 우리의 감정을 드러내고 보여주고 있지만 정작 그것을 느끼지는 못해 굶주려가고 메말라가는 우리가 처한 심리적, 사회문화적 현실을 보게 됩니다.

김가온: 쓰신 곡들에 관한 아이디어들이 흥미롭지만, 특히 남북관계는 오랜만에 보게 된 아이디어인 것 같습니다. 여러 아이디어 중 판문점을 선택하게 되신 계기나 관련된 개인적인 에피소드 등이 있으신가요?

- 김지영: 기억하실지 모르겠지만, 2017년 말에 북한군이 목숨을 걸고 판문점을 넘어 귀순한 사건이 있었어요. 그 후 몇 달 뒤 2018년 봄, 문

재인 전 대통령과 김정은 국무위원장의 회담이 또 있었죠. 2017년에는 총탄이 오가고 한껏 긴장된 분위기였는데, 2018년에는 통일 이야기가 나올 정도로 평화로워지는 것을 보면서 판문점이 굉장히 이중적인 곳이라는 생각이 들었어요. 곡을 쓰려고 조금 더 조사를 해 보니까 역사적으로 판문점에서 이렇게 긴장을 만들고, 또 평화로워지는 사건들이 계속해서 반복되어 왔더라고요. 이 반복에서 착안한 아이디어로 곡을 쓰게 되었습니다.

김가온: 〈판문점〉은 '공기', '흐름'이 아주 중요한 포인트인 것 같아요. 플루트도 마찬가지지만 첼로의 주법들도 소리가 흘러가는 방향이나, 활의 움직임 등이 강조되는 주법을 쓰고 있었습니다. 이 흐름을 통해 어떤 부분을 강조하고 싶으셨나요?

- 김지영: 〈판문점〉에서 '공기', '흐름'은 어떤 사건, 또 그와 대비되는 다른 사건을 가진 현장의 분위기를 표현합니다. 공기, 흐름은 새로운 국면을 맞이한 사운드스케이프라고 할 수 있어요. 그것을 표면적으로 드러내기 위해 여러 주법을 사용했어요. 물론, 이 주법은 이것을 표현하고 저 주법은 저것을 표현했다는 것을 완전히 배제하고 있지는 않지만, 주법이 무엇을 표현하는가의 문제보다는 음악의 융통성을 고려한 소리(음악)와 소음(음향)의 조화와 대비를 드러내고 싶었어요. 소리와 소음, 그러니까 음악과 음향은 이분법적으로 나뉘는 것이 아닙니다. 사람마다 가지고 있는 바운더리에 따라 달라지기 때문에 청자의 몫에 따른 것이죠.

김가온: 그렇다면 소리와 소음의 경계를 따로 두고 계신가요?

- 김지영: 아니요, 음악과 음향을 이분법적으로 분류하지 않았고, 구분하고 싶지도 않아요. 그건 온전히 청자에 따른 것이라고 봅니다. 특정 기준이 있기보다는 사람마다 가지고 있는 바운더리는 다르니, 큰 경계 안에서 각자 들리는 대로 조화의 의미를 찾아가는 과정이라고 생각해요.

김가온: 보내주신 최신 프로그램 내용도 확인했는데, 이전 버전에는 판문점이라는 공간의 '바람과 공기'를 상상하면서 곡을 작곡하셨다고 쓰여 있었습니다. 악보에서도 그렇고 실제 연주에서도 공기와 흐름의 방향성이 중시된다고 생각했는데, 최근 버전에서는 '바람과 공기' 대신 '감정과 생각의 조각들'을 담는다고 표현하고 계셨습니다. 곡에 대한 설명이 바뀐 이유가 무엇인가요? 바람과 공기가 아닌, 감정과 생각을 강조하시게 된 계기가 궁금합니다.

- 김지영: 이 작품이 초연되고 나서 이 작품에 대해 한 학생이 곡을 분석해 발표한 적이 있어요. 그때 바람과 공기를 물리적인 것으로 해석하며 분석을 진행했었는데, 제 작곡 의도와 다르게 해석이 되었어요. 물론 Why not? 했지만 재연 때는 작곡 의도가 달리 해석되는 부분을 최소화하고자 워딩을 바꾸게 되었어요. 판문점에서 있었던 수많은 역사적 순간들, 그때의 분위기와 그곳에서 불었던 바람이나 공기를 상상하며 느껴지는 감정과 생각을 표현하고 싶었던

것인데 단순히 바람과 공기가 실제 연주에서 물리적인 바람과 공기를 기술적 도구로 해석될 수도 있겠다 싶어 '감정과 생각'을 강조하여 설명하게 되었어요. 하지만 지금도 '바람과 공기'가 저의 의도를 더 잘 설명하는 워딩이라 생각하고 있어요.

김가온: 전반적인 음악에서 어긋남, 여백 등을 중시하시는 듯합니다. 자신의 자리에서 움직이는 성부들이 뭉치는 과정에서 하나의 곡이 완성된다고 느껴졌는데, 작곡하실 때 이 지점을 중시하시나요?

- 김지영: 질문자께서 말씀하신 어긋남, 여백에 대해 먼저 말씀을 드리자면 '어긋남'이란 표현보다 '소통'이란 표현이 적절할 것 같아요. 어긋난 것 같지만 꾸준히 음악적 소통을 통해 하나의 결론을 향해 가는 소통인 것이지요. 여백은 시간적 공간이라고 할 수 있겠는데 이 공간은 음악의 감정을 가장 원초적으로 느낄 수 있는 곳입니다. 질문자께서 하나의 곡이 완성된다고 느껴진 부분이 정확히 어느 지점인지 잘 가늠이 되지는 않지만, 〈판문점〉은 하나의 결론을 도출하기 위해 두 개의 소리가 끊임없이 질문하고 충돌하며 진행하고 있어요. 어떤 한 지점보다 이런 일련의 과정을 가장 중요하게 생각합니다.

김가온: 그 여백에서 음향을 다시 들을 수 있고, 그 음향을 두 악기가 맞추는 과정이라고 생각해서 저에게는 완성처럼 느껴졌어요.

- 김지영: 맞아요. 저는 쉼표가 나타내는 여백을

더 많이 쓰고 싶을 정도로 중시하는 편입니다. 맨 첫 질문과 함께 생각해 답변해 보자면, 이 사회는 소음과 침묵 사이의 사회가 아닌가 싶습니다. 우리가 살고 있는 도시에서는 너무 많은 소리가 들려옵니다. 그 안의 음악은 침묵과 고요함을 되찾기 위한 투쟁일 수도 있겠다는 생각이 들어요. 작곡가들은 들리지 않는 것을 듣는 시대를 살아갑니다. 그래서 쉼표는 아주 중요하고, 음악적인 것이 아닐까요? 여백이라고 말하기보다는 그 자체로도 들리지 않는 음악이라고 말하고 싶습니다.

김가온: 작곡하실 때 두 개 이상의 악기의 소통을 중시하시는 것 같습니다. 어긋남이 만들어 내는 소통으로 하나의 음악을 만들어 나가는 방식이 흥미로웠는데, 이와 같이 선생님께서 작곡하실 때 특별히 선생님만의 어법이나 양식을 만들어내는 방법이 있으시다면 말씀 부탁드립니다.
- 김지영: 어긋남이 만들어 내는 소통으로 하나의 음악을 만들어 나가는 방식. 정확히 보셨어요. 현대사회는 개인의 정체성이 하나의 기준으로 정의되지 않는 파편화된 정체성의 사회라고 볼 수 있어요. 국적도, 계급도, 이념도, 문화도……. 모든 건 고정된 것이 아니라, 시간과 공간, 관계에 따라 유동적이고 복합적인 것으로 인식되죠. 그래서 제 음악은 서사보다는 질문을, 결론보다는 충돌을 담아내려고 하는 경향이 있어요. '이 음악이 무엇을 말하는가?'보다 '왜 이 소리에 불편함을 느끼는가?'를 생각하고, 고정된 진리와 정의를 말하기보다 수많은 조각

의 감정과 생각들을 어떻게 배치하고 질문할지를 고민하는 데서 저만의 어법이 만들어지는 것 같아요. 물론 전혀 다른 해석으로 들려지고 분석될 수도 있겠지만 예술은 감정의 표면이 아닌 깊은 내면으로 들어가려는 시도가 포함되어야 한다고 생각해요. 그게 바로 진실을 향한 예술의 방식이니까요. 특별히 하나의 양식이나 어법을 만들려고 하지는 않습니다. 특정한 어법으로 제 음악을 가두기보다는, 아이디어 안에서 자연스럽게 어법이 만들어진다고 생각하시면 되겠습니다.

김가온: 답변하신 내용을 들어 보니 곡을 통해 청자에게 많은 가능성을 열어 주시고자 하는 것 같아요.
- 김지영: 예전에 책에서 '소리 존재론'에 대해 읽은 적이 있어요. 우리가 소리를 듣는다고 생각하지만, 그건 결국 공기가 울리는 진동이 주파수로 퍼져나가고, 그 주파수가 전기 신호로 바뀐 것에 불과해요. 뇌에서 그 전기 신호를 받아들이고, 우리의 의식으로 보낼 때 비로소 '소리'가 된다는 것이에요. 철학자 하이데거(Martin Heidegger)가 "진동이 은폐되면 소리가 탄생한다"고 말한 것처럼, 우리가 듣는 소리는 실제로는 우리의 공간이 아닌 의식에 있는 것이죠. 그래서 당연히 모두의 의식 안에 있는 것을 배려해야 한다고 생각합니다.

김가온: 좋은 말씀 정말 감사합니다. 앞으로의 작품활동을 진심으로 응원합니다.

작곡가 **이재신**

이 재 신
현악사중주 2번 〈세월호〉

글 · 김연수

이재신(1975-)은 한국 사회에 대한 깊은 관심을 다양한 음악적 어법과 형식으로 작품에 담아내는 작곡가이다. 독일 바이마르 프란츠 리스트 음악대학(Hochschule für Musik Franz Liszt Weimar)에서 작곡과 전자음악을 전공하였고, 〈두 개의 그룹을 위한 협주곡〉(2004)으로 유럽 각지에서 이름을 알렸다. 귀국한 이후, 2006년 영화 '마지막 밥상'의 음악 감독으로 참여해 국제적인 호평을 받았고, 2018년 오페라 〈1953〉이 한국문화예술위원회 창작산실 올해의 신작 오페라로 선정되는 등 다양한 음악 영역에서 주목받고 있다. 그는 21세기악회, 서울작곡가포럼의 정회원이자 한국국민악회의 부회장으로 활동하고 있으며, 현재는 중국 랴오청 대학에서 초빙 교수로 재직 중이다.

"한식만 골라서 먹고 있었다"

작곡가를 요리사에 빗댄다면, 그의 음악은 음식이 될 것이다. 여러 가지의 재료와 기법으로 만들어낸 작품은 이를 즐기는 사람에게 새로운 경험을 선사하고, 특별한 기억을 남긴다. 이재신이 요리하는 음악은 하나의 형식이나 장르에 얽매이지 않는 레시피를 사용하면서, 때로는 부드럽고 때로는 자극적인 다양한 맛을 지닌다. 또한 그의 작업이 이루어지는 식당의 메뉴판에는 한국의 역사, 사회, 현실에서 일어난 복잡한 사건들이 담겨 있다. 이재신은 의식적이든 무의식적이든 이 소재들을 선택해 요리하면서, 한국의 정신이 담긴 한식을 내놓는다. 청중은 작품에 스며든 사회적 감각과 정서를 곱씹으며 마음 깊이 새기게 된다. 그 결과, 이재신의 음악 세계는 마치 숨은 '한식 맛집'처럼 깊은 맛과 정성이 담긴 예술로 평가받는다.

형식 너머의 다채로운 레시피

이재신의 손맛은 형식과 장르를 가리지 않는다. 독주곡, 실내악, 협주곡은 물론, 가곡, 합창곡, 음악극, 오페라, 영화음악까지 매우 폭넓게 다룬다. 조성과 무조성, 절대음악과 표제음악 등의 구분 역시 그에게 더 이상 유의미한 경계가 되지 않는다. 독일에서 유학하던 젊은 시절에는, 치밀하게 계산된 무조 기법과 수학적 구조에 몰두하거나 전자음악의 가능성을 탐구하기도 했다. 이후 한국에 돌아와서는, 특정 양식에 머무르지 않는 유연한 태도를 보이며, 다양한 어법을 넘나드는 작곡 세계를 펼쳐나가고 있다.

귀국 초기에, 그는 우연히 다른 예술 장르의 감독과 협업을 시작하면서, 영화음악과 음악극에 본격적으로 발을 들였다. 영화 '허수아비들의 땅'의 삽입곡 〈서울 단단소이〉(2008)는 전형적인 화성 진행을 바탕으로 필리핀 전통 민요를 변주한 피아노 왈츠로, 이국적이면서도 서정적인 분위기와 선율의 다채로운 변화를 효과적으로 표현한다. 음악극 〈145년 만의 위로〉 중 〈바람의 노래〉(2012)는 바이올린, 대금, 피아노라는 동서양의 혼합적인 악기편성을 통해, 반복되는 주선율을 중심으로 자연스럽게 흐름을 이끌면서 절제된 감정을 묘사한다. 또한 이재신은 실내악과 가곡 등의 전통적인 장르와 유형에서도 꾸준히 작품을 발표하였다. 피아노를 위한 〈밀양아리랑 환상곡〉(2022)은 '날 좀 보소'의 음형 구조를 모티브로 삼아, E단조와 G장조를 넘나드는 모호한 화성, 복잡한 헤미올라, 글리산도 기법 등을 활용하여 신비로운 음향으로 재해석한다. 예술가곡 〈박군의 얼굴〉(2025)은 시인 심훈의 원작을 가사로 채택하고, 아리아와 레치타티보가 교대하는 형식을 적용해 사실적이고 극적인 전개를 추구한다. 이처럼 그의 작품은 수많은 가능성을 향해 열려 있으며, 청중에게 여러 가지의 음악적 경험을 맛보게 한다.

한국 사회를 담은 메뉴판

이재신이 접시에 담아 올리는 음악적 재료는 매번 다르지만, 그 안에서 반복적으로 느껴지는 맛이 있다. 바로 '한국 사회'에 대한 정신이다. 그의 최근 공연만 하더라도, '대한민국임시정부 수립 기념음악회'(2025), '광복 80주년 기념 작곡발표회'(2025) 등은 음악과 사회를 연결하는 시도로 보인다. 물론 다수의 작품이 위촉을 통해 이루어진 작업이지만, 이재신은 단순히 외부의 요청에 따라 수동적으로 곡을 쓰는 것이 아니다. 그는 주변 세계와 현실을 향한 풍부한 관심과 한국 사회의 정서와 감각을 토대로 음악을 구성한다. 한국의 명소를 다룬 〈명동성당에서〉(2008), 〈바람 위의 여의도〉(2009), 한국의 과거 향수를 담은 〈한강 아리랑〉(2020), 〈북한 민요에 의한 세 개의 노래〉(2022), 한국의 역사적 사건을 인용한 〈145년 만의 위로〉(2012) 등이 그 대표적 예다.

자연스럽게 사회가 음악에 스며든 작품들이 있는가 하면, 특정 사회적 사건에 명확하게 반응하면서 창조된 곡들도 있다. 〈그 소녀의 이야기〉(2016)는 일본군 '위안부' 피해자를 위한 현악 사중주로, 깊이 있는 서정성을 바탕으로 이들의 고통을 위로하고 추모한다. 이후 한국과 일본 간의 외교적 합의로 위안부 문제가 다시 사회적 쟁점으로 떠오르던 시기에, 그는 이 작품의 음악적 모티브를 확장하고 직접 대본을 집필하여 오페라 〈점례와 영자〉(2021)를 발표하였다. 이처럼 이재신의 음악은 단순한 사회 반영이나 기록에 머무르지 않고, 사회적 사건이 남기고 간 상처에 대한 공감과 치유, 그리고 기억의 지속을 향한 의식적인 태도를 드러낸다. 그는 한국 사회를 음악적으로 섬세하게 그려내며, 청중으로 하여금 한식의 깊은 풍미처럼 그 사회적 의미를 곱씹으며 음미하게 만든다.

현악사중주 2번 〈세월호〉
(String Quartet No. 2 'Sewol', 2015/2016)

사회적 충격에서 빚어낸 음악적 기억과 위로

2014년, 수학여행을 떠난 고등학생들이 탑승한 배가 침몰하는 장면이 전국에 생중계되었다. 전원 구조를 알리던 언론의 초기 대응이 오보로 드러나면서, '세월호' 사건은 참혹한 참사로 피해자와 그 유가족, 그리고 대한민국 국민 모두에게 깊은 충격을 남기며 국가적 트라우마가 되었다. 음악계에서는 이를 추모하는 수많은 작품과 공연을 선보였고, 이재신 역시 세월호 사건의 충격과 슬픔을 토대로 현악사중주 2번 〈세월호〉를 작곡하였다. 그의 다른 현악사중주 작품이 절대음악의 특성을 보이는 반면, 이 곡은 표제에 제시된 비극적 사건으로부터 작곡가가 느낀 감정과 의식을 직접적으로 드러낸다.

〈세월호〉는 이재신의 실내악 작품 연주를 주로 맡아온 콰르텟 수와 함께 2015년 개인 작곡 발표회에서 초연되었고, 이후 음악적 완성도를 높이기 위해 2016년에 세부적으로 개작되었다. 단악장으로 구성된 작품의 전체 연주 시간은 8분 내외로, 크게 전반부(마디1-160)와 후반부(마디161-226)로 명확히 구분된다. 두 부분은 각각 '혼란'과 '애도'라는 이중의 정서 구조를 바탕으로 하며, 이는 단순한 대조를 넘어서 사회적 참사에서 비롯된 강렬한 충격이 점차 평안한 위안으로 이어지는 감정의 흐름을 음악적 시간 안에서 형성한다.

도입부(마디1-3)는 아다지오의 느린 템포로 시작되며, 마치 무언가 시작되기 전의 짧은 정적과도 같은 분위기를 자아낸다. 곧이어 등장하는 강렬한 프레스토(마디4)의 전환은, 낮은 G음을 페달 톤으로 강하게 내세우면서 그 위로 장·단 2도와 7도, 증·감 4도 등의 불안정한 음정을 쌓아 올린다. 이때 제1 바이올린이 높은 음역에서 연주하는 글리산도는 외마디 비명을 음악적으로 형상화하고, 다른 악기들은 연속적인 꾸밈음, 약박의 강세, 싱코페이션 리듬 등을 중첩하면서 참사의 긴박함을 생생하게 묘사한다. 이후 구간(마디37)에서는 두 성부씩 짝을 이뤄 수직적, 수평적 텍스처를 함께 제시하는데, 불협화음의 클러스터와 음형의 파편화를 활용해 결집과 분산,

긴장과 이완 사이의 경계를 모호하게 만든다. 참사의 혼란과 충격을 청각적으로 그려내는 이 부분은 성부 교차(마디 69)를 거쳐 동형진행으로 이어지고, 점차(마디101 전후) 후반부의 핵심인 D음을 노골적으로 암시하면서 극적인 긴장감을 고조시킨다. 이후 빠른 호흡으로 음향적 혼란을 유지하던 긴 경과구(마디138-158)를 지나, 전반부의 불협화음을 대표하는 G-F♯ 모티브는 후반부의 선율로 자연스럽게 변모한다.

다시 아다지오로 되돌아온 후반부(마디162)는 반음계적 모티브를 느리게 반복하면서, 주로 동형리듬으로 펼쳐지는 모습을 선보인다. 이때 제1 바이올린이 제시하는 D음 중심의 '살풀이' 선율(마디183)은 새로운 정서의 전환을 시도한다. 시김새 있는 이 선율은 과거의 장례 행렬에서 상여를 메고 가는 소리꾼들이 외치는 구음(口音)으로부터 영감을 받았으며, 마치 곡하는 소리와도 같이 죽음에 대한 깊은 슬픔을 담아낸다. 전반부의 격렬하고 밀도 높은 불협화음과 급박한 리듬이 만들어낸 긴장감에서 벗어나, 후반부는 네 대의 현악기가 선율을 순차적으로 연주하면서 반복과 순환을 통해 평안하고 안정적인 음향 공간을 만들어낸다. 이후 각 성부가 리듬과 음형의 변주를 곁들인 살풀이 선율을 매기고 받으면서(마디205), 희생자의 영혼을 어루만지며 달래는 동시에 남겨진 공동체를 위로하고 결속하는 느낌을 서정적으로 표현한다. 마지막(마디215)은 첼로가 호소력 있는 음색으로 선율을 노래하면서 구슬프고 잔잔한 여운 속에서 곡을 마무리한다.

어떠한 충격적인 사회적 사건조차 시간이 흐르면서, 그 감정은 기억 속에서 점차 희미해진다. 그러나 이재신은 〈세월호〉를 통해 당시 참사의 장면을 청각적으로 간직하고자 하는 결연한 의지를 드러낸다. 이 작품은 단순한 재현이나 기록을 넘어, 죽은 자들을 위한 깊은 위로이자 남겨진 자들에게 건네는 정서적 연대의 메시지를 담고 있다. 또한 한국의 전통 장례 의식에서 비롯된 음악적 요소를 가져오면서, 한국 사회가 겪은 아픔과 상실을 공감하고 치유로 나아가는 길을 진정성 있게 모색한다. 이처럼 〈세월호〉는 사회적 충격에 대한 음악적 응답이자, 이재신이 정성으로 빚어낸 음악적 기억이자 위로라고 말할 수 있다.

[연주영상 보기]

String Quartet No. 2

Sewol

Jasin Lee

김연수: 작곡을 시작한 계기가 궁금합니다. 한국에서는 일반 고등학교를 졸업하고, 바로 독일 음악대학으로 유학을 떠나셨던데요.

- 이재신: 제가 어렸을 때인 1980년대는 대한민국의 경제가 딱 성장하던 참이었습니다. 가정마다 피아노와 오디오가 유행처럼 들어왔고, 저는 동생과 같이 피아노 학원을 다니기 시작했습니다. 그때가 중학생이었으니, 음악을 전공하기에는 사실 늦은 나이였죠. 게다가 피아노는 열심히 안 치고, 음악에 대해 이상한 질문을 많이 하는 편이었어요. 그러자 학원 선생님이 '혹시 작곡해볼래?' 하면서 작곡 선생님을 소개해줬습니다. 그렇게 작곡에 입문하게 되었죠.

작곡가가 될 것이라고 느꼈던 건, 당시 고전이나 낭만 시대의 음악을 들으면 전율이 왔기 때문입니다. 그 부분을 계속해서 들어보고, 어떤 화음으로 진행되었는지 살펴보면서 '이렇게 곡을 써보고 싶다.'라고 생각했습니다. 대학 진학을 할 시기에는, 경제 성장 덕분에 주변에서 유학을 많이 떠났습니다. 저는 좋아하는 작곡가들이 독일 출생이었다 보니, 독일로 가게 되었습니다.

김연수: 독일에서는 전자음악과 현대음악을 주로 쓰셨던 반면, 한국에 돌아와서는 영화음악, 음악극에 큰 관심을 보이셨습니다. 전혀 다른 장르에 빠지게 된 특별한 이유가 있나요?

- 이재신: 유학을 마치고 귀국했을 때, 미국에서 실험 영화를 공부했던 어떤 감독님도 한국에 들어왔습니다. 자신의 영화에 음악을 맡아줄 사람을 찾고 있었는데, 우연히 저와 인연이 닿아서 함께 작업을 시작하게 되었습니다. 이후에는 음악에 관심이 많았던 미술 감독님을 알게 되었는데, 그분이 극 작품을 시도하면서 저도 협업에 참여했습니다. 결국 제가 먼저 나서서 작곡했다기보다는, 다른 예술 분야에서 연락을 주셔서 하게 된 것이기는 하지만, 원래부터 영화음악이나 오페라 쪽에 조금 관심이 있기는 했습니다.

제가 독일에서는 급진적인 현대음악을 공부했습니다. 세밀하게 수학적으로 계산된 음악을 주로 작곡했었죠. 그런데 한국에 돌아와서 연주회를 했을 때, 가족들이 힘겨워하는 모습을 보고 고민에 빠졌습니다. 당시 독일에서 현대음악을 전공하던 시절에는 조성음악에 대한 터부시가 있었고, 선배 작곡가들이 '그거 하려고 독일까지 갔나?'라는 말도 했습니다. 그런데 음악극은 조성음악을 작곡해도 되는 분위기였습니다. 제게는 죄책감 없이 음악을 써도 되는, 일종의 '면죄부'였죠. 그래서 영화음악이나 음악극의 위촉을 받으면 내심 반기기도 했습니다.

김연수: 그러면 조성음악을 많이 작곡하는 편이신

가요?

- 이재신: 지금은 아니에요. 무조성과 조성, 이렇게 이분법적으로 생각했던 것은 젊은 시절이었습니다. 제가 원하는 것이 조성이 아니라는 사실을 나중에 깨달은 셈이죠. 과거의 음악, 민족 음악, 미니멀 음악에서 크게 감동하는 경험이 많아졌고, 인간의 몸이 느끼는 아름다움을 조성으로 구분하지 않게 되었습니다. 그래서인지 요즘에는 미학, 아름다움에 관심이 있습니다. 제 몸이 받아들이는 음악을 쓰는 거죠. 예를 들어, 저는 5도에서 1도로 진행하는 화성 진행을 최소한으로 사용하려고 합니다. 제가 전형적인 양식을 피하는 편인데, 몸에서 감각적으로 거부 반응을 보이기 때문입니다. 물론 완전히 여기에서 벗어날 수는 없겠지만, 더욱 열린 시각으로 접근하고자 노력합니다.

김연수: 형식적으로는 틀에 갇히지 않는 방향으로 나아가시는 거군요. 그런데 작곡하신 음악의 제목이나 주제를 보면, 전반적으로 한국 사회에 대해 많은 관심을 가진 것으로 보입니다.

- 이재신: 솔직하게 말하자면, 작곡가는 선택받는 입장입니다. <명동성당에서>(2008), <바람 위의 여의도>(2009) 같은 작품은 '서울명소 한국 가곡제'에서 제의를 주셔서 작곡했었죠. 특별한 관심이 있었던 건 아닙니다. 전쟁이나 위안부를 소재로 했던 음악 역시, 작가가 그 대본을 주었기 때문에 내용에 맞춰서 곡을 썼습니다. 그래서 '한국이나 사회의 문제에 관심이 많아서 이 음악을 만들었다.'라고 단언하기는 어

렵습니다만, 전반적으로 관심은 있습니다. 제게 큰 충격을 주는 사회적 사건들이 곡을 쓰게 만들기도 합니다. 살다 보면 그런 충격을 많이 받게 되더군요. 사회 정의를 실현하겠다는 거창한 목표가 있는 것은 아니지만, 현실의 다양한 문제가 창작의 동기 부여가 되고 있습니다. 돌이켜보니, 사회와 연결된 작품을 다수 작곡했다는 생각이 듭니다. 제가 의식적으로 그런 주제로 음악을 썼다기보다는, 자연스럽게 그런 문제들이 제게 찾아온 것 같다고 느껴집니다. 아니면, 어쩌면 제가 선택한 것일지도 모르겠습니다. 예를 들어, 다양한 요리가 있는 줄 알고 아무거나 집어 들었다고 여겼지만, 결과적으로는 제가 한식만 골라서 먹고 있었다는 것을 나중에 알게 된 셈이죠.

김연수: 결국 그 모든 선택이 의식적이든 아니든, 사회와의 접점으로 이어졌다는 점이 인상 깊습니다. 한편으로는 의외이기도 합니다. 작곡가님을 만나 뵙기 전에는 사회의식이 뚜렷한 분일 것이라고 막연히 생각했거든요.

- 이재신: 맞습니다. 하지만 무작정 문제를 제기하면서 사회적 이슈를 공론화하려는 의도는 없습니다. 어느 정도 관심은 많지만, 제가 할 수 있는 범위 내에서 저만의 작곡 언어로 그 사건을 어떻게 바라보고 표현할지 접근합니다.

김연수: 〈세월호〉도 비슷한 맥락에서 작곡된 작품이겠군요.

- 이재신: 그날 TV를 켰는데, 배가 쓰러지는 장

면을 보았습니다. 심장이 뛰는 게 온몸으로 느껴질 정도였죠. 정말 충격적이었고, 불안감을 느꼈습니다. 많은 작곡가가 당시 '세월호'에 관한 음악을 작곡하였고, 저도 그중에 한 명이었습니다. 본격적으로 곡을 쓰기 전에 생각했던 목표가 있었습니다. 모두에게 큰 충격을 주었던 이 사건을 잊어서는 안 된다는 것이었습니다. 말만으로는 금세 잊기 마련이니, 작품 제목으로 남기는 것이 가장 확실하다고 판단했습니다. 제가 작곡한 현악사중주 <세월호>는 시간이 지나도 그 이름과 기억을 남겨둘 테니까요. 작품의 전반부는 제가 느꼈던 감정과 제가 상상한 아이들의 상황을 표현하고자 했습니다. 후반부는 죄 없는 학생들이 참사를 겪은 것에 대해 '편안히 하늘로 가기를 바랍니다.'라는 저의 기원을 담았습니다. <세월호>는 청중이나 저 자신을 위한 음악이 아니라, 피해자를 위한 '살풀이'와 같은 작품입니다.

김연수: 작곡가님이 음악으로 남긴 진심 어린 위로가 마음에 와닿습니다. 특히 말씀하신 후반부의 음악은 직접적으로 위안을 묘사하는 것이 느껴지는데, 이러한 살풀이 요소는 국악에서 영감을 받으신 건가요?
- 이재신: 요즘에는 '상여 행렬'을 직접 본 적이 없으실 겁니다. 과거에는 집에서 돌아가시는 경우가 많았습니다. 그럴 때는 꽃가마를 만들어 그 안에 시신을 안치하고, 사람들이 이를 들어 장지까지 운구했죠. 상여 행렬의 맨 앞에서는 '걱정하지 가라', '행복할 것이다', '잘 가라'

와 같은 노래를 부르는 상여 소리꾼이 있었고, 꽃가마가 나가는 동안 이러한 상여 소리가 울려 퍼지면서 유족의 슬픔을 표현했습니다. 이 작품에서도 비슷한 방식으로 정서를 다루고자 했습니다. 제가 비록 '세월호' 아이들의 부모님이 느꼈을 마음을 완전히 이해할 수는 없겠지만, 아마도 평생의 트라우마로 남을 것으로 생각합니다.

김연수: 감정을 섬세하게 담아내는 작곡 방법이 매우 의미 있게 느껴집니다. 평소에 작곡하실 때 특별히 선호하는 음악적 어법이나 구성이 있으신가요?
- 이재신: 오랜 음악 활동을 이어오면서, 이제는 특정 어법에 얽매이지 않습니다. 그나마 신경 쓰는 것이라면 절대음악과 표제음악의 구분인데, 저는 두 유형의 음악을 넘나들며 자유롭게 작곡하고 있습니다. 예전에는 대작을 쓰고 싶다는 열망이 있었는데, 몇 년 전부터는 '나의 멜로디 없이 죽는다면, 작곡가로서 의미가 있을까?'라는 질문을 스스로 던지게 되었습니다. 물론 아름답고 사회에 영향을 미치는 음악도 중요하지만, 저는 제 이름과 함께 기억될 수 있는 멜로디를 남기고 싶습니다. 지금 시대의 작곡가 모두에게 어려운 일이겠지만요. 앞으로도 계속 다양한 작품을 작곡하고, 사람들의 마음에 간직될 수 있는 멜로디를 써나가고자 합니다.

김연수: 좋은 말씀 감사합니다.

작곡가 **홍승기**

홍승기
〈바이러스〉

글 · **이예지**

작곡가 **홍승기**(1973-)는 한양대학교 작곡과를 졸업한 이후, 1996년-2004년까지 오스트리아 비엔나국립음악원에서 작곡과 지휘를 공부했으며 최우수로 졸업했다. 그는 구성주의적 접근을 바탕으로 유럽현대음악기법을 추구했고, 이후 회화적이고 시각적인 이미지를 어쿠스틱 음향으로 표현하는 작업을 펼쳐왔다. 특히 다양한 감각을 음악에 녹여내는 실험적 시도를 통해 자신만의 음악 언어를 구축하고 있다. ACL연구이사, 한국작곡가협회 출판이사 및 사무총장, 창악회 부회장, 21세기악회 부회장, 예음회장을 역임했으며, 대표적인 작품으로는 플룻, 첼로와 피아노를 위한 〈화조영모도〉(2020), 플룻, 첼로와 피아노를 위한 〈군접도〉(2021), 클라리넷, 첼로와 피아노를 위한 〈프릭션〉(friction, 2024) 등이 있다. 현재 숙명여자대학교 작곡과 교수로 재직하고 있다.

일상의 감각으로 대중과의 소통을 확장하다

음악은 시간이라는 매체를 통해 순간적 감각을 압축하거나 오래된 여운을 지속시키며 다양한 감각을 자유롭게 조작할 수 있는 예술이다. 이는 공간 안에 고정된 형태로 존재하는 회화와 근본적으로 다른 특성이다. 회화는 관객이 오래도록 그 자리에서 감상하며 다양한 해석을 할 수 있지만, 음악은 시간의 흐름 속에서 연속적으로 전개되며 순간순간 사라진다. 그렇다면 시간성을 본질로 하는 음악이 어떻게 정적인 회화적 이미지를 효과적으로 표현할 수 있을까? 이러한 감각의 전환에 주목하여 음악과 관객 사이의 새로운 만남을 만들어내는 작곡가가 바로 홍승기이다.

생생한 청각의 매력

홍승기는 독창적이고 설득력 있는 방식으로 청중의 귀를 사로잡는다. 그는 시각적 이미지에서 포착할 수 있는 모든 요소들인 색채, 형태, 질감, 움직임, 상징적 의미까지 정교한 음악적 언어로 변환하여, 청각만으로 그 모든 특성을 생생하게 체험할 수 있게 만든다. 첼로와 피아노를 위한 〈화조영모도〉(2020)에서는 꽃·새·동물 등을 함께 그린 전통 회화 장르가 담고 있는 복·길상·벽사의 상징적 의미와 함께 그 이미지가 갖는 정서를 음악에 고스란히 음악으로 표현했다. 화려하고 반음계로 펼쳐지는 선율의 패시지, 아르페지오로 펼쳐지는 각 악기군의 유려한 선율, 고요하게 울려 퍼지는 플루트의 휘슬톤과 하모닉스, 애수에 젖은 선율로 국악의 사운드를 구현해내는 구간 등을 통해 하나의 이미지에서 느낄 수 있는 모든 정서와 감정들을 다양하고 다채롭게 펼쳐낸다. 또한 〈군접도〉(2021)에서는 전통적으로 인생의 기쁨과 즐거움, 장수를 의미하는 나비의 날갯짓을 다양한 음형과 음색으로 구현했다. 작품은 가벼운 선율 조각들이 간헐적으로 나타나다가 점차 응집되면서 텍스처의 두께와 강도가 변화하며, 이 핵심 모티브가 지속적으로 확장되고 변주된다.

더 나아가 플룻과 바이올린을 위한 〈빛과 소리〉(2022)는 미디어 아트로, 음악과 빛이 만나 청각과 촉각, 시각적 체험을 동시에 하도록 만든 혁신적인 무대를 구성했다. 연주자들의 악보만 간신히 보이게 만든 어두운 무대에서 지속적으로 변화하는 조명과 함께, 현악기의 트릴과 하모닉스, 글리산도 등 여린 사운드가 마이크로 송출되면서 음악의 미세한 변화와 떨림을 빛의 느낌과 함께 체험할 수 있게 했다. 글리산도를 통해 빛이 퍼져나가는 양상을 청각적으로 구현하고, 3D 입체 효과를 통해 정육면체 물체가 떠다니는 시각적 효과를 더해 시각과 청각의 감각을 유사하게 만들었다. 이러한 시도는 음악이 단순히 들리는 것을 넘어 보이고 느껴지는 경험을 선사하며, 현대음악이 얼마나 친숙하고 일상의 감각을 전하는 언어가 될 수 있는지를 보여준다.

직관적이면서도 깊이 있는 사회 탐구

홍승기의 작품들은 그 현상이나 물체가 가지는 다양한 속성을 치밀하고 세밀한 계획을 통해 음악적으로 구현한다. 〈프릭션〉(2024)은 저음역대에서 약한 떨림과 진동으로 시작되어 현악기의 하모닉스 글리산도를 통해 마찰의 감각을 청각적으로 직관적으로 느끼게 한다. 이후 음악은 점차 파편적으로 등장하는 프레이즈를 통해 부딪히고 얽히면서, 조금씩 어긋나며 미세한 음색 층을 만들어낸다. 이는 마찰이 단순한 물리적 충돌을 넘어서, 음 간의 시간차 있는 얽힘, 사라져 가는 여운과 새로 시작되는 음의 교차, 진동이 만들어내는 미세한 간섭까지도 마찰의 개념으로 확장할 수 있음을 시사한다. 더 나아가 이는 사회적 관계 속 긴장과 접촉, 그 과정에서 발생하는 복잡한 상호작용까지도 은유적으로 담아낸다. 〈죽은 이들과 더불어〉(2022/2024)는 이중섭의 삶을 다룬 구상의 시에서 영감을 얻어 예술가의 고독과 현실적 고뇌를 형상화하며, 이를 통해 사회 속 개인의 모습을 조명한다. 고음역대에서 하모닉스로 긴 음가를 지속하다가 글리산도를 통해 하행하는 현악기 소리와 트라이앵글의 청량한 소리는 이중섭의 애수를 표현하면서도, 반짝이게 빛나는 음색을 통해 그의 장난기 어린 유쾌한 성격을 동시에 드러낸다. 또한 〈새야새야 파랑새야 주제에 의한 환상곡〉(2019)에서는 민요를 차용하면서도, 현악기와 플루트의 현대주법을 통해 잊혀져 가는 한국의 정취를 되살리며, 변화하는 한국 사회의 문화적 단면을 성찰하게 만든다.

이처럼 홍승기는 사회에서 보고 느낄 수 있는 일상의 모습과 현상, 내재된 속성을 섬세한 음색과 정교한 구조를 통해 감각적인 음향으로 구현한다. 이를 통해 음악이 대중과 깊이 소통할 수 있는 새로운 가능성을 제시하며 한국 현대음악의 새로운 지평을 열고 있다.

<바이러스>
(Virus for Flute, Clarinet and Violoncello, 2023)

감염된 변주

전 세계를 강타한 COVID-19는 인간의 취약성과 보이지 않는 위험에 대한 경각심을 일깨웠다. 팬데믹이 종료된 지금도 새로운 감염의 위험은 여전히 도사리고 있으며, 우리는 그 끔찍한 경험의 기억을 간직하고 있다. 홍승기는 이러한 집단적 트라우마를 절제된 음향 언어로 형상화하여, 코로나바이러스가 인체를 침투하고 확산되는 과정을 현미경으로 관찰하듯 세밀하게 음악화했다. 이 작품은 바이러스의 물리적 특징과 속성(도입부), 잠복기(섹션A, B), 확산 과정(섹션 C, D), 확산의 절정(섹션E, F), 그리고 인간의 미래에 대한 암시(섹션G, H)로 구성되어 마치 코로나19가 사회를 마비시켰던 당시의 흐름을 따라가는 서사적 구조, 즉 하나의 내러티브를 구성한다.

작품의 도입부는 바이러스의 은밀한 속성처럼 고요한 침묵 속에서 시작된다. 플루트와 클라리넷에서 반진행으로 제시되는 단3도 모티브는 바이러스의 존재를 상징하는 핵심 소재로 기능한다. 이 모티브는 완전4도, 감5도, 증4도 등 인접한 음정들로 변화하며 기본 구조에서 벗어나 불확정성의 원리를 드러낸다. 이러한 음정적 일탈은 언제 어디서 나타날지 모르는 바이러스의 예측 불가능성을 암시한다.

음악은 표면적으로 오스티나토처럼 반복되는 듯하지만, 셋잇단음표를 통해 발전한다. 잠복기를 표현한 섹션B에서는 셋잇단음표와 16분음표의 중첩이 카오스적 리듬 충돌을 야기하며, 5잇단음표와 6잇단음표까지 가세하여 세 악기가 각각 독립성을 갖고 어디론가 뻗어나가는 확산의 느낌을 구현한다. 이는 바이러스의 잠재적 확산력과 증식 능력을 리듬적 복잡성으로 번역한 것이다.

확산의 과정을 보이는 섹션C에서는 관악기의 키클릭, 플러터텅잉, 에어사운드, 휘슬톤과 첼로의 지판 타격 등 다양한 현대 주법이 등장한다. 특히 '공기'를 활용한 음향 기법들은 바이러스가 공기 중에 자유롭게 부유하며 퍼져나가는 과정을 형상화한다. 이러한 비전통적 음색들은 음역대와 음향적 스펙트럼을 확대시키며 확산의 효과를 극대화한다. 이어 섹션D에서는 첼로의 리듬이 더욱 세분화되고 콜레뇨 바뚜또(col legno battuto) 기법을 통한 튀기는 효과가 공기 중 확산을 강화한다. 각 악기군이 모방 대위적 연주를 통해 유기적 화합을 이루면서도 서로 다른 주법으로 새로운 음색을 창출하는 양상은 바이러스의 변이와 적응 능력을 연상시킨다. 이후 긴 음가의 에어사운드가 무대를 가득 메우며 공명 효과를 극대화한다.

확산의 절정을 보이는 섹션E에서는 모든 악기군에서 단3도 바이러스 모티브가 재현되며, 첼로의 고음역 하모닉스와 클라리넷의 지속음이 확장된 공간감을 조성한다. 이는 감염체가 사회에 만연하여 결국 세상을 지배하는 현실을 주제적 발전 기법을 통해 음향적으로 구현한다. 각 악기는 서르 다른 역할을 담당하여 플루트는 바이러스 모티브를, 클라리넷은 확장된 음역대로 확산을, 첼로는 하모닉스를 통해 공기 중에 미세하게 떠다니는 바이러스를 표현한다. 절정의 구간에서 미래에 대한 암시로 넘어가는 섹션F와 G에서는 클라리넷과 첼로가 저음에서 단3도 모티브를 8분음표로 빠르게 전개하며 클라이막스로 향한다. 음악이 점차 상행하여 고음역대로 퍼져나가는 양상은 팬데믹의 급속한 확산을 보여준다. 전체 클라이막스(마디107-110)에서는 플루트의 플러터텅잉과 첼로의 글리산도 하모닉스가 바이러스의 날카롭고 매서운 특성을 구현하며 강렬한 경고음을 발한다. 이후 섹션H에서는 모티브가 다시 느린 템포로 회귀하고, 플루트와 클라리넷의 긴 화음이 공간감을 재형성한다. 종지 구간의 4마디에 걸친 첼로 글리산도 하모닉스와 점차 느려지지만 길게 지속되는 관악기 소리는 여운을 남기며, 긴 페르마타는 바이러스 위험이 완전히 끝나지 않을 것임을 암시한다.

홍승기 작곡가는 이 작품을 통해 바이러스라는 존재가 지닌 복합적이고 다면적인 특성들을 음악의 언어로 재구성해냈다. 특히 침투, 확산, 변이, 잠복 등 바이러스의 물리적 속성을 섬세한 음향 기법과 치밀한 구조적 설계를 통해 하나의 완결된 이야기로 풀어냈다. 이는 단순한 시각적 이미지의 재현을 넘어, 추상적 현상을 청각적으로 구현함으로써 '팬데믹'이라는 현실을 직접적인 감각의 경험으로 전환한 작품이다. 또한 사회적 경고의 메시지를 내포함과 동시에, 현대음악이 위기 상황을 어떻게 예술적으로 승화할 수 있는지를 보여준다.

[연주영상 보기]

Virus

주어진 악상의 변화, 음역의 변화나 주법으로 생기는 다이내믹의 변화외에
기본적으로 모두 최대한 작은 ppp 악상의 영역을 유지해주세요

Seung ki HONG

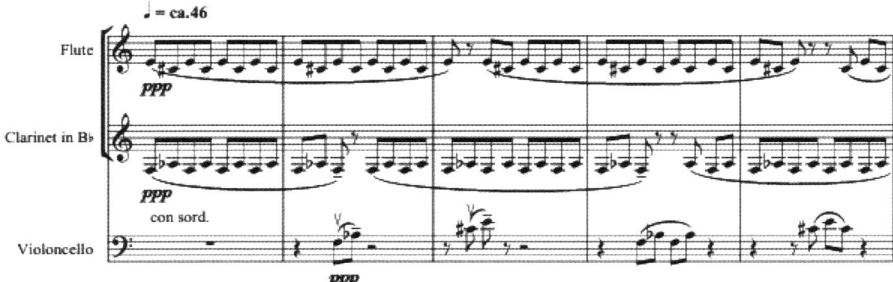

이예지: 과거부터 지금까지 어떤 음악을 추구하는지 궁금합니다.

- 홍승기: 저는 유럽에서 작곡을 공부하며, 음악에서 무엇보다 형식에 충실한 구성주의를 중시해 왔습니다. 변주와 변형을 어떻게 계획적이고 체계적으로 발전시켜 나갈 것인가, 그리고 형식, 음색, 다이내믹. 음색, 음계와 같은 기초적인 음악 요소에 깊은 의미를 부여하며 작곡에 임했습니다. 그런데 유학을 마치고 돌아와 보니 모든 작곡가들이 저마다 다른 스타일을 추구한다는 것을 깨닫게 되었고, 과연 나만의 고유한 색깔이 무엇인지에 대한 근본적인 질문과 마주하게 되었습니다. 특히 현대 사회가 점점 더 다변화되고 다원화되는 세상임을 실감했습니다. 문화적·매체적 측면에서도 사회는 훨씬 더 복잡해지고, 다양성이 부각되고 있지요. 그즈음, 유학 시절 개인적으로 교류했던 한 성악가의 말이 제게 깊은 울림을 주었습니다. "진정한 성악가는 벨칸토 창법에 능할 뿐 아니라, 다양한 캐릭터와 모든 종류의 소리를 훌륭하게 소화해낼 수 있는 사람이다"라는 이야기였죠. 이 말을 계기로, 저는 구성적 완성도만큼이나 다양한 음향

을 수용하는 열린 태도, 그리고 새로운 소리와 조합에 대한 탐구가 중요하다는 사실을 절감하게 되었습니다. 그러한 전환의 시작이 된 작품이 바로 귀국 후 처음 발표한 곡인 〈말하지 못하는 죄가...〉(2006)입니다. 소프라노와 피아노를 위한 이 작품에서 저는 현대인의 복잡한 감정과 의식을, 전통적인 음색뿐 아니라 다양한 소리와 소음을 활용해 표현해보고자 했습니다. 그 이후에도 소리의 스펙트럼을 넓혀가는 시도를 지속했고, 〈죽은 이들과 더불어〉(2022)에서는 조성과 후기 낭만주의 어법, 그리고 현대적 사운드를 유기적으로 결합해보려는 시도했습니다. 저는 오늘날의 문화적 다양성과 복합성이 음악에서도 자연스럽게 드러나야 한다고 믿습니다. 특히 현대 사회가 문화적으로나 매체적으로 매우 다변화된 복합적인 구조를 지닌 세계라는 점을 실감하게 되었고, 작곡가로서도 이러한 다양성을 외면할 수 없다는 생각이 들었습니다.

이예지: 그렇다면 구체적으로 음악을 구상하고 전개하는 방법이 궁금합니다.

- 홍승기: 초기 작품에서는 대부분 발전과 클라이맥스를 향해 나아가는 전통적인 구조를 따르는 경향이 있었습니다. 음악은 단순히 시간을 채우는 것이 아니라, 명확한 방향성과 점진적 발전을 지니고 있어야 한다고 생각했기 때문입니다. 하지만 시간이 흐르며 이러한 형식 중심의 구성 방식에 대해 비판적인 시각을 갖게 되었고, 이후에는 새로운 구성 방법을 지속적으로 탐색해 오고 있습니다. 특히 무용과 문학에서

구체적인 영감을 얻는 경우가 종종 있습니다. 예를 들어, 안무가가 신체의 움직임을 통해 시공간을 구성해 나가는 방식이나, 독특한 구성과 시점을 지닌 문학 작품의 구조를 접하면서, 그 속에서 저의 음악적 사고와의 연결 가능성을 발견하곤 했습니다. 그럼에도 불구하고 저의 음악에서는 음정, 음형, 음색과 같은 다양한 요소들이 서로 상호작용하며, 내면적인 내러티브를 구성해 나가는 방식이 중심을 이룹니다. 각 요소들이 서로 대화하고, 영향을 주고받으며 변화해 가는 과정 속에서 전체적인 흐름이 자연스럽게 만들어지는 것을 중요하게 생각합니다.

이예지: 작곡 작업에서 가장 중요하게 생각하시는 것과 선생님만의 특징이 있다면 무엇인가요?
- 홍승기: 음악은 본질적으로 소통의 예술이며, 예술이 현실과 떨어진 사치나 허상이 되어서는 안 된다고 믿어요. 연주자와의 소통은 작곡 과정에서 가장 중요한 요소입니다.
악기의 특성 안에서 자연스럽게 소화될 수 있는지를 늘 고려하며, 연주자가 새로운 주법을 시도해줄 때 그 음색에서 강한 영감을 받기도 합니다. 그런 경험을 통해 악기의 잠재력을 새롭게 발견하고 음악적 방향을 잡아나가죠.
제 작업의 특징은 음악의 내러티브화입니다. 명확한 섹션 구분을 통해 점진적인 변화를 만들어가며, 곡 전체에 서사적 흐름을 부여하려 합니다. 음악은 아름다운 소리들의 나열이 아니라, 하나의 완결된 이야기로서 청중에게 다가가야 한다고 생각해요. 음악적 아이디어는 작곡 대상

이 가진 고유한 속성에서 출발하며, 대상의 본질을 음악 언어로 번역해내는 것이 핵심 과정입니다. 일상 속 우연한 청각적 순간에서 비롯되기도 하는데, 인상적인 음색을 놓치지 않고 저만의 음악 언어로 포착하려 노력합니다. 작곡 과정에서 관객에게 어떻게 의미가 전달될지를 항상 고민하며, 청중과의 소통 가능성을 염두에 두고 음악을 구상해요. 특히 작년 〈빛의 소리〉(2024)에서는 연주자들과의 밀도 높은 소통을 통해 곡이 재창조되는 특별한 경험을 했습니다. 그 과정에서 음악이 가진 소통의 본질을 다시 한번 실감할 수 있었어요.

이예지: 사회적 이슈에 많은 관심을 가지시나요?
- 홍승기: 예술가 중에는 사회적 이슈에 적극적으로 반응하며 사회 참여적인 예술을 실천하는 분들도 많지만, 저는 스스로를 그런 방향의 예술가라고 보지는 않습니다. 그렇다고 해서 사회적 문제에 무관심한 것은 아닙니다. 저는 누구나 정도의 차이는 있지만 사회적 이슈에 대해 일정한 관심을 가질 수밖에 없다고 생각합니다. 중요한 것은, 그 이슈가 제 안에서 어떤 방식으로 예술적 아이디어로 전환될 수 있는가 하는 점입니다. 아무리 중요한 사회 현상이어도, 그것이 작품의 출발점이 될 만한 내적 연관성과 예술적 상상력을 불러일으키지 못한다면, 저에게는 단지 외부적 사건에 머물게 됩니다. 저는 사회적 사건 자체보다는, 그 사건이 음악적으로 어떤 영감을 줄 수 있는가, 그것이 어떻게 작품의 고유한 언어와 결합될 수 있는가에 더 관심

을 가지고 있습니다. 예를 들어, 코로나 팬데믹이라는 전례 없는 상황 속에서 발표한 〈Vortex〉(2020), 〈Vortex II〉(2022), 〈정지〉(2022), 〈바이러스〉(2023), 〈방역지침〉(2024) 같은 작품들은, 단지 질병의 시기적 표상을 넘어서, 그로 인해 촉발된 사회적 현상, 정서와 심리 등을 음악적으로 형상화한 시도였습니다. 이처럼 사회에 내재된 의미나 구조가 제 음악 안에서 형식과 음색, 흐름의 구성으로 전이될 때, 비로소 그것은 단순한 반영을 넘어서 예술적 해석과 응답이 된다고 생각합니다. 사회적 이슈는 여전히 제 작업의 중요한 자극제이며, 의미 있는 예술적 출발점이 될 수 있다고 느낍니다.

이예지: 현대음악 작곡가로서 대중과의 소통에 대해서는 어떻게 생각하시나요?

- 홍승기: 아두리 순수예술음악이라 하더라도, 수요가 있어야 공급도 가능하기에 청중과의 소통은 중요한 요소라고 생각합니다. 다만 청중의 성향이나 문화적 배경은 매우 다양해서 어떤 청중을 대상으로 하는가에 따라 작곡의 접근 방식은 달라질 수밖에 없습니다. 그러나 무엇보다도 연주자와의 깊은 소통이 선행되어야 한다고 믿습니다. 연주자가 작품을 충분히 이해하고 해석할 수 있어야만, 그 의미가 청중에게도 설득력 있게 전달될 수 있기 때문입니다. 그럼에도 불구하고, 현대음악이 대중과 얼마나 폭넓게 소통할 수 있을지는 여전히 풀기 어려운 과제입니다. 이는 단지 작곡가의 몫만이 아니라, 연주자, 기획자, 교육자, 그리고 청중 모두가 함께 만들어가야 할 공감의 지형이라 생각합니다.

이예지: 향후 하시고 싶은 작업이나 관심 분야가 있으신가요?

- 홍승기: '시각의 청각화' 혹은 '청각의 시각화'는 오랫동안 제가 꾸준히 관심을 가져온 주제입니다. 시각적인 이미지를 어떻게 음악적으로 표현할 수 있을까에 대한 고민은 늘 제 창작의 한 축이었습니다. 최근에는 이러한 관심이 좀 더 구체화되면서, 절제된 소음적 음향에 깊은 흥미를 가지게 되었고, 소리의 본질과 미학을 재고하게 되었습니다. 예를 들어 〈빛의 소리〉에서는 현악기의 탭핑(Tapping)과 하모닉스 트레몰로를 활용해 빛의 분산과 확산을 형상화했고, 〈프릭션〉(2024)에서는 클라리넷·첼로·피아노의 소음을 중심으로 다양한 가능성을 탐구했습니다. 또 〈아리수〉(2024)에서는 서양 현악기의 타악적 주법을 통해 한국적 리듬을 구현했고, 생황이 오히려 자유로운 선율을 주도하며 전통과 현대의 어법이 교차하는 새로운 음향적 균형을 모색했습니다. 이런 절제된 접근을 통해 더 풍부한 표현의 가능성을 발견했고, 새로운 구성 방식과 음색, 소음의 미학적 가능성을 계속 탐구해 나갈 계획입니다. 중요한 것은 이러한 탐구가 단지 작업실 안에서 머무는 개인적인 철학적 사유에 그치지 않고, 관객과 나누어질 수 있는 음악적 결실로 이어지기를 바라는 마음입니다.

이예지: 선생님의 작품 활동을 응원합니다. 좋은 말씀 나눠주셔서 감사합니다.

Ⅲ. 슬픔과 애도의 잔향

작곡가 **박성미**

Seongmi Park

박 성 미
첼로와 오케스트라를 위한 〈탄식의 노래〉

글 · 송예진

박성미(1983-)는 개념에 대한 깊은 탐구와 자신만의 독특한 시선으로 음악 세계를 구축해가는 작곡가이다. 그는 대구가톨릭대학교 음악대학 작곡과 및 동 대학원에서 석사 및 박사학위를 받았으며, 코리안심포니 오케스트라, 대구시립교향악단, 울산남구구립교향악단, 서울시립교향악단 등과의 협업을 통해 관현악 및 실내악 작품을 발표해오고 있다. 제43회 중앙음악콩쿠르를 비롯한 다수의 대회에서 수상하였고 이후 ARKO 한국창작음악제와 베를린 한국창작음악페스티벌 등에 참가하며 활발히 활동을 이어가고 있다. 2017년부터 매년 알파벳을 테마로 한 개인 작곡 발표회를 진행하며 장르를 넘나드는 넓은 작품세계를 보여주었다. 현재 대구가톨릭대학교, 영남대학교, 목원대학교 등에서 후학을 양성하는 한편, 앙상블 DNCE의 리더로서 창작과 연주의 접점을 지속적으로 확장해나가고 있다.

다르게 듣기, 다르게 쓰기

박성미의 작곡 발표회는 늘 하나의 알파벳에서 시작된다. 〈Series-B〉라면 Battle, Beat, Breath, Balance와 같이 B로 시작하는 단어가, 〈Series-E〉라면 Effect, Edge, Essentially, Exist와 같이 E로 시작하는 단어가 각 작품의 제목이 된다. 선정된 단어는 우리가 살아가는 일상에서 쉽게 떠올리고 만날 수 있는 것들이다. 박성미는 "우리는 사회를 살아가고 있고 일상 자체가 굉장히 사회적이다. 그걸 그대로 옮겨놔야 사람들이 공감을 할 것 같다"라고 말하며, 누구나 쉽게 공감할 수 있는 개념에서 출발해 청중을 낯선 현대음악의 세계로 이끈다. 그는 현대음악을 "현실의 감정을 가장 설득력 있게 전달할 수 있는 장르"라고 보며, 이러한 확신 아래 청중이 현대음악을 보다 쉽게, 거부감 없이 받아들일 수 있도록 하는 데 주력한다. 하지만 그가 선택하는 전략은 단어의 의미를 단순히 소리로 서술하거나 묘사하는 방식이 아니다. 오히려 인식의 관성을 뒤바꾸며, 중심에서 주변으로 시선을 이동시키는 '역발상'의 힘이 그의 음악적 상상력을 이끈다. 동시에 그는 숫자와 구조, 설계를 바탕으로 소리의 질서를 계산하며, 청중의 감각을 유도할 길을 정교하게 그려낸다.

역발상에서 시작하는 음악 언어

박성미는 곡을 쓸 때 상대적으로 조명받지 못하지만 본질적으로 중요한 것들을 포착해낸다. 플루트와 피아노를 위한 〈줄-NORI〉(2017)는 '외줄타기'를 모티브로 한 작품으로, 외줄을 탈 때 자연스럽게 불어오는 바람, 곡예사가 부채로 일으키는 바람, 눈짓과 호흡을 통해 장단을 맞추는 모습 등이 음악적으로 형상화된다. 관객이 곡예사의 발놀림이나 줄의 흔들림을 주목할 때, 박성미는 몸을 감싸는 공기의 흐름과 부채의 바람에 관심을 기울인다. 이 바람은 플루트의 에어 사운드로, 발놀림은 리듬으로 구현되며, 〈줄-NORI〉라는 작품으로 완성된다. 첼로 솔로를 위한 〈연-NORI〉(2017) 역시 날아가는 연보다 돌아가는 얼레에 초점을 맞추는 방식으로, 익숙한 대상에서 놓치고 있던 것을 끌어낸다.

이처럼 박성미가 계속해서 '다르게 보기'를 시도하는 이유는, 청중에게 새로운 감각을 선사하기 위함이다. 중저음 악기에 고음을 맡기거나, 큰 소리를 내던 타악기에 미세한 타격음을 요구하거나, 관악기로 숨소리만 내게 하는 등의 설정은 모두 그러한 역발상의 결과이다. 물론 21세기에 들어서는 이러한 주법이 더 이상 낯설지 않을 수도 있다. 그럼에도 악기가 가진 전통적 음색과 주법을 존중하며 작곡하는 박성미의 맥락에서 볼 때, 이러한 주법들은 여전히 비전형적이며 특별한 요소로 기능한다. 그는 이런 '다름'이 청중에게 재미를 선사하고 작품에 설득력을 더하도록 구성하는데 관심을 기울인다. 왜냐하면, 새로움은 그것만으로도 하나의 감상 대상이 될 수 있기 때문이다.

치밀하게 계산된 감각

현대음악은 관습적인 표현 방식과 감정선에서 벗어나 있다. 익숙한 소리를 들려주려는 의도 자체가 없기 때문에 현대음악을 듣는 사람은 언제나 낯설 수밖에 없다. 박성미는 이 낯섦을 해소하고, 현대음악 감상을 보다 긍정적인 경험으로 전환하기 위해 단어나 이야기, 감각적 이미지를 출발점으로 삼는 방식을 택한다. 이러한 방식은 청중에게 곡의 구조적 설계와 감각적 흐름을 자연스럽게 전달하는 데 효과적이다.

그렇다면 청중은 어떤 방식으로 이 의도를 전달받는가? 박성미는 "계획 없이 쓰는 음악은 설득력을 가질 수 없다"고 말하며, 작곡에 앞서 작품 전체의 구조를 도식화한다. 어떤 악기로 어떤 음색을 낼지, 어느 시점에 가장 큰 대비가 올지, 시간의 흐름은 어떻게 구성할지, 템포의 전개와 리듬의 밀도는 어떻게 될지를 모두 계획하고, 이를 스케치와 모눈종이 위에 정리한다. 스케치 노트에는 표현하고자 하는 개념과 그 표현방식, 각 섹션의 효과가, 모눈종이에는 시간 단위와 전체 흐름이 시각화된다. 이는 악보의 전통적 기능을 넘어, 곡 전체의 윤곽을 한눈에 볼 수 있게 하는 예비 악보 역할을 한다.

마디 수, 템포, 다이내믹 등 모든 수치는 우연이 아닌 근거를 바탕으로 설정된다. 이런 방식은 음악을 '설계된 감각'으로 구성하며, 청중의 상상력을 조직하는 역할을 한다. 감각을 제한하는 것이 아니라, 오히려 치밀한 조건 속에서 감각이 더욱 자유롭게 개념을 표현할 수 있도록 만드는 것이다. 박성미에게 작곡은 자율적 창작인 동시에, 내면의 논리를 요청하는 설계 행위다.

첼로와 오케스트라를 위한 〈탄식의 노래〉
(Song of a Lament for Cello and Orchestra, 2016/2024)

누구나 한 번쯤, 말할 수 없는 슬픔을 마주한다.

'탄식'은 말로는 도저히 다 담아낼 수 없는, 단순한 한숨 이상으로 무거운 감정이다. 박성미는 그 감정의 무게를 음악으로 표현한다. 첼로와 오케스트라를 위한 〈탄식의 노래〉는 2016년 초연 이래 매 공연마다 새롭게 재구성되어 왔으며, 지금까지 다섯 차례의 무대에 오르는 동안 78회에 걸쳐 수정되었다. 그만큼 박성미에게 이 작품은 각별한 의미를 지니며, 그의 작곡 세계가 본격적으로 펼쳐지기 시작한 중요한 기점이 되었다.

이 곡은 독립운동가들의 삶과 죽음에서 받은 인상에서 출발한다. 특정 인물을 지칭하지는 않지만, 작곡가는 신문과 책을 통해 접한 이야기들을 마음에 새기며, 그것들이 자연스럽게 음악으로 스며들기를 바랐다. 고문을 당하고 옥살이를 하다 결국 억울하게 생을 마감한 수많은 이들의 존재는 말로 다 표현할 수 없는 탄식을 자아냈고, 그 탄식은 이 곡의 정서적 토대가 되었다. "음악은 단순히 이야기를 전달하는 것이 아니라, 그들이 살아 있었음을 감각하게 만드는 방식"이라는 말처럼, 이 곡은 기억이자 감각의 기록이다.

〈탄식의 노래〉는 약 15분 길이의 단일 악장으로 구성되며, 다섯 개의 섹션이 자연스럽게 이어진다. 섹션1(마디1- 32)은 첼로의 높은 E음을 중심으로 주변 음을 날카롭게 건드리며 시작된다. 곧이어 관악기군이 중첩되고, 타블라벨, 탐탐, 베이스드럼, 팀파니 등 타악기의 존재감도 뚜렷해지며, 현악기군까지 더해져 점점 음악의 층을 쌓아간다. 마디33에서 첼로는 홀로 G4음을 세 마디에 걸쳐 길게 끌고, 포르티시모에서 피아니시모까지의 다이내믹을 오가며, 비브라토를 더해가면서 다음 섹션을 연다. 이때 첼로의 고음은 억제된 떨림이자 눌러 담은 정서의 분출처럼 들린다. 이어지는 구간에서 불완전하면서도 긴장감 있는 음계가 나타나고, 첼로 솔리스트가 격정적인 G5음을 연주하며, 현악기들도 글리산도로 함께 상승하며 감정을 고조시킨다. 이후의 몽환적인 비브라폰의 사운드는 순간적으로 곡의 분위기를 바꾸어 놓는다.

곡의 중반부에 이르면 전통 민요 '새야 새야'의 선율이 나타난다. 이는 곧바로 인식되지는 않으나, 그것이 '새야 새야'였음을 깨닫게 되는 순간이 찾아온다. 마치 어떤 기억이 이미 지나간 뒤에야 그 존재를 자각하는 것처럼 말이다. 박성미는 이 선율을 통해 '새야 새야'가 가지는 곡의 정서를 민족사적 기억과 연결짓는다. 추상적인 탄식이 구체적인 역사적 공감으로 이어지는 지점이다. 마디95부터 곡은 리드미컬해진다. 템포는 빨라지고, 스타카티시모, 스포르찬도, 악센트 등 다양한 주법이 동원되며 긴장이 고조된다. 주인공이던 첼로는 중심에서 밀려나고 때로는 오케스트라의 거대한 음향 속에 묻히기도 한다. 말해도 들리지 않고, 전달되지 않는 탄식이 음악에 그려진다. 카덴차에 들어서면 첼로가 온갖 테크닉을 동원하여 무언가를 말하려 하지만 독주의 시간은 충분히 보장되지 않는다. 점차 앙상블이 합류하며 음악을 쌓아가다가, 마디184에서 모든 악기가 멈추는 정적의 순간을 맞는다. 이 멈춤은 단순한 쉼이 아니라, 감정이 터져나온 뒤 남는 깊은 여운이다. 고조되던 흐름은 가라앉고, 첼로는 한 음에 머문다. 오케스트라의 음도 선적으로 이어지다 C음을 남긴 채 사라진다. 박성미는 "이제는 다 놓아보자"는 마음으로 곡을 마무리했다고 말한다. 이는 위로나 해소가 아니라, 정서가 그 자리에 머무는 방식이다.

〈탄식의 노래〉는 전체적으로 첼로가 고음역에서 선율을 그리는 구조를 갖는다. 첼로의 연속적이고 강한 고음은 일종의 절규처럼 들리기도 한다. 중저음 악기가 고음을 낼 때의 불안정함은 오히려 더 강력한 감정을 발생시키고, 그 불완전한 울림이 더욱 깊이 와닿는다. 관악기의 숨소리, 뮤트된 피치카토, 불규칙한 타악기 음향, 음과 음 사이의 공백들. 이 모든 요소들이 다층적인 감정 구조를 형성한다. 박성미는 감정을 음악으로 표현할 때, 단순히 그것을 외치는 방식이 아니라, 정교한 설계와 정서적 빌드업을 통해 청중 스스로 납득하게 만든다. 말하지 않아도 서로 알 수 있는 감정의 층위가 이 작품 전반에 깔려 있다.

〈탄식의 노래〉는 말해지지 않은 시대의 목소리이자, 지금도 유효한 감정의 기록이다. 탄식은 누구나 직간접적으로 경험하였을 감정인 울분, 억울함, 비통함을 품고 있다. 박성미는 음악으로 이를 더 선명히 들리게 하여 옛 시대의 고통을 마주하게 한다. 한숨 이상의 비통함이 살아 숨쉬는 〈탄식의 노래〉, 옛 사회를 담았고 현 사회를 공감의 장으로 끌어들인다.

[연주영상 보기]

음악과 사회: 비판과 소통의 장場

송예진: 안녕하세요, 먼저 음악 세계에 대한 질문으로 인터뷰를 열어보고 싶습니다. 작곡에 있어 어떤 요소가 음악을 이끌어간다고 느끼시나요?

- 박성미: 저는 선율 중심은 아니에요. 라인이 중요하지만 그걸 주제로 잡지는 않고, 나머지 것들을 강하게 잡는 편입니다. 특히 음색을 중요하게 생각해요. 또한 대비와 긴장, 이완도 중시합니다. 현대음악 자체가 선율로 어필하는 음악은 아니라고 생각하고, 그러면서도 직관적으로 들리는 스리를 좋아해서 긴장과 이완, 큰 소리와 작은 소리 등을 더 고려해요.

음색에 있어서는 개별 악기의 소리와 악기의 조합에서 나오는 소리 모두를 음악 작업에 사용합니다. 좋아하는 악기는 반드시 솔로 파트를 넣어주는 편이고, 그렇게 나오는 솔로 악기들은 절대 같은 음역에 있거나 같은 구조를 가지지 않아요. 청중이 들었을 때 '이게 무슨 악기지?' 하고 관심을 가질 수 있게끔 합니다.

악보에 나타나는 그림이 다르면 소리 색깔도 달라지는 만큼 악기군을 움직이는 것도 중요하게 생각합니다. 어디서는 현이 밀집되어 있고, 어디서는 관이 밀집된 그런 흐름이요.

송예진: '이야기'나 '단어'가 작곡의 출발점이 되는 경우가 많은 것 같습니다. 이들이 청중과의 소통 또는 공감 형성에 어떤 역할을 한다고 보시나요?

- 박성미: 제가 현대음악을 하지만, 현대음악을 사람들한테 들려줬을 때 제가 공감하는 것만큼 타인도 공감하게 하는 건 불가능하다 생각합니다. 그렇기 때문에 단어나 스토리가 있는 건 공감을 이끌어내는 데 굉장히 큰 도움이 됩니다. 프로그램 노트도 그래서 있는 것이고요. 제가 단어를 중심에 두는 이유는 그 곡을 듣기 전에 미리 의미를 제공해서 음악에 대한 이해를 돕고자 하는 것이 출발점이었습니다. 단어를 선택할 때 우리가 살면서 누구나 겪을 수 있고 누구나 봤던 단어를 뽑습니다. 그러면 이 단어를 본 사람들 머리에 자신의 경험이 함께 녹아들고, 음악에 대한 이해도가 올라가면서 거부반응이 훨씬 줄어들 거예요.

송예진: 작곡에 영향을 준 책, 시, 회화, 영화 등 타 예술장르의 작품이 있으신가요?

- 박성미: 그림이요. 작곡발표회 "⟨Series-C⟩ Colorful"을 할 때 작가 네 분을 섭외해서 그림을 보고 곡을 쓰기도 했어요. 그림이 작곡과 가장 유사한 창작의 세계인 것 같더라고요. 우리가 소리를 만드는 것 같이 그들은 시각 효과를 만들어내는데, 시각과 청각이 만났을 때 효과가 더욱 높아지지 않을까 해서 저는 그림을 많이 봐요. 대신 저는 그림을 선택할 때 너무 추상적인 그림보다는 어느 정도 그림의 라인이 보이는 걸 선호해요.

송예진: 교향곡, 가곡, 실내악곡에 오페라까지, 작곡하신 장르가 다양해서 놀랐습니다. 이렇게 다양한 장르를 시도할 수 있었던 배경이 궁금합니다.

- 박성미: 제게 새로움은 중요한 원동력이라, 언제나 그 게이지가 조금씩 올라가야 해요. 2022년에 했던 〈Series-F〉 패밀리 오페라가 지금까지의 작업 중 가장 새로웠고, 또 어려웠어요. 선율이 중요한 장르이고, 연기적 요소도 필요했습니다. 현대음악을 할 때는 '이것이 나의 세계'라고 포장을 할 수 있는데 아이들과 일반인을 대상으로 하니 그것도 안 되더라고요. 그런데도 이걸 시도한 건, 기존에 하던 장르로는 제 작법이 변화했다는 걸 보여주기가 어려웠기 때문이에요. 모두가 '박성미가 이걸 했다고?' 하는 걸 쓰고 싶었고 그렇게 해서 한 시간가량의 오페라를 만들게 되었습니다. 이전 해에 오케스트라 작곡 발표회를 한 후 새로운 도전을 하려고 생각했는데, 그걸 어떻게 보여줄 수 있을까에 대한 결과가 오페라였습니다.

송예진: 지금까지 쓴 작품 중 특히 기억에 남는 작품이 있다면 소개 부탁드립니다.

- 박성미: 작곡 인생에 전환점이 된 작품은 중앙음악콩쿠르에서 상을 받게 해준 작품인 〈줄-NORI〉(2017)입니다. 이후 곡을 쓰다가 '더 열심히 써봐도 좋겠다' 생각했던 건 여섯 번째 작곡 발표회이자 첫 번째 오케스트라 발표회인 〈Series-E〉(2021)였어요. 실내악에서는 겪지 못했던 오케스트라에서의 힘듦이 있었는데 그게 기억에 남더라고요. 작품 중에 가장 많이 재연되는 건 〈탄식의 노래〉(2016/2024)라 이것도 떠오르네요. 제일 고생을 많이 한 작품에 애착이 간다고, 〈탄식의 노래〉는 78번이나 수정을 한 애증의 작품이에요. 이만큼 고치고도 마음에 100퍼센트 차지는 않고, 아직도 청중이 어떻게 들을지 궁금해요. 또 다른 작품으로 오케스트라 발표회 때 했던 〈존재〉(2021)라는 곡이 있어요. 1관 편성인데, 이 곡을 올릴 때마다 '꼭 2관으로 확장해서 재연하자'고 지휘자 선생님들이 말해주세요. 올해 대구 콘서트하우스 WOS 시리즈에서 재연하는데, 이 곡도 요즘 제일 많이 수정하고 있습니다.

송예진: 이번 비해사 시리즈의 주제가 '사회'입니다. 선생님의 작품들도 사회와 떨어져있지 않다는 생각이 들었습니다. 개인적으로는 어떤 관계성을 생각하고 있는지 들어보고 싶습니다.

- 박성미: 저는 음악에서 이상(ideal)을 이야기하는 건 조성음악이나 가사 있는 음악에서 충분하다고 생각해요. 가사 없는 현대음악은 이상보다 현실적 동감을 끌어내는 게 더 쉽다고 생각하고, 그 방향이 더 맞다고 생각합니다. 우리는 사회를 살아가고 있고 일상 자체가 굉장히 사회적이잖아요. 그걸 그대로 옮겨놔야 사람들이 공감을 할 것 같아요. 제가 생각하는 사회와 상대가 생각하는 사회는 다르고, 그래서 저는 우선 저를 담으려고 합니다. 저의 작품이 사회적인 음악인가 생각해보면, 제 음악의 이야기는 저뿐만 아니라 너도, 나도, 우리도 다 겪는 일이거든요. 누구나 사회의 일부로 살면서 한 번쯤 다 느끼

고 지나가는 감정을 담는다는 점에서 저의 작품은 사회적입니다. 물론 교훈적이거나 어떤 색을 강하게 드러내는 음악은 아니지만 우리가 살아가는 작은 사회에서 일어나는 일반적 이상들은 포함한다고 생각합니다.

송예진: 주로 사용하는 작곡 기법이 있다면 어떤 것일까요?

- 박성미: 저는 계획이 오래 걸려요. 계획을 잡는 것과 맨 땅에 헤딩을 하는 건 완전히 다르거든요. 계획 안에서 음 구조를 잡고, 리듬을 미리 구상해두고, 어느 시점에 미들 클라이막스와 메인 클라이막스를 둘지 정하고, 템포도 미리 잡습니다. '연날리기'를 주제로 한 〈연-nori〉의 경우 우선 연날리기의 특징을 어떻게 음악으로 표현할 건지 생각해두고 섹션은 몇 개로 갈지, 시간 분배는 어떻게 할지 작곡노트에 적어둡니다. 어느 정도 스케치를 한 다음에는 모눈종이에 음악을 그래프화시킵니다. 한 칸을 10초라는 시간적 단위와 매칭시켜요. 그리고 연의 지름이 15라면 템포를 150으로 두는 식으로 숫자도 이런저런 곳에 많이 연결시키려 해요.

송예진: 현대음악의 전달을 위해 여러 방면에서 노력하셨던 것 같습니다. 이 과정에서 특히 어떤 점을 고려하셨나요?

- 박성미: 일반 청중은 현대음악을 이해하려는 의지가 크게 있지 않아요. 그래서 의미에 집중하거나, 악기의 새로운 소리를 들려주거나, 정말 놀랄만한 것을 들려주려고 합니다. 최대한 명확하게 음악에 담은 감정이나 메시지를 전달하려고 하는 편인데, 꼭 관중이 그대로 받아들일 필요는 없다고 생각해요. 아창제(ARKO한국창작음악제)에 올린 곡에 대해서는 블로그로 질문이 오기도 하는데, 감상평이 각기 다르더라고요. 심지어는 저조차 몰랐던 내용도 있지만 그 모든 내용이 맞죠. 현대음악에 있어서는 어떻든 공감을 끌어내는 게 중요한 것 같아요.

송예진: 마지막 질문입니다! 다음 작품발표회가 될 'Series-I'에 대한 구상을 들려주실 수 있을까요?

- 박성미: 내년이 작곡 발표회를 시작한지 10년이 되는 해이고 또 I가 10번째 시리즈라, I를 직역한 '나'를 주제로 합창 작곡 발표회를 계획했습니다. 부모님으로부터는 '딸을 보면 생각나는 단어', 학생으로부터는 '선생님을 보면 생각나는 단어' 등 제 주변의 다섯 분께 단어를 받고, 시인에게 단어를 전달하고 시를 받아서, 그 시를 가사로 한 합창곡을 쓰려고 합니다. 내 존재는 온전히 내가 판단하는 게 아니고, 또 박성미 하나를 얘기하는데도 다섯 사람이 준 단어가 완전히 다르더라고요. 그만큼 곡도 완전히 달라질 것 같습니다. 다섯 사람이 본 박성미는 서로 다른 다섯 가지의 사람인 거예요. 열 번째 작곡 발표회 〈Series-I〉는 박성미를 표현하는 발표회이고, 청중에게도 '당신이 생각하는 박성미는 어떤지 들어보라'고 할 것입니다.

송예진: 열정적으로 인터뷰 응해주셔서 정말 감사드립니다. 앞으로의 작업도 기대하겠습니다.

작곡가 **이한신**

이 한 신

클라리넷, 바이올린, 비올라, 첼로를 위한
〈살아남은 자의 슬픔〉

글 · 정다운

논리적으로 구성된 단편을 감정선을 따라 결합하는 방식으로 곡 쓰기를 즐겨하는 **이한신**은 서울대학교 작곡과 및 동대학원을 졸업하였고 도독하여 독일 에센 폴크방 국립대학을 작곡 전공으로 졸업하였다. 이후 독일 국립 자르란트 대학 철학부에서 음악학과 독어학 박사 과정을 수료하였다. 제51회 조선일보 주최 신인음악회에서 그의 작품이 연주되었으며, 제11회 스위스 보스빌 국제콩쿠르에 입상하였다. 현재 (사)한국작곡가협회 감사, 운지회 사무총장, 작곡동인 비욘드 더 보더 회장, ISCM, ACL, 창악회 회원으로 활동 중이며, 한양대학교, 숙명여자대학교와 예원, 서울예고에 출강 중이다. 최근 작품으로는 클라리넷을 위한 〈섬〉(2021), 클라리넷, 바이올린과 첼로를 위한 〈그리고, 다시!〉(2022), 오보에와 비올라를 위한 〈상사몽〉(2023), 클라리넷, 바이올린, 비올라를 위한 〈살아남은 자의 슬픔〉(2023), 클라리넷을 위한 〈오직 그리움을 아는 자만이〉(2024) 등이 있다.

같은 DNA, 다른 모습의 조각들

이한신의 작품은 미시적으로 보면 논리적이지만 거시적으로 보면 감정의 흐름에 충실하다. 그는 독일에서 후버(Nicholaus A. Huber, 1939-)를 사사하였다. 후버는 감정을 배제하고 매우 논리적으로 곡을 쓰는 작곡가이다. 그래서 이한신의 곡도 다분히 논리적이다. 그는 곡을 쓸 때 중심음을 먼저 구상한다. 중심음은 일정한 논리에 따라 형성되는데, 중요 단어의 알파벳에 상응하는 음으로 구성되기도 하고, 배음렬의 음으로 구성되기도 한다. 이 요소들은 음역, 연주 방법, 다이내믹, 리듬, 선율로 변형되어 나타난다. 논리적으로 구성된 단편들은 작곡가의 감정선에 따라 결합된다. 그의 작품들에서는 대체로 날것의 감정은 최대한 걸러낸 것 같다는 인상을 준다. 감정이 단편에 직접 투영되기보다는 단편의 결합 방식에서 간접적으로 드러나기 때문이다. 본질적으로 같은 유전인자를 가진 단편들이 계속해서 다른 모습을 가지고 출현하는 모습을 보는 것은 안정감과 의외성을 동시에 선사한다.

활로 그리는 소리의 그림

이한신은 현악기의 활을 정교하게 사용한다. 특히 비올라, 첼로, 더블베이스와 타악기를 위한 〈아취〉(1993)에서는 현악기의 활을 수묵화를 그리는 붓으로 생각했다. 수묵화를 그릴 때 쓰는 화선지와 먹은 물질이지만 동시에 정신을 뜻하기에 화가는 작업에 임하기 전에 몸과 마음을 정결하게 해야 한다. 그래서 그는 음악을 쓸 때 화선지와 먹을 앞에 놓은 화가처럼 몸과 마음을 가다듬고 구도자의 태도를 취하였다. 수묵화를 그릴 때 덧칠을 할 수 없는 것을 염두에 두고, 활을 쓸 때 활의 길이 전체를 쓰며, 활을 긋는 속도를 다섯 가지로 나누고 각각을 구체적인 초 단위로 명시하였다. 또한 수묵화라는 시각 예술 자체를 음악으로 표현하려고도 하였다. 수묵화를 그릴 때 붓끝과 화선지가 마찰하면서 나는 소리와 그 분위기를 현악기 활의 움직임을 통하여 표현하여 붓으로 그리는 그림을 소리의 그림으로 변환하였다. 그래서 그의 음악은 수묵화처럼 절제와 정갈함이 배어있다.

물성의 탐구에서 내밀한 이야기로

이한신의 작품을 들어보면 악기가 소리를 내는 물리적 특성을 잘 파악하고 있다는 생각이 든다. 그의 작품에는 클라리넷이 많이 등장하는데 클라리넷이 내는 홀수배음의 공허한 음색이 인간의 감정을 직관적으로 표현하기 적합하기 때문이라고 볼 수 있다. 전통적인 주법보다는 플래터텅잉, 슬랩텅, 멀티포닉, '바람 소리 많게 연주하기' 등의 기법이 주를 이룬다. 연주를 들어보면 클라리넷이라는 악기에서 추출 가능한 모든 소리들을 곡의 적소에 잘 배치해 놓은 것 같다는 인상을 받는다. 현악기의 사용 역시 악기의 구조에서 물리적으로 낼 수 있는 모든 소리를 뽑아 놓아, 청자가 악기의 물성을 그대로 파악할 수 있게 하였다. 이러한 점은 음악을 청취할 때 일정한 정서를 거쳐 듣기보다는 소리의 물리적 특성을 직관적으로 파악하여 인지하게 한다고 볼 수 있다.

그렇지만 현재의 이한신은 다양한 악기의 물성에 관심을 기울이기보다는 개인적인 이야기나 감정에 집중한 작품을 쓰고 싶다고 말한다. 이러한 변화는 아마도 코로나19로 인한 단절이 촉매제가 된 것일 수도 있다. 클라리넷 솔로를 위한 〈섬〉(2021)은 팬데믹 기간에 대학에 입학한 아들이 쓴 시에 곡을 붙인 것이며 〈그리고, 다시!〉(2022)는 코로나19로 인한 불안, 상실, 고립을 회복하고 다시 시작하자는 희망의 메시지를 담은 곡이다. 문학작품에 대한 관심과 지식 역시 감정을 표현하는 곡을 쓰는 데 큰 도움을 주었다. 클라리넷 솔로를 위한 〈오직 그리움을 아는 자만이〉(2024)는 아버지의 죽음 이후 그리워하는 마음을 담아 쓴 곡으로 괴테의 소설에 나오는 동명의 시를 레퍼런스로 삼았다. 그는 또한 계속해서 언어와 음악을 연결한 작품을 시도하려 한다. 그는 음악이 다른 어떠한 예술보다 직접적으로 사람의 내면 깊숙이 파고 들어가는 힘이 있음을 믿으며, 자신의 언어로 시대와 감정을 담고 싶다고 말한다. 음악을 통하여 인간의 내밀한 감정으로 들어가는 길을 트고, 이 길을 확장하여 사회에 말 걸기를 시도하는 것이 곧 작곡가의 역할이라고 그는 생각한다.

클라리넷, 바이올린, 비올라, 첼로를 위한 〈살아남은 자의 슬픔〉
(Ich, der Ueberlebende fuer Klarinette, Violine, Viola und Violoncello, 2023)

여러 색으로 빛나는 슬픔의 DNA

이 곡은 슬픔을 그린 곡이지만 원색적으로 슬픔을 내뿜지 않는다. 그림으로 표현하자면 고흐의 격정적인 터치보다는 수묵화에 가깝다. 그는 인간의 힘으로 어쩔 수 없었던 참담함 앞에서, 죽은 자보다는 살아있는 자에게 방점을 둔 위로의 서사를 담백하게 담았다. 2023년 2월 튀르키예 여행 중이었던 이한신은 뉴스에서 지진으로 무너진 집에 깔려 숨진 딸의 손을 잡고 있는 아버지의 사연을 듣게 되었다. 순간 브레히트의 시 '살아남은 자의 슬픔'이 생각났다.

클라리넷, 바이올린, 비올라, 첼로편성인 이 곡은 2023년 11월 예술의 전당에서 열린 대한민국 실내악 작곡제전에서 초연되었다. 전체는 바흐의 8마디 코랄 주제와 A부터 Q까지 17개의 작은 섹션으로 이루어졌으며, 클라리넷이 슬픔을 표현하는 대리자로 등장하여 현악기 파트들을 리드해가는 구조이다. 현악기들은 클라리넷의 제스처에 대해 물에 비친 그림자처럼 변형되기도 하고, 증폭되기도 하고 축소되기도 하고 새로운 방식으로 나타나기도 하고 유머러스하게 반응하기도 한다. 각 단편들은 모두 다른 기법과 분위기로 표현되지만 모두 슬픔의 DNA를 품고 있는 형제들이다.

도입부에서는 첼로가 바흐의 코랄 주제를 연주하여 슬픔의 정서를 간결하고 압축적으로 드러낸다. 섹션A에서는 도입부의 첼로가 연주했던 첫 B음을 클라리넷에서도 받아서 연주하는 듯하지만 고정되지 않은 음높이 때문에 발화되지 않는 느낌이다. 섹션B에서 클라리넷은 빠른 동음 스타카토, 혹은 포르티시모로 높은 음을 길게 연주하기도 하며 발화를 시도한다. 섹션C에서부터는 텍스처가 치밀해지며, 클라리넷은 발화의 맥을 잡은 것처럼 조심스레 이야기를 이어가고 현악기들은 폭넓은 글리산도를 하모닉스로 연주하여 내면의 격정을 절제하여 표현한다. 섹션E는 클라리넷의 멀티폰, 현악기의 하모닉스, 활이 브리지와 지판을 오고 가며 내는 소음 등으로 구성되어 울림이 풍성했던 섹션과 대조를 보인다. 섹션F에서는 여린 음량의 현악기 하모닉스를 배경음으로 신음같은 클라리넷의 멀티폰이 등장한다. 다음 섹션에서는 각 성부가 F-E-D-C-B음의 편린들을 대위적으로 노래하는데, 클라리넷 선율이 여러 빛깔의 음향들로 번져나가는 것 같다. 섹션H에서는 C-B음의 반음 진행이 두드러진다. 클라리넷의 소리를 비올라에서 에코처럼 반복하고 이후 클라리넷의 플래터텅잉과 한 번씩 짧게 내뱉는 현악기들이 등장한다. 섹션I에서는 클라리넷이 큰 폭의 도약 선율을 서정적으로 연주하며 비올라가 클라리넷과 보조를 맞춘다. 클라리넷이 도약 후 음을 지속하는 동안 바이올린에서 글리산도 상행을 연주하여 날렵한 운동감을 제공한다. 섹션J는 도입부의 코랄을 연상시킨다. 바이올린과 비올라에서 하모닉스의 트레몰로와 술 폰티첼로를 연주하고 이에 클라리넷의 E음의 멀티폰이 고통을 참는 듯한 애잔한 음향을 만들 때 첼로가 부드럽고 느린 선율로 슬픔을 공감하고 위로한다. 섹션K에서도 클라리넷이 플레절렛으로 보다 심화된 고통을 표현하는데, 현악기들은 때로는 클라리넷의 아픔에 위로를 보내기도 하고, 같이 통증을 느끼기도 하며 빠른 상행선율로 운동감을 주어 힘을 북돋워 주기도 한다. 섹션L에서는 현악기들의 운동성 강한 텍스쳐를 배경으로 클라리넷이 트릴, 슬랩텅, 플래터텅잉과 전통적 연주법을 다양하게 구사하여 발화가 한층 유창해졌다는 인상을 준다.

섹션O에서는 현악기가 모두 포르티시모로 6연음부 더블 스톱의 스타카토를 동시에 반복하여 긴박한 분위기로 청자의 심장박동을 빨라지게 한다. 현악기들의 호모포니적 운동성을 배경으로 클라리넷이 비브라토로, 슬랩텅으로, 플래터텅잉으로, 트릴로, 스타카토로 자유롭게 자신의 소리를 낸다. 마지막 두 개의 섹션에서 클라리넷이 바람소리가 많은 슬랩텅의 하행 인접진행으로 연주하는 부분은 슬픈 가운데 희극적인 느낌을 주어 신선하다. 마치 애도를 끝내고 일어나서 비틀거리며 걷는 것 같다. 마지막 섹션에서 클라리넷의 멀티폰을 첼로와 비올라가 받아가벼운 피치카토로 마무리한다. 다 표현할 수 없어 신음으로, 탄식으로 절제된 언어로 발화를마친 클라리넷에게 이제 슬픔은 한층 가벼워졌다. 그리고 클라리넷의 이야기를 공감하며 다 들어주었던 현악기들은 서툴더라도 다시 삶의 길을 걸어가라고 소리없이 다독인다.

[연주영상 보기]

Transposed Score 클라리넷, 바이올린, 비올라와 첼로를 위한

'살아 남은 자의 슬픔'

2023. 이한신

2025년 7월 8일 오후 5시
브루클린 커피 을지로점

정다운: 무더운 날씨에 인터뷰에 응해주셔서 감사합니다. 〈살아남은 자의 슬픔〉을 여러 번 들어보았는데 일단 현악기 파트의 활 사용이 굉장히 정교하다는 인상을 받았습니다. 〈아취〉의 악보 첫머리에 나온 지시를 보니 활의 속도까지 표기를 하셨고 상당히 다양한 방식의 활쓰기 방식이 망라되어 있어서 선생님께서 현악기의 물적인 특성을 잘 파악하고 있다는 생각이 들었습니다. 〈현을 위한 그림자〉(2017) 역시 현악기 특유의 물성이 소리에 반영된 것 같은 느낌을 받았습니다. 다른 곡과 마찬가지로 글리산도 기법이 두드러졌고 날카로운 음색과 현 특유의 풍성한 소리가 공존하는 게 느껴졌습니다.

- 이한신: 〈아취〉는 저의 초기작으로 현악기의 하모닉스를 사용해서 쓴 곡입니다. 인위적 하모닉스, 자연적 하모닉스를 모두 사용하여 재미있게 썼습니다. 이 곡은 굉장히 세분화된 기법으로 작곡했습니다. 예를 들어 악보에 작은 사각형을 그려 3초 단위의 연주 시간을 표기하였고 활의 사용 속도를 5가지로 지정하였습니다. 쉼표도 세 종류로 초를 지정하여 표기했습니다. 연주자들은 악보를 보고 "굳이 이렇게까지 해야 하나?"라는 반응을 보이기도 했습니다. 전에는 현악기 사용하는 것을 별로 즐기지 않았지만 〈아취〉 이후 좋아하게 되었습니다. 또한 저는 현악기의 활을 수묵화를 그리는 붓으로 생각합니다. 수묵화에서 덧칠이 안되는 것처럼 활을 쓸 때 그것을 염두하고 씁니다. 화선지 위에서 붓끝이 꿈틀거릴 때 나는 소리, 그 과정이 만드는 분위기들을 다양한 활 사용을 통해 소리의 그림으로 표현하려고 했습니다.

정다운: 감정을 언급하시니 〈살아남은 자의 슬픔〉을 들으면서 격한 감정을 남김없이 쏟아내기 보다는 내면으로 꽉꽉 눌러서 절제된 슬픔을 빙산의 일각만큼만 보여준다는 느낌을 받았습니다. 제목만 들었을 때는 뭔가 큰 감정의 표현이 있을 줄 알았는데 의외로 상당히 깔끔한 곡이라고 보입니다. 감정을 절제하면서 쓰시는 편인가요?

- 이한신: 저의 은사이신 후버 선생님은 감정을 절제하고 상당히 논리적으로 곡을 쓰는 분이었습니다. 레슨을 받으러 가면 한 시간 내내 여기 이걸 넣었냐, 다이내믹을 왜 이렇게 썼냐 등등 모든 요소에 대한 논리적 타당성을 확보하는 걸 좋아하셨습니다. 그걸 제대로 이야기하지 못하면 곡을 다시 써가야 했지요. 저는 그 정도는 아니지만 아무래도 영향을 받은 것 같습니다. 원래는 섬세하고 깔끔하게 곡을 쓰는 것을 좋아했었는데 나이가 들다보니 감정적으로도 표현하고 싶다는 생각이 듭니다. 내가 느끼는 감정을 관객들도 느낄 수 있게 하고 싶습니다. 그렇지만 내가 여태까지 써왔던 방법들이

그렇지 않기 때문에 생각처럼 잘되는지는 모르겠습니다.

정다운: 이렇게 감정을 드러내는 방식으로 쓰신 곡은 어떤 게 있는지요?

- 이한신: 바이올린, 클라리넷과 첼로를 위한 〈그리고, 다시!〉(2022)와 클라리넷 솔로를 위한 〈오직 그리움을 아는 자만이〉(2024)가 이런 곡들입니다. 최근 〈슈피겔갱어〉라는 곡을 작업 중입니다. 〈슈피겔갱어〉는 클라리넷/베이스 클라리넷과 바이올린/비올라와 타악기 편성의 곡으로, 바이올린과 비올라, 클라리넷과 베이스 클라리넷을 각각 한 사람이 연주합니다. 이 작품은 비욘드 더 보더의 10년 동안의 음악회를 돌아보며 2015년에 연주된 작곡가 박경아의 〈도플갱어〉 작품에서 착안하였습니다. 시간과 정체성, 그림자와 실체의 경계에 서 있는 존재를 현대 음악의 언어로 탐색하기 위해 동일한 연주자가 두 대의 악기를 연주함으로써 하나의 육체 안에 공존하는 두 개의 인격을 음색으로 드러냅니다. 이중적인 악기 배치는 단순한 교체를 넘어 '거울 효과'를 만들어 냅니다. 높은 음역과 낮은 음역, 현악과 목관의 질감은 서로를 비추며 왜곡하고, 때로는 뒤엉키며 듣는 이의 지각을 흔드는 거죠. 악기의 변화는 단지 음색의 전환이 아니라, '나는 누구인가'라는 존재론적 질문을 던지는 내적 분열입니다. 이것은 반복과 변형, 그리고 공간감의 확장을 통해 마치 '자신의 유령을 마주하는' 듯한 청각적 환영을 만듭니다. 즉 이 작품은 '자기 자신과 마주

한 자'의 음악적 초상화를 그린 것입니다.

정다운: 상당히 재미있는 곡이 될 듯합니다. 선생님의 작품에서 유독 클라리넷의 편성이 두드러지는 것 같습니다. 〈살아남은 자의 슬픔〉에서도 클라리넷이 슬픔의 정서를 대변하며 다른 악기들을 리드하는데요. 클라리넷을 선호하시는 이유가 있을까요?

- 이한신: 클라리넷은 제가 상당히 선호하는 악기인데 클라리넷이 지닌 유연하고도 다층적인 음색을 통해, 인간의 내면, 혹은 말로 표현되지 않는 정서의 층위를 표현하기 좋기 때문인 것 같습니다. 특히 클라리넷이 갖는 모호한 경계성, 즉 목관 악기가 갖는 유연함과 금관 악기 적인 직선적 투사력을 통해 다양한 감정과 색채를 넘나들 수 있기 때문이죠. 이러한 경계성의 음색을 통해 저의 음악 안에서, 절제된 감정 표현과 드러내고자 하는 감정의 깊이 사이의 경계에서 활동하기 좋은 악기인 것 같습니다.

정다운: 말씀을 듣고 보니 정말 그런 것 같습니다. 클라리넷의 독특한 음색이 적소에 배치되었다는 생각이 듭니다. 선생님은 작곡가로서는 드물게 독일에서 독어학을 전공하셨는데 이러한 점이 작품에 끼친 영향이 있을까요? 또한 어떠한 방식으로 아이디어를 얻고 어떻게 작품을 만드시는지도 궁금합니다.

- 이한신: 독어학을 전공하느라 시간도 매우 오래 걸리고 고생을 많이 했습니다. 저는 시를 좋아해서 시에서도 영향을 많이 받았습니다. 아

버지가 돌아가셨을 때 독일시 "괴테의 소설 빌헬름 마이스터의 수업 시대"에 나오는 4편의 노래 가사 중 〈오직 그리움을 아는 자만이〉를 읽다가 아버지의 죽음과 연관하여 곡을 쓰기도 했습니다. 곡을 쓸 때는 먼저 음을 어떻게 쓸지 생각을 합니다. 곡의 골격이 되는 중심음을 생각하는데 독일어 단어에서 음을 따와서 음계처럼 만들기도 하고 배음렬을 사용한 음계를 만들기도 합니다. 또 단편을 쓰는 걸 좋아하는데요. 예를 들어 '그리움'에 대한 곡을 쓴다고 하면 이에 대한 단편 여러 개를 만들어 놓고 퍼즐 맞추듯이 결합하기도 합니다. 같은 생각, 같은 DNA를 가졌지만 계속 새로운 형태의 단편들이 나타난다는 점이 제 음악의 특징이라고 보시면 됩니다.

정다운: 이번 티해사의 주제는 '음악과 사회'입니다. 작곡가로서 작곡가의 사회적 역할에 대해 생각하시는 바가 있으신지요?

- 이한신: 저는 작곡가의 사회적 역할에 대해 정답은 없다고 성각합니다. 음악이 사람을 움직이고, 위로하며, 또 함께 아파할 수 있는 힘이 있다고 믿어요. 그것이 꼭 거창한 메시지가 아니더라도, 정직하계 만든 음악은 결국 누군가의 마음에 도달한다고 생각합니다. 음악은 때로 말보다 먼저 닿습니다. 어떤 설명보다 강하게, 사람의 마음 깊은 곳으로 들어가죠. 제가 하고 싶은 일은 그런 음악을 만드는 것입니다. 사회를 향해 조심스럽게 말을 거는 음악을요. 음악이 사회를 바꿀 수는 없을지 몰라도 제가 할 수 있는 건 제 감각과 언어로 이 시대의 공기와 사람

들의 감정을 담아내는 일입니다.

정다운: 앞으로의 작품활동 계획에 대해 알고 싶습니다.

- 이한신: 요즘은 '내가 정말 쓰고 싶은 음악이 무엇일까'에 대해 다시 고민하고 있습니다. 현재는 〈슈피겔갱어〉의 완성을 목표로 작업하고 있는데요. 당장 어떤 대형 프로젝트보다는, 조금 더 개인적인 이야기나 감정에 집중한 작품을 써보고 싶습니다. 천천히, 그러나 솔직하게 다가갈 수 있는 음악을 만들어 가려 합니다. 그동안 다양한 악기의 물성을 깊이 탐색하는 작업을 해 왔었다면 이제는 조금 더 언어와 음악을 연결하는 시도로 이어가면서 가곡 같은 분야의 작업도 하고자 합니다.

정다운: 네, 앞으로 선생님의 언어적 감각을 살린 가곡도 접할 수 있기를 기대합니다. 오늘 말씀 감사합니다.

작곡가 **이혜원**

이 혜 원
바이올린 솔로를 위한 〈상실-슬픔의 무게〉

글 · **이창성**

이혜원(1970-)은 거대한 사건이 사회에 남긴 상처와 그로 인해 사람들이 느끼는 감정을 음악으로 노래하는 작곡가다. 폴란드 크시슈토프 펜데레츠키 크라쿠프 음악원 작곡전공 학·석사 통합과정을 졸업하고, 동음악원에서 박사학위를 취득하였다. 세계적인 거장 부이아르스키(Zbigniew Bujarski, 1933-2018)와 펜데레츠키(Krzysztcf Penderecki, 1933-2020)를 사사하며 자신만의 음악어법을 발전시킨 이혜원은 폴란드에서 오랜 시간 활동하며 영국 달팅톤음악제, 독일 제프닉현대음악제, 베토벤아카데미오케스트라기획연주 펜데레츠키 75서기념 헌정음악회, 폴란드 카토비체 현대음악초연음악제, 폴란드 크라쿠프 국제현대음악제, 대구현대음악제 등 국내외 여러 음악제에서 작품을 발표하였다. 폴란드 국립라디오오케스트라, 대구시립교향악단, 코리안챔버오케스트라 등의 단체와 함께 작품을 선보인 바 있으며, 폴란드 야기엘론스키대학교 조교수, 경북대학교 강사를 역임했다.

사회에 남겨진 감정의 잔향을 탐구하다

이혜원은 인터뷰에서 사회 문제에 대해 작곡가가 기여할 수 있는 작업이 "사람과 사람의 마음, 그리고 감정을 이어주는 것"이라고 답한다. 그래서 그녀의 음악은 특정한 사회적 사건과 부조리함을 강력하게 고발한다기보다, 사회에 가해진 충격과 그 충격이 남긴 사람들의 감정을 노래한다. 이러한 이혜원의 음악 세계는 먼저 작품의 표제적인 아이디어에서부터 두드러지게 나타난다. 예를 들어 클래식 기타를 위한 〈Threnody〉(2022/2024), 그리고 바이올린을 위한 〈상실-슬픔의 무게〉는 모두 사회 어디에나 남아있는 상실, 애도, 슬픔이라는 감정을 은은하게 노래한다. 특정한 사회 문제가 직접적으로 제목이나 프로그램 노트에 나타나는 작품들도 몇몇 있다. 가령 피아노를 위한 〈Listen〉(2019/2020)은 일본군 성폭력 피해자들의 증언을 '들어봐(Listen)'라는 제목으로 노래하고 있으며, 기타와 가야금을 위한 〈Covid 19〉(2020), 그리고 현악사중주를 위한 〈하늘로 소풍 간 250명의 아이들〉(2023/2025)은 모두의 마음 속에 커다란 구멍처럼 남은 코로나 바이러스와 세월호의 비극을 담아낸다. 그러나 이러한 작품들도 앞서 말했듯이 단순한 '고발'에 그치는 것이 아니라 그 사건으로 말미암은 개인의 슬픔, 공허함, 그리고 애도를 담고 있다는 점이 인상적이다.

퍼져나가는 감정과 공명하는 음악

이혜원은 사회에 만연한 감정을 음악적으로 표현하기 위해 '번짐의 이미지'를 적극적으로 사용한다. 그녀는 곡 전체를 관통하는 특징적인 음정 관계나 모티브를 설정하고, 그 작은 단위를 마치 잉크가 번지듯이 확장하면서 곡을 전개해 나간다. 이는 감정이 고정적인 것이 아니라 역동적으로 변화하고 흔들리는 것임을 음악적으로 은유한다. 가령 〈Threnody〉에서는 장7도(G-F), 증4도(F-B), 완전4도(B-E)로 구성된 코드로 고요하게 출발하여, 각각의 음정 관계들이 곡 전체에서 다양한 방식으로 모습을 바꾼다. 때로는 동시에 울리기도 하면서, 어떨 때는 위아래로 진동하기도 하면서, 심하게 어긋나기도 하면서 그 곡이 담고 있는 감정이 요동치는 느낌을 표현한다. 이런 '번짐의 이미지'가 두드러지게 나타나는 작품이 바로 플루트를 위한 〈작은 돌들의 외침〉(2022/2025)이다. 이 작품은 호수에 던져진 작은 돌이 일으키는 파문과 떨어지는 물방울들이 오랜 시간 동안 단단한 바위를 깎아내는 과정에서 착안하여 작곡되었으며, 개인에 불과할 것만 같았던 작은 존재들이 모이고 모이면 강력한 집단이 되어 사회 전체의 변화를 이끌어낼 수 있다는 희망 또한 담고 있다. 이 작품에서 플루트는 단2도 간격의 세 음(A-A♭-G)을 연이어 연주하면서도 중간중간 아주 거친 플러터 텅잉과 제트휘슬을 사용하며 감정의 변화를 효과적으로 표현한다. 이런 점에서 이혜원의 음악은 사회의 정서에 관객들이 오롯이 스며들게 만들고, 이를 통해 사람과 사람의 마음을 연결하여 연대감을 만들어 낸다.

음악 속에 응축된 형용 불가능한 에너지

이혜원의 작품 속에 담긴 감정의 동요와 변화를 듣고 있자면, 그녀의 음악 안에 말로 설명하기 어려운 '에너지'가 응축되어 있다는 감상이 든다. 이는 폴란드에서의 유학 경험과 국악에 대한 그녀의 관심에서 비롯된다고 해석해 볼 수 있다. 이혜원은 폴란드 크시슈토프 펜데레츠키 크라쿠프 음악원에서 공부하던 시절, 우연히 그곳에 방문한 국악기 연주자들의 공연을 보았는데, 그때 엄청난 에너지와 울림을 받았다고 회고한다. 또한 그녀가 사회적 메시지에 관심을 갖게 된 계기도 폴란드와 한국, 이 두 나라의 연관성 덕분이다. 우리나라가 세계열강과 일본에 의해서 혼란스러웠던 역사를 겪어왔던 것처럼, 폴란드 역시 외세의 침략으로 인해 나라가 갈기갈기 분열되기도 했으며 아우슈비츠라는 잔혹한 역사의 흔적이 남겨져 있는 나라이기도 하다. 그녀는 이러한 환경 속에서 음악이 담을 수 있는 강렬한 에너지와 정신성에 대해 깊이 사유하게 되었다. 예컨대 4인의 타악 주자를 위한 〈더늠〉(2023)은 국악 장단의 융합과 병치가 만들어 내는 역동적인 에너지가 느껴진다. 〈Listen〉에서는 단2도라는 음정 관계를 집요하게 반복하고 변형하는 이혜원 특유의 음악어법과 함께 가야금 현을 빠르게 뜯는 듯한 패시지가 등장하거나 국악 장단에서 영감을 받은 듯한 리듬이 사용되기도 한다. 이렇게 음악 속에 감정을 담고, 거기에 더해 에너지를 압축하고자 하는 이혜원의 작품들은 사회를 향한 예술가의 감각이 얼마나 강인할 수 있는지, 그리고 작품을 통해 인간이 얼마나 정서적 연대를 단단하게 구축할 수 있는지를 보여준다.

바이올린 솔로를 위한 〈상실-슬픔의 무게〉
(Loss – The Weight of Grief for Violin, 2023/2025)

사회를 짓누르고, 쉬이 떠나지 않는 그 상실의 잔해

애석하게도 인간은 항상 좋은 일보다는 나쁜 일을 더 오랫동안 기억하는 것 같다. 기쁨은 빨리 휘발되지만, 슬픔은 수십 년이 흘러도 우리 곁을 맴돌며, 역사에는 희극보다는 수많은 비극이 기록되어 있다. 세상에는 홀연히 슬픔이 남겨져 누군가의 마음에 구멍이 남기고, 공동체 전체는 말할 수 없는 아픔의 무게를 짊어지게 된다. 이혜원의 〈상실-슬픔의 무게〉는 쉽사리 언급할 수 없는 그 감정의 무게를 음악적으로 직면하려는 시도이다.

제목에서는 구체적으로 나타나지 않지만, 인터뷰에서 작곡가가 밝히기로는 2023년 서울서이초등학교 교사 사망 사건과 그 이후 벌어진 교사들의 죽음에 깊은 상실감을 느끼며 이 작품을 구상했다고 한다. 그뿐만이 아니라 2023년에는 전 세계인이 상실의 아픔을 겪은 해이기도 하다. 러시아와 우크라이나 사이에서의 전쟁은 계속되었고, 이스라엘 하마스 전쟁 또한 무고한 사람들의 생명을 앗아갔다. 그런 점에서 바이올린 독주곡으로 작곡된 〈상실-슬픔의 무게〉는 연주자가 무대에서 홀로 사회 속에 남겨진 슬픔을 관객에게 전달하는 일종의 애가(哀歌)이다. 이 작품은 바이올린이라는 악기를 기교적으로 과시하기보다는 악기의 물리적 질감과 연주자의 숨결과 떨림을 최대한 절제된 방식으로 풀어내며, 슬픔이라는 감정의 변화를 길게 펼쳐 놓는다. 이 곡은 형식적으로는 A-B-A´-Coda이고, 총 11개의 모티브로 이루어져 있다.

먼저 A파트의 시작인 마디1-18을 살펴보자. 먼저 바이올린은 단2도(C-D♭)로 출발하여 그 음정 관계가 장2도, 단3도, 장3도, 완전4도 등으로 확대되다가 마디18에 이르면 증6도(A♭-F♯)까지 확장된다. 또한 다이내믹도 피아니시모로 출발하여 포르티시모에 다다르는데, 상당히 긴 호흡을 가져야 하지만, 이혜원은 중간중간 숨표를 삽입함으로써 의도적으로 호흡을 끊고 힘겹게 클라이맥스에 다다를 것을 요구한다. 이렇게 슬픔의 감정을 토로하는 곡의 도입부는 그 슬픔이 얼마나 거칠고 때로는 울음을 삼키듯 멈칫거리며 힘겹게 우리를 짓누르는지를 들려준다.

짧은 페르마타 이후 등장하는 마디19-26도 흥미롭다. 증6도가 보통 딸림화음을 향해가듯, 마디18의 증6도(Ab-F#)는 잠시 쉼표로 단절되었다가 마디19의 G음으로 이어진다. 그리고 마디 19-26은 마디1-18의 음정관계를 G음을 바탕으로 전위한 형태를 띠고 있는데, G음을 바탕으로 다시 단2도, 단2도, 장3도, 증4도 등으로 확대되며, 이는 음정 관계와 그 변형에 대한 이혜원의 탐구를 보여준다.

마디27-44은 마디1-18의 재현이지만, 리듬을 점점 잘게 쪼개가며 다이내믹 역시 포르티시시 모까지 확장된다. 앞에서 똑같은 선율이 슬픔을 힘겹게 참으며 전개가 되었다면, 이 부분에서 는 더는 이 슬픔이 막을 수 없는 지점까지 다다랐다는 점을 암시한다. B파트의 마디67-88도 흥 미롭다. 여기는 이 곡에서 가장 다이내믹의 변화가 심한 곳으로, 연주자는 아주 빠르게 피아니 시모에서 포르티시모를 교대로 왔다 갔다 해야 한다. 특히 음정 역시 대부분이 8도와 9도로 아 주 넓게 설정되어 있는데, 이는 감정의 진폭이 극단적으로 넓어지는 모습을 보여주고, 바이올 린 연주자는 이 부분에서 폭넓은 비브라토를 사용하며 마치 흐느끼는 듯한 인상을 관객에게 준 다.

A´파트가 시작되는 마디133부터는 앞부분이 한 옥타브 위에서 재현된다. 특히 마디201에서 마디202의 코다로 전환되는 과정이 재밌는데, 곡의 앞부분에 등장한 Ab-F#은 G로 향하며 어느 정도 해결되는 모습을 보여주었다면, 마디201에서 등장하는 Ab은 마디202에서 G#, 즉 이명동음 처리가 되어 해결되지 않고 머무는 양상을 보인다. 이렇게 Ab에서 형태를 바꾸어서 G#으로 안 착한 중심음은 이후 곡이 끝날 때까지 명확한 종지를 맞이하지 못한 채 부유하며 청자에게 지 속적인 긴장감과 정서적인 불확실성을 남긴다. 이러한 곡의 마무리는 상실이라는 감정의 본질 과도 맞닿아 있다. 우리 사회의 상실, 그리고 그 슬픔의 무게는 사라지지 않는다. 슬픔을 달래는 애도는 어떤 식으로도 끝나지 않는다. 우리는 영원히 비극을 기억하며 떠나간 이들을 달랜다. 이혜원은 이 곡의 결말을 통해 슬픔이 완전히 해결되거나 극복될 수 없고, 형태를 바꾸어 사회 와 개인의 내면에 계속 머문다는 사실을 강력하게 말한다.

[연주영상 보기]

상실: 슬픔의 무게

for Violin Solo

Hyewon Lee
2025 (3rd ver.)

2025년 6월 18일 오후 5시
홍대역 근처 이혜원 작곡가의 작업실

이창성: 안녕하세요. 작곡가님의 음악 경력이 참 독특하다고 생각했습니다. 폴란드에서 학사, 석사, 박사를 모두 마치셨는데 폴란드에서 어떻게 그곳에서 음악을 공부하게 되었는지, 또 폴란드의 작곡 교육 방식은 어떤지 궁금합니다.

- 이혜원: 처음에는 폴란드에 갈 기회가 생겨 별다른 기대 없이 갔어요. 그런데 비정규 과정을 1년 해보니 저한테 너무 잘 맞는 교육 환경이더라고요. 그래서 정규과정인 학·석사 통합 과정과 박사 과정까지 하게 됐죠. 폴란드 크라쿠프 국립음대에서는 작곡과 학생 수가 적어서 교수님들과 일대일 수업이 자연스럽게 이루어졌어요. 교수님들도 "나는 너보다 경험이 많은 작곡가일 뿐이지, 교수와 학생 이런 위계적인 관계로 보지 않으면 좋겠다"는 방식으로 대해주셔서 자유롭고 수평적인 분위기에서 많이 배울 수 있었어요. 과제는 정말 많았고, 문을 닫는 밤 11시까지 학교에 남아 공부하는 게 일상이었죠. 개인 창작은 물론이고, 화성학, 대위법, 분석 수업까지 아주 밀도 높게 진행되었어요. 처음에는 생소한 방식의 이론 수업들이 힘들었는데 그게 나중에 결국 저의 작곡 어법에 많은 도움이 된

것 같습니다.

이창성: 유학 시절 중에 기억에 남는 특별한 에피소드가 있을지요?

- 이혜원: 졸업 시험이 아주 인상 깊었어요. 형식적인 필기시험이 아니라, 교수님들과 일대일로 대화를 나누는 구술 중심의 평가였거든요. "5년간 배운 것 중에 가장 기억에 남는 건 뭐냐"고 물으셨을 때, 갑자기 떠오른 생각이 "혼자 설 수 있게 해준 곳이었다"는 거였어요. 무엇을 배웠는지도 중요하지만, 그 안에서 나 자신을 돌아보고 어떤 작곡가로 서야 하는지를 묻게 해준 시간이었던 것 같아요.

이창성: 거장 펜데레츠키에게 직접 음악을 배우기도 하셨는데, 세계적인 작곡가 아래에서 어떤 가르침을 받았을지 궁금해집니다. 옆에서 바라보았던 스승으로서의 펜데레츠키는 어떤 사람이었나요?

- 이혜원: 학석사 과정의 지도교수님인 부이아르스키 교수님의 권고로 박사과정을 펜데레츠키 선생님에게 사사받게 되었어요. 제자로서 옆에서 지켜본 펜데레츠키 선생님은 매일 작곡을 하는 성실한 작곡가셨어요. 80대의 연세에도 매일 곡을 쓰셨는데, 그런 꾸준함 자체가 대단했죠. 함께 나눈 대화 중에 인상 깊었던 건 "앞으로 어떤 방향으로 음악 작업을 해야 할지 모르겠다"는 제 말에 "나 자신도 몰라. 그냥 네가 하고 싶은 걸 해"라고 답하셨던 순간이었어요. 그 이후로 '해야 하는 것'이 아니라 '하고 싶은 것'

을 찾게 되었죠.

이창성: 작곡가님의 작품에서는 국악에 대한 관심도 듬뿍 나타나는 것 같습니다. 국악기와 서양악기를 조합한 작품들도 있고, 꼭 국악기를 활용하지 않더라도 국악의 장단이나 국악에서의 사운드를 의도한 것만 같은 작품들도 몇몇 있었는데요. 실제로 국악에 관심이 있으신지 궁금합니다.
- 이혜원: 사실 처음엔 국악에 특별히 관심이 있었던 건 아니었는데. 폴란드 유학시절 우연히 국악 연주자분들의 공연을 보게 됐어요. 그러면서 "우리나라 음악이 이렇게 멋진 음악이었어?"라는 생각이 들었어요. 그 이후로 한국에 올 때마다 국악 연주자들을 찾아다녔어요. 그 분들의 조언을 따라서 직접 장구를 배우고 지금도 계속 배우는 중인데요. 책도 사보고 공부도 해봤는데, 국악은 그저 이론으로 접근해서는 도무지 이해할 수 없는 음악이더라고요. 특히 서양음악의 틀에서 국악을 해석하는 것이 불가능하다고 느꼈고, 오히려 국악은 몸으로 겪고 감각적으로 접근해야 이해되는 음악이었어요. 그러면서 음악에 말로 표현할 수 없는 정신적인 '에너지'가 담길 수 있다는 것을 깨닫게 된 것 같고, 저도 이 에너지를 한 번 제 작품에 넣어보고 싶다는 마음을 갖게 되었어요.

이창성: 바이올린을 위한 〈상실-슬픔의 무게〉에 대해 이야기해 보고 싶습니다. 이 작품은 어떻게 작곡된 작품일지요?
- 이혜원: 이 작품을 작곡할 당시 일단 가장 저에게 충격을 주었던 사건은 교사들의 죽음이었어요. 2023년 서이초등학교 교사 사망 사건은 저에게 아주 큰 마음의 상실감을 주었고, 이외에도 그 이전과 이후에 뉴스를 통해 여러 사회적 죽음을 보면서 세상을 떠나간 이들과 남은 이들에 대해서 많은 생각을 하게 되더군요. 그래서 슬픔이 사회 전체에 퍼져나가는 모습이라던가, 그 슬픔을 감내해야만 하는 우리들의 현 상황을 음악으로 표현해 보고 싶었어요.

이창성: 〈상실-슬픔의 무게〉에서는 각종 음정 관계가 곡 전체에 걸쳐 지배적으로 사용되고, 또 다양한 방식으로 변형되는데요. 이 작품뿐만 아니라 작곡가님의 다른 작품에서도 특정한 음정 관계를 모티브처럼 삼아서 곡이 전개된다는 느낌을 강하게 받았습니다. 이렇게 음정을 바탕으로 곡을 써내려 가는 이유가 있을지요?
- 이혜원: 국악을 공부하다 우리가 흔히 국악을 5음 음계로 배우는데, 실제로는 다양한 음계가 있더라고요? 그래서 저도 이런 점에서 영감을 얻어 저만의 음계를 곡 안에 설정하고, 그 음정 사이에서 표현의 가능성을 찾는 작업을 많이 했던 것 같아요. 특히 단2도, 단3도, 완전4도, 완전5도 음정을 선호하고, 나름대로 저만의 음 체계를 실험해 보고 있습니다.

이창성: 작곡가님께서는 음악을 통해서 사회를 직접적으로 고발한다기보다는 그 사회가 품고 있는 슬픔이나 아픈 감정을 표현하는 작품들이 많은 것 같습니다. 이렇게 사회에 남겨진 '감정'에 주목하

게 된 계기가 있으실지요?

- 이혜원: 그냥 뉴스를 보다 보면 마음이 너무 아픈 거예요. 세월호 사건은 정말 큰 충격이었고, 아우슈비츠 수용소가 있던 폴란드에 살다 보니 위안부 문제라든지, 전쟁의 아픔에 대해 더 많이 접하게 됐어요. 제가 작곡한 피아노를 위한 〈Listen〉에서는 여러 영상 자료를 통해 위안부 피해자 여성들의 증언을 들으면서 느낀 감정을 곡으로 표현해보고 싶다는 생각도 했고요. '감정'을 담은 음악은 언어와는 또다른 힘이 있다고 느껴요. 직접적으로 말하지 않아도 그 감정의 결이 사람들 사이를 이어주는 역할을 하지 않나 싶습니다.

이창성: 마지막으로 음악이 사회에 기여할 수 있는 역할이 무엇이라고 생각하시는지 궁금합니다. 개인적으로 저는 사회 문제나 이슈가 발생하면 한 개인으로서는 너무 무기력해질 수밖에 없고, 일종의 회의감마저 들 때가 있거든요. 작곡가님께서 생각하기에 예술가가 사회에 어느 정도까지 영향을 미칠 수 있을지, 또 작곡가의 역할이 어떤 것일지요?

- 이혜원: 저도 사회 문제 앞에서 무력감을 느껴요. 그렇지만 '아무것도 안 하고 있지 않은가?' '그래도 사회에 대해서 개인으로서 목소리를 내야하지 않을까?' 이런 생각이 들 때, 각자 자기가 있는 자리에서 할 수 있는 일을 해나간다면 결국 그 노력들이 이어질 수 있다고 믿어요. 저는 음악을 통해 사회를 획기적으로 바꾸거나 사람들의 의식을 계도시키는 것은 어렵다고 생각

해요. 그보다는 저는 음악을 통해 사람과 사람 사이의 마음을 이어주고 싶어요. 싸우고 갈라지는 시대에, 감정의 결을 통해 공감하고 따뜻함을 회복할 수 있다면, 그게 음악이 할 수 있는 사회적 역할이자 작곡가가 사회에 기여할 수 있는 일이라고 생각합니다.

이창성: 좋은 말씀 감사합니다. 앞으로도 작곡가님의 작품이 우리 사회에 따뜻함을 불어넣기를 기대하겠습니다.

작곡가 **김성국**

김 성 국
국악관현악과 합창을 위한 〈원(願)〉

글 · **임현택**

김성국(1971-)은 현재에 안주하지 않고 전통의 현대화에 대한 깊은 고민과 탐구를 토대로 지속적인 새로움을 추구해 나가는 작곡가이다. 중앙대학교 음악대학 한국음악과에서 작곡 전공(박범훈 사사)으로 학사 및 석사학위를 취득하였고, 이후 중국으로 건너가 중앙음악학원 연수 과정을 수료하였다. 동아음악콩쿠르 국악작곡 부문 2위(1991)를 비롯한 서울국악대경연 작곡 부문 동상(1996), 디지털 창작제 음악 부문 대상(2002), 국악축전 창작국악경연대회 은상(2004), 국악작곡축제 대상(2006), 서울무용제 음악상(2008), 대한민국작곡상 관현악 부문 우수상(2013) 등을 수상한 바 있으며, 2016년과 2017년에는 국립국악관현악단 최초의 상주 작곡가로 활동하였다. 중앙국악관현악단 단장과 서울시국악관현악단 및 서울시청소년국악단 단장을 역임ㅎ였고, 현재 중앙대학교 예술대학 전통예술학부 교수로서 후학을 양성하며 창작 활동 및 지휘자로서의 활동을 병행하고 있다.

동시대와 호흡하며 '미래의 전통'을 탐구하다

작곡가 김성국은 다양한 음악적 장르와 직군을 자유로이 넘나들며 전통과 이를 넘어선 현대를 아우르는 창작 국악계의 선두주자이다. 전통과 현대의 경계선상에서 김성국의 마음은 늘 '새로움'을 향해 있다. 그러나 이 새로움은 전통을 도외시한 것이 아닌, 언제나 전통을 바탕으로 한 새로움이며, 이는 '전통의 현대화'에 대한 그의 치열한 고민과 탐구로부터 비롯된다.

'새로움'을 향한 끊임없는 도전

김성국의 음악 활동을 논함에 있어 방과할 수 없는 키워드는 '새로움'이다. 2022년부터 2024년까지 2년간 그는 서울시국악관현악단의 단장직을 수행하며 국악관현악단에 새로운 변화의 불씨를 지폈다. 기존 국악관현악 편성에 서양 오케스트라와 전자악기를 더한 '믹스드 오케스트라(Mixed Orchestra)' 시리즈를 최초로 기획하여 대중에게 선보인 것이다. '충돌과 조화'(2022), '존재 그리고 연결'(2023), '소리의 색채'(2023), '조화 그리고 에너지'(2024)를 주제로 한 4회에 걸친 시리즈와 함께 그의 작품 일렉트릭 기타 협주곡 〈능게〉(2022)는 당시 큰 화제를 불러 모았으며, 이를 통해 서울시국악관현악단은 새로운 형태의 한국적 소리와 이미지를 제시하며 음악의 확장성에 기여했다는 평가를 받았다.

그의 이러한 실험적 행보는 스승인 작곡가 박범훈(1948-)이 1993년 창단한 '오케스트라 아시아(Orchestra Asia)' 프로젝트에서 적지 않은 영감을 받았음이 분명하다. 오케스트라 아시아는 한·중·일 세 나라의 전통악기 연주자들이 모여 구성된 이른바 연합 '민족악단'으로, 이는 국악기 개량, 레퍼토리 확대 등 국악의 경계 확장에 큰 영향을 끼쳤다.

그가 중국 유학길에 오르게 된 이유 역시 이 오케스트라 아시아에 기인한다 해도 과언이 아닐 것이다. 1997년 중국의 민족음악 작곡가 탕지엔핑(1955-)의 〈후토(后土)〉(1997)를 접한 것은 그의 창작 인생에 있어 큰 전환점이 되었다. 유학 시절 탕지엔핑 외에도 탄둔, 천지강, 예샤오강 등 저명한 중국 작곡가들의 작품에 스며들어 있는 전통적 소재를 현대적으로 만들어가는 과정에 대한 철저한 학습과 관찰은 그만의 '전통의 현대화'를 가능하게 한 원동력이 되었다.

전통을 넘어선 '한국적 정체성'의 발현

토종 작곡가로서 그에게 전통은 여전히 '한국적 정체성'을 구현해내기 위한 핵심 요소이기는 하지만, 김성국은 '한국적'이라는 개념을 단순히 전통적인 것에 국한하지 않는다. 그에게 있어 한국적 정체성이란 현재 우리가 처해 있는 대한민국의 현실과 한국인으로서 이 땅에서 살아가며 지각하게 되는 온갖 감정과 사유로부터 새로이 생성되는 한국문화에 이르기까지 확장된 의미를 담고 있다. 말하자면 단순히 정통적 가치에만 머무르지 않고, 동시대를 살아가는 작곡가로서의 시선과 감정을 그의 작품에 오롯이 담아내고자 하는 것이다.

김성국은 현실에서 맞닥뜨리게 되는 사회적 이슈를 음악으로 기록하여 후대에 남기고자 한다. 사회적 문제에 관심을 두고 만든 그의 첫 작품은 솔로 대금을 위한 〈C와 거짓말〉(2008)로, 여기에서 그는 유리한 상황에 따라 말을 바꾸며 거짓말을 일삼는 한국 정치인의 모습을 신랄하게 풍자하였다. 이후 2013년에는 일제강점기에 일본군에 끌려가 삶이 뿌리째 뽑힌 위안부 할머니들의 삶을 주제로 한 25현 가야금 협주곡 〈아리랑(소녀의 꿈)〉(2013)을 발표하였다. 현대 사회에 작곡가 자신의 목소리를 곤두세우겠다는 의지는 2014년 세월호 참사 이후 더욱 확고해졌다. 세월호 참사 희생자를 위한 진혼의 의미를 담아 바이올린 협주곡 〈이별가〉(2014), 거문고 독주곡 〈침묵〉(2014), 거문고 협주곡 〈침묵〉(2017)을 연달아 내놓았고, 남도시나위에 의한 3중 협주곡 〈내일〉(2015)을 통해 세월호 참사와 더불어 세 살배기 시리아 난민 아이의 죽음을 애도하는 뜻을 표하였으며, 국악관현악과 합창을 위한 〈원(願)〉(2018)에서는 한국전쟁과 시리아 내전을 엮어 시공간을 초월한 전쟁의 참혹함과 위기의식을 그려내고자 하였다.

이렇듯 김성국은 현실에서 직면하게 되는 각종 아픔과 사회 비판적 마음을 담아 때로는 망자를 위로하는 진혼곡으로, 때로는 은유와 상징으로써 사회를 비판하는 풍자 음악(Satirical Music)으로 자신의 목소리를 내는 것을 게을리하지 않는다. 사회 공동체 일원으로서 전통을 기반으로 한 새로운 음악을 통해 동시대와 호흡하며 우리의 공감을 불러일으키는 것. 이는 분명 작곡가 김성국이 꿈꾸는 '미래의 전통'과 맞닿아 있다.

국악관현악과 합창을 위한 〈원(願)〉
(Wish for a Traditional Orchestra and Chorus, 2018)

이념과 정치를 초월한 평화와 희망의 울림

1990년 10월 3일, 베를린 장벽이 무너지고 마침내 통일 독일을 이루게 된 역사적 날을 떠올려 본다. 남·북 분단의 뼈저린 아픔을 70년 남짓 겪고 있는 우리나라로서는 참으로 부러운 일이 아닐 수 없는 사건이었다. 이스라엘-하마스, 러시아-우크라이나. 멈추지 않은 전쟁의 포화 속에서 우리는 이념적, 정치적 갈등으로 인해 전 세계가 여전히 사회적, 경제적 혼란에 휩싸여 있음을 뉴스 보도로 겪고 있다. 시리아 내전이 한창이던 2015년 9월 2일, 튀르키예 남서쪽에 위치한 해안 소도시의 한 해변에서 발견된 세 살배기 시리아 난민 아일란 쿠르디의 주검 사진을 기억하는가. 이 한 장의 사진은 작곡가로 하여금 작품을 구상하고 착수하게 한 직접적인 계기가 되었다.

국악관현악과 합창을 위한 〈원(願)〉은 2018년 11월 22일 롯데콘서트홀에서 개최된 2018-2019 국립국악관현악단 관현악시리즈 Ⅱ '다시 만난 아리랑 - 엇갈린 운명, 새로운 시작'에서 초연되었다. 국립국악관현악단과 함께 해맑은 아이들 합창단, 매트 오페라 합창단이 연주에 참여하였으며, 작곡가 김성국이 직접 지휘봉을 잡고 무대를 꾸몄다. 작품의 주제로 사용된 '원'은 한자의 의미대로 '기원(wish)'의 뜻과 함께 '둥근 원(circle)'의 복합적 의미를 담고 있으며, 이 '둥근 원'은 협의의 '강강술래', 광의의 '지구'를 나타낸다. 옛 선조들이 '원'을 만들어 '강강술래'를 하며 풍요와 평화를 '기원'했듯 '지구'상에서 전쟁이 사라지고 평화가 찾아오기를 바라는 작곡가의 염원을 담고 있는 것이다.

17분가량 소요되는 이 작품은 단악장으로 이루어져 있지만, 합창이 편성된 작품인 만큼 합창에 사용되는 가사는 작품의 장면 전환에 있어 매우 중요한 요소로 작용하고 있다. 도입부에서는 청량한 비브라폰의 하향 선율과 함께 간헐적으로 등장하는 25현 가야금의 동화적 분위기 속에서 남녀 어린이 2중창의 밝고 천진난만한 음색으로 '강강술래'가 울려 퍼진다. '달 떠온다

달 떠온다 동해 동천 달 떠온다…'.

이내 잠시간 침묵이 흐르고, 가족을 잃은 시리아 난민 소녀의 애달픈 목소리가 우리의 귀를 자극한다. 이는 오빠와 뛰어놀던 시리아 난민 소녀가 폭격으로 인해 눈앞에서 오빠의 죽음을 목격하고 눈물을 흘리며 당시 상황을 증언하는 육성 인터뷰이다. 낯선 언어의 음성이지만, 그 처절한 울부짖음 속에서 당시의 참담한 광경을 미루어 짐작해 볼 수 있다.

곧이어 강영은(1956-) 시인의 '아일란 쿠르디'(2015)를 노래하는 성인 4부 합창이 흐느끼는 소녀와 폭격으로 희생된 그녀의 오빠에게 위로와 용서의 말을 건넨다. '해변에 빨간 윗도리 짧은 반바지 무덤을 감싼 마지막 옷 … (중략) … 아가야 세상을 용서하렴…'. 마치 세상의 모든 부모가 그들을 위로하는 듯하며, 더해지는 해금 솔로의 계면 성음을 듣고 있노라면 왠지 모르게 가슴이 뻐근히 저려 온다.

'엘라 파찬 멘 비샤'(우리를 악에서 구원하소서). 시리아 정교회의 전례 언어인 아람어(Aramaic)로 노래하는 다소 덤덤한 아랍풍 기도문의 읊조림은 전쟁으로 희생된 망자를 위한 기도의 차원을 넘어 전쟁을 가져온 어른들에 대한 자성의 목소리를 대변한다.

'유월의 하늘로 올라가 보아라 늘 매기 꿀 익은 유월의 산으로…'. 전쟁에서 비롯된 참화와 상흔은 신동엽(1930-1969) 시인의 '아사녀(阿斯女)의 울리는 축고(祝鼓)'(1961)를 노래하는 4부 합창에서 더욱 극대화되어 나타난다. 9/8박자 3+2+2+2박의 혼합 리듬이 주를 이루는 가운데 속도, 박자, 리듬이 다양한 변주를 이루며 곡의 분위기는 비통함을 드러내면서도 그 감정을 있는 힘껏 억누르는 비장함의 기운으로 가득 차 있다.

어느덧 작품은 막바지에 다다르고, 어린이 합창으로 '강강술래'가 울려 퍼진다. 도입부에 이어 재차 등장하는 이 '강강술래'는 이제 작품 전체의 핵심을 이루는 중심축으로 작용한다. '강강술래 강강술래'. 어린이 합창단이 후렴구를 반복하고, 성인 4부 합창이 가세하여 분위기는 절정으로 치닫는다. 마침내 민족 대대로 전해 내려온 이 노래는 '밝고 평화로운' 기운을 넘어 '희망으로 가득 찬' 울림으로 다가와 가슴속 깊숙이 스며든다. 작곡가의 바람처럼 "이러한 비극이 이 땅에서 더 이상 반복되지 않기를".

[연주영상 보기]

국악관현악과 합창을 위한 "원(願)"
(어린이를 위한 평화의 노래)

김 성 국
(2018. 11)

임현택: 선생눈만의 두 가지 작곡 원칙이 있다고 알고 있습니다. 그 원칙이 무엇인가요?

- **김성국:** 저의 작곡 원칙 가운데 첫 번째는 "내 작품은 내가 두 번 이상 듣고 싶은 작품이어야 한다"는 것입니다. 제가 제 작품을 두 번 이상 듣고 싶지 않은데 남에게 들으라고 권하는 것은 거짓이자 사기에 가깝다고 생각합니다. 그렇기에 작품을 쓸 때 언제나 더 신중하려고 노력합니다. 두 번째 원칙은 "조금이라도 새로워야 한다"는 것입니다. 새로움이 없다면 작곡가로서 진부한 표현에 머물 수밖에 없고, 결국 청중으로부터 점점 더 멀어지게 될 것입니다. 새로움은 선택이 아니라 작곡가에게 필수적인 조건입니다. 물론 그 과정은 쉽지 않지만, 저는 언제나 이 두 가지 원칙을 마음에 두고 작업하려고 노력합니다.

임현택: 선생님께서는 작곡가이자 지휘자임과 동시에 대학에서 학생들을 지도하는 교육자이시기도 합니다. 작곡을 공부하는 학생들에게 특별히 강조하시는 점이 있다면 무엇인가요?

- **김성국:** "본인만의 특별한 이야기를 찾아라"

는 것입니다. 처음에는 기본기를 다지고, 여러 대가의 작품을 통해 음악의 본질과 작곡가로서 무엇을 어떻게 표현할 수 있을지를 배워야 합니다. 이러한 과정을 반복하면서 결국 찾아야 하는 것은 '자신만의 이야기'입니다. 내가 좋아하는 것, 내가 전하고 싶은 이야기, 내가 표현하고 싶은 감정과 생각을 내면에서 키워내고, 그것을 음악으로 근사하게 구현하고자 하는 열망을 품는 것이 중요하다고 생각합니다. 바로 그 욕망이 쌓이고 다듬어져야만 진정한 창작의 길이 열리고, 자신만의 음악 세계가 확립될 수 있기 때문입니다.

임현택: 2016년과 2017년에는 국립국악관현악단 최초의 상주 작곡가로 활동하셨습니다. 상주 작곡가로서 주로 어떤 활동을 하셨는지요?

- **김성국:** 당시 상주 작곡가로서 제가 맡았던 역할은 단원들과의 워크숍을 통해 국악관현악과 국악기에 대해 연주자들과 깊이 있는 토론을 나누고, 그 과정을 토대로 새로운 작품을 창작하는 것이었습니다. 특히 국립국악관현악단의 첫 상주 작곡가라는 타이틀이 주는 무게감과 책임감은 제게 특별한 의미로 다가왔습니다. 1년이라는 시간이 주어졌고, 실제 작품을 집필하는 데 걸린 시간은 다른 작품들과 크게 다르지 않았습니다. 그러나 작품 구상을 위해 쏟아부은 시간과 몰입의 밀도는 이전과 확연히 달랐습니다. 이러한 치열한 고민과 과정을 거쳐 탄생한 작품이 바로 국악관현악 〈영원한 왕국〉(2016)입니다. 다른 작품과 달리 구상과 준비 과

정이 길었고, 그만큼 저에게 특별한 경험과 의미를 남긴 작품으로 기억됩니다.

임현택: 선생님께서는 2022년부터 2024년까지 서울시국악관현악단의 단장으로서 '믹스드 오케스트라(Mixed Orchestra)' 시리즈를 기획하셨습니다. 이에 대한 소개 부탁드립니다.

- 김성국: '믹스드 오케스트라'는 제가 서울시국악관현악단 단장으로 재직하던 시기에 기획한 프로그램입니다. 출발점에는 두 가지 목적이 있었습니다. 첫째, 서울시국악관현악단의 저변을 확대하고, 보다 다양한 관객층을 확보하는 것이었습니다. 국악관현악은 서양관현악에 비해 여전히 대중에게 다소 낯설고 소외된 부분이 있습니다. 여러 요인이 있겠지만, 이러한 상황에서 새로운 화제를 만들고, 보다 친숙한 사운드를 통해 관객 개발에 나서고자 했던 것이 바로 이 프로그램의 의도였습니다. 둘째, 세종문화회관 대극장을 염두에 둔, 우리 음악을 표현할 수 있는 새로운 대편성의 거대 악단을 구상하는 것이었습니다. 사실 국악기 또한 역사적으로 중국을 통해 유입된 외래 악기가 많습니다. 특히 고려시대에는 송나라 악기가 대거 들어오기도 했습니다. 그렇기에 제게는 서양악기든 전자악기든, 현존하는 모든 악기를 통해 우리의 정서와 이야기를 담아낸다면 그것이 곧 현대의 국악이라는 생각이 있었습니다. 이를 담아낼 무대로 세종문화회관 대극장이 적합하다고 판단하였고, 실제로 재임 당시 즐겁게 음악회를 준비하고 연주할 수 있었습니다.

임현택: 〈원(願)〉, 〈이별가〉, 〈침묵〉, 〈내일〉 등 선생님의 작품 목록을 살펴보면, 평소 사회적 이슈에 대해 관심이 많으신 것 같습니다. '음악과 사회'라는 관점에서 선생님만의 철학이 있을까요?

- 김성국: 앞서 언급한 작품들은 사회적 약자로 인해 고통받은 사람들의 이야기를 담고 있습니다. 이는 이 시대를 살아가는 기성세대로서 느끼는 미안함이자, 동시에 작곡가로서 반드시 작품으로 기록해야 한다는 책임감에서 비롯된 것이었습니다. "내가 이렇게 고통을 느끼는데, 당사자와 가족들은 얼마나 더 큰 고통을 겪었을까?"라는 질문을 스스로에게 던지며 작품을 썼습니다. 이 작품들은 기록 그 자체가 목적이었고, 음악이 연주될 때마다 저 역시 고통스러웠지만, 같은 비극이 다시는 반복되지 않기를 바라는 마음으로 작곡하였습니다.

임현택: 〈원(願)〉을 구상하고 작곡하시게 된 동기와 배경, 또 이 작품을 통해 청중에게 전달하시고자 했던 메시지는 무엇인가요?

- 김성국: 국악관현악과 합창을 위한 〈원(願)〉을 구상하게 된 계기는 신문에 실린 한 장의 사진에서 비롯되었습니다. 그것은 시리아 내전 중 피난길에 오른 세 살 소년 아일란 쿠르디가 지중해에서 익사한 채 발견된 모습이었습니다. 어린 생명이 가족과 함께 바다에 삼켜진 그 사건은 제게 큰 충격으로 다가왔습니다. 이 작품은 특별한 메시지를 전달하기보다는, 무엇보다 먼저 그 비극을 추모하고 희생된 이들을 위로하고자 하는 마음에서 출발했습니다. 동시에

전쟁에 대한 깊은 생각을 불러일으켰습니다. 불과 몇십 년 전 우리나라 역시 같은 상황을 겪었고, 어쩌면 현재에도 다시 일어날 수 있는 일이라는 점에서, 이러한 비극이 이 땅에서 더 이상 반복되지 않기를 바라는 마음을 담아 작곡하였습니다.

임현택: 〈원(願)〉을 감상하다 보면 여러 장면이 떠오릅니다. 장면을 구분한다면 크게 몇 가지 장면으로 그려낼 수 있을까요?

- 김성국: 현재의 시리아 내전 상황과 1950년대 한국전쟁 상황을 병치하여 설정하였습니다. 곡은 아이들의 목소리로 시작되며, 전쟁 이전의 평화로운 분위기를 그려냅니다. 이어서 한국전쟁의 참상을 묘사하고, 시리아 소녀의 목소리를 통해 시리아 내전의 비극을 드러냅니다. 또한 한국전쟁을 표현한 시어(詩語)와 시리아어로 된 기도문을 활용하여 양국이 겪었던 전쟁의 참혹함을 함께 담아내고자 하였습니다. 최종적으로는 전쟁의 종식을 기원하며, 다시는 이러한 비극이 되풀이되지 않기를 바라는 염원을 곡의 마지막 부분에 성인 합창과 어린이 합창으로 담아 마무리하였습니다.

임현택: 〈원(願)〉에서는 음악 내적 요소 못지않게 외적 요소, 말하자면 내러티브적 요소도 중요해 보입니다. 또 이 내러티브적 요소는 텍스트의 전개와 맞닿아 있는 것 같습니다. 〈원〉의 이야기를 전개한 방식에 대해 설명 부탁드립니다.

- 김성국: 작품의 구성과 전개는 앞서 말씀드린 내용과 크게 다르지 않습니다만, 부연 설명하자면 이 작품은 합창과 국악관현악을 위한 작품으로, 성인 합창단과 어린이 합창단이 함께 편성되었습니다. 따라서 합창단이 노래하는 가사(텍스트)는 매우 중요한 요소로 작용합니다. 먼저, 도입부에서는 전래 민요 '강강술래'의 가사를 차용하여 전쟁 이전의 평화롭고 순박한 분위기를 표현했습니다. 이어서 한국전쟁의 상황은 시인 신동엽의 1960년대 시를 활용해 묘사하였습니다. 또한 시리아 내전의 참상을 드러내기 위해 CNN 인터뷰 영상 속 어린 소녀의 육성과 시리아어로 된 기도문을 적용하였습니다. 작품의 마지막 부분에서는 다시 한번 '강강술래'의 가사를 불러내어 전쟁의 종식과 더불어 다시는 이와 같은 비극이 반복되지 않기를 기원하는 메시지를 담아 마무리하였습니다.

임현택: 끝으로 향후 어떤 음악적 활동을 통해 대중에게 새로움을 선보일 계획이신지요. 아울러 대중에게 어떤 작곡가로 기억되기를 바라시는지요.

- 김성국: 제가 생각하는 좋은 작품은 기본에 충실하면서도 밀도를 지닌 작품, 여러 번 듣고 싶은 작품, 그리고 새로움이 깃든 혁신적인 작품입니다. 저는 평범한 작곡가일지라도, 작곡가로서 이러한 좋은 작품들을 되도록 많이 쓰고 싶습니다. 그렇게 할 수 있다면 언젠가 저 또한 좋은 작품을 남긴 작곡가로 기억될 것이라 믿습니다.

임현택: 인터뷰에 응해주셔서 감사드립니다.

IV. 사회적 시선, 개인의 파편

작곡가 **황성호**

황 성 호
〈비디오 칸타타〉

글 · **이예지**

작곡가 **황성호**(1955-)는 한국 사회의 문화적 정체성을 바탕으로 음악을 소통의 장으로 확장하며, 전통과 현대를 아우르고 다양한 장르의 경계를 넘나드는 작곡가다. 그는 서울대학교 작곡과를 졸업한 이후, 브뤼셀 왕립음악원과 네덜란드 위트레흐트대학 부설 음향학연구소 및 음악원에서 음악이론, 작곡, 전자음악을 공부했다. 이후 국악, 전자음악, 무용과 연극음악, 드라마 음악 등 다양한 음악 장르를 통해 독창적인 음악세계를 구축해왔다. 특히 다양한 전통악기 편성을 통한 국악의 대중화와 우리의 음악 문화 형성에 기여했으며, 한국전자음악협회 초대회장으로서 국내 전자음악 발전의 토대를 마련했다. 더불어 한국작곡가협회 이사장을 역임하면서 후대 예술가들을 위한 제도적 기반 구축에도 힘썼다. 대표적인 작품으로는 〈무브먼트〉(Movement, 2014), 바이올린과 첼로를 위한 〈노리〉(Nori, 1987), 오케스트라를 위한 〈슬픈 강〉(2011), 〈파랑도〉(Palando, 1992) 등이 있으며, 현재 한국예술종합학교 명예교수이다.

동시대와 호흡하며 다원화된 사회를 품다

황성호는 1980년대 초 이건용 등과 함께 '제3세대' 작곡 동인을 결성했고, 우리 사회의 현실과 구조적 모순, 좌절감, 정치적 이념 문제들을 음악에 담아내며 동시대와 호흡하는 예술적 실천을 보여주었다. 21세기에 들어 다양성과 개인의 개성이 중시되는 사회에서, 그는 다원화된 시대정신을 포착함과 동시에 자신만의 예술적 정체성과 혼을 반영한 작품 활동을 지속적으로 이어오고 있다. 그 예로, 세 대의 하프시코드를 위한 〈트라이스켈리언〉(Triskelion, 2002)에서는 사람들이 저마다 지닌 성격과 능력의 차이처럼, 세 악기 간의 갈등으로 열등감과 경쟁 구조를 형상화한다. 처음에는 하나같이 진행하던 악기들이 점차 각자의 길로 나아가며, 한 악기는 고음역대로 치솟고 혼자 남게 되는 순간을 통해 인간의 능력의 한계와 외부 압력에 대한 돌파 의지를 청각적으로 표현한다. 같은 악기임에도 불구하고 음색, 음역, 선율의 방향성, 다이내믹 등에서 현저한 차이를 보이는 것은 마치 사람들이 저마다 다른 가치관으로 삶을 살아가고, 경쟁하고, 한계에 부딪히며 이를 극복하려는 모습과 같다. 〈비디오 칸타타〉에서도 악기와 합창군이 각각 현대인들의 모습을 상징하며, 바삐 움직이고 서로 다른 이야기를 하면서도 치열한 경쟁 속에서 살아가는 도시 속 삶의 양상을 그려낸다. 모든 악기가 각자의 성격과 정서를 동등하게 드러내며, 시간의 흐름 속에서 다양한 개성을 지닌 사람들이 자신만의 특색을 내며 살아가는 모습을 각 악기군의 음색으로 형상화한다.

음향으로 빚어낸 공동체의 초상

황성호의 작품은 서로 다른 목소리들이 만나 하나의 유기체를 이루어가는 공동체의 축소판이다. 〈노리〉는 오직 바이올린과 첼로 두 대의 현악기만으로 국악과 서양음악이 어우러진 극적 세계를 구축한다. 자유로운 리듬 위에 펼쳐지는 두 현악기의 선율은 마치 한복을 입고 춤추는 무용수의 아리따운 춤선을 연상시킨다. 바이올린과 첼로가 각자의 음역대에서 즉흥적으로 시원하게 내뿜으며 음향 층을 구축하고, 국악 장단을 구사하며 한바탕의 신명나는 탈춤을 연상시킨다. 음악은 치밀한 대위법적 구조와 다양한 기법, 끊임없이 변화하는 텍스처를 통해 점진적으로 발전하며, 서양악기가 만들어내는 국악의 정서는 오묘한 음색에 빠져들게 한다. 한없이 극적으로 치닫다가 다시 사라지는 긴 음가로 여백의 미를 보여주는 현악기의 음색은 한 편의 대하드라마를 보는 듯한 변화무쌍하고 다채로운 음향을 자아낸다. 플루트, 클라리넷, 현악기를 위한 〈인터메조 클리셰 2〉(intermezzo cliché 2, 2018)에서는 각 악기군이 마치 공동체의 구성원들처럼 서로 다른 역할을 담당하며 조화를 이룬다. 거대한 현악의 음향군 위로 플루트가 고음으로 치솟고, 저음 현악기군이 든든한 토대를 형성하는 가운데 클라리넷이 빠르게 움직이며 트릴로 수많은 대위적 층을 만들어낸다. 이렇게 병치되고 화합되는 음향들은 서로 다른 개성을 지닌 구성원들이 대화하고 갈등하며 감정을 나누는 공동체의 모습을 그려낸다. 음악이라는 언어로 빚어낸 이 작은 세계는 복합적인 관계들이 얽히고 풀리며 하나의 입체적 구조를 이루어가는 공동체의 초상이라 할 수 있다.

사유의 문을 열고, 반추를 자극하다

황성호에게 음악은 오감의 자극을 깊이 녹여낼 수 있는 도화지이다. 제3세대 동인으로 활동하며 80년대 사회적 격변기를 관통한 그에게 이러한 감각적 접근은 당시의 비판적 의식을 음악으로 형상화하는 방법론이었으며 오늘날까지도 작품 세계의 근간을 이룬다. 그는 연극, 시, 문학 등 다양한 장르에서 감정을 가져와 음악적 영감을 얻으며, 단순한 장르 융합을 넘어 현대 사회에 대한 성찰적 시각을 담아낸다. 〈비디오 칸타타〉는 하재봉의 시에서 출발하여 '비디오'가 주는 통속적 이미지와 현대인을 수동적으로 만드는 제어적 장치들에 대한 비판적 시선을 음악으로 형상화한다.

한편 피아노 작품 〈무브먼트〉에서는 추상적 개념 자체가 불러일으키는 다차원적 이미지를 음악적으로 구축하며 관객의 사유를 자극한다. '움직임'은 단순한 물리적 개념을 넘어 끊임없이 변화하는 현대 사회의 역동성을 은유하며, 파편적으로 튀는 음들과 즉흥적 유기성은 현대인의 분절된 경험과 예측 불가능한 사회적 흐름을 반영한다. 확장되는 다이내믹과 음역대를 통해 사회의 복잡성에 대한 관객 각자의 사유와 상상을 불러일으킨다.

이처럼 한국 음악 역사에 있어 사회적 의미를 추구해온 황성호는 음악의 흐름 속에서 느껴지는 현상들이 곧 사회의 모습임을 관객들이 자연스럽게 깨닫도록 하며, 사회에 대한 성찰과 반추로 자연스럽게 이끈다.

〈비디오 칸타타〉
(Video Cantata, 2004/2005/2006)

매체와 인간, 경계의 해체

더 이상 기술과 매체 없이는 살 수 없는 현대 사회에서 '디지털 디톡스'라는 말이 등장할 만큼 우리는 매체에 중독되어 있다. AI가 도래하여 인간이 매체에 종속되는 포스트휴머니즘 시대가 현실화된 가운데, 황성호의 이 작품은 매체로 인한 소외가 심화되는 모순된 현대사회에 예언적 경고를 보낸다. 작품은 하재봉 시인의 시집 『비디오/천국』(1990)에 수록된 10편의 시를 기반으로 구성된 모음곡으로, 전자음악과 퍼포먼스, 시각 매체가 결합된 멀티미디어 작품이다. 2004년 5월 18일 예술의전당 콘서트홀에서 열린 국립합창단 정기연주회에서 피아노 반주의 합창곡, 총 4곡으로 초연된 이후 2005년 12월 18일 바리톤, 베이스 독창과 합창, 관현악을 위한 〈VIDEO Cantata〉로 확장, 개작 발표됐다. 이어 2006년 9월 8일 베이스 독창과 합창, 관현악을 위한 〈전단, 불온한 꿈, 쉿〉이 추가되어 재연되었다. 2006년 12월 6일 한국음악협회 주관의 "제25회 대한민국작곡상"을 수상, CD와 악보가 출판되었고, 12월 18일에는 한국문화예술위원회 주관의 "2006년 올해의 공연예술상"을 수상했다.

첫 곡 〈없다〉의 섹션A는 서정적 멜로디 없이 샤우팅과 동음 반복을 통해 펄스 같은 비인간적 사운드를 만들어내고, 섹션B에서 멜로디가 분화되는 과정은 고장난 기계가 진화하는 듯하다. 음악은 점차 긴 호흡을 통해 서사를 구축해가기 시작하지만, 섹션E에서는 똑같은 말과 음악이 12번 반복되며 고장난 기계를 형상화하고, 섹션G에서 합창이 스타카토로 동음을 노래하는 기계의 신호음은 전체 악곡의 주요 모티브가 된다. 혼성합창은 음악과 유기적으로 대위와 중첩을 이루며 다층적 음향을 구성하고, 성악 발성은 레치타티보와 랩을 넘나드는 자유로운 형태를 취한다. '녹슬고 망가져서 고물상에 처박힌 TV'라는 시어에서 실로폰이 등장하며, 'TV가 나의 것이 아닌, 나의 것'과 같이 TV에 현혹되는 인간의 모습을 느린 음가의 동음 반복으로 표현한다. 〈TV는 폭발한다〉에서는 '파란 눈으로 TV를 수호하자'라는 시어가 시각과 인식의 지배를 보여주며, 폭발하는 불협화음과 빠른 음가 전환으로 매체에 물들어가는 사회를 비판한다. 〈전단, 불온한 꿈〉에서는 팀파니의 울림과 베이스 솔로의 반음계 선율이 '죽음이'를 외치며, '나는 포위되었다'가 외쳐지는 순간 고음으로 치솟는 선율이 추격당하는 느낌을 자아낸다.

시의 의미. 음악적 측면에서 절정을 이루는 〈TV는 알을 까고 부화〉에서는 팀파니와 트롬본이 저음에서 강렬한 반음으로 충격적인 메시지를 던진다. 합창단이 '죽지 못하고 시퍼렇게 살아'를 반복할 때 현악기군은 헤미올라 리듬과 F-F#-G의 반음계 반복이 극도의 긴장감을 자아낸다. 마지막 곡 〈태양의 물〉은 마치 오페라처럼 극적인 서사를 구축한다. 오케스트라가 합창단과 함께 호모포닉 텍스처로 거대한 음향군을 자아내고, 이는 사막에서 물을 갈망하는 열망, 즉 모순된 사회에서 진실을 갈구하는 심리를 표현한다. 대사가 빨라지는 부분은 반음계로 흘려보내고, 강조해야 하는 텍스트에서는 동음을 지속함으로써 무미건조한 말이 주는 중요함을 부각시킨다. 이렇듯 작품의 혁신성은 음절의 해체에서 나타난다. '없다, 없다없-다-다다다-없'처럼 의미 전달을 넘어 음성적 질감과 리듬의 파편으로 분해하여 소리 자체를 재료로 활용한다. 이러한 카오스적 사운드는 영혼의 부재와 내면이 붕괴되는 현대인의 모습을 보여주며, 기존 인간 중심의 이성적 해석 구조를 무력화시켜 자아의 소멸을 예고한다.

작품은 포스트휴머니즘 시대의 본질을 정교하게 구현한다. '소리를 통해 나를 본다'는 매체를 통해 자신을 인식하는 인간과 기계의 연결을 보여주며, '안테나가 뇌와 연결된다'는 시어는 주체가 매체를 통해 존재를 '경험 당하는' 구조를 드러낸다. 음악적으로는 동음의 반복과 작은 다이내믹으로 인간이 기계에 점진적으로 종속되는 상황을 반영하지만, 이러한 수동성이 누적되면서 사회의 썩어있는 현상이 터져 나오고, 이는 거대한 음향, 톤 클러스터, 반음계적 충돌, 극단적 도약 등으로 폭발적으로 표현된다. 특히 합창과 오케스트라가 동일한 음악적 재료로 점차 융합되어가는 과정은 인간과 기계의 경계가 무너지는 모습을 형상화한다. 결국 비정상적으로 전달되는 문장과 음악을 감상한 뒤 우리는 TV에 몰입하여 수동적으로 멈춰 있는 모습을 자각하게 된다. 황성호는 기계와 인간, 정보와 감각, 텍스트와 신체 사이의 경계를 허무는 실험을 통해 디지털 중독과 매체 종속의 현실에 대한 예언적 성찰이자, 인간다움의 본질에 대한 근본적 질문을 던진다.

[연주영상 보기]

2025년 6월 30일 오전 10시
양재 테라로사 카페

이예지: 선생님의 작품은 장르가 정말 다양합니다. 작품의 소재는 어디서 얻으시나요?

- 황성호: 저에게 영감의 원천은 일상 곳곳에 존재한다고 생각합니다. 그중에서도 '감정'이 가장 핵심적인 요소라고 할 수 있겠네요. 저는 책, 시, 모든 형태의 지식에서 관심을 가지며, 이들이 우리의 감성을 자극하는 방식에 주목합니다. 특히 언어가 가진 내재적 힘, 문학 작품의 내용적 깊이, 그리고 세상에 존재하는 물질들의 본질적 속성들이 중요한 소재가 됩니다. 반어법이나 수사법과 같은 언어적 기법들도 마찬가지죠.

무엇보다 일상 속 사건들과 그 안에서 발생하는 감정의 스펙트럼에서 많은 것을 얻습니다. 인간의 다양한 모습과 성격, 그리고 사람들이 살아가는 복잡한 상황들을 각기 다른 악기군으로 설정하여 삶의 실제적 모습을 음악으로 형상화하려고 노력하고 있습니다. 루토슬라프스키(Witold Lutosławski)역시 개인의 실존적 상황과 자아 의식을 음악에 깊이 녹여냈듯이 말이죠. 음악이라는 매체는 표현 범위가 매우 넓고 불확정성을 내포하며, 감정의 광범위한 스펙트럼을 담아낼 수 있는 독특한 특성을 지니고 있습니다. 그래서 저

는 주변에서 얻는 소소한 아이디어들로부터 더욱 풍부한 상상력을 발휘하려고 노력합니다.

이예지: 〈비디오 칸타타〉는 어떤 메시지를 담으려고 하셨나요?

- 황성호: 무엇보다 일반적인 음악회가 갖는 진부하고 관습적인 형식들을 거부하려고 했습니다. 우선 합창단에게 일상복을 입고 무대에 오르도록 했죠. 아주 편안하고 자연스럽게 말입니다. 물론 관객들은 이를 보고 다소 산만하다고 느낄 수 있겠지만, 이것은 매우 중요한 의도였습니다. 합창단의 이러한 모습이 바로 개별적 색깔을 드러내고, 독립적인 하나의 사회 구성체를 보여주는 것이기 때문입니다.

합창단이라고 하면 일반적으로 통일된 같은 소리를 내기에 유기체적으로 보이지만, 이를 집단의 소리로 접근한다면 한 명 한 명의 개별적인 말소리와 이야기, 목소리가 모여서 한데 어우러진 것으로 볼 수 있습니다. 저는 이러한 다원적 사회의 모습을 존중하고 싶었습니다. 특히 중요하게 여긴 것은 합창단에게 마치 랩이나 레치타티보처럼 가사를 즉흥적이고 자유롭게 전달하도록 한 것입니다. 여기에서 음악 역시 개인의 고유한 목소리로 치환될 수 있다고 생각했습니다. 또한 평범한 관습을 깬 또 다른 시도는, 일반적으로 예술의 전당을 떠올리면 연상되는 정적이고 인위적으로 격식에 갇힌 분위기를 해체하기 위해 예술의전당 무대 앞 스피커에 관객들이 이 장소에 도달하기까지 외부에서 들었던 다양한 소음들을 녹음해서 재생한 것입니다. 그래서 관

객들은 공연이 언제 시작될지 명확히 알 수 없는 채 기다리게 되고, 관객들이 홀에 입장하는 순간부터 공연은 이미 시작된 것이나 다름없는 상황이 됩니다. 이처럼 이 작품은 현대인의 지극히 일상적인 삶과 사회상을 그대로 담고 있기에, 관객들도 현실적 삶과의 연속성을 체험할 수 있도록 의도했습니다.

더불어 첫 무대는 음악이 아닌 하재봉 시인이 직접 무대에 올라 〈없다〉를 낭송하는 것으로 시작했는데, 이때 시인은 강렬한 독백극으로 무대를 완전히 장악했습니다. 모든 단어와 음절을 새롭게 해석하며 극단적으로 대조적인 다이내믹을 오가는 낭송은 관객들에게 예상과는 전혀 다른 충격적 경험이었을 것입니다. 이렇게 정형화되지 않고 예측 불가능한 우리의 일상적 현실이야말로 현대인들이 실제로 살아가는 삶의 모습이라고 생각합니다.

이예지: 그렇다면 문학, 연극 등 다양한 예술 장르 중에서 음악만의 고유한 특징은 무엇이라고 생각하시나요?

- 황성호: 문학은 텍스트가 명확히 정해져 있어 의미 전달이 비교적 직접적이지만, 음악은 추상적이면서도 동시에 구체적인 이미지를 형성할 수 있는 독특한 능력을 지니고 있습니다. 표현할 수 있는 의미의 범위는 무한히 넓어지면서도 오히려 더욱 섬세하게 그 의미를 전달할 수 있고, 하나의 작품 안에서 다양한 층위의 의미를 동시에 다층적으로 드러낼 수 있다는 점이 음악의 가장 큰 매력이라고 생각합니다.

이예지: 선생님께 전자음악은 어떤 의미를 갖는 존재일까요?

- 황성호: 대학생 시절 처음 전자음악을 접했을 때 정말 큰 충격을 받았습니다. 당시 일본에서는 이미 전자음악 발표회가 활발히 열리고 있었는데, 우리나라에서는 전혀 존재하지 않았거든요. 그래서 해외 연수를 마친 후 귀국하여 '전자음악 연구회'라는 모임을 직접 만들어서 지속적으로 발전시켜 나갔습니다.

소리를 끊임없이 변형시키고 재창조하는 과정이 저에게는 표현의 새로운 돌파구였습니다. 테이프 음악을 발표하기도 하고, 첼로나 인성, 클라리넷 등의 어쿠스틱 악기를 전자악기를 통해 변형시킨 소리를 활용함으로써 기존 악기가 갖던 답답한 표현의 한계를 획기적으로 넓힐 수 있었습니다. 특히 테이프 파트를 통해서는 피아노로는 절대 불가능한 글리산도, 미분음, 크레센도 되는 지속음 등을 자유자재로 구현할 수 있었고, 다양한 음향 소재를 변형하고 조합하며, 첨단 기술을 활용하여 복잡하고 정교한 텍스처와 리듬을 구사할 수 있게 되어 표현의 자유가 비약적으로 확장되었습니다.

이예지: 선생님께서는 사회의 어떤 측면에 특별히 관심을 가지고 계신가요?

- 황성호: 저는 특히 현대 사회에서 개인이 집단 속에서 어떻게 자신의 정체성을 유지하며 살아가는지에 대해 깊은 관심을 갖고 있습니다. 급속한 기술 발전과 매체의 발달로 인해 개인의 자율성이 위협받는 현상, 그리고 사람들이 점점 더

수동적으로 변해가는 모습들을 주의 깊게 지켜보고 있죠. 또한 젊은 세대들의 실험 정신과 반항 의식, 그들이 무엇에 대해 분노하고 있는지, 왜 예술가들이 한국 사회에 대해 불만을 표출하는지에 대해서도 지속적으로 관심을 갖고 있습니다. 예술가들이 현실에 타협하여 상업적이고 산업적인 길로만 빠져들지 않도록 하는 것도 중요한 과제라고 생각합니다.

이예지: 앞으로 더욱 급변하는 세상에서 음악은 어떤 방향으로 발전할 것이라고 예상하시나요?

- 황성호: 워낙 세상이 빠르게 변화하다 보니 이제는 미래를 전혀 예측할 수 없을 것 같습니다. 특히 요즘 AI가 대세를 이루고 있는데, 아직까지는 인간의 모든 창조적 영역을 완전히 대체하지는 못하는 것 같아요. 그리고 생각해보면, 전자음악이 처음 등장했을 때의 파급효과나 그 혁신적 충격에 비하면 현재의 변화는 상대적으로 덜한 것 같습니다. 전자음악은 소리를 기록하고 저장, 보관할 수 있게 만들었기 때문에 음악계의 모든 패러다임을 근본적으로 바꾸었거든요. 하지만 AI는 그만큼 획기적이고 혁명적인 산물은 아닌 것 같습니다. 그리고 사실 포스트모더니즘이나 모더니즘 모두 결국은 기존 개념들의 반복과 변주에 불과하지, 완전히 새롭고 확연히 달라진 양상은 아니라고 생각해요.

그럼에도 불구하고 AI의 발전 방향은 아직 예측할 수 없고, 미래의 음악계 역시 마찬가지입니다. 이런 불확실한 시대일수록 작곡가들에게는 더욱 중요한 과제가 있다고 생각해요. AI나 새로운 기술들이 등장할 때마다 이를 단순히 거부하거나 맹목적으로 수용하는 것이 아니라, 그 본질을 깊이 이해하려고 노력해야 합니다. 스스로 완성된 사람이라고 생각하는 독선에 빠지지 말고, 계속해서 궁금증을 가지고 새로운 변화들을 탐구해 나가야 하죠.

결국 이러한 열린 자세를 통해서만 급변하는 기술과 사회 속에서도 진정한 예술적 가치를 찾아낼 수 있고, 자신만의 고유한 음악 언어를 발전시킬 수 있다고 생각합니다. 그래서 자신의 약점이나 한계도 솔직하게 인정하며 지속적으로 성장하려는 겸손함을 지닌 작곡가야말로, 어떤 기술적 변화가 와도 흔들리지 않는 진정한 예술가가 될 수 있을 것이라 생각합니다.

이예지: 선생님의 작품 활동을 응원합니다. 좋은 말씀 나눠주셔서 감사합니다.

작곡가 **정성엽**

정 성 엽
〈한 평짜리 방에서도 행복한 A씨를 위한 축가〉

글 · **오희숙**

정성엽(1972-)은 인간에 대한 따뜻한 시선을 지닌 작곡가다. 성당과 입양 단체에서 다년간 봉사를 하였고, 이러한 활동은 그의 음악 세계에 중요한 토대가 되었다. 연세대학교 공과대학을 졸업한 후 본격적으로 작곡을 공부하여 연세대학교 음악대학 작곡과를 졸업하였고, 이후 프랑스 파리 에콜 노르말 음악원(École Normale de Musique de Paris)에서 관현악법(Orchestration) 전공으로 석사 및 박사 학위를 취득하였다. 실내악, 가곡 등의 작품을 발표하였고, 작곡뿐 아니라 편곡에도 깊은 관심을 가져 다양한 프로젝트에서 활발한 편곡 작업을 진행하고 있으며, 베를린 필하모닉 카메라타 편곡 콩쿠르에서 우수상을 수상하기도 하였다. 연세대학고, 가톨릭대학교 등에서 강의한 바 있으며, 현재는 파리 에콜 노르말 음악원 서울캠퍼스에서 이론 교수로 재직 중이다.

누구나 행복할 권리가 있다

'어둠 속에서 쓰러져 있을 때 그대 있음에 희망을 가진다'는 내용을 담은 가곡 〈여향〉(2024)은 정성엽이 음악뿐 아니라 가사도 직접 쓴 작품이다. 조성적 3화음에 토대한 서정적 선율과 풍성한 화음, 잔잔하게 시작하여 클라이맥스로 향했다가 극적으로 마무리되는 구성. 그래서 노래가 끝나면 열정적인 박수를 보내게 되는 그런 가곡이다. 어쩌면 이 가곡은 너무나 상투적이어서, 21세기에 작곡한 곡이라고 보기 어려울 정도이다. 그렇지만 이 가곡이 청자의 마음을 평안하게 하면서 깊은 감동을 주는 것은 부인할 수 없다. 성악가들도 이 가곡을 자주 노래한다. 바로 이러한 면면이 최근 정성엽 작곡가의 음악 세계를 단적으로 보여준다.

정성엽은 새로움을 추구하는 현대음악의 장에서 전통적 조성음악의 틀을 유지하며 감정적 표현력을 중요시한다. 그래서 그의 작품 대부분은 조성에 기반한다. 이러한 경향은 음악을 잘 모르는 청중에게도 위로와 감동을 주면서 행복을 전달해 주고 싶은 정성엽의 음악관에 기인한다. 오늘날 미지의 영역을 개척하며 실험정신으로 자신만의 개성을 찾는 일도 어렵지만, 전통적 화성과 형식을 따르면서 일반 청중에게 친숙하고 익숙한 음악을 작곡하는 일도 쉽지 않다. 여기에는 큰 용기가 필요하다. 그런 면에서 정성엽은 용기가 있다.

사회적 약자에 행복 전달하기

정성엽은 사회에서 소외되고 외로운 사람들에 관심을 가지고 있다. 유학 시절부터 입양아들과 교류하며 공감대를 형성했고, 귀국 후에는 보건복지부 산하 재단법인 중앙입양원에서 프랑스어 번역 자원봉사를 하였다. 당시 만난 입양인들 가운데 다수가 홀로 삶을 영위하다가 사망하는 경우가 많은 것을 알게 되면서 '무연고 사망자'에 관심을 가지게 되었다. 이에 2021년 작곡발표회는 '무연고 사망자를 위한 위로가(Requiem)'로 주제를 정하여 이들을 위로하는 다양한 곡을 발표하였다. 이 작곡발표회에서 발표된 세월호 희생자를 위한 〈죽은 어린 영혼들을 위한 헌정〉(2013), 코로나 시대의 성찰을 담은 〈우리는 지금 어디로〉(2021) 등은 어려움을 겪고 있는 이들에 대한 사회적 관심이 다각적으로 나타난다.

주목할 점은 이러한 음악에 일종의 '행복' 모티브가 존재한다는 것이다. 예를 들어 윌 스미스가 주연으로 나온 영화 '행복을 찾아서'에서 영감을 받은 2대의 바이올린, 첼로, 피아노를 위한 〈행복을 찾아서〉(2022)는 심적으로 육체적으로 고통을 받아도 포기하지 말고 삶을 이어가자는 메시지를 담았다. 현악기의 섬세한 음색과 피아노가 조용하게 어우러진 1악장과 활기찬 리듬감이 두드러진 2악장으로 구성되었고, 프랑스 인상주의 분위기의 조성적 흐름 속에서 드뷔시의 가곡 〈꿈〉과 에디트 피아프의 샹송을 인용하면서 친숙한 선율로 따뜻한 마음을 표현하였다. 타악기를 위한 〈한 평짜리 방에서도 행복한 A 씨를 위한 축가〉(2022) 역시 어려운 환경에서도 행복을 찾는 이의 모습을 그리고 있다.

편곡도 예술이다

공학도였던 정성엽은 음악에 대한 열정으로 늦은 시기에 작곡에 몰두하였고, 9년간 프랑스에서는 관현악법을 전공하였다. 이는 무조음악보다는 조성음악을 선호하는 그의 음악적 경향과도 맞물린다. 관현악법을 전문적으로 공부하면서 그는 적극적으로 편곡 작업에 뛰어들었다. 차이코프스키의 〈현을 위한 세레나데〉(2023), 나운영 〈현악4중주〉(2022) 등 기존 작곡가 작품의 편곡은 위촉을 통해 주요 음악회에서 공연되고 있고, 자신의 작품도 다양한 버전으로 편곡하여 발표하였다. 〈죽은 어린 영혼들을 위한 헌정〉(2014)은 실내악 3중주(2 Vn, 1 Pf) 편성으로 작곡되었고, 〈무용을 위한 칸타타〉(2015)는 현악 4중주 버전(2024)으로 편곡되었다. 그는 편곡도 일종의 예술적 작업이며, 많은 노력과 예술적 창의성이 필요하다고 말한다. 이러한 작업의 롤모델은 리스트와 라벨이다. 특히 정성엽은 라벨의 관현악어법에 감탄하고 있으며 라벨의 작품을 세밀하게 분석하며, 자신의 편곡의 예술적 경지를 높이고자 노력하고 있다.

이처럼 정성엽은 오늘도 자신만의 독특한 세계를 구축하며 매진하고 있다. 클라리넷 독주곡 〈아버지의 노래〉(2022)에서 서정적으로 울리는 선율처럼, 그는 다정하게 자신의 음악으로 청중에게 행복을 전해주고 싶어 한다. 인간은 모두 행복할 권리가 있다고 믿고 있기 때문이다.

〈한 평짜리 방에서도 행복한 A 씨를 위한 축가〉
(A Celebration Song for Mr. A, 2022)

무연고 사망자를 위한 유쾌한 레퀴엠

삶의 마지막 순간, 모든 인간은 인간으로서의 가치를 인정받으며 존엄하게 생을 마무리할 수 있어야 한다. 그러나 현실에서는 가족이나 지인과의 연락이 끊긴 채 쓸쓸히 생을 마감하는 이들이 존재한다. 이른바 '무연고 사망자'가 바로 그들이다. 정성엽은 이들에 대해 깊은 관심을 가져왔으며, 〈한 평짜리 방에서도 행복한 A씨를 위한 축가〉는 그런 마음을 표현한 작품이다. 무연고 사망자의 장례를 돕는 단체 '나눔과 나눔'의 책자에서 그는 한 할아버지의 삶과 죽음에 대한 기록을 읽게 되었다. 풍족한 삶을 누리던 이 할아버지는 어떤 계기를 통해 가족과 헤어지고 홀로 살아가게 되었지만, 척박한 환경 속에서도 희망의 끈을 놓지 않았다. 정성엽은 그 사연에 깊게 감동을 받아 그를 추모하는 마음으로 이 곡을 작곡하였다.

연주 시간 약 8분의 이 작품은 스네어 드럼, 베이스 드럼, 우드블록으로 구성된 타악기 곡으로, 한 명의 연주자가 세 악기를 모두 연주한다. 복잡하고 변화무쌍한 리듬과 다양한 연주 기법, 세 악기의 다채로운 조합이 나타나는 이 곡은 고도의 연주 기술이 요구되는 작품이다. 정성엽은 이 작품의 전반부에서 행복했던 A씨를 조명하고, 후반부에서는 혼자 세상을 떠났지만 혼자가 아니었다는 위로의 마음을 표현하고자 하였다.

이 곡은 전체적으로 여섯 부분으로 나눌 수 있다. A부분(마디1–45)은 '왼손 가락'(with left finger)으로 나지막하게 태핑하는 베이스 드럼의 16분음표 리듬 패턴과 악센트가 첨가된 우드블록의 단호한 음의 대화로 조용하면서도 경쾌하게 시작한다. 여기에 스네어 드럼이 합류하고 (마디8부터), 베이스 드럼 역시 손가락 대신 발로 타격하는 '풋태핑'(foot tapping)을 통해 보다 강한 음을 내며 곡의 에너지를 끌어올린다. 이어지는 스네어 드럼과 베이스 드럼의 이중주(마디21-45)는 규칙적인 리듬 진행과 부점 리듬 패턴의 조합을 보이며 타악기곡에서 느낄 수 있는 전형적인 리듬적 역동성을 드러낸다. 이 부분은 스네어 드럼의 긴 트릴과 베이스 드럼의 지속음으로 마무리된다. 신나게 앞으로 행진하는 주인공 A씨의 행복한 모습이 연상되는 부분이다.

이러한 분의기는 베이스 드럼의 독주로 구성된 B부분(마디 46–71)에서 바뀐다. 드럼의 테두리를 타격하여 목재나 금속성 재질이 건조하게 드러나는 '온 림'(on rim) 주법이 활용되어 사운드는 건조해지고, 리듬적 진행도 다소 정적으로 나타나며, 마지막 부분에는 '뮤트' 기법이 활용되어 힘이 더 빠지는 느낌이 든다. 그렇지만 C부분(마디72–128)에서는 다시 경쾌한 분위기로 전환된다. 여기서는 세 악기가 복합적인 사운드를 만들어내며 리듬이 다채롭게 전개된다. 이번에는 스네어 드럼이 림 주법을 활용하여 일반 사운드와 림사운드의 빠른 교체가 나타나면서 음색은 더욱 다채로워진다. 여기에 우드블록이 불규칙적으로 더해지면서 타악기의 풍성한 음향이 창출된다. 이러한 사운드의 흐름에서 형성되는 클라이맥스 부분에서는 힘이 넘치는 A씨를 상상하게 된다.

이후 음악은 외로운 죽음에 대한 내적인 위로의 분위기로 바뀐다. 우드블록의 독주 파트 D부분(마디129–148)에서는 조용하게 긴 음가의 음이 트레몰로와 빠른 셋잇단음표로 연주되며, 불규칙한 리듬과 지속적인 다이내믹 변화가 마치 즉흥연주와 같은 느낌을 자아낸다. 여기에는 7개의 피치를 가진 우드블록이 사용되었고, 음고는 연주자가 자유롭게 선택할 수 있다. E부분(마디149–133)에서는 안단테로 템포가 느려지고, 리듬 단위도 4분음표 중심으로 전개되면서, 명상적이고 정적인 분위기를 형성한다. 마지막 F부분(마디184–203)은 곡의 시작(A부분)을 거의 그대로 반복하며, 전체 구조를 유기적으로 마무리한다. 마지막에는 스네어 드럼이 점점 더 격렬하고 빠르게 $f\!f$에서 연주되며 긴장감을 고조시키고, 이어지는 트라이앵글의 강한 음으로 곡이 마무리된다.

이 곡은 거칠고 강렬한 타악기의 사운드보다는 섬세하고 다양한 음색이 중심을 이룬다. 무연고 사망자를 추모하는 마음에서 출발했지만, '축가'라는 제목을 붙인 것에서 알 수 있듯, 전체적인 분위기는 경쾌하고 생동감 있으며, 조용한 가운데도 활력과 힘이 느껴진다. 쓸쓸한 죽음이 주제가 되었지만, 활기찬 리듬과 다채로운 음색으로 슬픔보다는 삶을 향한 긍정과 기쁨을 노래하며 위르의 메시지를 전한다. 무연고자의 죽음이 반드시 외롭기만 한 것은 아니라고. A씨는 정성엽의 이 곡과 함께라면 결코 외롭지 않을 것이다.

[연주영상 보기]

Score

"한 평짜리 방에서도 행복한 A씨를 위한 축가"

정성엽 작곡

음악과 사회: 비판과 소통의 장場

오희숙: 작곡가님은 원래 공학을 전공하셨죠. 어떻게 작곡가의 길로 접어드셨는지 궁금합니다.

- 정성엽: 저는 어릴 때부터 음악을 하고 싶었습니다. 그러나 집안의 반대로 공학도의 길을 갔죠. 그렇지만 일찍이 바이올린을 배웠고, 성당에서 아마추어 음악가로 활동하면서 음악의 끈을 놓지 않았습니다. 공대에 입학한 후 음악을 제대로 하고 싶어서 작곡과 시험을 보았는데 다행히 합격하여 작곡 공부를 할 수 있었죠. 그렇게 학사와 석사를 한 다음에는 유학에 대한 고민이 있었지만, 취직을 먼저 하게 되어 회사에 약 5년간 근무하였습니다. 이후 저축을 모아, 프랑스로 유학을 떠났죠. 물론 집안에서는 반대했지만, 저는 음악에 대한 열정을 중단할 수는 없었습니다.

오희숙: 음악에 대한 열정이 대단하셨군요. 프랑스 유학 시기에는 '관현악법'을 전공하신 점이 특이합니다.

- 정성엽: 네, '작곡'을 전공하면 보통 무조적 현대음악 창작에 주력해야 했기 때문에, 저는 관현악법을 전공했습니다. 물론 '관현악법' 전공도 작곡 전공의 한 부류이죠. 무조음악의 작곡에서 나타나는 설득력 있고 논리적이며 객관적인 이야기를 좋아하지만, 저는 무조음악보다는 조성을 기반으로 한 음악을 위주로 작곡을 했습니다. 이에 완전하게 새로운 현대적 어법보다는 작곡의 토대가 되는 관현악법을 전공하게 되었죠. 프랑스에서는 창작곡보다는 관현악곡 편곡 작업을 많이 했습니다.

오희숙: 그러한 점이 작곡가님의 작품 세계에서 중요한 특징으로 보입니다. 작곡가님의 작품은 조성적 특성을 보이는데, 이는 최근의 현대음악계 흐름과는 달라서 주목하게 됩니다.

- 정성엽: 제가 교회음악 분야에서 많은 활동을 해서 그런지, 교회음악에서 나타나는 음악적 영성을 중요하게 생각하며, 조성을 토대로 진행되는 것이 제게 더 어울리는 옷과 같이 느껴집니다. 따라서 조성이 더 익숙하고 다만 조성작품을 주로 쓰지만 가끔 비조성적인 부분이나 무조음악 작품도 쓰고 발표도 합니다. 저는 교회음악이 제 음악의 근본이라고 생각합니다. 따라서 무조의 새로운 음악과 음향과 사운드보다는 제게 익숙한 조성을 기반으로한 새로운 음악을 많이 써왔습니다.

오희숙: 그럼 앞으로도 계속 조성음악 작품을 쓰시겠군요.

- 정성엽: 네, 저에게는 조성이 잘 맞는 것 같습니다. 조성음악의 꽃은 인성 음악이라고 저는 생각합니다. 그러한 차원에서 최근 발표한 〈여향〉(2024)도 그런 예가 될 것입니다. 여향, 즉

'사람이 지나가고 남은 향기'를 주제로 한 바리톤과 피아노를 위한 성악곡인데요. 이 노래는 다양한 버전으로 편곡되어 아주 많이 연주되고 있습니다. 또한 저는 앞으로 인성과 합창음악을 많이 쓸 계획입니다.

오희숙: 작곡가님의 작품을 보면 사회적 관심이 많다고 느껴집니다. 세월호, 팬데믹 등 사회적 사건과 관련된 작품을 쓰셨죠. 또 주목되는 주제는 '무연고 사망자'입니다. 어떤 계기로 여기에 관심을 가지게 되었나요?

- 정성엽: 제가 프랑스 있을 때부터 입양인들과 친하게 지냈고, 한국에 와서도 입양인 단체에서 프랑스어 번역 봉사를 하였습니다. 1주일에 한 번씩 자원봉사를 하면서 다양한 입양인들을 만났는데, 그 입양인 중에서 무연고로 사망하는 사람이 많았습니다. 친부모에게 버림을 받고, 양부모 집에 살다가 버림을 받거나, 또 자립하여서 살다가 혼자 사망하는 경우를 많이 보았습니다. 그 와중에 '내가 이런 사람들을 위해 무엇을 할 수 있을까?'라는 고민을 하게 되었죠. 처음에는 입양인을 위한 작품을 구성해 보았는데, 음악적으로 막연해서, 무연고 사망자에 대한 음악을 쓰게 되었습니다.

오희숙: 2022년 작곡발표회 주제도 '무연고 사망자'로 하신 것도 인상적입니다.

- 정성엽: 한번 태어났는데 덧없이 사망하는 불쌍한 영혼을 위해서 의미 있는 일을 하고 싶었습니다. 그러다 우연히 서울문화재단 공모에 참여했는데, 작품이 선정되었죠. 당시 음악회에서 '무연고 사망자'를 위한 봉사 단체 관계자가 나와서 설명도 하고, 프로그램에 단체에 대한 안내도 했었습니다.

오희숙: 〈한 평짜리 방에서도 행복한 A씨를 위한 축가〉의 A씨는 실존 인물인가요?

- 정성엽: 네, 그렇습니다. 무연고 사망자를 위한 봉사 단체의 '나눔과 나눔' 책자에는 다양한 무연고 사망자의 이야기가 실려있습니다. 거기서 어떤 할아버지의 이야기를 읽고 많이 울었습니다. 이 할아버지는 부잣집에 태어나 부를 누리고 살았고 가족도 있었지만, 어떤 계기로 가족과도 뿔뿔이 헤어지고 가난하게 혼자 사시다가 돌아가셨습니다. 그런데 어려운 상황에도 마지막까지 희망을 잃지 않았고, 혼자서 행복하게 살다 가셨다고 합니다. 이 이야기가 짠하게 느껴졌습니다.

오희숙: 타악기를 활용하신 것이 흥미롭습니다.

- 정성엽: 그 할아버지는 한때 씩씩하게 사셨으니. 타악기를 가지고 표현을 해 보았습니다. 저는 타악기에 관심이 많고, 타악기의 다중적 역할에 주목하고 있습니다. 앞으로 타악기 곡을 많이 써보고 싶습니다. 이러한 측면은 쇼스타코비치의 영향을 받기도 하였습니다. 쇼스타코비치는 스네어 드럼을 좋아했죠. 〈교향곡 11번〉에는 스네어 드럼과 여러 타악기에 대한 그의 애정이 잘 나타나며, 아주 효과적으로 사용하였죠.

오희숙: 선생님의 곡을 보면 한 곡을 다양한 버전으로 편곡한 것도 특징으로 보입니다.

- 정성엽: 저는 '편곡'도 작곡의 일종이라고 봅니다. 저의 작품 중 많은 부분은 기존 곡의 새로운 버전이 차지합니다. 원곡을 다른 색깔로 표현하며, 결과적으로 새로운 곡이 재탄생합니다. 편곡은 새로운 재창조이자 많은 노력과 수고가 들어가는 작업입니다. 그런 면에서 저는 라벨을 존경합니다. 그는 관현악법의 대가였고, 편곡을 많이 했죠. 저는 라벨의 음악을 많이 연구하고 있습니다.

오희숙: 네, 아주 흥미로운 말씀입니다. 하나의 곡이 다양한 버전으로 변형될 때 새로운 예술성이 탄생한다고 할 수 있죠. 앞으로 어떤 음악을 쓰고 싶으신지요?

- 정성엽: 저는 많은 작곡가님들께서 추구하시는 새로운 소리, 새로운 음악을 만드는 것 같은 거대한 작업보다는, 제 작품을 들어주는 많은 청중에게 위로와 치유, 감동을 주는 그런 음악을 쓰고 싶습니다. 예술가로서의 자기만족보다는 청자들을 향하는 음악, 대중들이 편하게 접근할 수 있는 음악이 의미 있다고 생각하죠. 제 음악을 듣고 '다시 살아갈 힘을 얻었다'라는 말을 들었을 때가 가장 좋습니다.

그래서 저는 조성음악을 주로 씁니다. 사실 조성과 비조성을 따지지 않고, 재미있는 현대음악, 대중들이 즐길 수 있는 현대음악을 만들고 싶습니다. 선율적이면서 아름답고 치유가 될 수 있는 음악. 그래서 저는 인성을 위한 음악에 관심이 많고, 이 분야를 많이 작곡하고 싶습니다.

오희숙: 그래서인지 작곡가님 작품은 재공연이 많이 되는 것 같습니다.

- 정성엽: 네, 〈죽은 영혼을 위한 헌정〉은 관현악곡 버전과 현악 4중주 편곡 버전 등으로 지금까지 13번 공연되었고, 〈우리는 지금 어디로〉도 많이 연주되었습니다. 유튜브에 업로드된 제 작품을 보고 연락을 주시는 연주자들도 많이 계시는데, 감사하게 생각하고 있습니다.

오희숙: 작품 발표회에서 직접 자신의 작품을 연주하고 계신 점도 인상적입니다.

- 정성엽: 저는 어린 시절부터 바이올린을 연주했고, 지금도 공연에서 바이올린과 비올라를 연주합니다. 제 작품의 공연에도 많이 참여하고 있죠. 비록 아마추어 연주자고 연주력은 전공자 선생님들보다 많이 떨어지지만 제 작품에 대한 해석이 이렇다라는 점에서 작곡가의 해석을 보여주고 싶습니다. 이렇게 실제 음악 공연에 참여하면서, 청중과도 많은 소통을 할 수 있고, 또 연주자들과도 많은 공감대를 형성하고 있습니다.

오희숙: 이번에 인터뷰를 통해 선생님 작품을 잘 이해할 수 있게 되었습니다. 감사드리며, 앞으로 멋진 활동을 기대하겠습니다.

작곡가 **나실인**

Sirin Nah

나 실 인
바리톤과 챔버 앙상블을 위한 〈빌런〉

글 · 이혜진

나실인(1979-)은 예술가로서 자신의 길을 스스로 개척하며 음악적 삶을 독자적인 방식으로 디자인하는 작곡가이다. 서울대학교 음악대학 작곡과와 독일 뒤셀도르프 국립음악대학을 졸업하였으며, 성남시합창음악콩쿠르(1999)와 중앙음악콩쿠르(2002)에서 1위를 차지한 바 있다. 특히 그는 동시대성에 대한 고민을 가지고 오페라, 음악극, 뮤지컬 등 극음악 장르를 통해 한국 현대 사회의 다양한 단면을 그려내고 있으며, 대표작으로 오페라 〈나비의 꿈〉(2017), 〈블랙리코더〉(2019), 〈빨간 바지〉(2020), 뮤지컬 〈극장 앞 독립군〉(2019), 〈명색이 아프레걸〉(2020), 〈광장시장〉(2025) 등이 있다.

기성화된 사회에 대한 단호한 시각

예술은 시대와 장소, 그리고 계층에 따라 다양한 기능과 역할을 수행해왔다. 그중에서도 시대정신을 구현하고 문화 공론장을 형성하는 것은 예술의 가장 중요한 역할이라 할 수 있다. 그렇다면 동시대 한국에서 예술은 어떤 모습을 가져야 할까? 지금 우리는 서로 다른 입장에 선 집단들이 서로를 적으로 규정하고 무심코 던진 돌에 개구리가 맞아 죽는 시대에 살고 있는 듯하다. 늘 동시대성에 대해 고민하며 현대 한국 사회의 다양한 단면을 음악으로 풀어내는 작곡가 나실인. 사회 분열이 극에 달한 오늘날의 한국 사회에 대해 그의 예술은 무엇을 이야기하고 있는가?

기성화되지 않은 꿈

나실인은 오페라, 뮤지컬, 창극, 음악극, 발레, 연극, 관현악곡, 실내악, 국악, 가곡 등 다양한 장르에서 많은 작품을 쓴 '다작 작곡가'이다. 특히 그가 오페라 〈나비의 꿈〉(2017), 〈블랙리코더〉(2019), 〈빨간 바지〉(2020), 뮤지컬 〈극장 앞 독립군〉(2019), 〈명색이 아프레걸〉(2020), 〈광장시장〉(2025) 등 여러 예술단체에서 위촉을 받아 대규모 극음악 작품들의 작업에 참여해 온 것은 작곡가로서 그의 이력을 가장 잘 설명해준다. 한국을 대표하는 음악극 작곡가이자 위촉 작곡가로서 왕성한 작품 활동을 펼쳐온 작곡가 나실인. 그러나 음악인으로서 그의 행보는 한국 클래식 작곡가들의 전형적인 노선과는 다소 거리를 두고 있다.

그는 대실작이나 아창제 등 국내 주요 음악 창작 협회에서의 활동이 드물며, 대학에서의 교육 활동 또한 그의 음악 활동에서 큰 비중을 차지하지 않는다. 대신 다양한 극음악 공연 현장이나, '예술의 전당 디지털 스테이지'와 같은 공연예술플랫폼에서 그의 이름을 만나볼 수 있다. 자체적으로 그룹을 결성해 유튜브에 꾸준히 음악을 업로드하기도 하고, 위촉이 들어오지 않을 때는 비 예술분야에서 포트폴리오를 만들기도 한다. 특히 2022년에 결성된 작곡가 나실인과 보컬 이지현의 듀오 그룹 '노래서점'은 그가 대중과 가장 폭넓고 밀착된 방식으로 소통하는 플랫

폼이다. '노래서점'의 콘텐츠는 '클래식 음악을 기반으로 장르의 경계에 선 노래들'로 구성된다. 예컨대 2022년 첫 프로젝트에서는 시인 윤동주, 이육사, 이상화의 시에 '지금 이 시대의 감성'을 입혀 다양한 장르의 노래를 창작하고 선보였다. 이 프로젝트는 '예술의전당 공연 영상 사업'에 선정되어, 현재 '예술의전당 디지털 스테이지'에서 전시되고 있다.

모두가 같은 목표를 향해 살아가는 오늘날, 제도적으로 인정받는 '기성화된 꿈'을 추구하기보다는 자신의 삶을 주체적으로 설계하는 작곡가가 나실인이다. 그의 이러한 행보는 생계를 위한 현실적인 이유에서 비롯되었지만, 동시에 '섬세하면서도 단호한' 사회적 인식의 결과이기도 하다.

사회를 향한 예민한 감수성, 단호한 응시

기본적으르 나실인은 '현대 클래식 작곡가'이지만, 그가 다루는 음악 언어는 공통음악어법과 탈조성음악, 국악과 서양음악, 대중음악과 예술음악 등 매우 광범위하다. 그의 창작 방식은 일종의 '브리콜라주'(bricolage)와도 같이 새로운 음향 또는 소재의 개발보다는 기존의 재료들을 새롭게 조합하고 배치하여 기존의 목적과는 전혀 다른 새로운 맥락이나 의미를 창출하는 데에 보다 근접해 있다. 그가 이러한 노선을 선택한 것은, 20세기 중반 유럽 현대음악을 기술적으로 습득하는 데 몰두했던 학부 시절과 독일 유학 시절 작곡학도로서 겪었던 회의를 극복하기 위해서였다. 또한 자신이 음악을 전공하게 된 근본적인 계기들을 새롭게 되새긴 결과이기도 하다. 그러나 그의 행보에는 개인적인 동기뿐 아니라 사회적인 요인도 작용한다. 언뜻 보면 무모하다고 여겨질 정도로, 조성이나 무조성, 클래식이나 대중음악 등 소재의 선택에 있어 자유롭고 유연하며, 또한 기존 재료를 재구성해 새로운 의미를 창조하는 그의 작업 방식은 기성 세대가 고수해 온 '클래식의 순수성'에 대한 근본적인 의문을 제기하기 때문이다.

그의 작품에서 중요한 것은 조성이냐 탈조성이냐 하는 음악적 언어의 차이가 아니라, 자신의 개성을 특정 사상이나 전통에 얽매이지 않고 보편적 시각을 지닌 '세계시민'의 자리 위에서 펼쳐내는 것이다. 행위자가 아닌 관찰자로서 사회의 가장자리에 서서, 자신이 속한 시공간을 가능한 한 있는 그대로 파악하기. 그리고 그렇게 관찰한 내용을 섬세하면서도 단호하게 작품에 담아내어, 감상자들로 하여금 섬뜩한 울림을 느끼게 하기. 이것이 나실인이 그의 예술세계를 구축하는 방식이다. 결국 예술가의 개성이란 공통감각과 소통 가능성을 전제로 할 때 비로소 빛을 발하는 것이 아닐까.

바리톤과 챔버 앙상블을 위한 〈빌런〉
(Villans for Baritone and Chamber Ensemble, 2021)

'빌런'이 '빌런'일 수밖에 없는 이유

지금 우리 사회는 서로 다른 집단들 간의 갈등과 분열이 매우 심화되어 있으며 그 결과 배제와 억압, 차별 및 구속과 관련된 다양한 문제들이 끊임없이 발생하고 있다. 바리톤과 챔버 앙상블을 위한 〈빌런〉은 이러한 사회 모습에 대한 비판적 시각을 보여주는 작품이다. 나실인은 '노동이 존중받지 못하는, 가진 것 없고 약한 사람들이 보호받지 못하고 오히려 차별을 당하는 사회를 사는 우리들의 여러 가지 모습'을 이 작품에서 표현하고자 하였다. 전체 열 다섯개의 넘버들로 구성된 음악극 형식의 작품으로, 음악은 무조음악, 라틴댄스 룸바, 뮤지컬, 공통관습시대 어법, 레치타티보, 아리아 등 양식적·장르적으로 그 소재가 매우 다양하다.

〈빌런〉은 건설 현장, 반도체 공장, 봉제 공장, 제철소, 조선소 등의 열악한 건설 현장에서 일하는 블루칼라 노동자에서부터 언론인, 환자, 왕따, 판사, 사무직 직원, 뻥튀기 장수, TV 스타, 유명 연주자 등에 이르기까지 여러 유형의 '빌런'을 소재로 하고 있으며, 이들의 사연 또한 "시끄럽게 소리를 내는 사람들, 이를 악물고 분노를 참고 있는 사람들, 애써 현실을 외면하고 모른 체하는 사람들, 혹은 불쾌한 긍정의 에너지를 내뿜어 보려는 사람들" 등 저마다 다양하다. 이 작품은 무조적 색채를 가진 전주곡 '빌런의 탄생'으로 시작된다. 이후 2번부터 7번까지는 각 곡마다 클라리넷, 플루트, 오보에, 바순, 호른 등이 솔로를 담당하며 전개되며, 8번부터는 기악앙상블에 바리톤이 가세하여 가사를 통해 작품의 의미가 보다 직접적으로 재현된다.

그런데 흥미로운 점은 이 작품에서는 "서로가 서로에게 악당 혹은 괴짜처럼 느껴질 수 있는 당황스러운 상황이 연출"될 뿐 해당 인물이 빌런인 이유나 그가 얼마나 못된 악당인지에 대해 이야기하지 않는다는 점이다. 예컨대 8번 '법원에 나타난'에 등장한 판사는 산업재해로 기소된 고용주에게 낮은 형을 선고하여, 피해 노동자의 입장에서 볼 때는 빌런 중에 빌런인 인물이다. 그러나 작곡가는 피해노동자의 입장에 서서 판사에게 빌런이라는 낙인을 씌우지 않는다. 대신 청중으로 하여금 이런 비극이 지속될 수밖에 없는 사회적 구조와 여건에 주목하게 한다. 8곡의 가사를 보자. "피고인들이 범행을 자백하고 잘못을 반성하는 모습을 보이고 있다. 근로복지 공단에서 피해자의 유족에게 유족급여 및 장의비로 일정 금원이 지급된 것으로 보인다. 피고인들이 동종 범죄로 형사처벌을 받은 전력이 없다." 제8곡의 이 가사는 실제 2018년 인천지방법원에서 선고된 사건 판결문의 일부로, 당시 사건을 담당한 판사는 산업안전보건법위반, 업무상과실치사로 기소된 사업주에게 대법원에서 정한 양형기준 권고형의 하한보다도 낮은 형을 선고해 사회적 파장을 일으킨 바 있다. 따라서 피해자 입장에서 본다면 해당 판사는 '악인'일 수 있다. 그렇지만 문제는 이 판결이 국내에서 특이하거나 예외적인 경우가 아니었다는 점이다. 따라서 제8곡의 판사는 자신이 내린 선고의 합리성과 정당성을 주장하는 것처럼 보인다. 그러나 동시에 가사 없이 노래하는 바리톤의 긴 멜리스마는 자신이 결국 이러한 판결을 내릴 수밖에 없었던 현실적 상황, 그리고 그 속에서 느낀 양심의 가책과 심적 번민을 표현한다.

작곡가 나실인은 이 작품에서 우리 사회의 다양한 '빌런'을 다루지만, 피해자와 가해자를 규정하고 재발 방지를 위한 대책을 마련하는 것에는 관심이 없다. 대신 여기에서는 블루칼라든 화이트칼라든 금수저든 아니든 피해자든 가해자든 각자가 가진 사연들이 펼쳐져 있을 뿐이다. 그리고 이것은 청중으로 하여금 빌런을 가해자로 처단하는 행위를 하기에 앞서 그가 빌런이 될 수밖에 없었던 '맥락'에 대해 사유하게 한다. 즉 판단을 보류하고 청중으로 하여금 각자가 함몰되어 있는 테두리 밖으로 나와 관찰자가 될 기회를 제공해주고 있는 것이다. 우리는 문제가 발생했을 때, 충분한 원인 분석보다는 대충 원인을 짚고 서둘러 해결하려 하거나, 성급한 자책이나 피상적인 반성에 머무는 데 익숙하다. 나실인의 〈빌런〉은 우리 사회에서 유사한 문제가 반복되는 이유가, 그때그때 상황을 수습하는 데만 급급했을 뿐 사태의 본질이나 근본 원인에 대한 철저한 분석이 부족했기 때문이라고 말하는 듯하다. 오늘날 우리에게 필요한 것은, 시간이 오래 걸리고 쉽게 결론에 이르지 않더라도 사태의 본질과 근본 원인을 깊이 사유하고 끝까지 파헤치려는 태도일지도 모른다.

[연주영상 보기]

빌런
Villans
for Baritone and Chamber Ensemble

1. 전주곡: 빌런의 탄생

Sirin Nah

2025년 7월 8일 오전 10시 30분
키키스튜디오 음악연습실 남부터미널점

이혜진: 안녕하세요, 요즘 어떻게 지내시나요?
- 나실인: 얼마 전에 뮤지컬 〈광장시장〉 공연 마치고 지금은 쉬어가는 시기입니다.

이혜진: 오페라나 발레, 연극음악 외에 뮤지컬도 여러 편 창작하신 것으로 알고 있는데, 클래식 작곡가가 이렇게 예술음악과 대중음악 양쪽 장르 모두에서 활약하는 경우는 드문 것 같습니다.
- 나실인: 〈극장 앞 독립군〉, 〈가곡다방〉, 〈명색이 아프레걸〉, 〈바바리맨〉, 〈울어도 첫사랑〉에 이어 이번이 여섯 번째 작품이었는데요. 저에게 들어오는 뮤지컬은 상업 프로덕션에서 들어오는 게 아니라, 극단이나 문화재단 기획공연의 일환인 경우가 대부분입니다. 그래서 누가 봐도 뮤지컬인데, 제목에 음악극, 창극 등 경계에 걸쳐 있는 장르명이 기재되어 있는 경우가 많아요.

이혜진: 그렇군요. 선생님의 음악 작업에는 한계가 없는 것 같습니다. 몇 해 전에는 '노래서점'이라는 프로젝트도 시작하셨지요? 대중적으로 큰 이슈가 되고 있는 것으로 알고 있습니다.

- 나실인: 네, 아내와 제가 일종에 가곡을 판매하는 프로젝트에요. 윤동주, 이상화 등의 시인의 시를 몇 개 선택하고 거기에 음악을 세팅해서 매주 유튜브에 올렸습니다. 현재까지 한 30여 곡 정도 업로드되어 있습니다. 이 프로젝트를 좋게 봐주시는 분들이 있었어요. '예술의 전당 공연영상 사업' 쪽에 당선이 되어서, 지금은 '노래서점'이 '예술의 전당 디지털 스테이지'에도 전시되어 있습니다. 덕분에 공연도 좀 다녔습니다.

이혜진: 일종의 자생 작업이네요!
- 나실인: 맞아요. 지금 자립을 해놓고 나중에 60, 70대가 되어서도 꾸준히 할 수 있는 그런 프로젝트를 미리 시작하고 싶었어요.

이혜진: 선생님은 오페라, 음악극, 뮤지컬, 발레음악, 창극, 연극음악 등 주로 극음악을 중심으로 활발히 작품 활동을 이어오신 걸로 알고 있는데요. 현대음악이나 기악음악은 더 이상 작업 안 하시나요?
- 나실인: 잘 쓸 일이 없어요. 저는 만약에 30분짜리 교향곡을 작곡하라면 쓸 텐데, 지금 우리나라 기악 음악은 대부분 10분짜리 곡이에요. 그리고 (순전히 제 개인적인 생각이긴 하지만) 우리나라 현대음악 플랫폼은 저처럼 자기 색깔을 만들어서 각자의 작품을 내놔야 하는 사람들 말고 데뷔를 해야 하는 젊은 사람들에게 필요한 곳이지 이제는 저 같은 사람에게는 필요한 곳이 아닌 것 같아요. 그리고 개인적으로 지

금 우리나라 현대음악계가 과거부터 작곡 기술을 답습하는 것에 좀 불만도 있고요. 저 학교 다닐 때만 해도 저 같은 작곡학도는 그냥 1950년대 유럽 음악을 답습하는 게 당연한 일이었어요. 그런 종류의 현대음악에 대한 즐거움을 잘 이해하고 있고 그와 비슷한 곡을 젊은 시절에 많이 써보기도 했는데 결국은 그게 내 것이 아니라는 생각이 강하게 들었어요. 그리고 이제는 어떤 자기만의 생각이나 음악의 목적이나 소리 상의 자기가 갈망했던 소리를 찾아가는 것에 국한되어 있는 것에 공감이 가질 않아요. 보통 예술 음악 작곡가들은 음향에 대한 연구를 깊이 하고 자기만의 소리를 찾는다는 이야기를 많이 하는데 저에게는 더 이상 와 닿지 않더라고요.

이혜진: 어떤 계기가 있으셨나요?

- 나실인: 어느 날 내가 애초에 음악을 시작했을 때 나는 뭘 하고 싶었는지 더 깊고 유치한 단계까지 들어가서 생각해 봤어요. 어이없게도 교회에서 피아노치고 찬양 인도하는 것이 저의 베이스였어요. 어릴 때 교회에서 피아노 칠 때 목사님의 감정선을 따라가면서 이조도 하고, 분위기가 달아오르면 혼자 막 즉흥연주도 하고... 예배 안에서 벌어지는 드라마를 따라가는 게 재미있었어요. 그리고 다른 하나는요. 고등학교 때 디즈니에서 〈미녀와 야수〉가 나왔어요. 저는 그 애니메이션을 참 좋아했어요. 그 뮤지컬에 나온 음악이 너무 좋아서 대학 시절에 악보를 만들어서 친구들하고 연주하고 다녔거

든요. 이게 어쩌면 제가 어렸을 때 가장 순수하게 접근하고 음악에 대해 생각했던 것들이었어요. 새로운 소리를 찾아서 신선한 충격을 주는 것에는 관심이 없고 드라마를 따라가게 해주는 것 말이에요.

이혜진: 선생님의 이야기를 듣고 보니 모두 같은 곳, 동일한 목표를 바라보고 사는 요즘 시대에, 선생님의 꿈은 기성화 되어 있지 않다는 생각이 듭니다.

- 나실인: 노래서점 시작했을 때도 그렇고, 지금도 마찬가지고, 언제든지 그만둔다 작곡을... 그래도 작곡이라서 다행이에요. 일반 직장인이었으면 관둘 수가 없잖아요. 회사 다녔으면 이직하거나 계속 승진해서 결국 사장되는 게 목표잖아요. 어쨌든 간에 작곡가로 사는 것 자체는 저에게는 되게 감사하고 사치스러운 거예요. 어디 가서 연주하거나 지휘하고 온 날은 집에 와서 힘들게 일하고 왔다고 말 못 해요. 그날은 저는 즐기고 놀다 온 날이에요.

이혜진: 작품뿐만 아니라 삶 또한 주체적으로 디자인하는 분 같아요. 어떻게 보면 지금 해주신 이야기가 마침 이번 '비해사' 주제와도 연결이 되는 것 같은데요. 이번 주제가 '음악과 사회'입니다. 이 주제에 대해 어떻게 생각하는지 궁금합니다. 개인적으로 음악적 아이디어나 기술적 고민 외에 결국 음악은 소통을 위한 것이고, 그 방식이 추상적이든 구체적이든 예술 작품은 시대정신을 품는 게 중요하지 않나 하는 생각이 듭니다. 개인적으

로 선생님 작품들이 대놓고 정치적이지는 않지만, 어느 정도는 사회와 세상에 관심이 많다는 느낌을 받습니다. 최근에 공연하신 〈광장시장〉도 그렇고요.

- 나실인: 맞아요. 작곡가로서 나 자신의 위치를 설정하는 데 있어서 저에게는 어떻게 보면 그게 돌파구였어요. 제가 극음악 장르를 많이 창작하고, 또 이런 장르를 작업할 때 원하는 메시지와 소재를 제 고민과 맞닿아 있는 것으로 선택해서 그 부분에 대한 이야기를 심도 있게 하는 것 자체가 저에게는 제 작업의 돌파구였어요.

이혜진: 어떤 이야기를 하고 싶으셨어요? 선생님이 생각하기에 지금 우리 사회의 가장 큰 문제는 뭐라고 생각하시나요?

- 나실인: 저는 기본적으로 우리 사회에 아직까지도 다양성을 인정하는 문화가 낯선 것 같아요. 학벌주의, 순혈주의, 지역주의가 만연해 있고요. 음악계도 마찬가지입니다. 다양성을 이해하는 폭이 넓어져야 해요. 특히 지금 우리 사회는 각 단위 별로 엄청나게 분열이 되어 있어요. 과거에는 미국과 소련의 이념 분열, 좌파 우파 분열, 이랬다가 지금은 완전히 성별, 세대 등 각계각층에서 분열이 이루어지고 있어요. 그런데 지금의 이런 분열을 옛날처럼 폭력적인 통합의 방식으로 해결하려 해서는 안된다고 생각해요. 저는 현대 한국 사회의 여러 사회적 이슈나 인간 내면의 갈등에 대해 관찰하면서 이 부분을 예술가들이 다양성을 추구하는 스몰 다양성으로, 그러니까 다양성과 지속가능성에 대한 비전을 예술가들이 보여줘야 하지 않을까 하는 생각에 도달하게 된 것 같아요. 예술이 공론의 장을 열어줘야 해요. 예술가는 자리 깔아주고 가면 됩니다. 그러면 그 음악을 들은 사람들이 생각을 함께 하면 되고요. 누군가가 막 통합을 하고 한 가지 주제로 다 같이 포섭하려고 하면 안됩니다. 그렇게 되면 선동이 될 수 있거든요. 그런데 지금 우리 사회는 실제로는 프로파간다를 중심으로 돌아가고 있어요.

이혜진: 보편적으로 사유한다는 게 쉬운 일은 아닌 것 같습니다. 하지만 음악을 연구하는 저나 작곡가인 선생님이나 궁극적으로 우리가 지향해야 할 지점이 아닌가 싶습니다. 오늘 인터뷰 감사했습니다.

작곡가 **이의경**

이 의 경
〈유산의 잔향〉

글 · 마들렌 포군트케(Madlen Poguntke)

이의경(1984-)은 현대사회와 음악의 고정관념을 비판적으로 성찰하고, 이를 다양한 매체와 실험적인 악기를 통해 표현하는 작곡가이자 사운드 아티스트이다. 경희대학교 작곡과를 졸업하고, 일본 도호가쿠엔 음악대학에서 연구 과정을 이수한 후, 독일 슈투트가르트 국립음악대학에서 마르틴 슈틀러(Martin Schüttler) 교수에게 사사하며 석사 및 최고연주자과정을 마쳤다. Rainy Days, KONTAKTE 페스티벌 등 유럽 각지에서 작품이 연주되었으며, SWR 보컬앙상블 아카데미 장학생, 바덴뷔르템베르크 예술재단 장학금 수혜자로 활동하였다. 2024년 Johann-Joseph-Fux-Opern 작곡 콩쿠르에서 1등을 수상하며 주목을 받았다. 오스트리아 작곡가 율리안 지퍼트(Julian Siffert)와의 듀오 'Perspektivenbox'를 통해 음악극과 퍼포먼스, 설치 등 다매체 예술 작업도 활발히 전개하고 있다.

질문의 공간, 청각의 미학

이의경의 작품은 건축적 사운드 구성, 사회적 성찰, 지각의 해체적 미학이 만나는 지점에서 전개된다. 그는 전통적 음악 개념을 벗어나 청각·퍼포먼스 상황을 통해 청중에게 열린 질문을 던진다. 또한 일시성과 소멸의 감각으로서의 덧없음과 사회적 비가시성도 다룬다. 여기서 사회적 비가시성이란, 사회에서 충분히 주목받지 못하거나 목소리가 들리지 않는 사람이나 집단을 의미하며, 그들의 존재와 경험이 잘 보이지 않는 상태를 말한다. 개인의 기억은 단순한 경험을 넘어 사회적 맥락 속에서 공유되며, 작품 속에서 청중은 이를 듣고 느끼며 자신만의 의미를 만들어낸다. 이는 그의 음악 중심을 이루며, 청취자는 단순한 수용자를 넘어 미학적 협상의 주체가 된다.

그가 사용하는 재료는 일상 오브제, 필드 레코딩, 전자 변형 음향, 목소리, 공간 내 움직임 등이며, 모두 물질성과 의미를 동시에 지닌다. 이런 재료들은 관객에게 새로운 청각 경험을 제공하고, 소리와 공간, 움직임이 서로 어떻게 연결되는지 직접 느끼게 한다. 그의 예술은 설치, 사운드 컴포지션, 음악극의 경계를 자유롭게 넘나든다.

사회적 경계에서 들려오는 감각

그의 사고는 사회적으로 소외된 관행과 보이지 않는 과정에 대한 비판적 생각에 기반한다. 그는 일상에서 간과되거나 주목받지 못하는 사회 영역, 육체, 상실, 버려짐, 비가시성을 소리와 공간으로 드러낸다. 4채널 오디오 작품 〈화장실 음악〉(toile music: cleansed ambience, 2019)은 공공장소에서 일어나는 다양한 소리와 공간의 구조를 탐색한다. 사운드 녹음과 오브제 음향, 공간의 잔향은 일상의 소리를 체험하게 하며, 서로 다른 음의 층이 겹치고 어우러지면서 청취자의 주의를 분산시키고 집중하게 만든다. 작품 속 미세한 소리 변화와 공간적 배치는 청자가 직접 공간 안에서 소리를 경험하게 한다. 소리의 볼륨, 높낮이, 잔향 시간 등은 청자가 위치를 이동하며 공간 안에서 소리를 다르게 느끼도록 설계되어 있다. 또한 특정 소리들은 반복되거나 변형되어 청각적 패턴을 만들고, 이를 통해 관객은 소리의 관계와 변화를 체감한다.

〈열두 시 반 오 분 후〉(Fünf nach halb eins, 2022)는 기악·무용·전자음향·비디오를 통해 시간적 경험과 신체적 존재 속 인간 존재의 경계를 탐구한다. 리듬과 반복이 끊기는 지점에서 소리와 움직임은 스며들고 변형되며, 목소리와 악기 소리가 서로 중첩되고 공간 안에서 확산되면서 청각적 긴장을 만든다. 전자음향이 악기 소리와 결합되어 시간적 흐름과 신체적 움직임을 강조하며, 관객은 소리의 중첩과 변화를 따라 공간을 인식하게 된다. 일부 음향은 의도적으로 불규칙하게 배치되어, 청자가 예상하지 못한 순간에 집중하게 만든다. 그는 고정된 시간 단위를 넘어 시간과 신체의 감각 관계를 묻는다. 그의 작품은 구체적 설명 대신 청취자의 감각적 반응을 전제하며, 감각을 성찰하는 청취자만이 사운드 층위에서 의미 조각을 발견한다.

말 없는 시, 사운드로 구성된 언어

그는 작곡가지만 작품은 의도적으로 트랜스미디얼하다. 이는 문학·음악·공간·영상·음성 등 다른 매체들이 경계를 넘나들며 상호 침투하고 재구성되는 방식을 뜻한다. 작품은 소리 구성, 공간 연출, 문학적 사유가 교차하는 지점에서 태어난다. 〈두 번째 나라, 모두를 위한 노래〉(2023)는 미셸 우엘벡의 『원자화』에 영감을 받아 비성적·지적이며 불멸하는 존재와 인간 신체 감각에 대한 사유를 담았다. 야요이 쿠사마의 시 『취한 신』의 가사에 착안해 일본 전통 노래 미학, 재구성된 보컬로이드 음성, 미니멀한 발화를 결합해 다층적 정체성과 감정의 긴장을 사운드로 표현한다. 변형된 보컬로이드 음성은 시의 메시지와 함께 비물질적·중첩된 존재감을 구현하며, 한국어 자음 'ㅁ'의 단순하고 원초적 발음이 세 개의 음성 시에서 반복돼 의미 공간을 확장한다. 그는 음악을 내러티브가 아닌 시간·공간 속 고유한 미학 언어로서의 시적 경험의 장으로 이해한다. 텍스트의 시적 구조는 의미 재현을 넘어 작곡 과정의 한 요소가 된다. 그는 음악·설치·퍼포먼스 경계를 넘나들며 청취자가 감각과 정체성을 성찰할 수 있는 사운드 공간을 창조한다. '말 없는 시'로서의 음악은 그의 예술 세계의 본질적 태도를 드러낸다.

〈유산의 잔향〉
(Nachhall - a chamber opera for amplified ensemble, 4 singers and electronics, 2024)

보이지 않는 것의 음향적 흔적

비록 〈유산의 잔향〉(Nachhall, 2025)은 형식상 '오페라'로 불리지만, 전통적인 오페라는 아니다. 이 작품은 김완의 에세이 『죽은 자의 집 청소』(2020)에서 영감을 받아, 죽음, 고독, 그리고 효율 중심 사회에서 잊혀지는 존재들을 주제로 한다. 작품은 여러 독립된 장면으로 구성되며, 각 장면마다 고유한 소리와 퍼포먼스 구조를 갖는다. 이러한 장면들은 서사 중심이 아니라, 청중이 공간과 소리 속에서 직접 경험하고 반응하도록 설계되어 있다.

첫 장면에서는 필드 레코딩과 전자음향, 전등 스위치나 청소기 같은 일상적인 물건을 사용해 불길하면서도 고요한 공간을 만든다. 공간은 단순히 배경이 아니라 소리의 일부로 작용하며, 청중은 소리 속에서 움직임과 공명을 탐색하게 된다. 이어지는 장면에서는 멀티포닉 색소폰, 리드미컬한 타악기, 실험적 보이스 효과가 결합된 독특한 보컬 파트가 등장한다. 현실과 추상의 경계가 흐려지며, 청중은 소리의 층위를 스스로 발견하도록 유도된다.

작품에서 공간 자체가 음악적 주체다. 회전 무대 위의 이중 구조 아파트, 다양한 표면과 물체, 마이크와 센서, 피에조 등은 모두 소리를 만들어내는 재료로 활용된다. 전선, 텐트 줄, 청소기, 공기청정기 같은 일상 물건도 악기처럼 사용된다. 이러한 선택은 단순히 주변 소리를 사용하는 것이 아니라, 의도적인 재료 미학으로, 사소해 보이는 음들을 사회적·미학적 의미를 담은 운반체로 변환한다. 공간과 사운드, 물체가 서로 연결되며, 청중이 이를 직접 경험하면서 의미를 발견한다.

중심 인물인 LFOR은(Leichenfundortreiniger, 특수청소부) 과거와 미래 사이를 연결하며, 한 생명의 마지막 흔적을 지우는 동시에 새로운 음향 공간을 만든다. 그는 이의경에게 일종의 형상화된 자화상으로, 재료와 공간, 시간 사이에서 움직이는 예술적 중재자다. 다른 퍼포머들은 LFOR을 보조하며, 목소리, 소음, 언어 조각 등으로 음악적 재료를 제공한다. 해체된 아리아 '전기 없음'(Kein Strom)과 텍스트 조각들은 메시지 전달보다는 음향적·리듬적 자극으로 작품에 통합된다.

작품은 루핑(looping), 피치 쉬프팅(pitch shifting), 실시간 음향 효과를 사용해 공간적으로 진동하는 사운드스케이프를 만든다. 악기, 전자음, 오브제 소리가 겹치고 교차하며, 청소 행위와 같은 일상적 행동은 음악의 시간적 구조로 전환된다. 이러한 중첩과 교차는 단순한 효과가 아니라, 장면 전개와 청중의 탐색 경험을 구성하는 핵심 구조다. 각 장면은 독립적이지만, 전체적으로 연결되어 청중에게 공간과 시간 속에서 움직이는 음악적 경험을 제공한다. 일부 장면에서는 음향이 점점 겹쳐지고, 노이즈와 순음, 음향 파편이 혼합되며, 청중은 이를 탐색하면서 소리 속에서 의미를 만들어낸다. 공간은 존재하면서 동시에 존재하지 않는 듯한 느낌을 주며, 청중의 듣기는 적극적이고 탐구적인 행위가 된다.

〈유산의 잔향〉은 전통적 극이나 스토리텔링 없이, 공간, 소리, 재료를 통해 청중이 스스로 생각하고 반성하도록 한다. 단편적이고 불완전한 구조, 모호함과 다의성은 열린 청취를 유도하며, 청중이 음악적 의미와 사회적 메시지를 직접 발견하도록 만든다. 작품은 죽음의 장소에서의 청소 노동을 주제로, 사회적 은폐와 망각, 소멸의 구조를 가시화하고, 청중이 이를 감지하고 성찰하도록 한다. 또한 작품은 기억과 돌봄, 그리고 지워짐의 문제를 깊이 탐구한다. LFOR이 흔적을 지우면서 새로운 공간을 열고, 청중은 이를 통해 삶과 죽음, 존재와 부재의 관계를 경험하게 된다. 소리와 공간, 퍼포먼스는 사회적 현실과 인간의 경험을 반영하며, 청중은 이를 단순한 감상이 아닌 사회적, 윤리적 성찰로 받아들인다.

결과적으로 〈유산의 잔향〉은 장르 간 경계를 해체하고, 공간과 사운드의 상호작용 속에서 음악을 구성하며, 단순한 음악 감상을 넘어 확장된 예술 경험으로 청중을 안내한다. 음악, 공간, 사회적 주제가 유기적으로 연결되며, 청중은 열린 마음과 탐색적 청취를 통해 작품을 완성한다. 작품은 사소한 소리 하나하나가 사회적 의미를 담고 있음을 보여주며, 은폐된 존재와 보이지 않는 노동을 감지하게 한다. 이렇게, 〈유산의 잔향〉은 청중에게 현대사회의 망각과 소멸, 돌봄과 책임에 대한 성찰을 촉구하는, 사회적 차원의 강력한 미학적 메시지를 던진다.

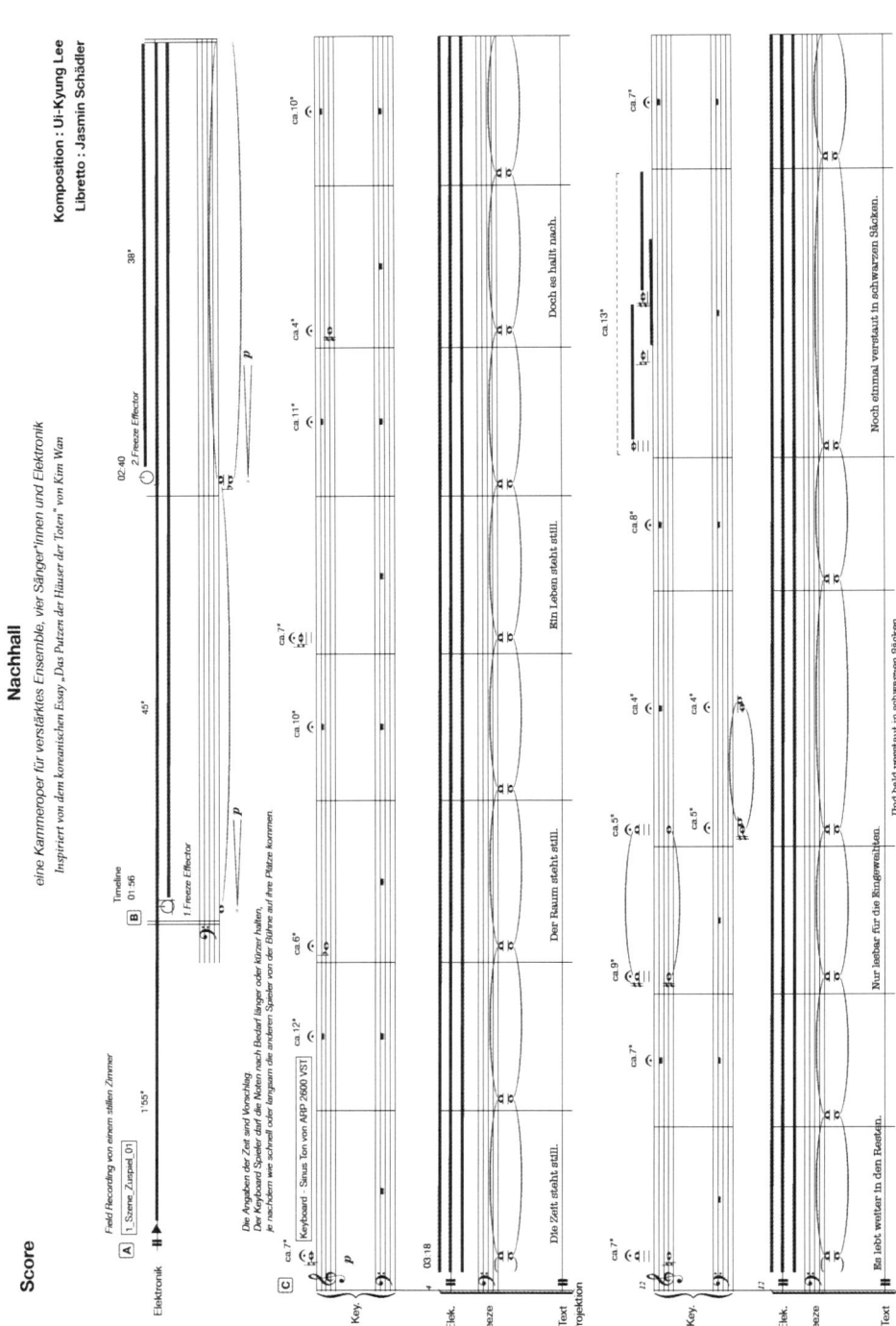

Nachhall

eine Kammeroper für verstärktes Ensemble, vier Sänger*innen und Elektronik
Inspiriert von dem koreanischen Essay „Das Putzen der Häuser der Toten" von Kim Wan

Komposition : Ui-Kyung Lee
Libretto : Jasmin Schädler

마들렌: 이의경 선생님, 귀한 시간 내주셔서 감사합니다. 〈유산의 잔향〉과 선생님의 예술 작품에 대해 이야기 나눌 수 있어 매우 기쁩니다. 먼저, 선생님께 음악은 어떤 의미인가요? 새로운 작품을 시작하실 때 가장 중요하게 생각하시는 점은 무엇인가요?

- 이의경: 저에게 음악은 무엇보다도 '시간'입니다. 저는 스스로를 일종의 '시간 예술가'라고 생각합니다. 한정된 시간 안에서 완전히 자유롭게 구성할 수 있다는 점이 정말 매력적입니다. 일종의 캔버스와도 같죠. '어떤 시간을 들리게 할 것인가', '그 시간이 어떤 감각을 불러일으킬 수 있을까', '소리로 어떤 내면의 공간을 열 수 있을까' 이런 질문들이 새로운 작업을 시작할 때마다 저를 사로잡습니다.

마들렌: 〈유산의 잔향〉은 형식상 첫 '오페라'라고 하셨는데, 일반적인 오페라와는 확연히 다릅니다. 이 작품이 왜 '오페라'라는 이름을 가지면서도 기존 장르의 경계를 어떻게 허무는지 설명해 주실 수 있나요?

- 이의경: 네, 〈유산의 잔향〉은 형식적으로는 '오페라'라는 타이틀을 달고 있지만, 전통적인 오페라의 개념과는 분명히 다릅니다. 기존 오페라는 주로 극적인 내러티브와 캐릭터 중심의 극적 전개, 그리고 무대 위에서 펼쳐지는 시각적 연출에 큰 비중을 둡니다. 반면에 〈유산의 잔향〉에서는 전통적인 '무대 연출'이나 '극적 이야기'가 중심이 되지 않고, 오히려 '소리 그 자체'와 '공간의 음향적 특성'이 주된 요소입니다. 무대는 일종의 입체적인 '음향 조각'으로 기능하며, 이곳에 놓인 오브제들이 각기 음악적 역할을 수행합니다. 악기편성도 매우 제한적이고, 소규모 실내악 편성에 가깝기 때문에 '실내악적 오페라(chamber opera)'라고도 볼 수 있습니다. 이러한 요소들이 전통 장르의 경계를 허물며, '오페라'라는 이름 아래 새로운 음악적, 공간적 가능성을 실험하게 합니다. 결국, 이 작품은 '오페라'의 틀 안에 있으면서도 그 개념을 재해석하고 확장하는 시도라고 할 수 있습니다. 더불어 다루는 주제도 사회적으로 자주 외면당하는 죽음과 고독, 특수청소와 같은 무겁고도 섬세한 내용을 다루면서 기존 음악극에서 쉽게 접근하지 않는 영역을 탐구합니다. 이 모든 점이 〈유산의 잔향〉이 특별하고 중요한 작품임을 보여줍니다.

마들렌: 왜 이와 같은 사회적으로 잘 다뤄지지 않는 주제를 첫 작품으로 선택하셨나요?

- 이의경: 저는 작업을 할 때 항상 '내 존재와 가장 밀접한 주제'를 고민합니다. 죽음, 고독, 그리고 그 주변의 사람들에 대한 사회적 무관심은

저에게 매우 깊이 있는 질문을 던지는 주제입니다. 이 주제는 음악극이나 오페라에서 흔히 다루어지지 않고, 그런 점에서 새로운 표현과 경험의 가능성을 모색할 수 있었습니다. '청소'라는 행위는 단순한 노동이 아니라 기억과 존재를 연결하는 매개이며, 이를 통해 사회가 얼마나 많은 것을 외면하는지, 그리고 그 틈새에서 어떻게 우리가 서로를 이해할 수 있을지를 탐구하고자 했습니다.

마들렌: 특수청소부(LFOR)라는 인물에 대해 말씀해 주세요. 이 인물이 선생님 작업에서 어떤 상징적 역할을 하나요?

- 이의경: LFOR(특수청소부)은 저에게 매우 복합적인 존재입니다. 그는 보이지 않는 노동을 수행하는 사회적 실재이면서, 동시에 저 자신의 예술적 정체성을 은유하는 상징적 인물이기도 합니다. 저는 작곡가로서 흔적, 잔여물, 그리고 시간과 공간의 경계에서 존재하는 것들에 관심이 많습니다. LFOR이 바로 그러한 '중간 지대'에 서 있는 인물로서, 물질과 기억, 과거와 미래 사이를 연결하는 매개체가 됩니다. 이 인물은 단순한 캐릭터가 아니라, 저의 창작 활동과 태도를 반영하는 '예술가적 자화상'이기도 합니다.

마들렌: 작곡가님께서 "청소는 나에게 듣는 행위다"라고 말씀하셨습니다. 이 말을 좀 더 풀어 설명해 주시겠습니까?

- 이의경: 청소란 단순히 눈에 보이는 먼지를 제거하는 행위가 아닙니다. 그것은 매우 세밀하게, 심지어는 소리를 통해 대상을 인지하고 그 속에 담긴 의미를 발견하는 과정입니다. 모든 표면과 물건에는 저마다의 음향적 흔적과 성질이 있습니다. 〈유산의 잔향〉에서는 이런 청소의 '소리적 차원'을 드러내고자 했습니다. 듣는 행위가 곧 인식과 성찰의 매개가 되어, 관객이 단순한 청취자를 넘어 능동적인 참여자가 되도록 유도하는 것입니다.

마들렌: 작품에 사용된 특수한 오브제 음향들, 진공청소기, 공기청정기, 전등 스위치, 케이블, 밧줄 등을 선택하신 이유는 무엇인가요?

- 이의경: 인공적인 사운드보다는 우리 일상에 흔히 존재하지만 잘 주목받지 못하는 사운드를 음악적으로 재해석하고 싶었습니다. 이런 물건들은 강한 물리적 존재감을 지니고 있음에도 소리로는 종종 무시됩니다. 그들의 소리를 작품의 일부로 통합함으로써 '억압된' 혹은 '사소해 보이는' 음향이 새로운 의미와 미학을 갖게 됩니다. 이는 제가 추구하는 '재료의 미학'으로, 사회적으로 주변화된 존재들을 예술의 중심으로 끌어들이려는 시도이기도 합니다.

마들렌: 전통적인 내러티브 음악 구조를 피하시는 대신 어떤 음악적 경험을 선사하고자 하셨나요?

- 이의경: 저는 선형적 이야기 전개나 극적 서사에 관심이 없습니다. 음악을 언어와 같은 서술적 매체로 보지 않고, 열린 경험 공간으로 봅니다. 〈유산의 잔향〉에서는 관객이 특정 줄거리를

따라가는 것이 아니라, 공간과 소리 속에서 자기만의 연상과 감각을 펼칠 수 있기를 바랍니다. 즉, 관객 개개인이 소리와 공간의 과정을 통해 자기만의 내면적 반응을 만들어 가는 경험이 중요합니다. 그래서 이 작품은 기존의 오페라와 달리, 실내악과 사운드스케이프가 융합된 독특한 형태를 띠고 있습니다.

마들렌: 이 작품에서 관객이 갖는 역할과 자세는 무엇인가요?

- 이의경: 관객은 수동적인 수용자가 아니라, 청취 행위의 적극적인 주체가 되어야 합니다. 판단이나 평가보다는, 촉각적이고 열린 마음으로 소리에 '기다리며 듣는' 태도가 요구됩니다. 죽음과 같은 민감한 주제를 다룰 때는, 고정된 메시지 전달보다는 개인별 다양한 해석과 반성을 위한 공간을 열어두는 것이 매우 중요하다고 생각합니다.

마들렌: 오늘날 작곡가로서의 정체성에 대해 말씀해 주세요. 〈유산의 잔향〉이 그 정체성에 어떤 영향을 미쳤나요?

- 이의경: 저는 예전에는 사운드 아티스트로서 작업하는 경우가 많았습니다. 이제는 분명히 자신을 작곡가로 인식하지만, 고전적 의미의 '작품' 창작을 넘어서서 시간과 공간, 그리고 소리를 통해 새로운 예술적 영역을 탐구하는 역할을 자처합니다. 〈유산의 잔향〉은 저에게 그런 정체성을 더 확고히 하고, 장르적 경계를 뛰어넘는 실험적 작업의 출발점이 되었습니다.

마들렌: 앞으로 어떤 형식이나 주제의 작업에 관심이 있으신가요? 오페라, 설치미술, 즉흥 등도 포함될 수 있을까요?

- 이의경: 최근에는 여러 장르를 융합하는 작업에 흥미를 느끼고 있습니다. 〈유산의 잔향〉에서도 사운드 디자인, 전자음향, 재편곡 등 다양한 요소를 시도했는데, 이런 접근을 더 확장해보고 싶습니다. 즉흥성과 구조가 공존하는 포맷에도 관심이 많고, 설치 형식도 고려하고 있습니다.

마들렌: 마지막으로, 선생님을 사로잡는 소리는 어떤 것인가요? 혹은 좋은 작품은 언제나 무엇으로 시작된다고 생각하시나요?

- 이의경: 저는 '복잡한 감정'을 불러일으키는 소리에 끌립니다. 어떤 소리가 단순히 예쁘게 들리는 것이 아니라, 듣는 사람 안에서 충돌하거나 흔들림을 유도할 때 가장 강하게 느껴집니다. 좋은 작품은 늘 '주체적인 소리'로부터 시작한다고 생각합니다. 익숙하지 않지만 진실된 소리, 그것이 저를 움직이게 합니다.

마들렌: 이의경 선생님, 오늘 귀중한 말씀 진심으로 감사드립니다.

작곡가 **이상빈**

이 상 빈

〈떠나는 자를 그리는 작고 엄숙한 노래들:
생황, 피아노와 전자 음향을 위한 13개의 미니어처〉

글 · **원유선**

작곡가 **이상빈**(1994-)은 거침없는 냉소와 자기비하로 동시대 사회를 투영해낸다. 눈치 보지 않고 자기 소신을 솔직히 표출하는 작곡가이기도 하다. 건국대학교 컴퓨터공학과를 졸업한 후, 한국예술종합학교 음악테크놀로지과에서 이병무에게 컴퓨터 음악이론을 사사하면서 음악의 전문적인 기반을 구축해 나갔다. 팀프 앙상블(TIMF Ensemble), 플로리다 'Contemporary Arts Music Project'(CAMP), 앙상블 페이즈(ensemble PHASE) 등 국내외 다수 페스티벌에서 위촉작을 발표하였다. 현재 작곡가뿐만 아니라 오디오 엔지니어, 사운드 엔지니어로도 왕성한 활동을 이어나가는 중이다. 대표작으로 〈TASK〉 시리즈 (2022-2024), 〈죽은 노래를 그리는 아이〉(2021), 〈테이프 음악: 공황상태의 의식〉(2023/24), 〈악보 구석의 사케잔 자국〉(2024), 〈독주 해금과 소규모 앙상블을 위한 '차갑고도 불 같은 박하사탕처럼...#1〉(2025) 등이 있다.

B급 현대음악의 반란

러브버그가 쌍쌍이 기승을 부리는 한여름, 인터뷰를 하기 위해 이상빈의 작업실로 가는 길에는 어울리지 않는 것들이 잔뜩 혼재해 있었다. 문래역과 영등포역 사이에 자리한 그의 작업실 주변에는 힙한 카페와 철공소, 용접하는 쇳소리와 세련된 재즈음악이 뒤섞여 진기한 풍경을 만들어냈다. 100% 생오리만 취급한다는 촌스러운 오리 주물럭집 간판과 트렌디한 카페가 나란히 붙어있는 모습도 슬며시 웃음을 자아냈다. 흥미롭게도 이상빈의 음악 역시 그의 작업실 주변의 풍경들과 무척이나 닮아있다. 낡고 낯선 것, 세련되고 진부한 것, 진지함과 B급 감성 사이를 넘나드는 그의 음악은, 상충 되는 요소들이 기묘한 조화를 이루며 독특한 질서를 만들어내고 있었다.

'근본 없는' 작곡가의 탄생

이상빈은 한 번도 대학에서 작곡을 배워본 적 없는 보기 드문 독학 출신 작곡가이다. 외국에서야 크세나키스(I. Xenakis)나 쇤베르크(A. Schönberg)처럼 독학 작곡가가 더러 있지만, 학연이나 인맥이 중요한 한국에서 최근 혼자만의 힘으로 공부해 필드에서 활발히 활동하는 작곡가는 그가 유일할 것이다. 그래서인지 그의 음악에서는 다듬어지지 않은 날것의 실험 정신이 배어 있다.

대학에서의 전문적 수련이나 선생님 도움 없이 그는 어떻게 자신만의 음악 언어를 구축해냈을까? 사실 이상빈은 대학에서 컴퓨터공학을 전공한 공학도이다. 이러한 점은 그가 전문적인 컴퓨터 지식을 바탕으로 소리를 탐구하는 발판이 되었다. 그래서 그의 작품에서는 전자음향에 대한 이론적 탐구가 나타난다. Max/MSP나 Pure Data로 코드를 짜고 FFT 필터나 그래뉼라 합성 기법으로 소리를 빚어내는 일은 그에게 모국어로 이야기하는 것과도 다름없다. 수학적 탐구도 두드러진다. 대표작 〈TASK〉 시리즈 중 TASK 1 〈"m → M → M" : with 15×3 snapshots〉(2022)은 피아노, 비디오, 전자음향을 위한 곡으로 모든 음악적 요소를 세밀한 단위까지 계획하는 슈톡하우젠의 치계적 사고와 크세나키스의 확률적 사고를 결합한 것이다. 각 섹션마다 15개의 스냅샷이 등장하는데, 모든 음악적 요소가 코시 확률 분포에 따라 결정되며, 한 스냅샷의 특징이 다음 스냅샷에 연쇄적으로 영향을 미친다.

"태어나서 죄송합니다"

그렇다고 그가 이론적인 탐구에만 천착하는 것은 아니다. '근본 없음'을 원동력으로 삼는 그의 음악에는 제도에 길들지 않은 비주류의 감성이 살아 숨 쉬고 있다. 일례로 2025년 5월 30일 초연된 〈"태어나서 죄송합니다…"의 프롤로그〉(2025)에서는 베토벤(L. v. Beethoven)의 〈월광 소나타〉(1801)가 인용되었는데, 작곡가가 신디사이저로 비장한 선율을 연주할 때마다 자기 처지를 비관하는 듯한 우스꽝스럽고 조악한 목소리 샘플이 울려 퍼졌다. 이처럼 그가 세상을 바라보는 태도에서 비롯된 '냉소'와 '자기 비하'는 그의 음악을 관통하는 중요한 키워드이다. 1994년생의 젊은 작곡가로서 그는 오늘날 만연한 나르시시즘에 저항하는 자기 비하를 선보이고, 자칭 엘리트 지식인의 허위의식에 거침없이 냉소를 날린다. 여기서 중요한 것은 메시지의 전달이기에, 필드 레코딩과 미디어의 소리들을 날 것의 질감을 살려서 가공해 낸다. 그런가 하면 베토벤, 말러(G. Mahler), 쿠르탁(G. Kurtág), 브람스 등의 음악을 인용하고 풍자하여 동시대를 표현하는 장치로 삼기도 한다. 가령 TASK 3 〈Caged dream of Stuffed Ludwig〉(2022/24)에서는 베토벤 음악을 조각조각 해체하고 그것들을 규칙 없이 이어 붙여서 현대인이 음악을 소비하는 방식을 날카롭게 드러냈다. 또한 〈소년이여, 야동이 되어라〉(2016/19)에서는 AV 영상을 전자적으로 편집한 소리들로 언론의 자극적인 보도가 사람들의 욕망을 이용하는 부조리를 풍자하였다.

그의 비판적 시선은 궁극적으로 한국의 기성 음악 제도를 겨냥하며, 대관료가 적게 드는 소박한 공연장에서 참신한 콘셉트로 수많은 청중을 한자리에 모으는 성과를 거두기도 했다. 마음 맞는 동료들과 기획한 B급 감성의 공연 '재고 처리'와 '반상회'가 그것이다. '재고 처리'에서는 미발표작들을 한자리에 모아 연주함으로써 창작 음악 연주가 녹록지 않은 한국의 현실을 풍자했고, '반상회'에서는 일렉 기타 하나로 참신한 콘셉트가 담긴 곡을 발표하며 현대음악의 경직성을 유쾌하게 비틀었다. 이 밖에도 그는 클래식 공연을 예능 콘셉트로 비평하는 유튜브 채널 '픽타'(FICTA)의 작가로 활동하면서 한국 음악계의 위선을 직설적으로 조명하기도 한다. 이따금 이상빈은 제도 안에서도 자유롭게 숨 쉬는 음악을 꿈꾼다. 잡초처럼 걸러지지 않고, 때로는 불편할 만큼 슬직한 그의 음악은 자기만의 방식대로 날개를 펼쳐가는 중이다.

〈떠나는 자를 그리는 작고 엄숙한 노래들: 생황, 피아노와 전자음향을 위한 13개의 미니어처〉
(small, solemn songs for the ones who have passed away...: 13 miniatures for Sheng, Piano and Electronic Sound, 2024)

은폐된 소리로 그려낸 한국적 리얼리즘

오늘날 '한국적인 것'이란 무엇일까? 과거에 한옥이나 비빔밥 같은 전통적인 콘텐츠가 한국적인 것으로 손꼽혔다면, 최근에는 K팝 같은 현대의 문화적 아이콘으로 그 범주가 빠르게 확장되었다. 그러나 전통이나 정체성 같은 한국성의 배후에는 비교 의식, 피곤한 경쟁, 열등감 등이 내재해 있는 것도 사실이다.

작곡가 이상빈이 문제의식을 느낀 것도 바로 이 지점이었다. '디플레이션 세대'의 젊은 작곡가로서 그는 사회의 구조적 모순에 따른 '높은 자살률'을 한국 사회의 상징적 지표로 바라보았고, 자살자들의 유서를 모티브 삼아 타인의 고통을 응시하였다. 제목은 헝가리 작곡가 쿠르탁의 〈피에르 불레즈의 90세를 기념하는 작은 엄숙한 음악〉(2015)을 패러디한 것으로, 짧은 음악적 파편들을 시적으로 표현하는 쿠르탁의 음악세계가 오마주 된 것이다. 대다수의 유서가 짧고 압축적으로 고통을 드러내듯이, 시적인 함축성, 유희성, 퍼포먼스적 요소들은 주제를 감각적으로 드러내려는 의도로 읽힌다. 본래 토이 피아노를 위한 작품으로 만들어졌다가, 37관 생황, 피아노, 전자음향을 위한 작품으로 개작되었으며, 2024년 2월 29일 생황을 위한 '레퍼토리 시리즈'로 중력장에서 발표되었다.

작품 전반에서 가장 두드러지는 점은 '음악적 상징'이다. 죽음을 상징하는 숫자 13에서 착안한 13개의 짤막한 곡들은 유서에 담긴 문장, 상황, 감정을 각기 다른 악기의 조합으로 그려냈다. 생황이 '숨'과 '호흡'을 상징하며 죽음 직전의 마지막 호흡과 숨결을 상기시킨다는 점도 인상적이다.

이러한 상징성은 개개의 작품들에서도 나타난다. 가령 2번 '미묘한 변화들이 쌓여서 내 인생이 망가졌다'에서는 C음의 배음열에서 파생된 음들이 느리게 울려 퍼지다 점차 이질적인 음들이 스며들면서 미세한 변화들이 쌓여가며 무너져가는 삶을 형상화한다. 후반부에는 그리그(E.

Grieg)의 〈솔베이그의 노래〉와 말러의 〈교향곡 6번〉 선율이 인용되어 원곡이 지닌 비극의 정서가 주제 의식을 환기시킨다. 또한 또한 3번 'D_A_D'에서는 아버지를 상징하는 단어 D, A, D음이 생황, 피아노, 전자음향을 통해 잇달아 연주되기도 한다.

무엇보다도, 작품의 미학적 진가는 전자음향에서 발견할 수 있다. 5번 '갑작스럽게 가세가 기울다'의 후반부에는 숨결(pitchless tone)만 남긴 생황과 함께, 인간의 귀로는 들을 수 없는 비가청주파수를 사용하여 삶의 경계를 넘어서 죽음에 이르는 상황이 표현되었다. 또한 화이트노이즈를 사용한 12번 '판화'에서는 특정 주파수를 의도적으로 제거함으로써, 소리를 마치 판화처럼 '파낸다'. 거친 금속성의 마찰음은 '존재'가 아닌 '부재'를 상징하는 듯하다.

또 하나 독특한 점은 이 작품이 어둡고 침울한 정서로만 일관되지 않는다는 것이다. 6번 '다시 인생을 리셋하고 싶다'에서는 연주자가 15장의 음악적 파편이 담긴 카드 상자에서 무작위로 카드를 뽑아 연주함으로써 유희적인 특징을 보여준다. 11번 '너와 나의 인생을 교환하고 싶다'에서는 풍자적 면모가 두드러진다. 생황과 멜로디언이 베토벤 〈피아노 소나타 32번〉 2악장 '아리에타'의 선율을 느리게 교차하며 연주하는데, 지하철에서 허름한 음향기기를 틀어놓고 구걸하는 궁색한 걸인을 연상시킨다. 이상빈의 작품에서 곧잘 나타나는 특유의 '웃픈' 감성, 즉 자조적이면서도 유머러스한 감성이 동시에 드러나는 대목이다.

전체적으로 참신한 발상이 돋보이며, 짧은 길이에도 불구하고 주제 의식이 밀도 높게 형상화되었다. 특히 '배음', '잡음', '잔향', '노이즈', '비가청주파수'로 무시되거나 들리지 않는 소리를 활용했다는 점이 가장 의미심장한 전략으로 평가된다. 이러한 '은폐된 소리'는 화려한 표면 뒤 감춰진 한국 사회의 그늘진 모습을 예리하게 드러내고 있다. 다만 몇몇 악장에서는 아이디어가 좀 더 길게 확장되었더라면 감상의 여유나 깊이가 짙어졌을 것이라는 아쉬움도 있다. 그러나 어쩌면 우서에 담긴 삶의 허망함을 압축적으로 드러내기 위해서는 함축적인 형식이 가장 적절했을지도 모른다. 덧없이 떠나간 인생처럼 작품은 매 악장마다 '상실'의 여운을 남기며 홀연히 사라져 버린다.

[연주영상 보기]

〈떠나는 자를 그리는 작고 엄숙한 노래들〉

[13 miniatures for Sheng, Piano and Electronic Sound]

Sangbin Rhie

작곡가 이상빈과의 대화
1차: 2C25년 7월 4일 오전 10시,
　　작곡가 이상빈의 작업실
2차: 2025년 7월 5일 오전 10시,
　　작곡가 이상빈의 작업실

원유선: 학부 때 컴퓨터 공학을 전공했죠? 이후에도 대학에서 작곡을 한 번도 배워본 적이 없는데 독학만으로 작곡가 활동까지 이어지게 된 것이 참 독특합니다. 언제부터 현대음악에 관심을 가졌나요?

- 이상빈: 현대음악은 어릴 때부터 관심을 가지고 있었어요. 그러다 2013년 대학에 입학해 부산에서 서울로 올라와 처음 갔던 현대음악 공연이 '대한민국 실내악 작곡제전'이었습니다. 처음에는 쇼킹했죠. 신수정, 구자만, 김수혜 선생님 등의 작품을 접했고, 새로운 세계로 들어선 느낌이었어요. 혼자서 창작곡 음악회를 많이 다녔어요. 그러다 우연히 작곡가 류창순 형님이 말을 걸어주었고, 여러 작곡가들과도 자연스레 교류ㅎ-게 됐어요. 일본에서 현대음악 피아니스트로 열심히 활동하는 임현묵씨를 알게 된 것도 이때쯤이었고요. 우연한 만남들이 하나 둘 쌓이면서, 작곡가로 활동할 수 있는 기반이 조금씩 생겨났습니다.

원유선: 사실 작곡과를 졸업해도 작곡가로 활동하는 건 정말 어렵잖아요. 화성학, 대위법, 관현악법뿐만 아니라 오랜 시간 전문적인 수련도 필요한데 혼자서 어떻게 공부했나요?

- 이상빈: 솔직히 말하면, '제대로 배운 사람들이랑은 절대 못 겨룬다'는 생각이었어요. 그때는 보여줄 만한 성과도 없었고, MR 제작 알바 정도만 열심히 했거든요. 화성법이나 대위법으로 승부를 본다고 작곡과 친구들 사이에 낄 수는 없겠다는 생각이 들었어요. 이왕 이렇게 된 거 컴퓨터 음악으로 승부를 보자고 결심했죠. 최소한 이 분야는 내가 전문가가 되겠다는 마음으로! 당시 크세나키스에 꽂혀 있기도 했고요. 그래서 'Pure Data'라는 전자음악 스터디 모임에서 소리 자체를 본격적으로 공부하기 시작했습니다. 3년간 꾸준히 나갔어요. 자연계의 소리를 컴퓨터로 합성하는 프로그래밍 책도 보고, 그걸 실제로 구현해 보면서 소리를 구조적으로 이해하게 됐어요. 산업기능요원으로 복무하던 시절엔 그동안 공부했던 걸 정리하면서 전자음악 수련을 계속 이어갔고, 지금은 이쪽으로 전문성을 쌓아가고 있네요.

원유선: 요즘 전자음향 들어가는 공연에서 선생님 빼면 서운하잖아요. 전자음악이나 컴퓨터음악의 수요도 많아졌지만 갈수록 여기저기서 활약하더군요.

- 이상빈: 현장에서 전자음향을 담당했던 것이 사실상 작곡 활동의 시작이나 다름없어요. 당시 서울대 작곡과 학생이었던 박종화씨가 페이스북 메시지로 갑자기 졸업 연주의 오디오 엔지니어링과 외부 공연 오디오비주얼 디자인을

부탁했거든요. 2016년이었어요. 그때부터 조금씩 작곡가의 입장에서 제 인생을 살게 된 것 같아요. 연주자들과도 어울리기 시작했는데, 2017년에는 해금 연주자로 활동하는 주정현씨가 본인이 활동하는 앙상블 페이즈(ensemble PHASE)라는 연주 단체의 위촉을 맡겼어요. 그 친구들도 용감했던거죠. 사람에 대한 호기심이 위촉이나 협업 제의로 이어지게 된 것 같습니다.

원유선: 외국에서야 쇤베르크 같은 독학 출신 작곡가들이 있지만, 한국에서는 정말 드물지 않나요? 한국에서 독학한 작곡가로 활동하는 것의 장점이나 단점은 뭐라고 생각해요?
- 이상빈: 글쎄요. 장점도 단점도 딱히 없는 것 같은데요. 그나마 장점이라면 선생님 눈치 안 보고 곡을 쓸 수 있다는 것? 단점이라면 위에서 날 챙겨주는 소위 말해 빽이 없다는 것?

원유선: 한국 사회와 음악계에 대한 '불만'이 선생님 음악의 원동력이라는 생각이 들어요. 90년대생 작곡가가 사회를 바라보는 시선이 음악에도 많이 투영된 것 같고요.
- 이상빈: 사회문제 차원에서는 확인되지 않은 정보들에 대해서 쉽게 선동을 당한다거나, 집단주의, 그리고 트렌드를 쫓는 데에 혈안이 된 개떼 근성(?)이 너무 싫었죠. 음악은 사회를 반영한다고 하잖아요. 사회 문제가 음악계에도 고스란히 축소되어 나타나는 것 같아요. 비슷한 음악들을 서로 모방하며 씬을 형성한다는

것도 좀 피해야 한다고 생각하고요. 특히 혁신에 대한 의지가 너무 보이지 않는 음악들이 보기 좋지는 않습니다. 정치적으로는 '진보'를 자처하면서도, 음악적으로는 정작 '구태'를 반복하는 모순적인 음악가들도 많은 것 같고요. 그 괴리가 항상 답답했어요. 요즘 세상에 손가락 까딱하면 어떤 음악회가 벌어지는지 다 볼 수 있는데, 정작 무대 위에서는 몇십 년 전 방식이 반복되는 거죠. 사실 그런 것들을 제대로 판단해 줄 평론도 필요하잖아요, 그런데 너무 조심스럽거나, 이해관계에 따라 작곡가들을 무조건 추켜세우는 어용 평론들도 아쉽습니다. '나는 권력이나 기대, 이해관계에 부응하지 않고 음악 활동을 지속해나갈 것이다!' 이런 오기가 열심히 하는 원동력이 되기도 합니다.

원유선: 많은 작품들에서 존 케이지나 크세나키스의 작법 등 여러 스타일이 혼재하는데, 한편으로는 아직 본인만의 음악 어법을 구축해 나가는 중이라는 인상도 받았습니다.
- 이상빈: 꼭 그렇지는 않아요. 현대음악을 정해진 '스타일'로 보는 태도가 가장 위험하다고 봐요. 곡을 쓸 때는 늘 '이 곡으로 내가 무엇을 하고 싶은가'에 초점을 맞춥니다. 그 목적이 뚜렷하다면, 어떤 수단이나 방법이든 가릴 필요가 없다고 봅니다. 결국 중요한 건 '내용'을 어떻게 전달할 것이냐는 것이지, 어떤 소리를 썼는지가 아니거든요. 그래서 저만의 스타일이 있다고 생각하지도 않고, 있어야 한다고 생각하지도 않아요. 면을 먹고 싶으면 포크나 젓가락을,

국밥이 먹고 싶으면 숟가락을 쓰면 되는 것이거든요. 커피를 먹을 땐 빨대를 꺼내구요.

원유선: 아, 그러면 '현대음악은 곧 무조음악'이라는 통념 자체에도 무척이나 회의적이겠네요.
- 이상빈: 작곡가들을 하나의 스타일로 정의 내리려는 기대가 있는데, 전 오히려 그 기대를 깨는 데서 쾌감을 느껴요. 사람들이 '이상빈은 이런 음악을 하겠지?'라고 생각할 때, 정반대의 걸 내놓고 싶어져요. 그런 태도가 제 작업에 중요한 원동력이 되기도 하구요. 특히 강박적인 불협화음 사용을 극혐합니다. 한국 현대음악에서 자주 쓰이는 방식인데, 저는 끌리지 않더라고요.

원유선: 큰 음악회장 밖에서 친한 작곡가들과 기획한 공연들이 화제가 됐죠. 작년 7월 중력장에서 열린 '재고처리'는 무대에 설 기회를 놓친 곡들을 위한 무대였어요. 정말 참신했어요. 언더그라운드 씬의 저력을 보여줬달까요?
- 이상빈: 저는 이런 음악회의 가능성이 크다고 봐요. 밀도 높은 현대음악이 주요 음악회장을 벗어나 인디 씬에서 가능성을 가질 수 있다는 가능성이요. 우스갯소리로 한 40명 정도 목표로 해서 50명 오면 대박인 거고, 공연 끝나고 갈매기살 먹으면 성공한 거라고 우리끼리 말했거든요. 그런데 '재고 처리'는 40만원이나 흑자를 봤고, 작은 공연장이 미어터질 만큼 많은 사람들이 자발적으로 찾아왔어요. 어그로를 잘 끈 거죠. 실은 제작비도 별로 안 들었거든요. 당시

같이 연주를 기획했던 이한 작곡가가 마트 전단지를 하나 떼어 와서 그와 비슷한 스타일로 맥 컴퓨터에 있는 'Pages'라는 앱으로 따라 만든 거예요. 만들고 나서 서로의 등을 한 대씩 치며 다 같이 낄낄거리며 웃었던 기억이 납니다. 콘셉트가 통한 거고, 그만큼 비슷한 시기에 재밌는 공연이 없었다는 걸 반증하는 것이기도 하고요.

원유선: 곡에서 자기 비하와 냉소가 느껴지는 게 인상적입니다.
- 이상빈: 나르시시즘을 극도로 싫어합니다. 어릴 때부터 격식 없이 유명 인사들의 치부를 까발리는 음지 인터넷 방송을 즐겨 듣곤 했어요. '현대음악은 자고로 이래야 한다'라는 암묵적인 고정관념들도 자기들이 다 특별한 무언가를 한다는 자기애에서 비롯되었다고 생각해요. 그렇다고 음악으로 세상을 바꿔야 한다거나 위대한 것을 성취해야 한다는 생각은 절대 하지 않아요. 그저 사회에 대한 냉소를 열정적으로 표현하면서 살아간다고 할 수 있겠네요.

원유선: 앞으로 어떤 계획을 가지고 있는지 궁금하네요.
- 이상빈: TIMF 아카데미 콘서트 발표를 포함해서 8월부터 12월까지 매달 공연이 예정되어 있어요. 하지만 장기적인 인생 계획은 없어요. 닥치는 대로 하는 것뿐이죠. 그저 음악에 죄짓고 싶지 않아서, 민폐 끼치고 싶지 않아서 열심히 할 뿐입니다.

작곡가 **노재봉**

노 재 봉
오케스트라를 위한 〈"집에 가고 싶어."〉

글 · 윤예원

노재봉(1995-)은 음악을 통해 메시지를 전달하고 사유를 이끌어 내는 작곡가이다. 부산대학교에서 작곡을 전공하고, 현재 예일대학교(Yale University) 석사과정에 재학 중이다. 부산문화재단 지원을 받아 두 차례 개인 발표회를 열었으며, 2022년 부산시립교향악단의 위촉 작곡가로 활동하였다. 이어 2023년에는 KNSO 작곡가 아틀리에에서 최우수 작곡가로 선정되어 2024/2025년 국립심포니오케스트라의 상주 작곡가로 활동하였다. 2025년 루체른 페스티벌 아카데미에 선발되었고, 미국 작곡가·작가·출판사 협회 재단(ASCAP Foundation)으로부터 모튼 굴드 젊은 작곡가상을 수상하였다. 또한 제7회 앙상블 에꾸뜨 작곡 콩쿠르에서 1등을 수상하였고, 제12회 레무스 게오르게스쿠 국제 음악 페스티벌 작곡 콩쿠르에서도 수상하며 활발한 활동을 펼치고 있다.

질문에서 시작된 사유의 시간

노재봉의 음악에는 질문이 담겨있다. 그 질문은 가벼운 물음이 아니기에 더욱 대답이 어렵다. 여러 시각에서 고민해볼 수 있는 물음이기에 음악이 끝난 뒤에도 그 사유의 시간은 계속된다. 노재봉은 우리를 둘러싼 다양한 논의를 음악에서 조망하며, 그만의 시각으로 메시지를 전달한다.

장르적 탐색을 넘어 질문을 담기까지

스스로를 작곡가로서 많은 경험을 쌓아가는 과정에 있다고 생각하는 노재봉은 머릿속에서 상상하거나 미디로 시뮬레이션한 소리를 실제 연주에서 구현하는 실질적 과정에 주로 몰두해왔다. 이러한 과정에서 다양한 장르를 탐색하며 자신의 음악적 언어를 확장해 나갔다.

악기 간의 상호작용을 전면에 드러낸 작품으로 두 대의 첼로를 위한 〈au〉(2020/2023), 두 대의 플루트를 위한 〈maborosi〉(2019/2021)가 있다. 또한 국악의 요소를 적극적으로 활용해 구음·피리·하프를 위한 〈판〉(2021), 피리·피아노·연등을 위한 〈연〉(2021)을 선보였으며, 인성에도 꾸준히 관심을 기울여 바리톤과 피아노를 위한 〈Schönheit dieser Welt vergeht〉(2021), 혼성합창을 위한 〈겨울 가을 여름 봄 그리고……〉(2022)를 작곡했다. 더불어 전자 매체의 가능성을 실험하며 플루트·비올라·샘플러를 위한 〈IIIIIIIIIIIIIIIIIII〉(2021), 첼로와 고정 매체(fixed media)를 위한 〈cello‖ɔɔ〉(2022) 등 탐구의 폭넓은 음악적 실험의 스펙트럼을 보여주었다.

이처럼 초기에 다양한 장르적 실험을 이어가던 노재봉은 점차 동시대 사회와 마주하며 음악 속에 질문을 담기 시작했다. 이러한 흐름은 부산시립교향악단의 위촉으로 작곡한 오케스트라 작품 〈모리〉(2022)에서 본격적으로 나타난다. 〈모리〉는 과거에 대한 향수와 그로 인한 집단적 회귀의 갈망을 주제로, 21세기 '레트로' 현상을 단순한 복고가 아닌 전 세계적 사회·정치적 맥락으로 확장해 반영한다. 이 작품을 기점으로 그의 음악은 단순한 탐색을 넘어 사회적 소통과 성찰의 메시지를 담아내며, 청중이 작품을 통해 사유할 수 있는 지점을 열어주고 있다.

사회를 바라보는 지긋한 시선

노재봉의 작품은 그가 마주한 사회와 긴밀히 연결되어 있다. 다수의 작품이 사회적 문제를 주제로 삼으며, 청중으로 하여금 이를 곱씹고 성찰하게 만든다.

오케스트라를 위한 〈디오라마〉(2024/2025)는 탈진실 시대, 진실과 거짓이 뒤섞이는 상황을 다룬다. 명백한 거짓이 누군가에게는 절대적 진실로, 나아가 이념으로까지 확장되는 순간을 포착하며, 진정한 진실의 의미에 대해 고민하게 한다. 작품에서는 엘크의 소리를 흉내 내 유인하는 사냥 도구인 '엘크 나팔'의 소리를 다른 악기들이 모방하고, 이 모방이 확산되면서 허구가 집단화되어 하나의 진실로 대체되고 경계가 무너진다. 이를 통해 청중으로 하여금 진실의 의미를 다시금 성찰하게 한다.

메조소프라노와 바리톤, 피아노를 위한 연가곡 〈six letters〉(2024)에서는 남북전쟁 당시 군인 로버트 워커와 그의 어머니의 편지를 바탕으로 가족 간의 감정적 교류를 다루었다. 작품은 군인의 부고로 시작해 역순으로 전개되는데, 이를 통해 일상적 언어 속에 스며든 전쟁의 상흔을 드러낸다. 또한, 클라리넷과 피아노를 위한 〈plasticky; Introduction and Caprice〉(2021)은 감상보다는 일회적 소비에 초점이 맞춰진 문화 현상을 음악으로 형상화한다. 반복적이고 중독적인 오늘날의 '플라스틱화'된 문화와 존재를 탐구하며, 소비 중심 사회에 대한 비판적인 시각을 드러낸다.

앞서 제시된 세 작품은 서로 다른 주제를 다루지만, 모두 개인이 마주하는 사회적 현실을 음악적으로 풀어낸다는 점에서 공통점을 가진다. 진실과 거짓, 전쟁과 가족, 소비와 존재라는 주제를 통해 노재봉은 우리 시대의 문제를 다층적으로 비추며, 청중으로 하여금 그 속에 숨어 있는 물음을 발견하게 한다.

노재봉의 작품은 우리가 지나쳤던 사회적 문제들을 다시금 직면하게 한다. 인간관계, 문화 소비, 전쟁, 체제, 가상 현실 등 그의 작품은 다양한 사회적 주제를 하나의 독립된 인간이 마주하는 문제로 제시한다. 그에게 음악은 단순한 표현 수단이 아니라 세계를 이해하고 해석하는 방식이며, 동시에 메시지를 전달하는 강력한 매체이다. 이를 통해 멀게만 느껴졌던 사회적 문제들을 우리 삶 가까이 끌어와 개인적 차원에서의 성찰을 가능하게 하고, 더 나아가 새로운 논의의 장을 열어준다.

오케스트라를 위한 〈“집에 가고 싶어.”〉
[“I want to go home.” for Orchestra, 2023/2024]

망각을 마주하는 방법

당신이 가장 사랑하는 존재를 떠올려보자. 배우자, 연인, 부모, 자식, 친구, 반려동물 혹은 자기 자신까지. 우리는 저마다의 소중한 존재를 마음에 그릴 수 있다. 만약 그중 누군가가 “내가 모든 기억을 잃는다면, 넌 어떨 것 같아?”라고 묻는다면, 당신은 어떻게 대답할 것인가? 우리 사회가 고령화 시대로 접어들면서 치매는 더 이상 개인의 문제가 아니라 모두가 직면해야 할 현실이 되었다. 인간은 직접 겪어보지 않으면, 어떤 상황을 온전히 이해하기 어려운 법이다. 이에, 노재봉은 치매를 앓는 이들의 시선에서 음악을 풀어내며 청중과 함께 그들의 입장을 이해하고 공감할 수 있기를 바랐다.

〈“집에 가고 싶어.”〉는 약 9분 길이의 2관 편성 오케스트라곡으로, 노재봉이 2024/25 시즌 국립심포니오케스트라 상주 작곡가로 위촉받아 완성한 작품이다. 2024년 12월 7일, 다비드 라일란트의 지휘로 예술의 전당에서 초연되었다. 작품의 음악적 요소는 끊임없이 순환하고 변형되어 전개되기에, 전통적인 형식으로 규정하기는 어렵다. 다만 크게 세 부분으로 나눌 수 있는데, 도입부에 해당하는 A(마디1-47) 이후 다양한 변주를 거쳐 크게 확장된 B(마디48-151)가 제시된다. 특히 B는 b, b′, b″, b‴의 네 개 섹션으로 나눌 수 있으며, 이는 점진적인 축적과 발전의 구조를 지닌다. 그리고 A′(마디151-201)로 구성된다.

먼저, A(마디1-47)는 피콜로의 불규칙한 선율 단편으로 시작한다. 이는 점차 목관악기로 확장되며 패턴을 형성하고, 온음계적인 화성으로 전개되며 비교적 깨끗하고 선명한 기억을 상징한다. 이어 음악은 여러 악기군으로 확장되며 점차 두터운 음향층을 형성한다. 마디44에서는 모든 음이 반음씩 내려가며 예상치 못한 전개를 만들어내는데, 이때 곡에서 처음으로 임시표가 등장한다. 이는 이전과 달리 왜곡되고 변형된 기억을 상징함과 동시에 작품에서의 중요한 전환점으로 기능한다. 마디46에서는 타악기 주자가 60bpm으로 설정된 메트로놈을 연주한다. 연주

도중에는 인식하기 어려운 시간의 흐름은 1초마다 울리는 메트로놈의 소리를 통해 직접적으로 전달되며 청중에게 현실의 시간을 환기시키는 메타포로 역할한다.

B 중 b(마디48-71)는 메트로놈의 규칙적인 리듬을 토대로 한 박절적 패턴으로 시작된다. 이어 마디54에서는 A의 선율 일부가 미분음을 포함하거나 시간차를 두고 겹쳐지며 더욱 복합적인 층위를 형성하고, 기억의 왜곡과 변형을 묘사하듯 불안정한 이미지를 만들어낸다. b′(마디72-84)에서는 b의 박절적 패턴과 함께 이것을 깨뜨리는 듯한 어긋나는 음악적 흐름이 나타난다. 이들이 부딪히며 긴장이 고조되고, 이 충돌은 점차 전 악기군으로 확대된다. 이 과정에서 관악기는 멀티포닉스를 사용하고, 현악기는 지판을 두드리거나 바르톡 피치카토를 활용하며, 타악기 역시 적극적으로 개입한다. 이를 통해 두 흐름 간의 대조를 극대화하며, 결국 메트로놈으로 상징되었던 선명했던 시간의 인지가 붕괴되는 듯한 폭력적인 효과를 만들어낸다. b″(마디85-106)에서는 앞서 제시되었던 다양한 음악적 요소들이 뒤섞이고 변주되며, 극도로 복잡한 음향을 형성하고, 이어지는 b‴(마디107-150)에서는 전 악기군이 짧은 음형을 반복하며 클라이맥스에 이르는데, 이때 반복의 간격이 점차 좁아지고 음역은 점점 낮아지며 호흡이 끊어지고 멎어가는 듯한 긴장감을 형성한다. 이처럼 절정의 순간을 상승이 아닌 하강으로 그려냄으로써 작품은 망각과 상실의 메시지를 한층 더 선명하게 드러낸다.

마지막 A′(마디151-201)은 A의 목관 선율이 재현되며, 작품의 구조적 통일성이 강조된다. 특히, 마디197에 다시 등장하는 메트로놈은 다시금 현실의 시간을 환기시키며 작품에서의 논의가 오늘날 우리의 삶 속에서도 계속되어야 함을 암시한다.

온음계적인 목관 선율, 왜곡과 변형을 상징하는 복잡한 텍스쳐 및 여러 특수 주법, 그리고 메트로놈의 소리를 비롯한 모든 음악적 요소들은 기억의 원형과 왜곡, 그리고 시간성과 긴밀히 연결되어 있다. 노재봉은 기억을 잃어가는 존재의 시선에서 망각을 다루며, 메트로놈을 시간의 메타포로 활용해 우리에게 "망각을 어떻게 마주할 것인가"라는 질문을 던진다. 음악은 청중이 타자의 입장을 간접적으로 경험하도록 이끌며, 사회적 문제를 거시적 차원에서 개인의 삶이라는 미시적 차원으로 끌어온다. 이 작품은 고령화와 치매는 누구에게나 닥칠 수 있는 현실임을 환기하며, 청중 개개인에게 질문을 건네고 있다. 당신은 무엇을 기억하고 싶은가? 무엇을 잃지 않고 싶은가? 이를 어떻게 바라볼 수 있을까? 그들의 입장을 이해하며, 서로에 대한 인식을 다시금 고민해볼 시점이다.

[연주영상 보기]
ⓒ국립심포니오케스트라

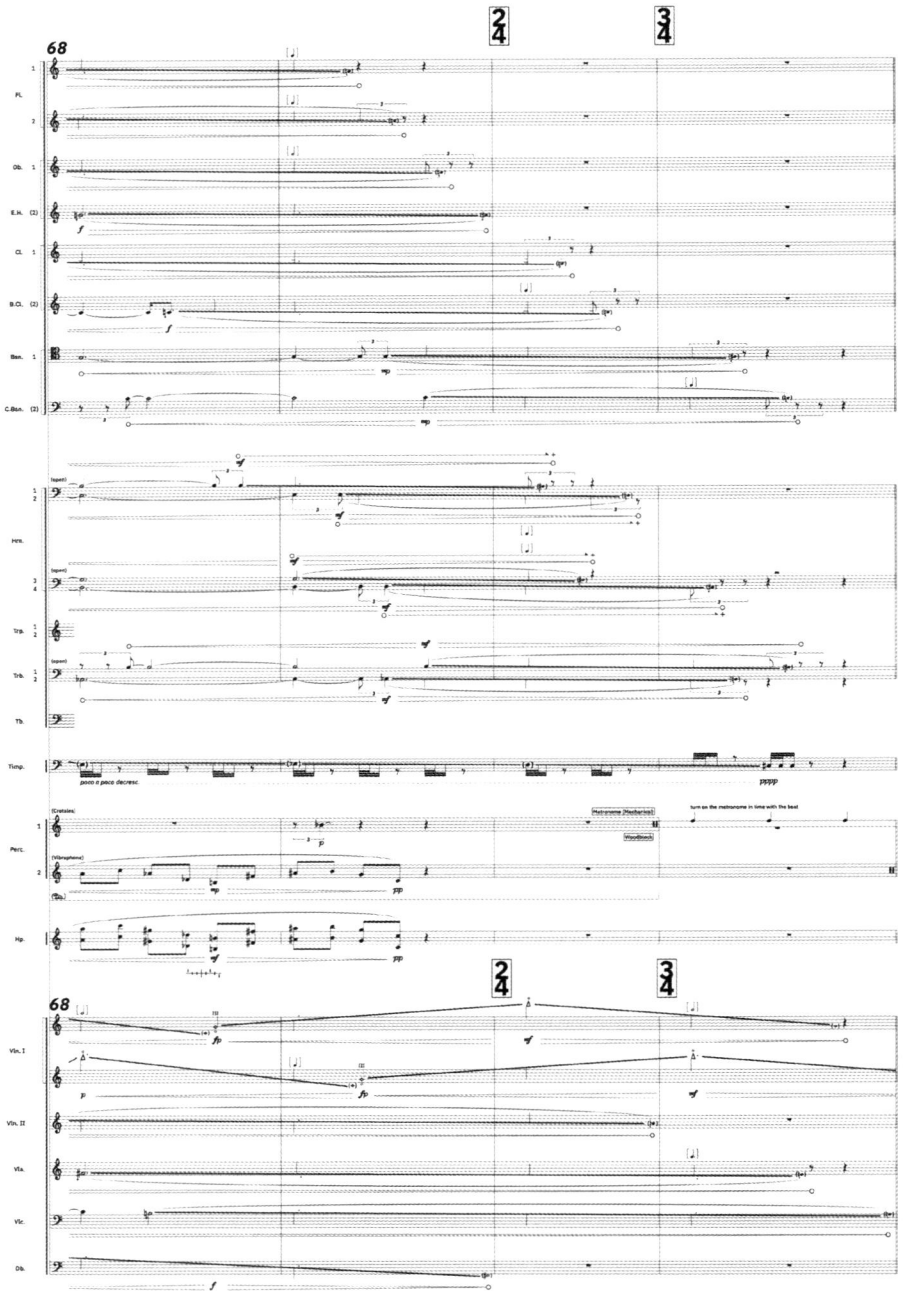

윤예원: 작곡가님이 음악적 출발점이 궁금합니다. 어떻게 작곡을 시작하게 되셨나요?

- 노재봉: 아주 어릴 때부터 만드는 것, 정확히 말하면 창작하는 것을 좋아했습니다. 글을 쓰거나 그림을 그린다거나 이런 것들에 흥미가 있었죠. 영화도 만들어보고 싶었습니다. 많은 대상 중에서도 음악이 제일 적절하다고 느꼈고, 그래서 선택했습니다. 제 성격에 작곡이 가장 잘 맞다고 생각되었어요.

윤예원: 작곡가로서 개인적으로 고민하고 있는 지점이 사회와 맞닿아 있는 듯 합니다.

- 노재봉: 주로 작곡가의 사회적 역할이 무엇인지에 대해 고민하고 있죠. 제가 곡을 쓰는 이유는 세상에 관해 이야기 해보자고 운을 떼기 위함입니다. 그렇게 함께 길을 찾아 나서자고 하는 것이 작곡가로서 해야 할 역할이며 제 곡의 기능이고요. 음악으로 사람들에게 질문을 던져 사유의 순간을 만드는 것이 작업의 주된 방향성입니다.

윤예원: 〈"집에 가고 싶어."〉는 어떻게 시작된 작품인가요?

- 노재봉: 가족과 관련된 개인적인 경험에서 출발했습니다. 뇌리에 강렬히 자리 잡은 기억이라 그런지 집착에 가깝게 계속 생각하게 되었습니다. 결국 곡을 쓰면서 그 생각을 풀어내어서 정리하고 싶은 마음이 들었습니다. 치매는 모든 사람에게 너무나도 가까운 이야기임에도 불구하고, 개인이 온전히 감당하기가 참 어려운 것이 현실입니다. 여러 생각들이 곁가지로 뻗어나가던 중 사회 시스템에 문제가 있다는 결론에 이르게 되었고, 이는 국가적·사회적 차원에서 해결해야 할 문제라고 느꼈습니다.

윤예원: 작품에서 메트로놈이 두 번 등장하는데, 작곡가가 의도한 바가 무엇인지 궁금합니다.

- 노재봉: 곡에서 메트로놈은 60bpm으로 고정되어 있으며, 이를 통해 두 가지 역할을 기대했습니다. 첫 번째는 그 소리 자체만으로 시간과 관련된 내러티브적 상상을 유도하는 것입니다. 예를 들어, 어떤 분은 고요한 병상에서 시계 초침 소리만이 들리는 환자의 시점이 떠올랐다고 했습니다. 두 번째는 시간의 흐름을 인지하게 하는 장치로서의 역할입니다. 메트로놈이 제시되면서 음악 감상 중 흐려졌던 시간 감각이 뚜렷해집니다. 청중은 '1초'라는 시간을 의식하며 현실로 다시 발을 딛게 됩니다. 이를 통해 작품이 던지는 질문이 현실에서도 이어지길 바랐습니다.

윤예원: 이 작품은 2023 KNSO 작곡가 아틀리에를 거쳐 국립심포니오케스트라에 의해 초연되었습니다. 과정 중에 많은 것들을 배우셨을 것 같은데요.

- 노재봉: 오케스트라의 시스템을 정확히 파악할 수 있었습니다. 작품이 창작되고 실연되기까지의 전반적인 과정을 알 수 있었죠. 작곡가에게 주어진 한정된 리허설 시간을 어떻게 활용하느냐에 따라서 연주의 많은 것들이 달라지더라고요. 이외에도 다인원의 오케스트라 및 여러 관계자와 원활히 소통하는 방법도 배울 수 있었습니다.

윤예원: 이 작품뿐만 아니라 다른 앞으로 국립심포니오케스트라가 초연할 다른 오케스트라 작품의 연주들도 예정되어 있으신데요. 작곡 과정에 있어 가장 중요시 여기는 측면이 있다면요?

- 노재봉: 저의 작곡 과정을 짧게 요약하자면, 먼저 주제와 제목을 정한 뒤, 음악적 상상을 MIDI로 시뮬레이션해 봅니다. 마지막으로 그것을 악보로 옮깁니다. 아직 경험이 많지 않은 지금, 가장 중요하게 여기는 것은 MIDI와 악보, 그리고 실연 사이의 간극을 줄이는 훈련입니다. 또한, 저는 명확한 주제를 다루는 것을 선호하지만, 이를 소리로 어떻게 전달할 것인가는 여전히 가장 어려운 숙제입니다. 여러 상징을 활용한 다층적인 표현을 사용할지, 직접적인 소리를 택할지, 혹은 그 사이에서 적절한 균형을 찾을지에 대해 탐구하고 있습니다.

윤예원: 음악의 출발점부터 실연까지 전 과정을 고려하고 계신 것 같습니다. 또한, 수많은 연주자들과 함께 협업하셨는데요. 연주의 측면에서도 특히 더 고려하는 부분이 있으실까요?

- 노재봉: 저는 악보 제작에 다소 과한 시간을 투자하는 편입니다. 연주자들에게 불필요한 부담을 주지 않고, 즉 두 번 이상 고민하게 만드는 일이 없도록, 최대한 명료하고 경제적이며 깨끗한 정보를 담는 것이 목표입니다. 결국, 연주의 최종 결과물을 결정하는 것은 제 머릿속에 있는 전달할 수 없는 소리가 아니라 악보이기 때문에, 이를 위해 강박적으로 노력하는 것이 아깝지 않습니다. 또한, 조금 다른 이야기를 하자면, 특히 작은 규모의 앙상블에서는 연주자들 간의 관계에 따라 리허설부터 연주까지 흥미로운 과정이 펼쳐지기도 합니다. 예를 들어, 스승과 제자, 깊은 우정, 파트너십 같은 관계가 연주에 꽤 다른 영향을 미칩니다. 앞으로 계속 탐구해보고 싶은 방향 중 하나입니다.

윤예원: 작곡가님에게 부산은 어떤 곳인가요? 부산은 수도권에 비해 여러 음악적 기반이 넉넉하지는 못한 곳인데, 어려움은 없으셨는지 궁금합니다.

- 노재봉: 저에게 부산은 오히려 더 좋은 환경이었습니다. 기반이 넉넉하지 않다는 것은 클래식 음악을 하는 사람이 적다는 뜻이고, 그 점이 오히려 기회로 작용했습니다. 학부를 갓 졸업한 작곡가가 재단의 기금을 받아 개인 작품 발표회를 여는 일은 서울에서는 결코 흔치 않습니다. 하지만 부산문화재단은 저에게 두 차례

발표회를 열 기회를 주었습니다. 경쟁이 상대적으로 덜 치열했기에 가능했던 일이라 생각하며, 이에 깊이 감사하고 있습니다. 미국 유학을 오기 전까지 한 번도 부산을 떠난 적이 없습니다. 특별한 의미가 있다기보다는, 저에게 가장 익숙한 곳입니다.

윤예원: 영화의 도시 부산에서 활동하시면서 영화음악도 다수 작곡하셨습니다. 지금도 작업을 해오고 계신가요?
- 노재봉: 영화음악을 했던 이유는 영화에 대한 깊은 애정 때문입니다. 그 작업 과정에 직접 참여해 보고 싶었습니다. 지금은 더 이상 영화 음악 작업을 하지 않고 있는데, 이는 영화 음악이 결국 감독의 요구에 따를 수밖에 없는 수동적인 한계를 가지고 있기 때문입니다. 제가 하고 싶은 이야기를 담는 것과는 거리가 멀어, 자연스럽게 멀어지게 되었습니다.

윤예원: 끝으로 작곡가님이 생각하시는 음악에서 가장 중요한 것은 무엇인가요? 어떤 작곡가로 기억되고 싶으신가요?
- 노재봉: 지금 음악에서 가장 중요한 것은 열린 사고입니다. 즉, "음악은 이래야만 한다."라는 고정된 도그마를 경계하고자 합니다. 음악은 단 하나의 정해진 기준이나 척도로 평가될 수 없으며, 취향과 평가 기준을 혼동해서도 안 됩니다. 저는 음악의 수많은 형태와 기능 중 하나인 메시지 전달 매체로서의 가능성에 초점을 맞춰 작업해 왔습니다. 하지만 올해는 더욱

다양한 접근을 시도해 보려 하기에 기대가 큽니다. 어떤 작곡가로 기억될지를 고민하기에는 아직 너무 이른 시기이며, 어쩌면 그것은 본질적으로 알 수 없는 영역이기에 애초에 의미 없는 생각일지도 모르겠습니다.

윤예원: 사회를 바라보는 지긋한 시선과 함께하는 작곡가님의 음악 세계에 깊이 공감합니다. 앞으로의 활동을 진심으로 응원하겠습니다. 감사합니다.

V. 우리가 사는 지구

작곡가 정재은

정 재 은
〈고장난 세계〉

글 · 조인희

정재은(1975-)은 내면의 이야기를 음악으로 전달하는 작곡가이다. 이화여자대학교에서 음악이론 학사와 석사학위를 마친 후, 샌디에이고 주립대학교와 일리노이 대학교(University of Illinois at Urbana-Champaign)에서 작곡 석사와 박사학위를 취득하였다. 레네 B. 피셔 작곡상(Renée B. Fisher Composer Awards)과 보스턴 뉴 뮤직 이니셔티브 위촉 공모전(The Boston New Music Initiative Commissioning Competition) 결선 진출자에 선정된 바 있으며, 2011년 국제여성음악연맹 파지루 상(International Alliance for Women in Music PazyLu Prize)을 수상하였다. 이후 여러 강연에 초청 연주한 바 있으며, 귀국 후 창악회, 21세기악회, 한국여성작곡가회, 델로스, 신음악회 등 유수의 단체에서 작품을 발표하고 있다. 현재는 가톨릭대, 서울시립대, 성신여대, 이화여대에 출강하고 있으며, 김수환 추기경 추모음악회 음악감독 및 한국 여성 작곡가회, 21세기악회 등의 실행이사로 활동 중이다.

물결이 풍랑이 되기까지

평안한 바다 위에 스치는 바람은 잔잔한 잔물결을 만든다. 그러나 이 작은 물결이 큰 파도가 되는 것이 쉬운 일은 아니다. 미세한 바람은 풍랑을 일으키는데 부족하기에, 바람은 물을 힘껏 밀어낼 수 있을 때까지 지속적으로 불어야만 한다. 잔바람이 거대해질 때, 비로소 파도를 만들 에너지를 갖춘다. 작곡가 정재은의 음악은 청중의 마음을 스치는 이 바람과도 같다. 작은 재료에서 출발한 소리의 바람은 청중을 일렁이게 만들 때까지 깊이 있고 지속적으로 쏟아져 나온다.

반복을 통해 쌓여가는 바람

정재은 작품의 특징은 '반복'이다. 악곡의 재료는 도입부에 명확히 제시되고 다층적으로 얽히고설켜 거대한 흐름을 만들어낸다. 충분히 반복된 후 대조적인 재료와 함께 악곡의 흐름이 변화한다. 이 구조는 마치 고전적인 형식을 연상시키지만, 정직하게 제시되진 않는다. 음악적 소재가 그의 내면적 깊이, 감정, 구체적인 일화와 얽혀있기 때문이다. 감정은 언제나 예측할 수 없게 흘러가고, 그 흐름을 따라 음악은 생동감 있게 변화한다. 촘촘한 반복으로 시작한 아이디어는 청자에게 충분히 전달되기까지 그 층위를 달리하여 이어진다.

첼로와 피아노를 위한 〈이모셔널 콘타지온〉(Emotional Contagion, 2021/2022)의 소재는 표정과 발성, 행동을 따라 하며, 타인과 자신의 감정을 수렴하려는 성향을 의미하는 '감정 전염'이다. 이 소재는 악기군 간의 모방적인 반복이라는 특징적인 구조를 통해 시청각적으로 드러난다. 도입부에서 첼로의 감정은 분노와 극단으로 치닫는 정열적인 감정이다. 단지 기계적으로 반복해서 두 화성만을 연주하던 피아노는 점차 첼로의 강렬한 D음 모티브를 직접적으로 모방하며, 동참한다. 마침내 이 둘의 감정이 합해졌을 때, 곡은 멈춰서 대조적인 섹션을 구축한다. 이번에는 뒤집어 애수에 찬 슬픈 선율이 피아노에서 첼로로 전해진다.

바이올린, 비올라, 첼로와 피아노를 위한 〈길티 플래져〉(Guilty Pleasure, 2021)에서 정재은은 10대 시절 자잘한 일탈의 경험을 소재로 삼았다. 앞선 악곡이 긴 흐름을 거쳐 반복했다면, 이 악곡은 재료의 제시에 따른 즉각적인 모방이 특징이다. 피아노가 선두에서 무리를 이끌고, 독특한 악센트와 화성적 흐름을 통해 선창하며, 이 튀어나온 악센트의 음을 뒤따르는 현악기가 반복하며 모방한다. 이 현악기군의 응답에 청자는 자연스럽게 동참하게 되며 촘촘한 리듬 구성과 함께 일탈적 상황이 가져오는 장난기, 짜릿함, 긴장감을 전달한다.

청중의 내면에 일렁이는 영감들

"이 음악을 감상하는 청중들이 마음에 적어도 한 가지는 느끼고 가길 바란다." 작곡가 정재은이 그의 연주에서 바라는 점이다. 그의 음악을 듣기 위해 찾아준 청중에게 정재은은 감사를 아낌없이 표한다. 정재은이 그 마음을 표하는 방법은 음악이다. 그러나 현대 음악적 언어와 청중을 향한 소통 사이에서 균형을 잡는 정재은의 시도는 음악 그 자체를 넘어 더 나아간다. 작가가 영감이 되는 소재를 청중에게 직접 전달하기를 시도하기 때문이다.

피아노오중주를 위한 〈시선이 머무는 자리〉(2022)에서 정재은은 작품의 영감이 된 미디어 아트를 무대에 함께 전시한다. 갈매기의 시선으로 무인도를 관찰하는 미디어 아트 '여행의 지도'(2021) 속 영상과 소리에 정재은 악곡을 연주하는 오중주의 소리가 더해진다. 관객은 음악 외적인 영감의 근원을 무대 밖이 아니라, 무대의 중앙에서 확인한다. 이를 통해 관객은 작곡가의 추상적인 영감에 참여하고 직접 관찰한다. AI로 구현한 가상 성악가의 영상과 피아노 실연이 함께한 〈회상 II: 꽃으로 엮어본 생애〉(2024)는 더욱 독특하다. AI 활용 작업물은 대개 창작 과정에서 도구로 쓰이기에 설명 없이 이를 청자가 체감하기란 어렵다. 그러나 이 악곡의 공연에서 사용된 루이 담스트롱 목소리를 입힌 가상의 AI 성악가 연주라는 창의적인 시도는 관객이 경험할 수 있는 차원을 넓혀냈다. 이의 작품에서 AI와의 협업은 단지 작곡의 도구나 창의적인 영감일 뿐만 아니라, 관객에게 경험될 수 있는 영역으로 제시된다.

정재은이 관객과의 소통을 꾀한다는 측면은 익히 알려진 서사를 촘촘하게 음악적으로 구현한다거나, 구체적인 장면을 제시하는 것은 아니다. 그러한 방식은 정재은의 음악적인 결과 가깝지 않다. 정재은의 방점은 작곡가가 전달하고자 하는 영감 그 자체를 용기 있게 제시한다는 측면이다. 그 도전은 청중을 이끌고, 내면에는 작곡가의 영감이 일렁이도록 만든다.

〈고장난 세계〉
(Malfunctioning World for Violin, Clarinet and Piano, 2024)

세계에 대한 비탄과 극복을 향한 의지의 교차

〈고장난 세계〉는 2024년 6월, 린트리오의 제6회 정기 연주회 'Echoes of Earth: 대지의 메아리'에서 위촉된 작품으로, 초연 후 개작하여 동일한 해 작품발표회에서 재연되었다. 분리수거, 플라스틱 줄이기라는 개인적 실천에 대한 고민에서 출발한 악곡의 주제는 현실을 묵도하는 과정에서 더욱 깊어졌다. 이미 망가진 환경과 남겨질 후속 세대에 대한 부채감, 지구의 회복 불가능성에 대한 절망적인 진단이었다.

〈고장난 세계〉는 바이올린, 클라리넷, 피아노의 편성이다. 악곡 형식은 A(마디1-57)-B(마디58-128)-C(마디129-164)-B´(마디165-220)로, 각기 큰 섹션은 다시 2개의 대조적인 재료로 나뉜다. 치밀한 구조와 더불어 악곡 자체가 지니는 강렬한 감정선은 이 악곡의 빼놓을 수 없는 주요한 특징이다. 상승하고자 하는 움직임과 하강하며 추락하는 선율선의 교차는 환경적인 위기 앞에서 한 인간이 느끼는 무력함과 두려움을 음악적인 언어로 드러낸다.

섹션A는 '긴장감을 가지고'라는 지시어로 시작한다. 피아노는 중첩적인 화성으로 배경을 형성하고 바이올린과 클라리넷은 모방하며 빠르고 날카롭게 반음계적 단편들을 연주한다. 순차적으로 한 옥타브씩 높아지는 음역과 단계적인 다이나믹 확장으로 음악적인 공간감이 수직 수평적으로 부풀어 올라 층층이 쌓여간다. 그러나, 이전 재료에서 쌓아간 상승적인 움직임과는 달리, 섹션A의 두 번째 재료(마디25-32)는 바이올린에서 등장하는 긴 하강 패시지로 특징지어진다. 이 선율이 매우 강렬하고 고혹적으로 나타나기에 생산적인 도약을 향한 기대로 부푼 섹션A의 조심스러운 상승은 곧바로 가혹하고 장렬하게 좌절된다.

피아니시모로 마무리된 섹션A의 짧은 휴지 후, 섹션B가 마디58에서 당차게 시작된다. 피아노는 구르는 역동적인 상성부 리듬에 맞춰 최저 음역의 옥타브 C음을 한 박 간격으로 3번 강하게 내리친다. 이 에너지는 곧바로 클라리넷과 바이올린에게 전달되어 그들이 상행 아르페지오로 뛰어오르게 한다. 그러나 포르테, 포르테시모로만 구성된 세 악기의 강력한 힘에도 음악은 치솟지 못하고 반음 하강하며 주춤한다. 결국 재등장한 바이올린의 긴 하강 동기로 이어지며 다시 무너진다. 그러나 연이은 좌절 속에도 화자는 포기하지 않는다. 주춤하고 작아진 음량 사이에서도 끊임없이 들려오는 것은 마디58에서 등장한 생명력 있는 그 리듬이다. 리듬은 피아노의 오른손에서 조심스럽게 상행 패시지로 전환되며 회복에 대한 기대를 불러온다. 이것이 섹션 B의 두 번째 요소로 이어진다.

'혼돈 속에서(In confusion)'라는 지시어의 비교적 느린 템포인 이 부분은 전체 악곡에서 음의 굴곡이 가장 잘 들리는 지점이다. 쓰러지듯 무너져갈 수 있는 지구는 힘겹게 끌어올려져 그 풍파를 맞선 채 간신히 버텨낸다. 8분음표가 대등한 힘을 유지한 채 데칼코마니처럼 긴 포물선을 그린다. 이 축은 점차 하강에 무게가 쏠리며, 곧 무너지고 결정적으로 추락한다(마디112-119). 맞섬과 그 끝의 추락 뒤로, 고요하게 연속 네 번 피아노의 최저음 옥타브가 냉정하고 경고적으로 울린다. 경고를 듣고, 음악은 급하고 서투르게 상행으로 재도약을 시도하지만, 이 영역은 전체 악곡에서 가장 큰 하강 패시지가 등장하는 섹션C로 뻗어간다.

'고통으로 울부짖으며'(Crying out with agony)의 섹션C는 그야말로 지구와 화자의 아픔이고 낙하다. 전체 악기가 동일한 리듬과 음고로 일제히 떨어진다. 특히 마디145의 '굴곡진 선을 공격적으로 연주하고 어떤 음이든 높고 날카로운 음을 낼 것'이라는 클라리넷 음형은 전체 악곡 가운데 분명한 음이 지시되지 않은 유일한 부분으로, 청자의 귀를 사로잡으며 큰 도약과 하강의 대조적인 구성을 드러낸다. 긴 낙하를 마치고 악곡은 익숙한 옥타브 C음 요소가 '좌절하듯이'(Frustrated'y) 숨죽여 연주되며, 경고적 메시지인 섹션B'로 돌아간다. 계속된 절망에도 경고를 잊지 않는 악곡은 폐허 속에서도 회복에 대한 희망을 놓을 수 없는 화자의 갈등을 드러낸다.

정재은의 〈고장난 세계〉는 절망적인 지구의 현재를 그려낸다. 기능을 회복하여, 다시 일어서기를 원하는 마음과 무너진 현실 사이에서 화자는 절망과 고통을 노래한다. 악곡 전체는 환경의 작곡가가 목격한 파괴적 현실을 전제로 갖고 있다. 그러나 여전히 화자는 지구에 대한 회복을 포기할 수 없다. 비탄과 의지 사이에서 작곡가는 지구의 미래를 소망한다.

[연주영상 보기]

Score
Transposed

Malfunctioning World (고 장 난 세 계)

Jae Eun Jung

조인희: 안녕ㅎ·세요, 정재은 선생님. 음악이론 전공으로 학사와 석사학위를 마치시고, 미국에서 작곡으로 전향하셨는데, 특별한 계기가 있으신지 여쭤보고 싶습니다.

- 정재은: 저는 원래 작곡을 좋아해서 작곡과로 진학했습니다. 그 당시 이화여대는 진학하고 나서 이론 전공과 작곡 전공을 선택할 수 있었습니다. 두 전공 중 고민하다가 입시 선생님의 영향으로 이론 전공을 선택했습니다. 현대 음악을 본격적으로 접한 것이 대학에 들어온 후다 보니 처음에는 모든 게 어렵게 들렸습니다. 지식과 이해가 부족해서 그랬다고 생각해요. 이론 전공을 하면서 화성학, 대위법 등을 위주로 분석하며 공부했었는데, 한편으로 곡을 쓰고 싶었습니다. 그렇게 결심하고 미국에서 작곡을 공부했습니다.

조인희: 선생님의 미국에서 활동하시면서 경험하셨던 콩쿠르 이력이 눈에 띕니다. 관련해서 인상 깊었던 경험이 있으신가요?

- 정재은: 이론에서 작곡으로 전향하기에는 약간의 진입 장벽이 있을 수 있었는데, 미국에서 이 과정이 생각보다 수월하게 이루어졌습니다.

우선 저의 석사 지도교수님(Ward-Steinman)이 정말 훌륭한 작곡가이자 교육자였습니다. 그분은 어려운 작업을 항상 쉽고 간단하게 알려주셨습니다. 레슨 시간에 선생님께서 앉은 자리에서 바로 곡을 하나하나 뼈 바르듯 분석해주셨는데, 저는 굉장히 놀라웠습니다. 그러한 공부는 박사과정과 콩쿠르 경험까지 이어졌습니다. 솔직히 떨어진 경험도 있었는데, 감사하게도 상도 받았습니다. 콩쿠르 경험과 더불어 학외 연주 경험도 인상깊었습니다. 연주 여행 자체도 즐거웠지만, 리허설과 여러 유수의 단체와 협업이 정말 큰 배움이 되었습니다.

조인희: 연주 과정에서 얻는 배움이 크셨다고 하셨는데, 조금 더 이야기를 들을 수 있을까요?

- 정재은: 예를 들어서, 얼마 전에 이번 4월 25일 연주를 앞두고 리허설을 했는데, 리허설 현장에서 배우는 것이 정말 많았습니다. 어떤 악기가 특정 음역에서 어떤 소리를 낸다는 것을 아는 것과 직접 듣는 것은 정말 다른 경험이기 때문입니다. 제가 생각하던 것과 연주가 다를 때는 연주자와 함께 상의해서 변경하기도 하고, 전체적인 밸런스를 맞춰가기도 합니다.

저희 박사 지도교수님(Stephen Andrew Taylor)께서 리허설 과정에 참관하시면서 해주신 말씀이 기억에 남습니다. '리허설 과정에서 음악을 많이 고치게 된다. 아주 대가인 작곡가들도 마찬가지다. 그 과정에서 너무 스트레스받지 말고, 이번에 배운 내용을 다음 연주 때 반영할 수 있도록 기억해야 한다.' 제가 그 조언을 토대로 배운 것이 많았기 때문에 저도 학생들의 리허설에 최대한 참여할 수 있도록 노력합니다.

조인희: 이제 작품에 대한 이야기로 넘어가고자 합니다. 주제를 음악적으로 풀어내실 때, 음악의 서사적 흐름을 중심으로 작업하시는지, 혹은 음향적인 측면에 관심을 더 기울이시는지 궁금합니다.
- 정재은: 저는 작업하면서 서사와 음향 모두 신경을 써야한다고 생각합니다. 작업을 시작할 때는 주제를 갖고 시작하는 편이지만, 그에 비해 제목은 더 늦게 정할 때도 있습니다. 저는 주로 곡을 쓰면서 적합한 제목을 찾아갑니다. 주제를 표현할 수 있는 제목을 찾는 과정이 처음에 어려울 수 있고, 작업을 하다 보면, 예상과 다르게 곡이 흘러갈 때도 있기 때문입니다. 음향적인 측면은 제가 고민을 많이 하는 측면이기도 합니다. 저는 차차 제 음악적인 언어를 찾아가고 있는 과정에 있다고 생각하는데, 근래 들어서 제 언어에 더욱 가까워졌다고 느낍니다. 요즈음 제가 생각하고 있는 제 음악의 방향 중 하나는 음향의 범위를 확대시켜 전체적으로 드라마틱하게 연출한다는 것입니다. 곡 안에서 때로는 매우 크거나 작은 울림을 통해 극적인 흐름을 만드는 것, 그것을 위해서는 악기 편성과 상관없이 오케스트라의 음향을 생각하며 작업에 임합니다.

조인희: 그렇군요. 작품 목록을 보면, 기악곡도 많지만 성악곡도 높은 비중을 차지하고 있습니다. 선호하시는 장르가 있으신지도 궁금합니다.

- 정재은: 저는 우선 기회가 오는 대로 곡을 씁니다. 사실 기악곡과 성악곡 모두 좋아하는데, 작업 방식에 있어서 다르게 접근하는 측면이 있습니다. 기악곡을 쓸 때, 제 언어는 전통적인 조성 음악이 아닙니다. 중심음이 있을 때도 있고, 없을 때도 있지만, 전통적인 기능 화성은 거의 사용하지 않습니다. 반면, 성악곡은 조금 다르게 접근합니다. 저도 조성 음악이 아닌 가곡도 시도해 봤었지만, 가사의 의미를 청중들이 느끼지 못한다는 측면에 아쉬움을 느꼈습니다. 그저 현대 음악 가운데 하나로 듣는 것이었습니다. 그런데, 저는 가사의 의미가 전달되지 않으면, 가사를 사용하는 의미가 없어지는 것 같습니다. 그래서 저는 가사가 있는 작품을 쓸 때는 가사 전달에 도움이 될 수 있는 조성 음악적인 어법을 활용하곤 합니다.

조인희: 개인 작품발표회 가운데 AI와 함께하는 음악회를 구상하신 것도 흥미롭게 보았습니다. 연주의 기획 과정과 최근의 AI 창작권 문제와 관련하여 더욱 이야기를 나눠보고 싶습니다.
- 정재은: 연주회는 제가 기획했습니다. 남편이 AI 전공이다보니, 저도 인공지능 이야기를 자연스럽게 접했습니다. 덕분에 프로그램 자체에 대한 접근이 더욱 쉬웠고, 그 과정에서 작업 아이디어를 떠올렸습니다. 하지만, 작업 과정에서도 AI는 음악적인 아이디어를 제공하거나, 작업물의 보조적인 역할을 했을 뿐, 창작 자체는 제 일이었습니다. 특히 클래식 음악의 경우는 수요도, 투자도 적은 문제도 있어서, AI가 작곡

한 음악을 바로 사용하기에는 여러 한계가 보였습니다. 예를 들어서, 저는 피아노를 위한 〈하이브리드 소노리티〉(Hybrid Sonority, 2024)를 작업할 때, 음악 AI 프로그램에 현대 음악과 관련한 키워드를 몇 가지 입력하였고 그것을 모티브로 음악을 작곡할 것을 구상했습니다. 하지만, 여러 번의 기계 학습 과정이 필요했고, 결과물로 나온 악보는 읽기 어려웠습니다. 왼손, 오른손의 구분도 불분명했습니다. 그래서 AI 작업물을 모티브로 활용하기 위해서 제가 악보 작업을 다시 해야만 했습니다. 그 과정으로 만들어진 모티브를 발전시키면서 작곡했습니다. 작곡 중 문제는 제가 쓴 모티브가 아니라는 점이었습니다. 제 모티브가 아닌 음악을 마음에 받아들이는 과정이 참 오래 걸렸습니다. 그 모티브를 연속적으로 들으면서, 강박적으로 상상하면서 곡에 반영하려고 노력했습니다. 이 과정이 힘들기는 했어도, AI를 활용할 수 있다는 작업 자체는 재미있는 시도였습니다.

조인희: 마지막으로, 현대 음악가가 작곡 행위를 통해 사회의 메시지를 전달해야 한다고 생각하는지, 현대 사회에 작곡가의 역할이 무엇이라 생각하는지도 여쭤보고 싶습니다.

- 정재은: 사실 저는 저 같은 소시민이 어떤 메시지를 전달할 수 있다고 생각하지는 않습니다. 저도 되게 평범한 한 사람이니까요. 하지만, 저는 적어도 제 공연장에 온 관객들의 시간을 아깝지 않게 해주고 싶다는 마음은 늘 갖고 있습니다. 저 한 사람이 뭐 하나라도 느끼게 해줄

수 있었으면 좋겠다는 것입니다. 현대 음악은 어렵고, 저조차도 모든 곡을 명쾌하게 이해하지 못할 때가 있습니다. 다른 작곡가들도 마찬가지라고 생각합니다. 그 작품에 담긴 내면의 세계가 깊기 때문입니다. 하지만 다 알 수는 없더라도 최대한 작품을 통해 그 이야기를 전하는 것은 관객들에게도 저에게도 도움이 된다고 생각합니다. 그렇다고 해서 너무 쉬운 전달만을 위한 음악을 하는 것은 제 언어를 놓치는 것이기에 그렇게 하고 싶지는 않습니다. 저는 저의 생각을 저의 음악적 언어를 통해 관객들에게 전달할 수 있기를 바랍니다. 관객들이 제 음악적 언어를 좋아해주고 궁금해한다면 더 감사할 일이고요.

조인희: 귀중한 시간, 긴 인터뷰에 응해주셔서 감사합니다.

작곡가 **이은주**

이은주
소프라노, 클라리넷, 트럼펫, 타악기, 바이올린, 첼로를 위한
〈제발 멈춰주세요〉

글 · **권애영**

작곡가 **이은주**(1981-)는 한양대학교 음악대학 작곡과를 졸업하고, 독일 프랑크푸르트 국립음대(HfMdK Frankfurt am Main)에서 작곡과 석사과정을 마친 뒤 동 대학에서 음악학 박사과정을 수료하였다. 귀국 후 전남대학교 예술대학 작곡과 박사과정을 수료하며, 이론과 창작을 아우르는 음악적 깊이를 한층 더했다. 2008년 독일 올덴부르크 분트슈 합창단 국제콩쿠르(Oldenburger Chor Bundschuh) 1위, 2005년 스위스 마르그리트 마이스터 장학재단 콩쿠르(Marguerite Meister) 2위, 2006년 오스트리아 제펠트 인 티롤 (Seefeld in Tirol) 아카데미 장학생 선발 등 국제 무대에서 실력을 인정받았다. 국내에서는 뮤직노마드, 광주음악제, 대한민국 실내악 작곡제전, ACL-Korea 등 다양한 무대에서 위촉 및 초청 작곡가로 활동하며 독창적인 작품세계를 선보이고 있다. 현재 전남대학교와 광주보건대학교에 출강하며 후학 양성에 힘쓰고 있고, 다양한 예술 네트워크와 협력해 창작의 지평을 확장해 가고 있다.

보이는 것 너머로 들리는 세계

작곡가 이은주는 다양한 예술 매체와 긴밀히 대화하며 음악의 경계를 유연하게 확장해 왔다. 그녀의 작품에는 표제적 요소가 두드러지지만, 이는 단순한 묘사나 장면의 재현에 그치지 않는다. 시, 회화, 영상 등 다채로운 매체에서 비롯된 영감은 음악적 언어 속에서 새로운 음향적 내러티브로 거듭난다.

예를 들어, 화가 이중섭의 '부부'(1953)에서 영감을 받은 실내악곡 〈부부〉(2023)는 플루트, 클라리넷, 바이올린, 첼로, 더블베이스, 피아노를 위한 작품으로, 정적인 평면 회화에 내재한 감정의 파동과 역동성을 트릴과 트레몰로 등의 음악적 떨림으로 해체하고 재구성하여 공간적 깊이와 입체감을 지닌 음향적 공간으로 확장한다. 이 작품은 단순한 '이미지의 소리화'가 아니라, 이중섭 작품에 깃든 소박하면서도 강렬한 감정, 그리고 그 이면의 저항과 생존의 의지를 포함한 시대적 맥락을 음악적으로 다시 써 내려간 일종의 '재서사화'라 할 수 있다.

사회적 공명을 위한 울림

이은주의 음악은 개인의 내면을 넘어서, 동시대 사회와 깊은 정서적 공명을 이룬다. 세월호 참사, 5.18 민주화 운동, 코로나 팬데믹, 환경문제 등 현대 사회가 마주한 비극과 질문들은 그녀의 작품 속에서 소리로 발화되며, 그 방식은 때로 직접적이고, 때로 은유적이다. 이 과정에서 음악은 단순한 감정 표현을 넘어 기억과 애도의 공간, 그리고 공동체적 성찰의 장으로 기능한다. 그녀는 사건의 표면적 사실성보다는 그 사건이 인간에게 남긴 잔향과 침묵에 더 깊이 주목하며, 청자가 쉽게 지나칠 감정과 마주하도록 이끈다.

이를 잘 드러내는 곡이 호른 솔로를 위한 〈정제된 시간〉(2023)이다. 이 작품은 사회적 단절과 고립, 그 안에서 생겨난 내면의 응축된 감정을 소리로 풀어냈다. 곡 전반에 분포한 완전5도의 음정 관계는 순수한 시간을 환기하며, 제한된 음역 안에서 반복과 미세한 변화를 거듭하며 긴장감을 축적한다. 이러한 흐름은 팬데믹 시기를 지나며 마주한 불안과 고요, 그리고 그 속에서 피어오르는 회복의 의지를 음악적으로 그려낸다. 이은주의 음악은 말 없는 증언이자, 낮고 진지한 울림으로 전달되는 공동체적 기도에 가깝다. 그녀는 음악을 통해 잊히거나 외면된 감정의 층위를 되살리고, 이를 감각적으로 마주하게 만드는 통로를 열어 청자의 내면 깊은 곳에 잔잔한 흔적을 남긴다.

구조 속에 피어난 자유, 추상 속의 명료함

이은주의 작곡 세계는 정교하게 설계된 구조적 질서와 감각적인 음향 탐구 사이의 긴장감 속에서 피어난다. 바이올린 솔로를 위한 〈염원〉(2023)과 클라리넷, 바이올린, 비올라, 첼로, 피아노를 위한 〈찬란히 빛나는 오늘〉(2023)은 중심음을 통해 음향의 결을 확장한다. 특히 〈찬란히 빛나는 오늘〉은 피보나치수열과 같은 수학적 원리를 바탕으로 구조를 세우며, 그 설계안에서 직관과 감성이 유기적으로 스며든다. 질서와 자유, 계산과 감각은 그녀의 작품 속에서 하나의 유기적인 음악 언어로 융합된다.

그녀의 작품은 표제를 통해 청자에게 하나의 해석적 실마리를 건네지만, 그 의미는 청자의 상상력과 감성에 따라 확장된다. 음악은 선명한 구조와 흐름 속에서도 청자에게 특정한 이미지를 강요하지 않고, 각기 다른 이야기를 불러일으키는 '명료한 추상성'을 드러낸다. 이러한 추상성은 청자로 하여금 음악에 깊이 몰입하게 하며, 반복해서 듣는 과정에서 새로운 결을 발견하게 한다. 예술성과 청중과의 소통 사이에서 작곡가로서의 책임과 고민을 지속해 온 그녀는 "감상자의 마음에 닿는 곡이라면 반드시 어렵고 복잡할 필요는 없다"고 말한다.

이은주의 음악은 현대적 감각의 표제음악이라 할 수 있다. 소리로 상징을 제시하고, 구조로 사유를 이끄는 그녀의 음악은 단순한 시각적 이미지를 음으로 옮기는 작업이 아니라, 청자의 내면에 질문을 던지고 감각의 층위에서 사유를 촉발하는 청각적 철학이며, 동시에 예술적 성찰의 장이기도 하다.

소프라노, 클라리넷, 트럼펫, 타악기, 바이올린, 첼로를 위한 〈제발 멈춰주세요〉
(Hör bitte, auf! for Soprano, Clarinet, Trumpet, Percussion, Violin and Cello, 2023)

말하지 않고 말하는

지금도 자연은 말없이 아우성친다. 환경 보호를 외치는 구호는 넘쳐나지만, 우리는 그 침묵의 비명을 듣고 있는가. 작곡가 이은주는 〈제발 멈춰주세요〉(2023)에서 이러한 질문에 음악적으로 응답한다. 그녀는 환경 문제를 정면으로 응시하며, 청자로 하여금 고통과 연대의 정서를 감각적으로 경험하도록 만든다. 이 작품은 2024년 작곡동인 뮤직노마드의 환경 시리즈 〈물音〉의 일환으로 발표되었으며, 소프라노, 클라리넷, 트럼펫, 바이올린, 첼로, 타악기의 편성을 통해 '해체-전환-결합'으로 이어지는 구조적 틀을 형성한다. 독일어 텍스트를 파편적으로 활용하면서 언어와 소리 사이의 경계를 탐색하고, 대비적인 음향을 통해 감정의 흐름을 정밀하게 설계한다.

이 작품의 시작은 매우 흥미롭다. 인트로 영상 속 입술은 소리 없는 아우성처럼 끊임없이 말을 내뱉지만, 청중은 자막을 통해 그것이 환경오염을 멈춰 달라는 호소임을 인식한다. 이 짧은 영상은 작품의 메시지를 응축해 보여주며, 이어질 음악적 전개에 대한 강렬한 예고편이 된다.

〈제발 멈춰주세요〉는 세 개의 섹션으로 구성되어 있다. 텍스트는 문장과 의미로 조직되기 이전에 발화에서 비롯된 숨소리, 파열음, 마찰음 같은 신체적 소리로 우선 발현된다. 거칠고 단편적인 소리들은 점차 리듬을 공유하고 선율로 응집되며 하나의 정서적 흐름을 형성한다. 이 흐름은 청자의 감각에 직접 호소하여 절박한 감정을 내면 깊숙이 침투시키고, 공감의 울림으로 확장되어 변화와 행동을 향한 가능성으로 이어진다.

섹션A(마디1-64)에서는 소프라노의 파를란도(parlando) 기법과 타악기의 단호한 리듬, 그리고 빈번하게 등장하는 쉼표가 맞물려 긴박하고 단절된 분위기를 조성한다. 독일어 특유의 강한 파열음과 마찰음을 활용한 발성은 언어가 의미를 전달하기도 전에 물리적 질감 자체로 경고의 정서를 각인한다. 여기서 언어는 특정한 의미에 묶인 담론이 아니라, 소리 그 자체로 존재한다. 특히 소리와 소리 사이에 드리워진 미세한 간격과 길게 남는 잔향, 그 속에서 일어나는 미묘한 음향적 변화들은 청자의 사고가 스며들 수 있는 사유의 틈을 열어준다. 탐탐(Tam-tam)의 금속성 잔향과 템플 블록(Temple block)의 짧고 건조한 타격은 대비적인 음색을 형성하며, 해체된 언어와 타악기의 충돌 사이에서 극적인 긴장감을 만들어낸다.

섹션B(마디65-115)에서는 분절되었던 소리들이 점차 응집된다. 클라리넷은 숨소리와 음을 섞은 소리(Ton+Luft)에서 점차 명확한 음정으로 이행하며, 파편적 발화는 하나의 흐름으로 이어진다. 특히 클라리넷이 섹션 A에서 제시한 5잇단음표 리듬을 6잇단음표로 분할하면서 트럼펫과 현악기들이 이를 모방하고 재조립한다. 이 과정에서 리듬과 음색은 서로 얽히며 앙상블 전체의 유기적 긴밀성을 만들어낸다. 소프라노의 선율 역시 점차 명확해지고, 해체된 감각이 음악 안에서 재조직되어 언어의 고발은 이 정서적 흐름 안에서 감정의 공명으로 전환된다.

마지막 섹션C(마디116-218)은 극적인 절정으로 향한다. 이전에 축적된 감정의 밀도는 마침내 소프라노의 외침으로 폭발한다. "der letzte Schrei der Erde"(지구의 마지막 외침)를 매우 크게 (ganz laut) 외치는 순간, 절박한 감정은 분출되고 강렬한 정서적 파고를 맞이한다. 클라리넷은 9잇단음표로 리듬을 분할시키며 긴장을 증폭시킨다. 200마디 이후, 음악은 초반의 텍스트와 분위기로 돌아오지만, 단순한 반복은 아니다. 종결부에서 소프라노는 허밍으로 마무리하며, 침묵과 발화 사이의 경계를 부유하는 존재로서 말하지 않고 말하는 변화된 정체성을 암시한다. 클라리넷은 이전까지 하행하던 진행과는 달리, 5잇단음표로 이루어진 상행구로 마무리하며, 그 여운은 응답을 기다리는 질문처럼 청자의 내면을 오래도록 맴돈다.

비록 파편적으로 제시되지만 "작은 변화의 파동은 큰 물결을 이룹니다"라는 문장은 이 작품의 메시지를 집약한다. 이은주는 텍스트를 '해체-전환-결합'하는 구조 속에서 청자의 감정을 정밀하게 조직하며, 언어의 질감과 악기의 대비적 음향을 활용하여 고통과 연대의 청각적 경험을 만들어낸다. 〈제발 멈춰주세요〉는 단순한 고발도, 음악으로 전하는 서사도 아니다. 그것은 절박한 물음이며, 침묵 속에서 전해지는 예술적 기도이다. 이 곡은 환경이라는 전지구적 문제를 소리로 감각화하며, 성악과 악기의 긴밀한 상호작용을 통해 질문을 던진다. "이제, 우리는 무엇을 해야 하는가?" 이 물음은 곡의 여운처럼 음악 너머의 시간 속에서도 계속된다.

[연주영상 보기]

Hör bitte, auf!

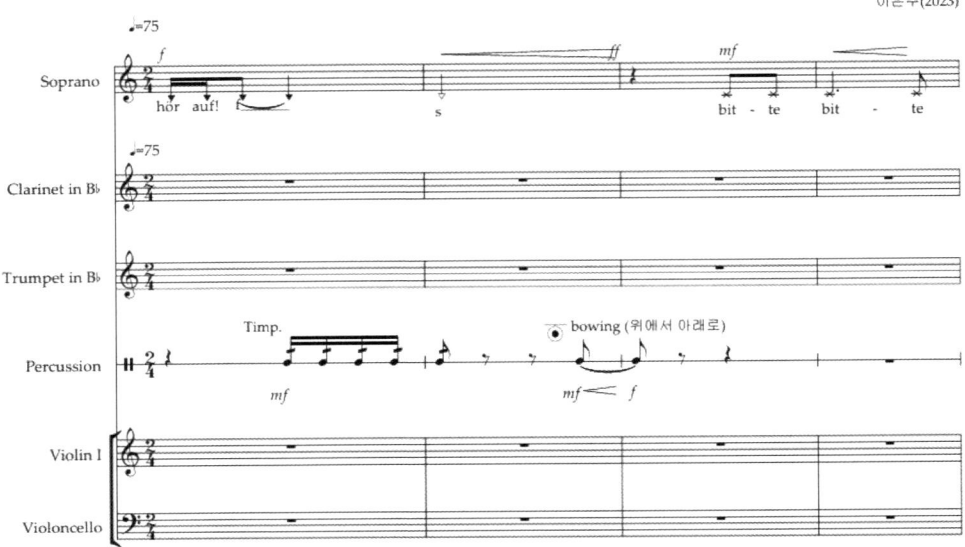

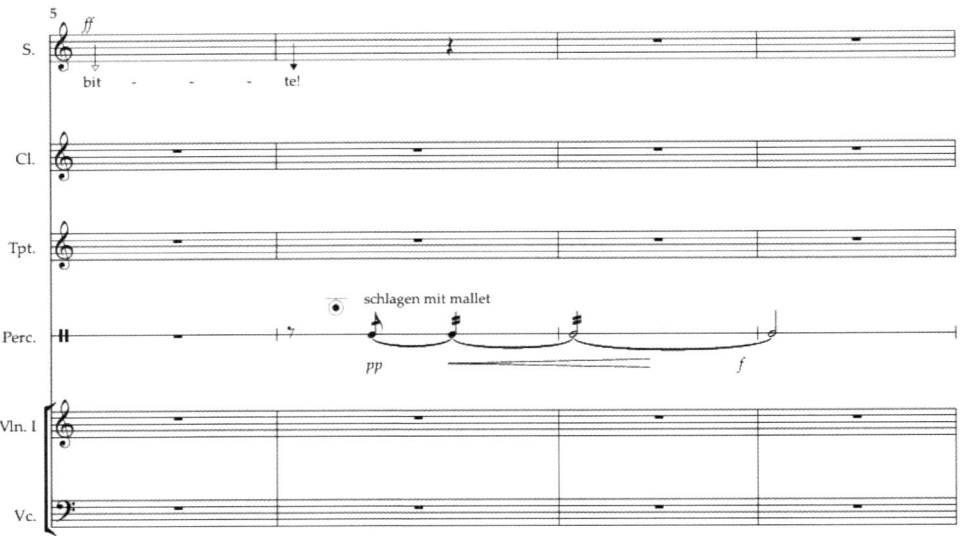

음악과 사회: 비판과 소통의 장場

권애영: 2020년 이후로 본격적인 작품 활동을 시작하신 것으로 알고 있습니다. 특별한 계기가 있었을까요?

- 이은주: 원래는 독일에서 작곡 석사를 마친 뒤 음악학 박사를 공부하고 있었어요. 그러다가 개인적인 사정으로 귀국하게 되었고, 결혼과 출산을 겪으면서 한동안 작곡 활동과는 거리를 두게 되었죠. 아이들이 어느 정도 자라면서 다시 작곡을 시작한 게 약 7~8년 만이었습니다. 다시 음악에 몰입하게 된 건 정말 순수하게 즐거움 때문이었어요. 2020년 다시 작곡을 시작하면서, 음표 하나하나를 그려나가는 그 과정에서 저 자신을 다시 마주하는 느낌을 받았어요.

권애영: 광주를 중심으로 활동을 하시는데, 지역 청중들의 반응은 어떤가요? 서울과 다른 점이 있을까요?

- 이은주: 네, 분명 다른 점이 있는 것 같아요. 서울에서는 현대음악이 자주 연주되고, 어느 정도 익숙한 관객층도 형성되어 있죠. 반면 광주에서는 현대음악 자체가 굉장히 신선하게 받아들여져요. '이런 음악도 있네?'라는 호기심도 있지만, 막상 공연을 접하고 나면 '또 듣고 싶다'는 반응도 많아요. 처음 듣는 분들이 많기에 오히려 더 강한 자극이 되기도 하죠. 그 경험을 통해 이후에도 꾸준히 공연장을 찾는 분들도 계세요. 관객과의 이런 신선한 교류 덕분에 오히려 더 힘을 얻는 것 같아요. 뮤직노마드를 통해 지역에서 매년 현대음악을 소개하는 것도 그 일환이고, 점차 고정적인 청중이 형성되고 있다는 점이 참 감사하죠.

권애영: 선생님의 작품에서는 사회적 주제나 존재에 대한 깊은 사유가 음악적으로 녹아 있는 인상을 받았습니다. 그런 사유들이 곡의 구조나 음향 속에도 자연스럽게 스며 있는 듯했는데요. 작곡가로서 음악을 통해 궁극적으로 전달하고 싶은 메시지나 감정이 있으신가요?

- 이은주: 처음에는 제 내면의 감정, 철학적인 질문들에서 출발했어요. "존재란 무엇인가," "고통을 어떻게 견뎌야 하는가," "나는 어디에서 있는가" 같은 근본적인 질문들이요. 그런데 시간이 지나면서 음악이 나만의 이야기로 머무르기보다는 사회와 연결되어야 한다는 생각이 강해졌어요. 코로나 이후 특히 그랬던 것 같아요. 단절, 침묵, 고립 같은 감각들이 음악적으로도 영향을 미쳤고, 그 안에서 회복이나 희망을 모색하고 싶은 마음이 생긴 거죠. 중심음을 설정하고 그것을 회귀 구조로 삼는 형식은, 한 번 멀어졌다가 다시 돌아오게 하는 여정 속에서 감정이 정리되는 경험을 줘요. 음악적으로

도 안정감을 줄 수 있죠. 저한테는 일종의 감정적 귀환의 공간처럼 느껴져요.

권애영: 선생님의 곡을 들으며 청자로 하여금 스스로 '사유하게 만드는 공간'을 열어주는 인상을 받았습니다. 혹시 의도하신 부분인가요?
- 이은주: 그런 말을 들으면 정말 감사하죠. 저는 음악이 일방적으로 끌고 가는 방식보다는, 여백을 통해 듣는 이로 하여금 각자 자신만의 감정이나 생각을 펼칠 수 있게 해주는 예술이 되기를 바랍니다. 소리와 소리 사이의 공간, 길게 남는 잔향, 미세한 음향적 변화들이 그런 사유의 틈을 열어주기를 바라는 마음이 있어요. 어떻게 보면 직접적으로 의미를 전달하기보다는 감각의 층위를 통해 감정을 불러일으키는 방식을 추구한다고 볼 수 있겠죠.

권애영: 시와의 결합도 선생님 작품의 특징 중 하나인 것 같습니다. 김소월, 윤동주, 횔더린(Friedrich Hölderlin, 1770-1842) 등 다양한 시인의 작품을 텍스트로 삼으셨더라고요.
- 이은주: 맞아요. 문학은 늘 큰 영감을 주는 자원이에요. 어떤 해에는 특정 시인의 탄생일이나 사망일 같은 계기로 시작되기도 하고, 때로는 책장을 넘기다 마주친 시 한 편이 출발점이 되기도 해요. 예를 들어 2022년에 작곡한 호른 앙상블을 위한 〈한 사나이〉는 윤동주의 시를 바탕으로 했는데, 그 안에서 제가 임의로 정한 네 개의 음(C-B♭-D-E♭)을 테마로 삼았어요. 그 음들 사이에서 생기는 긴장감과 해소, 그리고 반복을 통해 감정의 흐름을 따라가 보고 싶었죠.

권애영: 사실 현대음악은 작곡가 혼자만의 작업으로 완성되기 어렵고, 연주자들과의 긴밀한 협업이 중요하잖아요. 그 과정에서 어려움도, 예상치 못한 즐거움도 있으셨을 텐데요. 기억에 남는 협업 경험이나 에피소드가 있을까요?
- 이은주: 정말 많죠. 사실 초연을 앞두고 연주자에게 악보를 드렸을 때, "이건 좀 어렵습니다"라는 말을 들으면 솔직히 마음이 철렁 내려앉기도 해요. 하지만 요즘은 현대음악에 대한 이해도가 높아진 연주자들이 많아서, 오히려 다양한 대안을 함께 고민해 주시기도 해요. 특히 성악곡에서는 전통적인 발성뿐 아니라, 타악기적인 접근이나 확장된 기법을 시도하는 경우가 많거든요. 어떤 성악가 선생님은 처음에는 난색을 보이셨다가, 연주 후에는 이런 곡을 또 써달라고 하시더라고요. 힘들지만 보람 있는 순간들이에요.

권애영: 현대음악을 연주하고 이해하는 것이 쉬운 일은 아니죠. 혹시 선생님의 아이들은 작곡가 엄마의 음악을 어떻게 받아들이나요?
- 이은주: 큰 아이는 첼로를 배운 적이 있었는데, 제 곡을 듣고 "이게 엄마가 쓴 거야?"하고 놀라곤 했어요. 심지어 곡에 나오는 '이상한 소리'를 흉내 내며 장난치기도 했죠.(웃음) 무심코 한 행동이지만, 사실은 제 음악을 듣고 이해하고 있다는 증거 같아서 기분이 좋았어요. 〈엄마야 누나야〉(2023)는 어린이 합창단을 위한 곡인데,

그 합창단에 저희 아이도 함께하고 있었어요. 아이와 같은 무대에 서 있다는 사실이 굉장히 뭉클했죠.

권애영: 단순한 음악 활동이 아니라 가족이 함께하는 예술의 경험이라는 점에서 더 의미 있었을 것 같습니다. 자녀와 함께 음악을 공유할 수 있다는 것 자체가 가장 큰 기쁨일 것 같습니다. 관객과의 소통 역시 선생님께는 중요한 지점이겠죠?
- 이은주: 네, 정말로요. 작년엔 '김소월과 그리움'을 주제로, 비교적 부드럽고 서정적인 곡을 썼어요. 의도적으로 조금 더 친숙한 어법을 선택한 셈인데, 관객 반응이 무척 좋았어요. 그런데 사실 제 내면에선 고민도 있었죠. "이렇게 쉬운 곡을 써도 되나?" 하는 자문이 끊임없이 들었어요. 그럼에도 불구하고 제가 결국 도달한 결론은, 예술성과 대중과의 소통 사이의 균형을 잘 잡는 게 작곡가인 제 몫이라는 생각이 들어요. '감상자의 마음에 닿는 곡이라면, 반드시 어렵고 복잡한 구조일 필요는 없구나' 하는 생각도 들었죠.

권애영: 요즘엔 어떤 작업에 몰두하고 계신가요? 혹시 특별히 집중하고 있는 작업이 있으신지 궁금합니다.
- 이은주: 사실 지금은 한창 박사 논문을 쓰고 있어서 정신이 없습니다. 베르트 침머만(Bernd A. Zimmermann, 1918-1970)의 작품 세 편을 중심으로, 음악 속 시간성이 어떻게 구성되고 변형되는지를 다루고 있어요. 침머만은 과거, 현재, 미래를 동시에 병치하면서 음악 안에서 시간의 직선성을 해체하려는 시도를 하거든요. 그가 만든 음악적 시간은 철학적인 사유와도 깊이 연결되어 있어서, 글로 풀어내는 일이 만만치 않네요. 그래도 오랫동안 붙잡고 있던 주제라 끝까지 잘 정리해 보려고 합니다.

권애영: 작곡가이자 엄마, 그리고 연구자로서 선생님의 이야기를 듣고 나니, 음악이 삶의 여러 결을 어떻게 껴안고 있는지 느껴졌습니다. 오늘 귀한 시간 내주셔서 감사합니다. 앞으로의 활동도 응원하겠습니다.

VI. 역사 돌아보기

작곡가 **박준영**

박 준 영
피아노5중주를 위한 이상의 〈건축무한육면각체〉

글 · **노재현**

박준영(1967-)은 철저한 논리와 전위적인 실험을 통해 인간의 감성을 자극하며 사회에 효용이 되는 음악을 창출하고자 고군분투하는 작곡가이다. 서울대학교(김정길 사사)와 독일 슈투트가르트 국립음악대학교(라헨만(Helmut Lachenmann, 1935-) 사사)에서 작곡을 전공하였고, 귀국 후 경희대학교 작곡과 교수를 역임하였다. 초등교육에 관심이 많아 YBM 중등 음악 1, 2권(2015/2022)을 집필 및 편찬하였고, 국내 창작계를 대표하는 창악회 회장과 (사)한국작곡가협회 부이사장과 이사장을 맡았다. 대표작으로 피아노와 큰 북을 위한 〈Duo〉(1998-1999), 오케스트라를 위한 〈교향곡〉(2000/2004) 피아노 독주를 위한 〈Klaviersituation für Klavierspiele〉(2007) 그리고 현악3중주를 위한 〈5 Bagatellen〉(2020) 등이 있다.

음을 재구성하여 소리를 벼리다

프랑스 영화감독 루셀(Jacques Rouxel, 1931-2004)은 "쇠를 두드리면서 음악가가 된다"라는 이상한(?) 말을 한 적이 있다. 철은 뜨거운 불과 차가운 물을 수차례 오가며, 대장장이의 거센 망치질로 새롭게 다듬어진 후 원하는 제품으로 완성된다. 음악도 마찬가지다. 한정된 음을 어떻게 조합하고, 악기와 내성을 어떻게 구성하며, 음의 결을 어떻게 정성스럽게 세공하느냐에 따라 소리의 품질이 결정된다. 하지만 음이 예술로 승화하려면 또 다른 절대적인 요인이 작용해야 하는데, 그것은 바로 작곡가의 상상력이다. 소리를 여러 각도에서 관찰하고(예술가의 환타지), 이를 수리의 이치에 따라 배열하며(여러 조합 가능성), 주어진 소리에서 미지의 음향(모험심)을 창출해내려는 작곡가가 있는데, 바로 박준영이다. 그는 제한된 악기로 상상하기 힘든 미지의 음색을 탐험하기에 그의 음악을 듣고 있으면 언제나 신선한 기대감이 우러난다.

논리와 실험을 통해 소리 모험을 떠나다

박준영의 편성만 살펴봐도 흥미롭다. 피아노와 큰북을 위한 〈듀오〉(Duo)는 라헨만의 문하에서 쓴 곡으로 독특한 편성 덕분에 한국적 색채가 짙다고 평가받았다. 콘트라베이스를 위한 〈세 개의 작품〉(Drei Stuecke, 2016), 오보에, 첼로, 피아노를 위한 〈트리오〉(Trio, 2016), 그리고 비올라, 첼로, 콘트라베이스를 위한 또 다른 〈트리오〉(Trio, 2014) 등은 일반적인 구성이 아니라 눈길을 끈다. 트럼펫, 비올라, 첼로, 콘트라베이스, 큰북을 위한 〈세 개의 풍경〉(3 Szenen, 2020)은 편성만으로 소리를 상상하기 어렵다. 이처럼 실험적이며 미지의 소리를 탐구하려는 작곡가의 혼이 편성에서부터 느껴진다. 그래서인지 그의 음악을 처음 접하면 어렵게 느껴질 수 있다. 청중은 소리 자체에 대해(오보에, 피아노와 타악기를 위한 〈숨〉(Sum의 경우, 2016), 음이 변이해 나가는 과정에 대해(〈교향곡〉의 경우), 내성의 움직임으로 예측 불가하고 끊임없이 변하는 색채에 대해(〈세 개의 풍경〉의 경우) 분석하면서 청취해야 한다.

이와 같은 악기 편성 배경에는 수학적 논리와 세밀한 계산이 내재한다. 3악장으로 구성된 콘트라베이스 독주곡에서는 세 가지 연주 기법(현 뜯기, 세로 및 가로 긋기)을 혼합해 음색의 대비를 이루었으며, 파이(π)가 동기 간의 관계를 설정하는 주원료로 작용한다. 피아노 독주를 위한 〈피아노 연주를 위한 환경〉(Klaviersituation für Klavierspiele, 2007)은 마트료시카처럼 거시적으로 두 부분으로 나눌 수 있으며 미시적 차원에서는 33개의 변주 조각이 11개의 멀티섹션을 이룬다. 여기에는 호루라기와 숨소리 등 악기가 아닌 소리들이 투입되어 색다른 음향을 선사한다. 작은 동기와 전체 구조의 상관관계에 초점 맞춘 현악3중주를 위한 〈다섯 개의 바가텔〉(5 Bagatellen, 2020)은 다섯 개의 동기가 때로는 독자적으로, 때로는 혼합되어 발전하면서 끊임없이 새로운 형태의 조화를 모색한다. 치환의 수가 제한적이라 철저한 계산이 선행돼야 한다.

오선지 위에 진솔한 마음의 일기를

박준영의 작품 세계는 세 시기로 구분할 수 있다. 첫 번째는 모더니즘 시대의 영향을 받아 음소재를 철저히 계산하여 전체 구조를 통제하고, 동기와 구조 간의 상관관계를 물색하는 것이 특징이다. 작곡가는 이를 "구조적인 미학을 가지고 새로운 절대음악을 추구하는 시기"라고 설명했다. 두 번째는 구조 내 각 부분의 유기적 관계와 이들이 변천하는 과정을 깊이 성찰하는 시기이다. 박준영은 수학적인 조합으로 새로운 음향을 창출하되 궁극적으로 인간의 감성을 자극하는 데 집중하고 있다. 마지막 세 번째 시기는 '컨셉 구조'로 특정 개념을 형상화하고 입체적인 음악으로 완성해 나가는 데 집중한다.

사람은 연륜에 따라 사물을 관찰할 수 있는 눈을 가지게 되지만, 관조(觀照)할 수 있는 내공은 누구에게나 주어지지 않는다. 소리 안에 상상력을 불어넣어 생명력을 부여하고, 이것이 스스로 변이하여 미지의 소리로 거듭나기 위해 소리를 다각도로 바라보는 섬세한 시선이 있어야 한다. 그리고 그것을 어떤 각색 없이 있는 그대로 오선지 위에 써 내려가려면 솔직해지려는 성찰이 동반돼야 한다. 박준영은 그날그날 귓가에 맴도는 미지의 소리를 상상하며, 스쳐 지나간 소리를 과시 없이 담담히 기록하여 하나의 작품이 완성될 때까지 고뇌하고 또 인내한다. 그가 언제나 진솔하게 한 음 한 음을 써나가기에 그의 음악이 자꾸 듣고 싶어진다.

피아노5중주를 위한 이상의 〈건축무한육면각체〉
(Au Magasin de Nouveautés for Piano Quintet, 2023)

이상(李箱)이 추구했던 이상(理想)은 무엇일까?

평소에 시인 이상(1910–1937)의 시를 즐겨 읽던 박준영은 특이한(?) 시를 하나 발견했다. '건축무한육면각체'는 이상이 1932년에 일본어로 발표한 연작시이며 이 작품을 기점으로 김해경이라는 필명을 사용하지 않게 되었다. 내용은 20세기 초의 일제 강점기, 중일전쟁, 자본주의, 사상의 통제 등 복잡했던 사회를 표현하였다. 제목은 어울리지 않는 단어들을 강제로 묶어 놓은 듯하다. '건축', '무한', '육면각체'란 "무한히 많은 점으로 이루어진 4차원 도형이 6개의 면에서 만난다"는 것을 의미한다. 몇몇 개념을 형상화하려는 실험 때문일까 내용이 다소 어렵게 느껴진 박준영은 다수의 논문을 읽어 시를 이해하려고 했다. 그리고 핵심을 깨달았다. 가상현실 속에 또 다른 가상현실이 현존한다는 사실을. 이 과정에서 완성된 작품이 〈건축무한육면각체〉이다. 미래악회에서 작곡가에게 곡을 위촉할 때 시를 바탕으로 쓰되 인성을 사용하지 않는 조건을 내걸었고, 제48회 발표회 "Hearing the Future IV–미래음악의 메타슈프라헤(Metasprache)"에서 이 작품이 초연되었다.(2023년 10월 예술의전당)

그렇다면 작곡가 박준영은 이 시를 어떠한 음악으로 변환했을까? 이 곡은 8분 정도 된다. 하지만 많은 내용이 함축되어 있어 청자의 집중력을 요한다. 작품은 총 5개의 부분으로 구성되었다. 첫 4부분은 시의 4차원 공간을 작곡가가 4가지 컨셉으로 축출시킨 것이며, 마지막은 거대한 종결구로 작용한다. 4가지 컨셉에 어떠한 연계성도 없다. 컨셉 I은 몬드리안의 신조형주의, 백화점, 돈과 자본, II는 백화점과 홍등가, III은 남북한의 애국가, 사상의 억압, 표현의 통제 그리고 IV는 비판적이면서 순응하는 자아, 현실 앞에 갈등하는 화자의 내면 등을 그렸다. 종결구는 각 컨셉의 특징, 푸가와 음열의 기법을 축출하여 설계되었다.

이 작품은 특이한 점이 몇 개 있는데, 각각의 특징들은 청자로 하여금 전체 맥락을 따라가게 하는 나침반 역할을 한다. 첫 번째는 컨셉 I-IV에서 공통으로 자리 잡은 것은 짧은 단위의 호흡 사이클이다. 사이클의 길이도, 박자표도, 음 재료도, 시대도 매번 바뀌기에 복잡하지만, 같은 구조로 설계되었다. 1) 소리가 전개되고(3화음, 악기 주법, 애국가 등), 2) 첫 번째와 상반되는 다른 소리가 이어지고(다이내믹, 클러스터와 화음, 악기 주법, 음역, 악기 조합 등의 변화), 그리고 3) (대부분 짧은) 페르마타로 인한 휴지부가 등장한다. 규칙적인 요소가 단 한 개도 없이 매번 다른 길이의 구조를 갖추었기에 잠깐이라도 정신을 놓으면 맥을 놓친다.(예를 들어 컨셉 I은 5개의 호흡으로 되어 있으며, 4분음표 기준으로 6+2+1, 4+2+1, 4+0.5, 7+2+2, 3+4+1의 골격을 취한다.) 두 번째는 음악 재료이다. 컨셉 I에서 3화음과 클러스터를, II에서 음고와 특수주법, III은 특수주법과 피치카토, 그리고 IV에서 크라이슬러(Fritz Kreisler, 1875-1962)의 〈아름다운 로즈마린〉과 대비되는 반음계적 진행, 당김음, 쉼표, 클러스터, 남북한 애국가 등을 결합하였다. 중간에 베토벤(Ludwig van Beethoven, 1770-1827) 〈비창 소나타〉의 첫 화음만 연주되기도 한다. 놀라운 것은 상반되고 절대 어울리지 않은 음악 재료를 박준영은 하나로 녹여냈다는 점이다. 그는 특정 시대의 산물로서 재료를 활용한 것이 아니라, 각 재료의 개성과 역할을 먼저 생각했기에 이들이 융화되고 조화를 이루고 있다. 마지막 세 번째는 퍼포먼스이다. 컨셉 III부터 종결구까지 7명의 작곡가를 연상하면서 곡을 연주하라고 지시되어 있지만 정작 악보는 쉼표 처리되었다. 현악기 연주자들은 홀 각 모서리에 서 있으며, 컨셉이 바뀔 때마다 점점 무대 중앙으로 모인다. 피아니스트는 음고 외에 프리페어드 피아노까지 소화할 수 있어야 하고, 연주가 끝나면 모두는 악기를 정리하고 발을 구르며 무대를 떠나면서 막이 내린다.

이 작품 속에 여러 가지 요소가 혼합되고 함축되었기에 한 번의 청취로 소화하는 것은 불가능하다. 작곡가가 시간을 들여 자신이 구상한 것을 청자에게 풀어냈더라면 하는 아쉬움이 남는다. 만약 그러했더라면 이 작품은 이상의 시가 담고 있는 본래 취지와 맞지 않으며, 시가 지니는 상징성을 헤칠 것이다. 시인 이상이 그린 이상적인 세계와 가상 속에 또 다른 가상 세계가 존재한다는 설정은 이 시의 핵심이고, 모두 실체를 붙잡을 수 없는 개념이다. 그래서 작곡가는 하나의 음악 요소(가상 세계)가 들리는 순간 사라지게 하고, 순식간에 또 다른 시대(가상 세계)로 이동하는 듯한 방식으로 음악을 구성했다. 소리와 소리 사이의 여백, 즉 하나의 음이 다음 음으로 건너가는 침묵의 순간을 들을 수 있어야 비로소 이상적인 음악이 들릴 것이다.

[연주영상 보기]

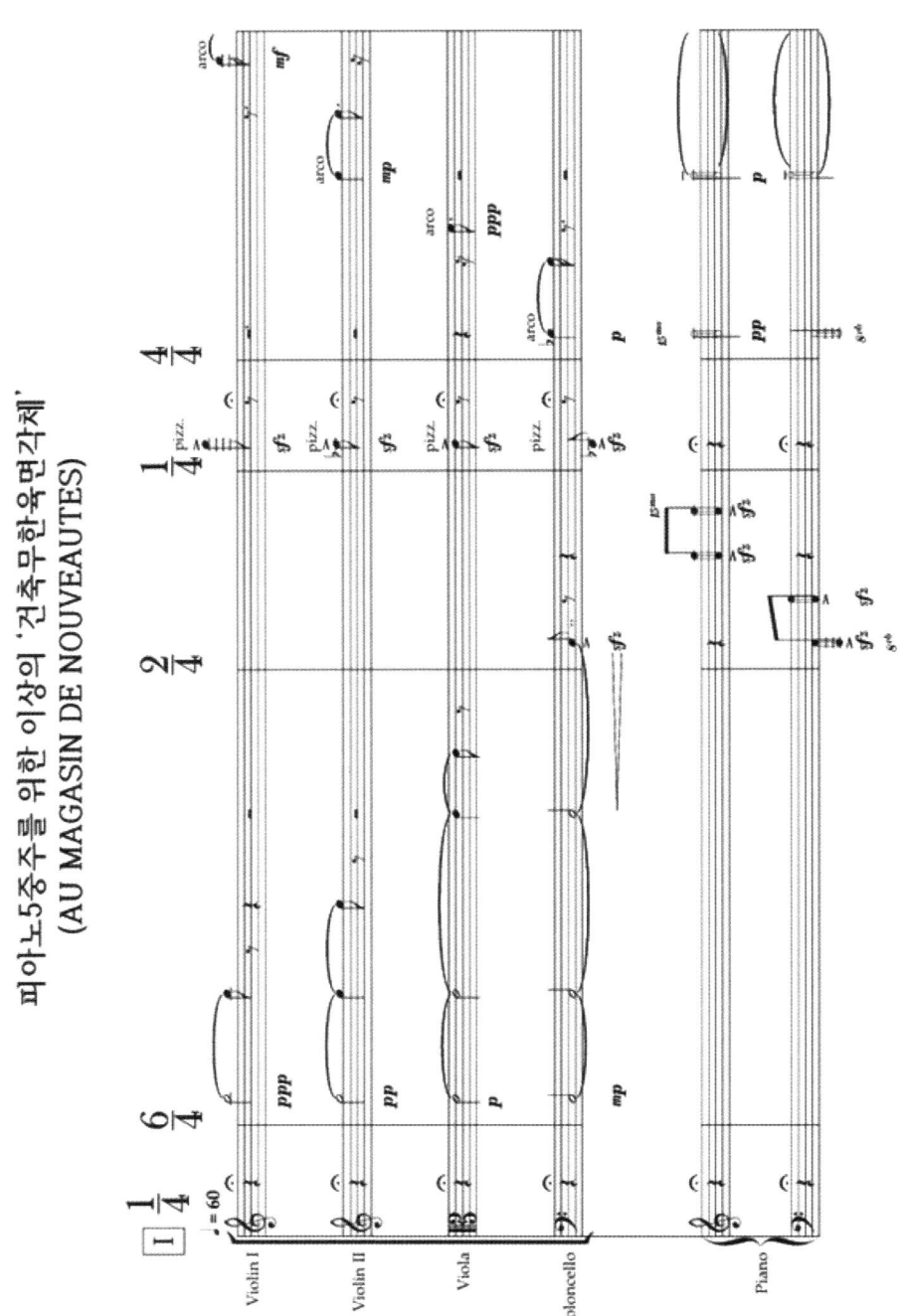

피아노5중주를 위한 이상의 '건축무한육면각체'
(AU MAGASIN DE NOUVEAUTES)

1차: 2025년 7월 17일, 서면
2차: 2025년 7월18일 11시30분 경희대학교
　　음악대학 연구실

노재현: 선생는 작품을 듣고 있으면 실험적인 요소가 강하게 드러나는데, 학창 시절에 배우신 교수님들의 영향 때문인지요?

- 박준영: 1994년부터 2000년까지 독일 슈투트가르트음대에서 라헨만과 작곡을 공부했습니다, 지금도 그렇지만 그때는 라헨만이 가장 핫한 아방가르드 작곡가였고 많은 젊은 작곡가들이 영향을 받았습니다. 처음 공부를 할 때부터 작곡은 새로운 아름다움을 찾는 것이라는 당연한 명제를 아로새겼어요. 다른 작곡가들이 하지 않은 것을 찾는 것이 근현대 음악사 공부였고 새로움을 찾고 도전하는 것은 예술가에게 있어서는 당연한 도덕성을 찾는 작업입니다.

노재현: '새로운 소리'는 어떻게 찾으시는지요?

- 박준영: 새로운 소리는 우리 주변에 많이 있지만, 예술가는 자신의 눈과 귀로 재해석해냅니다. 같은 소리나 현상을 두고도 만 개의 해석이 가능하죠. 새르운 소리는 나만의 해석입니다. 같은 베토벤을 들어도 연주자마다 해석이 다른 것처럼 말입니다.

노재현: 이러한 실험적인 특성 때문에 국내 음악계에서 선생님을 '한국의 존 케이지'라고 부르는데, 어떻게 생각하시는지요?

- 박준영: 저는 한국의 존 케이지라고 생각하지 않습니다. 한국의 박준영입니다.

노재현: 음향 작곡에 관심이 많으신데, 자세한 설명 부탁드립니다.

- 박준영: 음향 작곡은 베베른에서 노노와 라헨만으로 이어지는 서양 작곡의 한 경향입니다. 서양 예술은 예술 소재에 단지 작곡가의 감정만을 이입하는 데 그치지 않고 예술 소재에 대하여 유물론적으로 접근합니다. 과거 조성음악에서도 모차르트와 말러의 화성 경향의 차이는 화성 소재에 대한 다른 가능성을 이성적으로 찾아왔기 때문에 백여 년의 조성음악의 변화가 있었던 것입니다. 조성에 새로운 가능성이 많이 없어지자 드뷔시와 스크리아빈 등 20세기 초에 활동한 작곡가들은 다른 온음계와 스케일을 모색하였고, 음열과 음색 음향도 새로운 작곡 소재로 활용했습니다.

노재현: 가장 힘들게 쓴 작품이 있다면 어떤 작품이며 이유가 무엇인지 궁금합니다.

- 박준영: 인생을 살면서 가장 힘들었던 때가 언제냐고 묻는다면 잘 기억은 나지 않지만 내가 첫발을 내디딜 때라고 추측할 수 있고 그때가 가장 경이로운 기쁨도 있었을 겁니다. 암스트롱이 달에 발자국을 남긴 거랑 비슷하지요. 내 작품도 라헨만이랑 공부하면서 쓴 피아노와 큰

북을 위한 〈Duo〉가 가장 힘들게 쓴 작품이고, 새로운 도전을 향한 첫걸음입니다.

노재현: 음악이 사회에 효용 되는 것을 추구하시는데, 사회에 어떻게 관심이 있으신지요?

- 박준영: 예술은 사회와 분리되어있지 않습니다. 늘 사회의 변화를 반영하려고 하고 그런 것이 또한 예술에서 새로움의 원천이기도 합니다. 바로크와 고전 시대의 음악은 일부 귀족을 위한 음악이었고 당시 사회는 왕과 귀족이 사회의 중심이었습니다. 민주 사회의 예술은 이전과는 청중의 계급과 계층도 달라졌고 아름다움을 바라보는 미학도 달라졌습니다. 21세기를 사는 예술가들이 우리 시대의 사회와 시대정신을 반영하려는 노력은 하지 않고 과거 아름다움을 탐닉한다면 그는 우리 사회와 단절된 예술가라 하겠습니다.

노재현: 현시대를 살아가는 작곡가로서 사회를 어떻게 보시는지요?

- 박준영: 지금의 사회를 보면 매우 우울합니다. 민주주의 사회를 구현하기 위해 정치인들이 노력하는 것으로 보이지 않고 민주주의를 이용하여 권력과 권한을 남용합니다. 경제도 창의적인 기술개발과 혁신으로 부가가치를 높이지 않고 다른 나라 기술을 이용하여 가성비 제품을 양산하는 것으로 만족합니다. 예술가들도 그런 사회를 예술로 잘 반영하고 있다고 생각되며 서구의 작곡 기술을 비판 없이 이용하여 작품을 만들고 누가 더 기술적으로 훌륭한지 경쟁

합니다.

노재현: 작곡가와 사회는 어떻게 공존하며 어떤 관계인지요?

- 박준영: 작곡가는 지신의 음악을 들어주는 관객이 귀족인지 민주시민인지 인식해야 합니다. 사실 한국 작곡가들의 청중은 그 범주에도 있지 못한 것 같고 힘 있는 대학교수가 어쩌면 가장 중요한 청중인지도 모르겠습니다. 늘 그래왔기 때문에 해방 이후 한국 사회와 예술은 한번도 제대로 만나본 적도 없었을지도 모릅니다. 한국의 일반 시민들이 제대로 된 민주주의를 만나지 못했듯이 말입니다. 요사이 해방 전후의 작곡가 김순남에 관해 연구 중인데 그가 살던 시대에는 예술이 사회와 좀 만나지 않았나 생각되고 그러려고 몸부림치다 남북 어디에도 발붙일 수 없는 작곡가가 되었습니다, 왜냐하면 사회보다 예술이 앞서 나갈 수는 없습니다. 남북한 어디에서도 그의 자유로움을 수용할 수 있는 사회 수준이 아니었기에 그는 질식사했습니다. 분명한 것은 사회도 예술과 아름다움이 필요하고 아름다움이 없는 사회는 사회 구실을 못합니다. 예술은 마치 미네랄과 같은 역할을 하고 다수가 이해할 수 없는 어려움이 있더라도 사회에 다양한 수준과 높은 교양을 공급하는 막중한 일을 하고 있음에도 예술 종사자들이 스스로의 가치를 잘 모르는 것 같아 안타까울 때가 있습니다. 결론적으로 한국 사회와 예술은 아직은 서로 잘 모르는 관계입니다.

노재현: 이제 선생님의 작품 세계에 관한 얘기를 나눠볼까 합니다. 논리와 감성을 중요시하시는데, 상반된 요소가 어떻게 한 작품 속에서 공존하는지요?

- 박준영: 논리와 감성은 분리된 것이 아닙니다. 예술에서 논리성이 감성이고 감성이 논리성입니다. 예를 들면 베토벤의 〈전원 교향곡〉 2악장에서 시냇가의 풍경을 분석해보면 전체 10개 부분으로 구성되어 있습니다. 시냇물(a), 소년의 노래(b), 합창(c)라는 3개의 개념만 존재합니다.(I: ababcc, II: abc, III: bca, IV: cab, V: cab, VI: cab, VII: ababcc, VIII: ba, IX: bcaa, X: 새소리, c, 새소리, c) 이 작품에서 10개의 논리적 부분은 시냇가의 풍경이라는 베토벤의 감수성 자체이고, 그는 일반인이 느끼는 다른 감수성을 만들었기에 작곡가의 논리는 곧 작곡가의 감수성이고 그 역행도 같습니다. 노노(Luigi Nono, 1924-1990)는 〈베네치아의 성당〉에서 활용한 음향을 어릴 때부터 예배 시간에 들어오다가 음향에 대한 환상을 가지게 되어 많은 음향 작품을 만들었습니다. 그것은 감수성이면서 논리입니다.

노재현: 최근에는 어떤 작품을 쓰시나요?

- 박준영: 2024년에 소프라노 3명, 오보에, 바이올린, 첼로를 위한 〈Before the music〉에 이어 2025년에는 바이올린, 비올라, 첼로, 베이스 드럼, 피아노를 위한 〈After Music〉을 대구 국제 현대음악제에서 초연했습니다. 두 곡 다 음악회 전후의 상황을 그린 음악으로 음 소재나 듣는 관점이 조금 다릅니다. 아울러 지인께서 인

성과 반도네온을 위한 카바레 송을 위촉해서 처음에는 무척 당혹스러웠지만 안 해 본 것에 도전이라는 생각에 지금 작품 구성하고 있습니다. 2025년 가을에 연주 예정이고 제목은 〈통속의 자유〉입니다. 끝으로 2026년 독일 작곡가들과의 교류음악회에 위촉받아 재독 철학자 한병철의 저작 컨셉으로 작품을 쓸 계획입니다.

노재현: 2025년부터 (사)한국작곡가협회 이사장직을 맡으셨는데, 국내 음악계의 어떤 부분이 개선되어야 하는지요?

- 박준영: 새로움에 도전하는 것이 예술가의 사명입니다. 매너리즘에 빠지지 말고 새로움에 도전하는 모습을 보이다 보면 우리 창작음악계가 다양하고 풍성해지며 예술이 사회에 기여하는 형태로 발전할 수 있다고 믿습니다.

노재현: 현대음악을 접하는 청중에게 한 마디 부탁드립니다.

- 박준영: 예술 음악도 문학이나 미술처럼 많이 생각해야 아름다움을 이해하고 느낄 수 있습니다. 대중음악과 달리 예술 음악은 시민을 생각하게 하고 깊은 사유를 할 수 있게 도와주는 역할을 합니다. 인내심과 호기심, 그리고 애정을 가지고 우리 예술가를 사랑하면 우리도 서양에 의존하지 않고 국내에서도 세계적인 작곡가가 나올 수 있습니다. 노벨 문학상을 받은 문학분야 이외에도 다른 장르의 예술도 관심 있게 애정을 가져 주십시오!

작곡가 **이건용**

이 건 용
혼성합창과 대규모 오케스트라를 위한
〈들의 노래〉

글 · **장유라**

작곡가 **이건용**(1947-)은 서울대학교 음악대학 작곡과 학사 및 석사, 프랑크푸르트 음대 작곡과를 졸업하였고 서울대학교 미학과 박사과정을 수료했다. 1981년 작곡동인 '제3세대'를 결성하였고, 민족음악연구회 회장을 역임하면서 우리 음악에 대한 시대적 소명을 위해 정진하였다. 『민족음악의 지평』과 『민족음악론』(공저)을 비롯해 『나의 음악을 지켜보는 얼굴들』, 『한국음악의 논리와 윤리』, 『작곡가 이건용의 현대음악강의』를 출간하였다. 그의 음악은 가곡과 칸타타, 오페라, 성악곡, 실내악곡과 관현악을 포함한 기악곡 등 다양하다. 주요 작품으로 칸타타 〈분노의 시〉, 〈들의 노래〉, 가곡집 『우리가 물이 되어』, 『저물면서 빛나는 바다』, 오페라 〈봄봄〉, 〈동승〉, 실내악곡 〈저녁노래〉(1-7) 등이 있다. 효성 여대, 서울대학교 음대 작곡과 교수, 한국예술종합학교 음악원 작곡과 교수, 한국예술종합학교 총장을 역임했다.

체험 · 표현 · 이해의 삼각구도

이건용의 작품을 자세히 들여다보면, 그의 음악이 단순히 소리의 조합이 아니라, 역사적·사회적 맥락 속에서 체험되고 이해되어야 할 '의미의 세계'임을 알 수 있다. 그가 몸담은 문화와 시대, 체험의 세월이 켜켜이 쌓여 그의 음악이 된 것이다. 그 자신도 그의 작품에는 샤머니즘, 기독교 문화, 유교, 불교, 서양 클래식 음악, 한국 전통음악, 현대음악 어법 등이 다양하게 얽히고설켜 있다고 말한다. 이는 해석학자 딜타이(Wilhelm Dilthey, 1833-1911)가 예술을 설명하는 체험·표현·이해의 삼각구도에 해당한다. 즉 자연과학이 '설명'을 통해 외적 현상을 다루는 것이라면, 정신과학(예술, 역사, 문학 등)은 '이해'를 통해 인간의 내면적·역사적 체험을 해석하는 것이다. 인간의 삶에서 일어나는 '체험'이 예술작품이라는 '표현'을 통해 객관화되고, 청자(수용자)는 이 표현을 해석하며 '이해'에 이른다고 본 것이다. 이건용의 음악은 작곡가의 개인적, 시대적 체험이 음악적 언어로 표현된 결과물이며, 이를 듣는 이들은 자신의 삶과 맥락 속에서 의미를 재구성하며 이해하게 된다.

부분에서 전체로 그리고 다시 부분으로

이건용의 음악은 전통과 현대, 개인과 사회, 동양과 서양의 요소들이 복합적으로 얽혀 있는 가운데, 하나의 '전체'를 구성하고 있다. 그의 작품을 제대로 이해하기 위해서는 단순히 음악적 기법이나 외형만을 보는 것이 아니라, 개별 요소들이 어떻게 전체 맥락 안에서 의미를 획득하는지를 살펴보아야 한다. 이는 철학자 딜타이가 말한 '부분과 전체의 상호작용' 개념을 통해 설명될 수 있다. 딜타이에 따르면, 어떤 예술 작품의 의미는 '부분에서 전체로, 다시 전체에서 부분으로' 끊임없이 왕복하는 과정 속에서 생성된다. 이 관점에서 보면, 이건용의 음악은 각각의 선율, 리듬, 가사 한 줄, 악기 구성 같은 '부분'들이 전체 작품의 주제와 구조, 더 나아가 작곡가의 사상과 시대적 배경이라는 '전체' 속에서 유기적으로 작용하고 있다.

예를 들어, 그의 합창곡 〈만수산 드렁칡〉(1987)은 1980년대 한국 음악계에서 활발히 논의되던 민족음악론의 흐름 속에서 탄생하였다. 이 곡에서 그는 전통 장단을 변형하고, 불규칙한 박자 구조를 사용하여 민요 특유의 자유로운 리듬감을 살려낸다. 이러한 부분적인 음악적 선택은 단지 기교적인 것이 아니라, 당시 사회의 민족 정체성과 예술적 자각이라는 더 큰 맥락과 긴밀히 연결되어 있다. 전통 악기의 사용 또한 단순한 음색의 선택을 넘어, 한국적인 정서를 음악적으로 구현하려는 전체적 의도를 드러낸다. 반면 오페라 〈봄봄〉(2000)에서는 '말과 음악'의 조화라는 특징이 뚜렷하게 나타난다. 그는 김유정의 소설을 바탕으로 직접 대본을 쓰고 작곡까지 하며, 우리말 고유의 발음과 억양, 리듬을 음악적으로 살려낸다. 이러한 접근은 가사의 전달력을 높이는 동시에, 한국어라는 언어적 '부분'이 음악적 '전체' 안에서 어떻게 조화를 이루는지를 보여주는 좋은 예다. 더불어 소규모 구성, 희극적인 분위기, 타악기의 활용, 판소리를 연상시키는 장면 등은 모두 동서양의 요소가 하나의 극적 흐름 속에서 상호작용하며 의미를 만들어낸다.

결국은 '사랑'이 아니겠는가!

그는 유독 성악음악을 많이 작곡하였다. 대표적인 오페라 〈봄봄〉, 〈동승〉(2004), 〈왕자와 크리스마스〉(2010)와 합창곡 〈분노의 시〉(1985), 칸타타 〈들의 노래〉(1994) 등에는 현대적 화성과 대위법이 한국의 전통 장단, 선율과 함께 녹아 있다. 어릴 때부터 목사 아버지의 영향으로 음악과 종교적인 분위기에서 자라서일까. 고귀한 선율과 형식의 숭고함은 시인들과의 협업에서 가장 두드러진다. 강은교, 김소월, 고정희, 황지우 등등 많은 시인들의 입을 빌어 단순한 감정을 넘어 인간 존재와 삶의 본질, 현실에 대한 분노와 외침을 가볍지 않게 이건용은 노래한다. 슈베르트를 사랑하여 시작된 작곡의 역사이기에 가곡에 대한 열정은 그칠 줄 모른다. 대한성공회주교좌성당에서 위촉하여 2007년에 초연된 수난곡 중 〈기억하소서〉는 무반주합창곡으로 성부의 흐름과 화성의 조합, 가사의 자연스러움은 음악으로 '압축된 사랑'이 아니고서는 설명이 어렵다. 서양의 관습화된 교회음악이 아닌 우리 삶과 현실에 맞는 자연스러운 한국의 종교음악을 작곡하는 그이다. 이제는 '도전'을 위한 작곡보다는 '스밈'(스며듦)의 작곡을 추구한다는 그의 작곡 삶은 결국 한국과 음악에 대한 '사랑'이 아니겠는가!

혼성합창과 대규모 오케스트라를 위한 〈들의 노래〉
(Song of the Fields for Mixed Choir and Large Orchestra, 1994)

민요와 레치타티보로 직조된 절제의 미학

〈들의 노래〉는 1994년 동학농민혁명 100주년을 맞아 국립합창단의 위촉으로 작곡된 대규모 칸타타로 이강백이 대본을 썼으며 연주 시간은 약 30분가량이다. 1부 7곡과 2부 8곡, 총 15곡은 전체적으로 네 부분으로 나뉘어 있으며, 각 곡은 독립적이면서도 유기적으로 연결된다. 서곡으로 시작하는 1곡에 이어 2~4곡은 동학사상의 핵심을 다루고, 5~11곡은 농민항쟁의 성패와 민중의 격정, 12~15곡은 패배 이후의 절망과 그 너머 새로운 희망, 동학정신의 계승을 형상화한다. 드라마틱한 흐름과 더불어 동학농민혁명의 비극과 그것이 한국 사회에 남긴 깊은 울림을 예술적으로 풀어낸다.

이 가운데 2부의 문을 여는 제8곡 〈썩은 허수아비〉를 중심으로 이 곡을 살펴보자. 제8곡은 작품 전개의 중요한 변곡점에 위치하는 곡이다. 전 곡이 70마디의 중편으로, 전체가 '3'의 계열로 세분화되는 독특한 구조를 가진다. 즉 A, A′, A″의 세 부분으로 나뉘고, 각각이 세 섹션 (a+b+c)으로 구분된다. 각 단락은 기능적으로 음악적·정서적 대비와 조화를 드러낸다. 〈썩은 허수아비〉의 첫 섹션ⓐ은 하프 글리산도와 함께 등장하는 테너의 단선율 레치타티보로, 동학군의 간절함과 절도, 위엄을 상징한다. 두 번째 섹션ⓑ은 무조적 성격과 집단적 화성의 충돌, 다이내믹의 변화, 반진행 음정으로 비애와 각성을 표현한다. 세 번째 섹션ⓒ은 소프라노에 의해 불리는 '새야 새야 녹두새야'의 민요 가락을 빌어 동학농민운동 이후 농민의 슬픔과 좌절, 희망의 잔재를 서정적으로 그려낸다. a와 b는 남성적, 집단적 색채가 강하지만 c에서는 여성적, 민중적 음색이 선명하다.

섹션a는 '♩=80 자유로운 템포로 박자 없이'라는 지시와 함께 시작하지만, 실제 음악에서는 느슨하거나 불규칙한 것이 아니라 오히려 절도 있고 긴장감 있는 흐름이 유지된다. 하프의 글리산도가 분위기를 장식한 뒤, 테너 3~5명이 8분음표와 16분음표로 이루어진 단선율 선법을 노래한다. 이 선율의 기본 낭송음이 D라면, B–C♯–D–E로 이어지는 음계는 B변격 도리아(Mode)를 연상시켜 중세 성가의 엄숙하고 신비로운 분위기를 자아낸다. 이 부분에 담긴 가사와 음악의 결합은 마치 성경의 이사야서를 떠올리게 하듯, 엄격함과 위엄, 영적 간절함이 배어 있다. 이어지는 부분 b는 '♩=ca. 72 Rubato 슬프게'의 지시 아래 네 성부 합창이 무조적으로 펼쳐진다. 예를 들어, 소프라노가 C음을, 알토가 C♯음을 부르는 식으로 각 성부가 반음씩 어긋나며 점차 음정 거리가 벌어진다. 풍부해지는 화성은 알토 성부가 추가 되면서 *p*(여리게)에서 *mf*(조금 세게)로 다이내믹이 점차 확대되고, 이는 "오히려 제 땅에"라는 핵심 가사와 맞물려 가창의 힘과 의미를 동시에 극대화한다. 일반적인 성악곡과 달리, 서로 밀집된 음정과 무조적 화성의 전개는 오히려 기악곡 같은 색채를 부여하며, 집단적 슬픔과 각성의 순간을 밀도 있게 전달한다.

섹션 c에서는 동학농민운동의 실패와 민중의 좌절, 슬픔이 '새야 새야 녹두새야'라는 민요 선율로 절절하게 표출된다. 앞서 a부분이 남성 성부로만 진행된 것과 달리, 이 부분에서는 소프라노 5~7명이 슬픈 정조를 강조하며 민속적 어조로 노래한다. 이렇듯 A구조(세 부분)는 반복되지만 완벽히 똑같지는 않다. 두 번째 반복인 a′에서는 낭송음이 D에서 E로 오르고, b′는 C♯ 대신 D♯으로 시작하는 등, 같은 음정적 틀에서 미묘한 변화가 일어난다. c′ 역시 반음 올라간 각각의 선율로 펼쳐진다. 세 번째 반복인 A″에서도 전체 구조와 리듬, 선율은 기본적으로 유지되며, 마지막 c″에서는 하프의 아르페지오 반주 위에 성부들이 캐논(돌림노래) 형식으로 민요를 교차하며 이어간다. 이때 각 파트가 서로 다른 가사와 선율을 대위법적으로 주고받는데, 이는 마치 농악대의 신명나지만 어디엔가 애잔함이 스며든 '놀음'을 연상시킨다.

요컨대 〈썩은 허수아비〉는 동학농민혁명이라는 역사적 비극을 음악적으로 추상화하면서 민요와 서양 음악기법, 레치타티보와 캐논, 음색의 대조와 반복 등 다층적 수사로 민중의 절망과 부활을 극적으로 담아낸다. 동시에 절제된 구조와 자유로운 진행, 전통과 현대, 동·서양 어법의 융합은 곡 전체에 깊이와 생동감을 부여한다. 〈썩은 허수아비〉에서 잘 알 수 있듯이 이건용의 〈들의 노래〉는 단순한 혼성합창곡이 아니라, 구조와 형식·음향·정서의 모든 층위에서 한국적인 집단 서사의 정점을 보여주는 칸타타의 정수라고 할 수 있다.

[연주영상 보기]

혼성합창과 대규모 오케스트라를 위한 〈들의 노래〉 시작 부분

음악과 사회: 비판과 소통의 장場

2025년 07월 02일 오후 4시
한국예술종합학교 314호

장유라: 음악미학연구회에서 선생님에 대한 연구를 오희숙 선생님(2019)과 이민희 선생님(2021)이 하셨고, 지난달에는 선생님에 대한 논문 두 편이 한독음악회에서 발표되었습니다. 그럼에도 이번에 '음악과 사회'를 주제로 하여 선생님의 〈들의 노래〉를 다시 하게 되었습니다. 인터뷰에 응해주셔서 대단히 감사합니다. 동학혁명 100주년 기념으로 작곡된 합창 칸타타 〈들의 노래〉를 작곡하기 위해 천도교(동학의 종교) 교당을 답사하였고, 동학혁명의 현장인 만경평야를 직접 다녀오셨다고 했는데, 생생한 체험과 음악이 만들어지는 과정이 얼마나 즈접적인 연관이 있는지 궁금합니다. 선생님께서는 어릴 적 슈베르트를 들으며 세상 여행을 많이 하셨다고 말씀하신 것도 생각이 납니다.

- 이건용: 이 곡은 답사 덕을 많이 보았습니다. 김제의 평야에 가서 보면 백산이라는 100m가 채 안되는 산이 있어요. 왜 거기서 봉화불을 피웠는지 알 수 있습니다. 그야말로 사방 어디에서도 그 산을 볼 수가 있어요. 5-6층가량 되는 건물 높이인데 당시의 상황이 상상이 되는 경험을 했습니다. 농민군들이 농악을 앞세우고 나아간 것을 충분히 상상해 볼 수 있었습니다.

100주년 기념 전람회에 '봉화가 타오르기 시작하는 백산'을 그린 그림이 있었습니다. '탄다 타오른다'는 거기에서 영향을 받아 작곡되었습니다.

장유라: 선생님의 저서 『나의 음악을 지켜보는 얼굴들』에서 "우리나라 야산을 바라보면서 우리의 미감각의 많은 부분이 저 산을 바라보면서 자랐다고 느낀다. 산이 그리는 곡선과 앞 뒷산이 겹쳐지면서 보여주는 농담, 들판과 산과 하늘과 강물이 우리 시야에서 차지하는 비례 등등은 그대로 선율의 굴곡과 조이고 풀음의 강도와 전체적인 비율…"을 보고 선생님께서 직접 산을 오르시는 분이 아닐까 궁금했습니다. 실제로 산을 주제로 한 작품이 있는지도 궁금합니다.

- 이건용: 예전에는 많이 다녔지요. 지금은 무릎이 좋지 않아 예전처럼 다니지는 못합니다. 산을 주제로 한 작품으로 발표하지 않은 습작이 있어요. 대학원 시절 합창곡을 썼습니다. 국악관현악과 합창을 위한 〈청산별곡〉이 있고요. 기악곡으로 〈산곡〉이 있습니다.

장유라: 그렇군요. 기회가 되면 들어보고 싶네요. 제4회 작곡가의 소리 인터뷰에서 선생님의 화두가 'How'와 'What'이라고 하셨는데, 가장 인상적인 부분은 '무엇을 위해 쓸건가?' '음악을 가지고 무엇을 할건가?'라는 문제를 '생각해도', '생각 안 하려고 해도' 논리가 필요하다고 하신 부분입니다. 80년대를 말씀하신 것으로 생각하는데, 그 당시는 '쉬운 음악, 전통음악, 현실에 대한 발언'

이 중요하다고 하셨어요. 현재 선생님께서는 어떤 입장이신지 궁금합니다.

- 이건용: 그 시대에 '창작'이라는 것은 그냥 추종만 하는 것이었어요. 창작음악에서는 늘 '새로움'이 있어야 한다는 경향이 지배적이었습니다. 그래서 '제3세대'라는 모임이 만들어졌고요. 캐치프레이즈가 '자생적 음악문화를 만들자'였습니다. 그래서 더 쉬운음악, 전통음악, 현실을 반영한 음악을 추구하고자 했습니다. 달리 말하자면 '시대가 질문을 던진 것'이라 할 수 있지요. '어떻게'만 이야기하면 공허해요. '무엇을 해야하는가'에 집중했던 시기입니다.

장유라: 그렇군요. 작곡가에 대해 말씀하시면서 작곡가를 '누룩'에 비유하신 부분도 있어요. 작곡가의 작품에 '자유'의 힘이 있어야 한다고 하셨습니다. 저는 그것에 대한 실천으로 '세종카메라타'가 있었고, '제3세대'가 있었다고 생각합니다. 그리고 이제는 '도전에서 스밈으로' 변해간다고 하셨습니다. 완결된 작품보다는 지속적인 '자유와 사랑의 실천'을 하고 계시는 것으로 여겨집니다. 이러한 실천에 더 이상 민족음악에 대한 것이 없는지 궁금합니다. 함께 민족음악에 대해 연구하신 노동은 선생님과의 주고받은 영향력에서 민족음악에 대한 담론을 저서로도 내셨는데, "더 이상 민족주의가 유효하지 않은" 이유가 궁금합니다. 노동은 선생님이 주력하셨던 남북한 화합의 길은 이제 요원한 것일까요?

- 이건용: '자유'가 뭘까요? 어떠한 시대가 있다면, 그 시대 안에서 자신의 존재를 느끼고 자기가 해야할 바를 아는 것이 '자유'가 아닐까요? 설총과 원효가 나누었던 대화가 여기에 적절한 비유가 되겠네요. 출가한 아들 설총이 아버지 원효에게 묻습니다. "깨달음에 이르기 위해서는 어떻게 수행해야 합니까?" 원효가 답하기를 "선을 행하지 말라" 설총이 다시 묻기를 "그럼 악을 행하라는 말씀입니까?" 그러자 원효는 "선도 행하지 말라 했는데, 어찌 악을 논하느냐?" 인위적인 선행이나 악행을 모두 내려놓고 본래의 마음에 따라 살아가라는 이 말씀이 중요합니다. 저는 김대중 전 대통령의 남북한 문제의 해결 방식을 존중합니다. 서로 우선 소통하고 화해, 협력, 공존으로 나아가는 방식을 말합니다.

장유라: 네, 잘 이해가 되네요. 선생님께서는 내용이 형식에 영향을 준다고 하셨고, 진정한 '절대음악은 많지 않다'라고 하셨습니다. 선생님께서는 '내용주의자'라고도 하셨는데...

- 이건용: 맞습니다. 저는 스스로 주문생산자라고 생각합니다. 위촉이 많은데, 무얼 하려고 하는가에 따라 형식이 달라집니다. 누가 듣는가도 매우 중요하고요, 어디서 연주되고, 연주자가 누구인지도 중요합니다. 교회축성 100주년 위촉을 받았어요. 장소가 주는 분위기도 생각하지 않을 수 없어요.

장유라: 내용과 형식의 문제를 명쾌하게 답해주셨습니다. 선생님께서는 시인들의 입을 빌어(시편, 황지우, 고정희 문익환 등등) 형언할 수 없는 것들을 노래로 만드신다고 하셨습니다. 특히 『나의 음

악을 지켜보는 얼굴들』 부록에 자작시 노래 '하루를 살아도 당신과 함께'를 인상 깊게 들었습니다. '형언할 수 없는 것들'에 대한 이야기가 나와서 여쭙겠습니다. 현재 음악미학연구회에서 하는 일이 창작음악에 대한 비평과 해석입니다. 음악을 형언, 즉 말로 하는 일인데, 음악을 말로 하는 일에 대해 어떻게 생각하시는지 궁금합니다.

- 이건용: 번역에 대해 생각해 보면, 선택된 단어가 '체험'을 담고 있음을 알 수 있습니다. 파더(Father)와 아버지는 상당히 다른 어감입니다. 말로 안 되는 구수히 많은 것이 우리를 구성합니다. 음악학은 이러한 것들을 '말'로 하는 학문이니까 말을 해야죠. 즉 말을 통해 말을 넘어서는 것입니다. 음악학이 그동안 많은 일을 했지만, 앞으로도 작곡가들과의 협업을 통해 상생하는 방향으로 나아가기를 원합니다.

장유라: 선생님의 『현대음악 강의』를 정말 재미있게 읽었습니다. 어떻게 그리도 쉽게 설명하시는지 감탄을 안 할 스가 없었습니다. 특히 '경험세계를 넓혀주는 새로운 음질서의 탐구'에서 실험실 이야기가 귀에 쏙 들어왔습니다. 여기에서 저는 해석학자 딜타이를 떠올렸습니다. 과거 현재 미래를 잘 설명하고 있기 때문입니다. 또한 선생님께서는 작곡가들의 삶을 딜타이가 강조하는 해석학적 순환의 관점에서 이해하시는 것을 알 수 있었습니다. 궁금한 점은 쇤베르크 음악, 즉 12음 기법이나 음렬음악에서는 음악 자신이 음악을 몰아가는 특징은 없는가요?

- 이건용: 약하기는 하지만 작동은 하지요. 대화의 모티브가 대화를 인도하듯이, 또는 아침에 떠오른 생각이 하나의 모티브가 되듯이, 존중할 만한 사람과의 얘기가 자신에게 영향을 주듯이… 공통관습시대의 언어가 없어졌기에 공유하는 것은 약하겠지만, 쇤베르크가 근대주의의 형식미학을 갖는 것은 분명합니다. 특히 그의 초기작은 스스로 음악을 몰아가는 특징이 있다고 생각해요.

장유라: 마지막으로 AI가 어떻게 음악계에 영향을 끼치게 될지 선생님의 의견을 듣고 싶습니다.

- 이건용: '나'는 독립적인 존재라기보다는 만물과 조화롭게 어우러진 존재이고 개별적이고 고정된 '나'가 아니라 무한한 가능성을 가진 변화무쌍한 장(場)에 속한 '나'라고 생각합니다. 이는 중국의 노자 사상이기도 합니다. 많은 정보를 가지고 살아가는 것이 그리 중요하다고 생각지 않습니다. 미지의 것, 다가갈 수 없는 스피리추얼(spiritual)한 것, 신비의 영역이 나를 구성하는 매우 소중한 것입니다. AI를 활용한 음악을 발전시키는 데 동참하고 싶은 마음은 없습니다.

장유라: 긴 시간 인터뷰에 응해 주셔서 진심으로 감사합니다.

작곡가 **정태봉**

정태봉
인성과 피아노를 위한 〈노래ㅅ길 II〉

글 · **지형주**

정태봉(1952-)은 '정신성'의 바탕 위에 이성과 감성의 조화를 추구하며, 기독교 신앙과 동서양 철학으로 습득된 보편적 이상을 작품에 담아내는데 주력한다. 그는 서울대학교 음악대학 작곡과와 동대학원을 졸업하고, 독일 칼스루에 국립음대에서 최고과정(Konzertexamen)을 졸업하였다. 교육자로서 단국대학교 교수, 서울대학교 교수 및 음악대학장을 거쳐 서울대학교 명예교수를 역임하며 많은 제자들을 길러냈다. 1987년 칼스루에 현대음악제 입선을 비롯해, 1999년 대한민국작곡상 실내악 부문, 2002년 대한민국작곡상 최우수상 등 다수의 수상 경력이 있으며, 범음악제 운영위원장, 미래악회 회장, 예술의 전당 조직위원 등의 활동을 통해 한국 창작계의 발전에 이바지한 바가 크다.

천(天): 하늘의 노래, 우주의 음악

정태봉의 음악에서 '정신성'은 창작의 근간을 이룬다. 그의 작품들은 많은 경우 어떻게 지성적 배경하에 감성적 작품으로 탄생하게 되었는가 밝혀지며 더욱 공감을 얻는다. 그러한 음악이 궁극적으로 지향하는 것은 하늘의 노래이고, 우주의 음악이다. 개인적 신앙에 바탕을 둔 기독교적인 삼위일체론이나 하늘과 땅과 사람을 우주의 근원으로 보는 삼재론(三才論)은 물리적 현상으로 형상화되지만, 이러한 과정을 거쳐 탄생하는 그의 음악은 작곡가가 꿈꾸는 탈지상주의의 보편적 이상으로 청자를 이끈다.

지(地): 작곡의 여정, 수도자의 길

창작은 무수한 가능성의 길들이 만나 하나의 작품에 이르는 여정이다. '길'은 정태봉에게 성경적 광야길, 인생길, 나그네길을 상징한다. 정태봉의 작품은 유난히 길 시리즈가 많다. 젊었을 때는 장르에 따라 성악음악은 〈노래ㅅ 길〉 시리즈로, 기악음악은 〈소리ㅅ 길〉 시리즈로 분류하였다.

고희(古稀)에 이른 그에게 편성의 의미는 점차 사라진다. 이제는 노래나 소리, 모두 음악이라는 본질에 자연스레 녹아드는 중용의 도에 근접했기 때문이다. 꽤 오랫동안 매진하던 논리적이고 체계적인 사상체계의 의도적 접근도 이론적 배경으로 분석되기보다 작품에 조화롭게 어우러지는 과정으로서 자리 잡는다. 창작은 작곡의 여정이 무수히 쌓여온 그에게 하나의 수도자의 길이 되었다.

인(人): 예술가는 사회적 존재이다

아리스토텔레스가 인간이 사회적 동물이라는 사실을 천명한 이래 역사적으로 많은 이들이 그것을 증명해왔다. 현대에 이르러 음악과 사회는 불가분의 관계를 맺으며 작곡가들은 작품에 그들의 시선을 담아내었다. 정태봉의 작품에도 사회적 시각은 중요한 이슈이다. 어려서 4.19와

5.16과 같은 정치적 변화를 몸소 겪으며 지성인으로 살아온 그가 작곡가로 입문하며 사회적 자각을 외면했을리 없다.

처음 사회적 아픔이 작품으로 나타난 것은 인성과 두 대의 플루트, 피아노를 위한 〈하놀소리〉(1987)이다. 1980년대의 암울한 한국 정치사를 바라보는 작곡가의 심정이 담겨있다. 제5공화국이 출범되었지만 권위주의적 통치 체제하에 민주화 운동이 격렬해졌다. 독일 유학 초기 이국 땅에서 고국을 향한 마음은 더욱 안타까웠을 것이며, 작곡가는 사건의 해결이 하늘에 달렸다는 생각에 빠져있었다. '하늘의 소리'라는 뜻의 훈민정음식 표제를 가진 이 곡은 제목이 가지는 네 가지 모음 'ㅏ, ·, ㅗ, ㅣ'로 노래를 이끌어간다. 이 곡이 초연되던 1987년은 민주화 운동이 시민과 학생 운동으로까지 확산되면서 개헌과 함께 새로운 정부를 탄생시키는 격변을 겪는 한 해였다. 실제 이때의 사건은 인성과 피아노를 위한 〈노래ㅅ길 II〉(1989)를 작곡하는 계기가 된다. 〈하놀소리〉가 한국의 암울한 80년대를 배경으로 하였다면, 〈노래ㅅ길 II〉은 6월 항쟁의 도화선이 된 젊은이들의 희생이라는 구체적 사건이 시발점이 된다. 정태봉은 이 작품에서 '너, 바람을 맞서 날아가는 새야!'라는 자작시에 자신의 심경을 토로한다. 보편적이고 옳은 가치관에 대한 저항과 구체화된 사건에 대한 애도이다.

사회적 배경을 갖는 이러한 연작적 성격은 〈진혼 I〉(2003)과 〈진혼 II〉(2014)에서도 나타난다. 전자의 두 작품이 인성이 포함된 실내악이었다면, 후자의 두 작품은 타악기를 중심으로 하는 실내악이다. 〈진혼 I〉은 '타인의 죽음을 향한 초월적 인류애'를 담은 작품이다. 특정한 인물을 전제로 하지는 않았지만, "전쟁 때문에 죄 없이 희생된 사람들"부터 "인류의 참된 평화가 무엇인지를 알고 그것을 구현하기 위해 자신을 희생한 사람들", "한 많은 삶을 살다가 이 세상을 떠난 사람들"까지 타인의 보편적 죽음에 대한 애도를 노래한다. 〈진혼 II〉는 세월호 사건이라는 대참사의 충격과 비극을 표현한 작품이다. 당시 한국인이라면 누구나 참담한 심정이 되었던 것을, 작곡가는 비통하고 경건하게 작품을 써 내려갔다. 곡의 흐름에서는 무거움, 비통함, 호소, 진지함, 격렬함, 경건함이 면면히 흐르고 있다.

사회적이고 정치적인 구체적 사건을 통해 나타나는 정태봉의 일련의 작품들은 그의 마음 중심에 자리 잡은 인간에 대한 사랑에서 기인한다. 작품에 드러나는 갈등, 슬픔, 분노 등 파괴적 감정도 결국에는 사랑을 부각시키는 도구가 되어야 한다는 것은 작곡가 정태봉의 보편적 이상과 맞닿아 있다.

인성과 피아노를 위한 〈노래ㅅ길 Ⅱ〉
(Noraegil Ⅱ für Singstimme und Klavier, 1989)

삼재론으로 표출되는 시대적 애가(哀歌)

한국의 근대사는 정치적 혼란의 연속이었다. 1980년대 민주화 운동이 대학가에 확산되면서 청년들은 정의를 위해 그들의 젊음을 불태웠다. 그 와중에 S대의 박종철은 고문치사 사건으로, Y대의 이한열은 최류탄에 피격되어 1987년 같은 해에 사망하게 된다. 작곡가 정태봉은 독일 유학 중 이 소식을 접하고 자신의 작품에 시대의 아픔을 실었다.

〈노래ㅅ길 Ⅱ〉는 1989년 1월 25일 칼스루에에서 초연되었다. 정태봉은 고국의 참담한 정치사를 바라보는 자신의 갈등을 자작시 "너, 바람을 맞서 날아가는 새야!"에 담았으며, 이는 인성과 피아노로 약 11분가량 연주된다. 서사적이면서도 연극적이기도 한 이 시는 판소리 형태로 불리며, 타악기 효과가 강한 피아노가 고수 역할을 맡고 있다. 곡의 구성은 독백하는 아니리, 짧은 경과구적 도습, 본격적으로 노래하는 소리, 그리고 에필로그의 4부로 이루어져 있다.

'아니리'는 피아노가 낮은 음역에서 촘촘하고 조용한 화음으로 시작된다. 그 여운 위에 모노로그로 "나는 그 새가 무엇 때문에 바람을 맞서 날아가려 했는지 그 이유를 모른다"가 읊어진다. 피아노 화음의 여운 위에 가사가 읊조려지는 방식이 정적으로 열 한 번 반복되며 폭풍전야의 긴장감을 야기시킨다. '도습'은 피아노의 음역과 다이나믹의 변화와 함께 분위기를 전환한다. "그리고 그 때 잠시 노래하고 싶다는 생각을 했는데"라는 짧은 문구가 본격적인 노래 부분을 예고한다. '소리'는 아니리와 대조적으로 절규하듯 불려진다. "바람을 맞서 나는 새"의 고단한 몸짓에 대한 공감이 타국에서 한 유학생의 심정에 꽂혔으며, 고국에서 정치적 희생양이 된 젊은 영혼들에 대한 아픔을 하늘의 천심이 달래주기를 바라고 있다. 외침은 중반을 넘어가며 『반야심경』(般若心經)의 불교 철학을 노래한다. 중저음역의 규칙적 피아노에 맞추어 "색즉시공 공즉시색"의 염불을 외듯 하다 "찰라"(刹那)와 "억겁"(億劫)으로 현생의 허무를 내생의 영원으로 이끌고자 한다. '에필로그'는 아니리 식의 독백으로 마무리된다. 피아노의 거친 타격도 인성의 높은 소리도 사라진다. 시작 부분의 분위기에서 "나는 새를 본다 바람을 본다 그리고 잠시 억겁을 본다"가 피아노의 장단에 맞추어 조용히 그리고 느리게 읊어진다.

〈노래ㅅ길 Ⅱ〉에는 당시 작곡가가 몰두하고 있던 '삼재론'이 반영되어 있다. 『주역』(周易)의 근간을 이루는 삼재론은 우주의 존재성을 공간적 관점에서 규정한 것으로, 그 존재 원리를 천(天)·지(地)·인(人)의 세 가지 개념으로 정의한다. 삼재론이란 인간을 중심으로 신성의 의미를 가진 하늘과 물리적 속성을 가진 땅과 화합하고 통일하여, '조화'를 이루는 사상을 말한다.

삼재론은 첫째, 시어의 관계에서 발견된다. "새"와 "바람"과 "나"는 각각 하늘과 땅과 사람을 상징한다. '아니리'에서 이들은 모르는 관계에서 시작하여 나는 바람을 맞는 새를 보았다는 객관적 사실을 서술한다. 그러나 '소리'에서 이들은 아는 관계로 맺어져 결국은 '하나'라는 삼재론의 사고에 부합한다. 삼재론은 둘째, 자작시의 전체 구조에서도 찾아볼 수 있다. 34행의 시는 대칭형으로 이루어져 있다. 17행까지는 새와 사람과 하늘이 각각이고 민심과 천심도 별개이지만, 18행 이후의 후반부에서는 바람과 새가 하나가 되며, 하늘과 사람이 일치하고 천심과 민심이 동일하다는 변화를 이루면서 전반부의 이원론을 일원론적 합일로 이끌고 있다. 삼재론은 셋째, 음악적으로 '정태봉화음'에서 나타난다. 작곡가는 자신만의 독특한 4음화음 체계에서 d와 g음에 땅과 하늘의 의미를 부여한다. 도습 부분의 중심음 d와 g 역시 땅과 하늘을 상징하며, 여기에 e♭과 a♭이 부가되어 주체적이면서도 유동적인 사람을 의미한다.

두 젊은 열사의 정치적 희생은 역사의식이 투철한 작곡가 정태봉에 의해 시대적 애가로 탄생하였다. 이국에서 고국의 아픔을 바라보는 작곡가는 한 마리의 새에 자신을 투영한다. 연약하나 포기를 모르고 끊임없이 맞서는 존재로 동시대를 지켜보고 있음을 표명하고 있다. 시대의 안타까움은 삼재론의 조화에 맡긴다. 창작가의 길은 선지자나 수도자의 길과 같다는 것이 작곡가 정태봉의 삶의 자세이다. 투쟁의 선봉에 서지는 않았지만, '도(道)'를 깨우치며 수행하고 묵묵히 그 길(道)을 가는 작곡가의 입장에서 그들을 애도하고 있다.

[연주영상 보기]

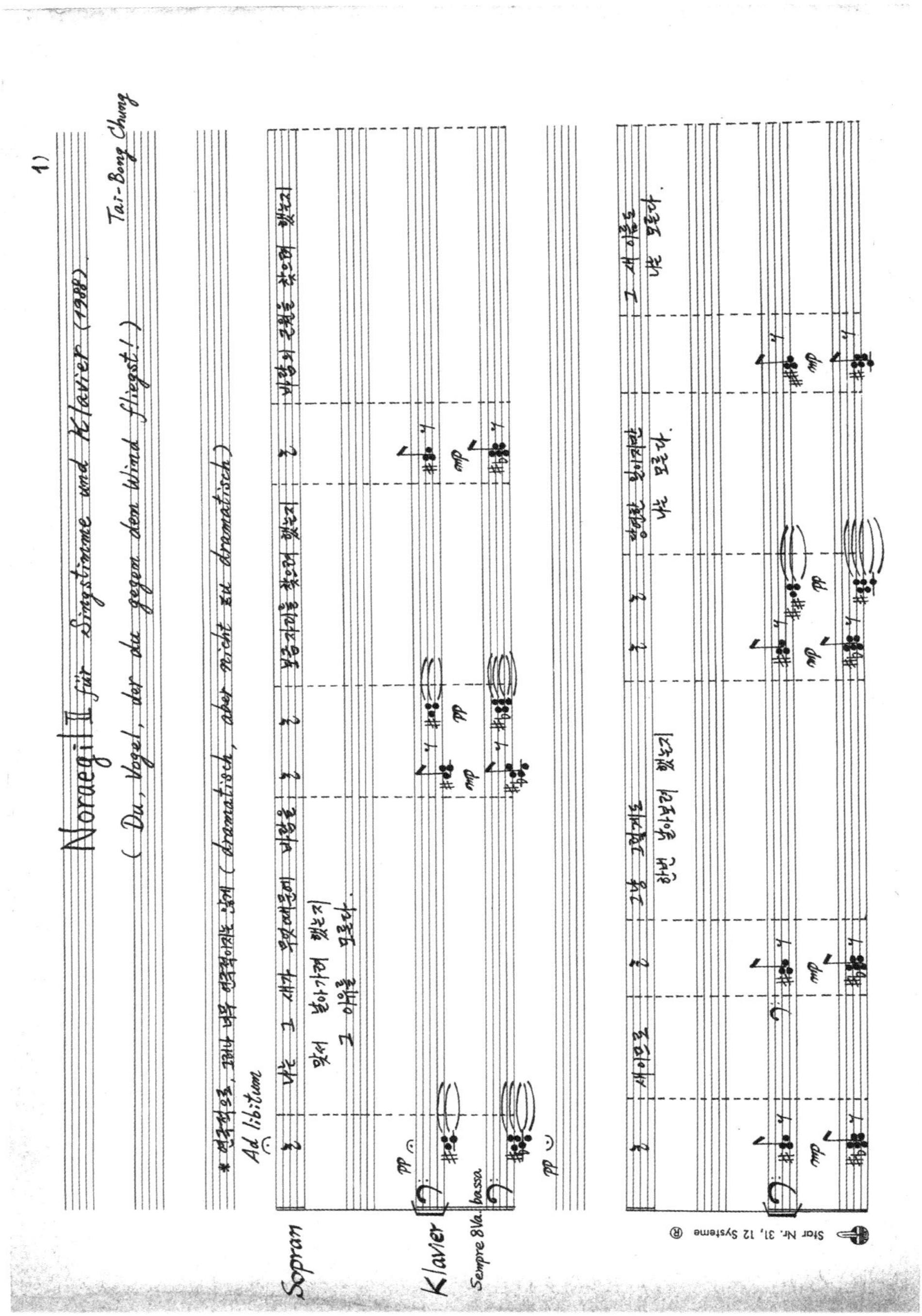
1)
Noraegi II für Singstimme und Klavier (1988)
(Du, Vogel, der du gegen den Wind fliegst!)
Tai-Bong Chung
(dramatisch, aber nicht zu dramatisch)
Ad libitum
Sopran
Klavier
Sempre 8va bassa
pp
Star Nr. 31, 12 Systeme

지형주: 〈노래ㅅ길 II〉는 박종철, 이한열 열사의 사건을 계기로 작곡되었는데요, 당시 한국의 정치사를 바라보는 심정은 어땠나요?

- 정태봉: 참담한 심정이었지요. 유학으로 남의 나라 독일에 거주하고 있었기 때문에 당시 고국에서 벌어지고 있던 정치적 상황이 더 안타까웠을지 모릅니다. 이 사건들과 아울러 역사를 주관하는 주체에 관한 이야기를 음악적으로 하고 싶다는 제 내면의 의지가 어우러지면서 '너 바람을 맞서 나는 새야'라는 글이 나왔고 곧바로 〈노래ㅅ길 II〉가 만들어졌지요. 귀국하고 수년이 지난 후 고향 진주의 차(茶) 동호회 잡지에 이 글을 소개할 기회가 있었는데, 이때 "나가 있으면서도 나는 우리나라를 향해 눈과 귀를 크게 열고 있었고 또 참 많은 생각을 했었다"(「화백다론(和白茶論)」,1995/4호)라며 회고하기도 했습니다. 나는 그때 예술은 물론 역사, 종교, 동양과 서양의 사상 그리고 신념이나 현실 등의 문제에 깊이 몰두하고 있었습니다.

지형주: 〈노래ㅅ길 II〉 초연 2년 전, 1987년에 칼스루에서 〈하눌소리〉를 발표하셨습니다. 두 작품이 내용적인 연관성이 있지요?

- 정태봉: 그렇습니다. 〈노래ㅅ길 II〉에서나 〈하눌소리〉에서나 역사의 진정한 주관자는 과연 누구인가라는 질문이 핵심입니다. 〈노래ㅅ길 II〉는 진정한 주관자의 의지 즉 천심은 어떤 모습으로 발현되는 것인가 하는 물음과 그 답이라 할 수 있지요. 그리고 〈하눌소리〉는 역사를 지배하는 궁극적 존재가 결국 하늘이라면 그 하늘과 사람은 도대체 어떤 관계인가 하는 물음과 답이지요. 공감을 넘어 공진(共振)하다가 이윽고 합일(合一)에 이른다고나 할까요? 1980년대 한국의 상황을 지켜보며, 저는 이 민심은 천심의 발현이 분명하다는 생각을 하고 있었습니다.

지형주: 음악과 사회라는 연결은 현대에 와서 더욱 구체화 되었습니다. 선생님의 경우, 작곡가로서 역사의식이나 사회의식은 어떻습니까? 작곡가와 사회는 어떤 관계에 놓여야 한다고 보십니까?

- 정태봉: 작곡가가 자신이 발을 딛고 있는 삶의 현장을 살펴보고, 자신의 역사적 혹은 사회적 의식이 반영된 시각으로 파악한 문제점을 주제로 하여 작곡하는 일, 그것은 새삼스러운 일도 아니고 부자연스러운 일은 더더욱 아닙니다. 저는 한국 전쟁의 후유증을 심하게 앓고 있던 우리나라의 현실을 보며 어린 시절을 보냈습니다. 또 4.19와 5.16 같은 혁명적 상황까지 봤습니다. 제 의식의 바탕에는, 선하고 간절한 민심이 결국 하늘을 울리고, 비록 땅의 일일지라도 마침내 하늘의 일처럼 이루어진다는 믿음이 자리잡기 시작했습니다. '순리'(順理)라는 것인데,

지극히 자연적이기도 하고 또 보편적이기도 한 것이지요. 초월적 인류애를 담은 〈진혼 I〉이나 세월호 참사를 다룬 〈진혼 II〉도 바로 그런 맥락에서의 의식이 반영된 제 음악입니다.

지형주: 주요 작품 목록을 살펴보면 교향시 9편을 비롯하여 한국의 역사 혹은 한국의 자연을 담고있는 작품들이 많습니다. 소재나 주제의 선택은 어떻게 이루어지나요?
- 정태봉: 어느 땅에 발을 딛고 있느냐 혹은 무슨 생각에 젖어 있느냐에 따라 달라집니다. 한국의 역사나 자연을 담고 있는 작품이 많다는 것은 제가 우리나라에 있을 때 쓴 작품이 많았다는 뜻입니다. 즉 역사나 자연을 통해 우주를 보는 일이 우리나라 땅에서 이루어졌다는 것이지요.

지형주: 한국적 주제 혹은 소재를 택했을 때 '한국적 소리'에 대한 고민이 있으시지요? 음악적 정체성에 대한 입장은요? 음악적으로는 상호문화성 미학으로 귀결된다고 볼 수 있을까요?
- 정태봉: 서양 현대음악 기법의 극복, 한국적 소리 또는 정체성, 이런 화두(話頭)에 몰두하던 때가 제게도 분명 있었습니다. 정체성 확립을 위한 몸부림이었지요. 저는 제 내면 어딘가에서 솟아날 준비를 갖추고 있을 제 음악의 근원, 그것을 찾아내는 일에 정신을 집중했고, 목표를 달성하는 데에 그리 오랜 시간이 걸리지는 않았습니다. 정체성을 이미 확립한 작곡가의 음악을 놓고 한국음악적이냐 혹은 서양음악 적이냐를 따지는 것, 무슨 의미가 있을까요. 이미 그런 과정을 극복하며 형성된 것인데. 아, 그렇군요. 상호문화성 미학으로 잘 설명되는 문제겠군요.

지형주: 선생님의 화성 체계는 '정태봉화음'이라고 명명되듯이 독특한 음악어법이 있더군요?
- 정태봉: 정체성이라는 문제의 일환이겠지만, 작품 활동을 하면서 제 작품세계의 효율적 표현을 위한 체계적 방법의 필요성을 느꼈지요. 그중 화성에 관한 것이 그것입니다. 저는 제가 천착하던 사상인 삼위일체론, 삼재론, 연기론 등과 연관시켜 화음과 화성에 관한 체계를 고안하여 사용했습니다. 2016년 제자인 유영지가 "정태봉의 가곡에 나타나는 그의 화성어법에 관한 고찰"이라는 석사논문을 쓰면서, 그 화음에 '정태봉화음'이란 이름을 붙였지요.

지형주: 선생님의 작품 세계에서 종교적이고 철학적인 면을 간과할 수가 없습니다. 기독교 뿐 아니라, 불교, 도교, 유교 등에 심취하였고, 예를 들어 삼재론과 같이 음악적으로 구현되기도 했습니다. 음악의 본질은 '정신적 내면성'이라고 말한 헤겔을 연상시키는데요, 실제 모든 작품에서 이러한 철학적 사상적 배경을 배제할 수는 없는 것이겠죠?
- 정태봉: 저는 경상남도와 북도의 여러 곳을 옮겨 살며 어린 시절을 보냈습니다. 그러구러 형성된 성격 때문으로, 또래들과 어울리기를 싫어하지는 않았지만 책을 읽거나 곰곰이 생각에

잠기는 것을 더 좋아하는 유년, 소년, 청년으로 자랐지요. 마구잡이 독서라 할 수밖에 없지만, 기초적인 수준에서 출발 점차 심화되어 갔지요. 예술의 실체를 접하기도 전에 그것의 본질과 가치를 먼저 생각하게 되었고, 결국은 작곡가의 길로 들어서게 되었지요. 음악의 본질에 대한 헤겔의 생각에는 일찍이 공감하고 있었습니다. 그렇습니다. 제 창작의 방법론과 대부분의 작품들은 철학적이거나 사상적인 기초 위에서 있습니다. 제가 영향을 받은 것이건, 영향과는 서로 무관하게 형성된 다음 나중에 공감대를 이룬 것이건 대부분 그러합니다.

지형주: 이상적인 음악가로 J.S. 바흐를 꼽으면서 그가 이성과 감성을 절묘하게 조화시킨다고 하셨습니다. 바흐가 기독교인이고 그의 정신성이 담긴 교회음악이 걸작이긴 하지만, 그도 역시 소리 자체에 더 천착한 것은 아닐지요? '절묘하다'는 것이 수수께끼이긴 합니다.

- 정태봉: 흥미로운 이야기입니다. 바흐가 위대한 것은, 당시의 온갖 음악을 용광로에 들이붓고는 전혀 새로운 음악을 뽑아냈다는 점입니다. 그리고 감정적으로는 둑이 무너지려나 할 때 막고, 이제 가라앉으려나 할 때 다시 끌어올리는 어떤 절묘한 힘이 그의 음악 속에 내재되어 있습니다. 절묘하게 균형 잡힌 음악이 그의 내면에 이미 존재하고 있었고, 그것을 태산 같은 바위에 구덩을 뚫는 노력과 식을 줄 모르는 열정으로 끄집어냈다는 점, 바로 바흐의 위대함의 실체입니다. 저는 이성적인 작업을 통하여 감성을 통제하고 중용의 도를 실현시키려 애를 썼습니다. 그런데 언제부터인가 크게 애쓰려 하지 않게 되었습니다. 애만 쓴다고 이루어지는 것이 아니기 때문입니다. 제 내면에 있는 중용의 도를 끄집어내야지요.

지형주: 아하, 작곡가로 외길 인생 걸으면서 수용하고 초월하니 도(道)의 경지에 이르신 건 아닌가요? 마지막으로 한국의 젊은 작곡가들에게 하고 싶은 이야기가 있다면 말씀해 주세요.

- 정태봉: 과찬입니다. 그건 그렇고, 작곡가에게 '상상력'은 매우 중요한 것입니다. 작곡 동기를 찾는 과정에서나 그것을 구체화하는 과정에서나 상상력은 참 중요하게 작용합니다. 이론적이고 조직적 작업이 필요한 부분에서도 상상력은 살아 있어야 한다고 봅니다. 그리고 '자유로운 사고' 혹은 '열린 마음'을 지니는 일이 중요한 것 같습니다. 내가 아닌 타자의 안목과 시각을 존중할 필요가 있다는 뜻이지요. 한 가지 덧붙이자면, 우리 세대의 작곡가가 우리 세대의 음악을 쓰는 일이나 차세대 작곡가가 차세대 음악을 쓰는 일, 모두 당연합니다. 지극히 자연스럽습니다. 자신감을 가지고 나아가는 차세대 작곡가들을 응원합니다.

작곡가 **김성기**

Sung-Gee Kim

김 성 기
현악삼중주를 위한 〈골목길〉

글 · 안정순

김성기(1954-)는 서구의 음악 형식과 한국의 정서를 조화롭게 구현해 온 작곡가다. 그는 공동체와 호흡하며 살아가는 작곡가로서, 자신의 삶의 자리에서 마주한 경험과 감정을 음악에 담아낸다. 서울대학교 음악대학과 동 대학원 작곡과를 졸업한 그는 프랑스 정부 초청 장학생으로 선발되어 파리 에콜 노르말 음악원(Ecole Normale de Musique de Paris) 작곡과와 파리 국립고등음악원(CNSM) 푸가과를 졸업했으며, 그곳에서 자크 카스테레드(Jacques Castérède, 1926-2014)와 마르셀 비치(Marcel Bitsch, 1921-2011)를 사사했다. 귀국 후 서울시립대학교 음악학과 교수와 한국예술종합학교 작곡과 교수로 재직하였고, 제1회 예음상과 제1 회 대한민국작곡상을 수상했다. 현재는 350여 편에 이르는 자신의 작품을 틈틈이 다듬고 수정하며 아카이빙 작업에 힘쓰고 있다.

나, 그리고 나를 이루는 공동체

사람 '인(人)'은 혼자서는 살 수 없는, 최소 두 사람 이상이 서로 기대어 살 수밖에 없는 인간 고유의 특성을 담은 글자다. 음악을 좋아한 나머지 작곡가의 길을 걷게 된 김성기는 인생의 전환점마다 자신을 이끌어준 아버지 같은 스승과 음악을 함께 나눈 친구들이 있었다고 말한다. 그에게 음악작품은 완성된 순간에도 고정되는 것이 아니라 작곡가의 삶과 더불어 계속해서 다듬어져야 하는 것이다. 이는 음악이 정적인 오브제가 아니라 공동체와 함께 성장하는 생명체라는 인식과 맥을 같이 한다. 그런 면에서 김성기의 음악은 현대음악의 다양한 사조가 갖는 경직성을 넘어서, 마음의 울림을 담은 음악 언어로 공동체와 정서적 연결을 만들어낸다.

내 안의 서정성을 나의 음악언어로

80년대 국내 음악대학에는 독일과 미국을 중심으로 한 음렬주의와 같은 모더니즘 음악어법이 주류를 이루고 있었다. 그는 30대까지 이러한 현대음악 어법에 관심을 가졌지만, 유감스럽게도 작곡가 자신이 가진 내면의 언어와 본질적으로 맞지 않는다고 느꼈다. 김성기는 틀에 박힌 현대음악 작법에 깊은 회의를 느꼈고, 이것으로는 청중과 소통할 수 없다고 판단했다. 작곡가에게 음악이란 마음에서 나오는 노래다. 그래서 그는 프랑스 유학 시절부터 가까이 있는 음악 동료의 마음에 울림을 줄 수 있는 음악을 만들고자 했다. 프랑스 작곡가들이 사용하는 방법을 따라 우리 고유의 선율에 있는 특징적인 요소를 발췌하여 거기에 서구의 화성적, 대위적 요소를 단단하게 입혔다. 더욱이 한국전쟁 직후에 태어난 그는 서양음악도, 한국음악도 모두 학습을 통해 익혀야 했다. 어느 것 하나 원래 입던 옷처럼 편한 쪽은 없었다. 그럼에도 이 두 세계는 그의 내면을 표현하는 핵심 음악언어로 자리 잡았다.

해외 유학 중에 만난 음악 친구들과의 교류는 작곡가로서 삶을 이어갈 수 있는 동기였다. 예컨대 제1회 예음상을 수상한 피아노 독주를 위한 〈열 두 개의 꿈뜨〉(1985)는 김성기 작곡가의 자화상과 같은 곡이다. 이 곡은 처음에 점묘주의와 일부 서구 현대 작곡법에서 전형적으로 나타나는 방식으로 시작하는데, 그것은 점차적으로 서구적인 음향에서 동양적인 음향으로 점진적으로 전환되어 발전한다. 후반부에 이르러 폭발할 것 같은 타격감은 그의 안에 있는 울분, 즉 내면에 잠재되어 있는 한의 표현이다. 피아노를 위한 〈민요풍의 주제와 8개의 변주곡〉(1987)은 유학 중 만난 재불 피아니스트 김경애(Dominique Kim)에게 헌정된 곡으로, 단순한 민요풍의 주제로 시작해 삽화적인 변주가 자유롭게 전개된다. 작곡가를 이루는 여러 요소들이 결집된 곡인 〈삽화 속에〉(2021)는 국악, 찬송가, 그레고리오 성가가 선율 중첩 기술인 쿼들리벳을 통해 함께 어우러지며, 한국적 정체성과 신앙 고백을 동시에 드러낸다. 이 곡은 민요, 전래 동요, 성가가 파이프오르간과 국악관현악의 음향으로 자연스럽게 혼합되어 진행되며, 지역성과 세계성을 관통하는 작곡가의 음악 언어이자 현대음악의 예시를 보여준다.

공동체의 삶이라는 소서사(小敍事)의 힘

김성기는 '살다 보니 작곡가가 되었고, 주어진 삶에 감사하며 살아간다'라고 담담하게 말한다. 그의 350여 개에 달하는 작품 목록을 살펴보면, 전통적인 작곡동인이나 작곡협회와 같은 공식 조직을 통한 발표는 거의 없다. 대신 그는 일상의 공동체인 교회, 지역 사회, 가족 속에서 살아가며 자연스레 음악을 작곡했으며, 바로 그러한 생활 환경이 그의 음악을 지탱해 온 소서사의 힘이 되었다. 작곡가의 음악 언어를 구성하고 작곡을 이어오게 한 것은 그가 속한 공동체, 즉 친구들과 다양한 음악 단체들로 '화음챔버오케스트라', '음악이 있는 마을', '교회 합창단' 등이다. 먼저 합창 음악이 있는 마을과 교회합창단을 위한 작품으로 〈3월의 바람 속에〉(1991), 〈Te Deum〉(1993), 〈겨울 나무〉(1997) 등과 〈시편19편〉(1999), 〈시편23편〉(1999), 〈시편133편〉(1989)이 있다. 또한 김성기는 2002년 이래 화음챔버오케스트라와 함께 그림이 드러낸 정서를 음악으로 꽃피우려는 구상을 '화음프로젝트'에 담았는데, 이를 통해 발표된 작품이 18개가 넘는다. 갤러리는 단순한 연주 공간을 넘어, 청중과 작곡가, 연주자가 함께 공감하고 교류하는 현장으로, 작곡가는 이곳에서 그림을 통해 지역 공동체의 정서와 기억을 담은 소리가 드러나도록 했다.

생존과 직결된 실존적 문제에 부딪혀 좌절과 수긍 사이를 오갔지만 그때마다 그를 일으켜 세운 건 절대자에 대한 믿음과 더불어 그의 주위를 둘러싼 친구, 음악 동료였다. 그의 음악은 더 이상 작곡가 개인의 표현에 머물지 않고, 그림 속 정서, 신앙적 울림, 그리고 공동체의 삶과 함께 자라나는 예술이다.

현악삼중주를 위한 〈골목길〉
(Golmokgil for String Trio, 2017)

노스탤지어, 민중의 그리움

이 작품은 화음챔버오케스트라가 주관하는 화음프로젝트 페스티벌의 일환으로, 2017년 10월 21일에 초연되었다. 대한민국 근현대 미술계를 대표하는 박수근 화백의 '골목길'을 소재로 하여 작곡된 이 곡은 강원도 양구군에 위치한 박수근 미술관에서 그림과 함께 연주되었다. 작곡가는 박수근의 그림에서 1950~60년대 한국인의 삶이 되살아나는 듯한 인상을 받았다고 말했다. 그림은 한국전쟁 후 도시화가 아직 본격화되지 않은 시기의 전통적인 한옥 골목, 그리고 그 속에서 살아가는 여인과 아이들의 일상적인 모습을 담는다. 이 그림은 화려하지 않지만 인간적이고 정적인 풍경을 담고 있으며, 사회를 고발하거나 과격한 메시지를 전달하기보다는 서민의 삶을 따뜻한 시선으로 바라보는 작가의 시선을 전한다. 작곡가는 그림 속 골목길의 색채와 질감을 현악트리오로 풀어내고, 시간이 멈춘 듯한 이 화폭에 우리의 전래 동요와 장단으로 동적인 생명을 불어넣었다.

〈골목길〉은 크게 세 부분으로 나뉘며 아치형 구조를 띤다. 바이올린, 비올라, 첼로의 현악삼중주가 만들어내는 텍스처는 화폭 속의 화강암 같은 거친 질감을 연상시킨다. 현악트리오는 극명한 대비가 없는 전반적으로 톤의 통일감을 표현하는데 이는 마치 갈색, 회색, 흙빛 계열의 중간톤과 상응한다. 먼저 첫 번째 섹션에서 첼로는 피치카토로 가야금 소리를 떠올리듯 A음에서 시작하여 5도 아래의 D음에서 멈추고, 이어지는 3중주는 전반적으로 G단조의 조성감 위에서 펼쳐진다. 바이올린 성부에서는 아래 방향(E-E-D-C-B♭-C-D-A)을 향하는 선율이 한 번 제시된 후, 위로 향하는 선율(E-E-F-G-F-G-F-E)로 이어지고, 이후 5도 위에서 반복된다. 이러한 선율은 박수근 특유의 서정적 리얼리즘이 김성기의 음악언어로 환원된 것이다. 두 번째 섹션은 우리에게 익숙한 전래 동요 〈달〉의 선율(B-F♯-A-A-F♯)이 바이올린, 비올라, 첼로 성부를 옮겨가며 변주되어 펼쳐진다. 마치 화폭 속 정적인 인물 간의 대화나 놀이가 소리와 시간의 흐름으로 생명력을 갖고 움직이는 듯하다. 세 성부는 주선율과 대위선율을 균형 있게 배분하여 대위적으로 긴밀하게 전개된다. 그렇게 한국의 전래 동요 선율이 서구 음악의 대위법을 토대로 촘촘하게 짜여가는데, 이러한 짜임새는 프랑스 작곡가 포레(Gabriel Fauré, 1845-1924)의 마지막 작품이자 유일한 현악사중주(Op. 121)를 연상케한다. 이후 음악은 16분음표의 삼연타음을 통해 격정적이고 동적으로 진행된다. 시간이 멈춘 듯한 평화로운 풍경 속이지만, 아이러니하게도 음악의 절정은 작곡가의 내적 갈등과 맞닿는 지점으로 작용한다. 마지막 섹션은 처음의 정감있는 풍경으로 돌아가 순환된다. 이처럼 작품은 정적인 서정성과 격정적 갈등 사이를 순환하며, 박수근 화백의 고요한 화면에 감정의 서사를 덧입힌다. 화폭 속의 인물들이 시간이 되자 다시 시간이 멈춘 그림 속으로 들어가듯 마무리된다. 잠시 숨을 멈춘 채 아련한 기억 속에 머무르게 하는 이러한 효과는 우리에게 강한 노스탤지어를 불러일으킨다. 음악이 멈추는 순간, 마음은 흔들리기 시작한다.

서구의 역사에서 작곡가는 거대한 역사적 사건을 다루는 주체적 존재였다. 요즘 시대의 음악은 '나'라는 주체를 철저히 반영하지만, 그만큼 외부와의 소통을 차단한 채 고립될 위험도 안고 있다. 그런데 이 작품이 탄생한 배경에는 화음챔버오케스트라와의 긴밀한 협업이 자리하고 있다. 이 단체는 그림에서 창작의 영감을 받아, 음악을 단순히 들을 거리에 머물게 하지 않고 지역 참여와 공우, 정서적 연결을 통해 공동체 속에서 빚어내는 예술의 장을 열었다. 또한 작곡가는 자신의 음악 언어를 찾아 수많은 시행착오를 겪으며 결국 자신의 정체성을 독립적으로 규정하기보다, 자신을 둘러싼 공동체와의 관계 속에서 조망한다.

세계대전의 강력한 소요 속에서 마지막 태풍의 눈과도 같았던 1950~60년대 한반도의 근대화는 너무나 짧은 시간 안에 급격하고 폭력적으로 진행되었다. 한국전쟁 후 우리 민중의 삶을 단적으로 보여주는 그 시절 골목길은 우리 모두에게 아련히 남아 있는 공동체적 향수이다. 김성기 작곡가는 〈골목길〉에서 민중의 그리움을 시간의 흐름으로 풀어내며 우리라는 공동체가 경험하는 공등의 시간, 공동의 정서인 노스탤지어를 하나의 소서사(小敍事)로 전한다. 그렇게 현악삼중주 〈골목길〉은 미술과 음악의 경계를 넘어 하나의 예술로, 너와 나 그리고 우리라는 공동체에 아련한 그리움을 자아낸다.

[연주영상 보기]

골목길 for string trio

(2017.9.22)

김 성기

안정순: 오래된 신문에서 대학 시절 '작곡을 그만 두고 싶었다'라는 기사를 읽었습니다. 선생님의 학창 시절 음악 경험에 관한 얘기를 듣고 싶습니다.

- 김성기: 대학시절 당시 솔직한 제 심정이었습니다. 저는 한국전쟁 직후인 1954년 강원도 춘천에서 태어났어요. 그때 강원도 춘천 시내에는 피아노가 귀했습니다. 제가 초등학교 6학년 때 누님께서 월급으로 피아노를 빌렸었고, 그러다가 돈이 없으니까 다시 피아노를 빼앗기고 그랬습니다. 피아노를 무척 좋아했던 저는 누님께 피아노를 배웠고 중고등학교 재학 시절 꾸준히 연습해서 서울대 피아노과에 지원했습니다. 피아노과는 떨어졌지만 음악을 너무 좋아하니 작곡과로 그다음 해에 입학했죠. 피아노를 너무 좋아하지만 재능은 별로 없었던 것 같아요. 제가 대학생인 70년대에는 독일에서 공부한 윤이상 선생님 제자들이 많이 활동하던 시기여서 무조음악과 12음기법 같은 음악 언어가 지배적이었는데, 그러한 독일식 음악어법으로는 제 마음을 표현할 수 없었어요. 그도 그럴 것이 저는 어렸을 때부터 고전, 낭만 음악에 젖어있었는데 갑자기 대학 와서 무조음악을 하려니 힘들었던 거죠. 그러한 음악 언어에 적응하

지 못했던 저는 정체성과 표현에 대한 혼란 속에서 20대를 암울하게 보냈습니다.

안정순: 그럼에도 계속 작곡을 하게 된 건 유학생활과 관계가 있을까요?

- 김성기: 네. 이성재 선생님이 제 지도교수였는데, 그분의 추천으로 프랑스로 유학의 기회를 얻었습니다. 그것도 프랑스 정부 장학금을 받으면서요. 유학기간 동안 제가 음악적으로 겪고 있던 고민을 깊이 성찰할 수 있었습니다. 먼저 프랑스 작곡가들이 갖고 있는 소리의 섬세함에 그저 놀랐어요. 예컨대 드뷔시나 라벨이 갖고 있는 음색과 음향은 제가 흉내 낼 수 없었어요. 프랑스 에꼴 노르말 음악원에서 자크 캬스테레드(Jacques Castérède, 1926-2014) 선생님을 사사했는데, 그분은 인격과 음악 모두에서 깊은 감동을 주는 분이었습니다. 제가 그 학교에서 수석으로 졸업을 했습니다(웃음). 그런 뒤 파리 국립고등음악원 푸가과에 입학하여 마르셀 비치(Marcel Bitsch, 1921-2011) 선생님을 만났는데 그분도 정말 대단하신 분이었어요. 그런 분들을 통해서 프랑스 음악이 어떻게 나오게 되었는지 배웠습니다. 그분들이 나의 음악 언어를 찾는 데 도움이 되었죠. 귀국 후 한동안 음악적으로 방향을 잡지 못해 힘든 시간을 보냈습니다. 작곡을 한다는 건 자신의 세계를 음악으로 표현해야 하는데, 이를 위해서는 표현할 수 있는 능력이 있어야 해요. 마치 시인이 쓰는 단어 하나하나가 의미와 연결되는 것처럼요. 작곡도 음 하나하나가 전체적인 문맥, 즉 삶

으로 연결되어야 하는 거죠.

안정순: 선생님 말씀을 듣다보니 '나의 음악 언어'라는 표현을 자주 쓰시는데요. 그 의미에 관해 설명해 주세요.

- 김성기: 음악을 한다거나 작곡을 하기 위해서는 결국 내가 표현할 수 있는 내 언어가 있어야 해요. 그리고 그 언어를 통해 저와 동시대 사람들에게 위로를 줘야 한다고 생각합니다. 프랑스에 처음 갔을 때 걀렁(Noel Gallon)의 〈솔페지〉(Solfèges)를 듣는데 너무 아름다워서 말문이 막혔습니다. 저는 음악을 시와 같다고 생각합니다. 그렇다면 저는 한국 작곡가로서, 일종의 한국 시인이라 할 수 있겠죠. 한국 시인이라면 한국어에 얼마나 민감하게 반응하고, 얼마나 많은 연구를 해야 하겠어요. 거기에 더해 시 안에 삶이 녹아 있듯이, 음악 역시 그래야 한다고 생각합니다. 물론 저는 유럽 음악의 영향을 받았지만, 최소한 우리의 언어와 프랑스의 언어에 대한 감각이 기가 막히게 어우러져서 하나의 혼합된 뭔가가 나와야 하거든요. 우리는 우리 색채를, 프랑스 사람은 그들의 색채를 입힌 거죠.

안정순: 그럼 선생님의 음악 언어가 잘 담긴 작품을 하나 고르라면 어떤 작품을 고르시겠는지, 또 그 이유를 여쭤봐도 될까요?

- 김성기: 피아노 독주를 위한 〈열 두 개의 꽁뜨〉(1985)입니다. 이 곡은 제 자화상 같은 곡입니다. 내 안에 응어리져 있는, 내 안에 박혀 있

는 '한'(恨) 같은 거예요. 프랑스 사람들이 섬세하게 치듯이, 저는 피아노를 타격하여 때리는 그런 기법으로 못 박힌 저의 응어리를 분출한 거예요. 곡의 시작은 서구적인 점묘주의적 어법과 음향에서 출발합니다. 점점 더 진행되면서 마지막에서 이르러 내 안에 한이 나옵니다. 곡의 맨 마지막의 소리가 바로 저 자신이에요. 제가 우는 거죠.

프랑스 유학 중 자신감이 없던 나를 이끌어 준 친구 중 하나가 바로 김경애, 도미니크 김(Dominique Kim)입니다. 당시 이 친구는 파리에서 활동을 하며 19살에 교수가 되었죠. 저와 동갑내기이고 지금도 저와 친구처럼 지내는데 작곡할 동기를 불어넣어 주었습니다. 김경애 씨는 〈열 두 개의 꽁뜨〉에 많이 공감했어요. 비록 악기가 피아노지만 국악기의 한 서린 소리가 묻어 있다고 하더군요. 제가 한국으로 귀국한 후, 당시 국제 전화비가 비쌌는데도 자주 전화를 하며 항상 어떤 작품을 쓰고 있는지 묻고, 작품에 대해 서로 얘기하곤 했어요. 음 하나 하나에 대해 이야기를 나누고 교감하면서 작업을 많이 했습니다.

안정순 : 선생님이 20대의 좌절을 포기하지 않고 계속해서 음악, 혹은 작곡을 계속하게 된 동기는 무엇일까요?

- 김성기: 친구입니다. 저는 학회나 학교 활동보다는 제가 마음이 끌리는 대로 하는 편입니다. 제 발표곡들을 보시면 작곡 동인을 통해 발표된 곡은 거의 없어요. 주로 친구인 연주자, 혹은

단체에서 위촉이 들어와서 쓴 곡들이죠. 합창 음악을 쓴 계기도 '시편 133편'을 읽으면서, 곡을 쓰고 싶다는 마음이 들어서 곡을 썼고, 당시 합창단체에서 여러 번 연주가 됐어요. 또 국립 합창단 지휘자 염진섭의 의뢰로 합창곡을 많이 썼습니다. 저는 신앙인이기 때문에 항상 찬송가를 쓰고자 하는 마음이 있어요. 그 후로 〈시편 131편〉, 〈시편 23편〉, 〈시편 19편〉 등을 비롯하여 요즘도 찬양곡을 쓰고 있습니다. 저는 나의 음악 언어로 우리 교회 교인들이 공감하는 찬양곡을 쓰고 싶어요. 결국 전 제 주변 가까운 지인들과 공감하는 음악을 만들고 싶은 거죠.

안정순: 국악 작품도 만만치 않게 많으시던데 특별한 계기가 있었나요?

- 김성기: 개인적으로 한국 음악가인데 한국 음악을 너무 몰라서 속상합니다. 거문고를 배우려고 했는데 이게 술대로 손가락을 눌러 연주해야 해서 너므 아파 한두 번 시도하다 그만뒀습니다. 군대 생활을 함께했던 친구 김성진 지휘자가 미국에서 지휘를 공부하고 와서 서울시립국악교향악단 지휘자가 되었어요. 그때 저는 서울시립대 교수로 있었을 때인데 당시에 국악을 바탕으로 한 곡을 집중적으로 작곡하게 되었습니다. 그 친구의 소개로 국악계 연주자들과 교류하며 다양한 작업을 경험하게 되었습니다. 지금 생각하니 하나님께서 저에게 필요한 사람을 맺어주신 것 같아요. 피아니스트 김경애, 지휘자 김성진, 화음 박상연, 합창지휘자 염진섭, 그리고 첼리스트 양성원 등이 나의 음악 활동에 도움을 준 친구들이에요.

안정순: 선생님의 작품들을 두루 살피던 중 특이점을 발견했어요. 개작을 할 때 작품 전체를 완전히 손보시는 거예요. 특별한 이유가 있으신가요?

- 김성기: 제가 살아있는 한 작품의 완성은 없는 것 같아요. 저의 정말 솔직한 고백인데요. 많은 작품 가운데, 피아노 독주를 위한 〈열 두 개의 꿈뜨〉(1985), 첼로와 국악 관현악을 위한 〈미제레레〉(2004), 〈시편23편〉(1999), 〈마라나타〉(2023), 〈시간의 흐름〉(2024) 정도는 남길 수 있다고 생각합니다. 그 외의 곡들은 아직 확신이 없습니다. 시간이 지나 다시 들여다보면 늘 부족함을 느끼게 됩니다. 완성은 없다는 생각이 들어요. 〈시간의 흐름〉은 정말 많은 생각 끝에 나온 작품인데요. 끝없이 나의 언어에 대해서 고민한 결과로 나온 곡이죠.

안정순: 지금 계획하시는 활동이 있다면 알려 주세요.

- 김성기: 제가 기대하고 있는 것은, 하나님이 허락해 주신다면 찬양곡, 하나님이 기뻐하시는 곡을 쓰고 싶어요. 저는 일단 해당되는 성경의 한 장을 다 외우고 있습니다. 저의 2-3년 간의 계획이죠. 그리고 다른 게 있다면 악보 정리하고, 친구들이 부탁하는 곡들을 쓰면서 시간을 보내야죠. 그렇게 하나님께 곡 쓰게 해달라고 기도하고 있어요. .

안정순: 시간을 내주셔서 진심으로 감사합니다.

작곡가 **안진**

Jean Ahn

안 진
오보에와 피아노를 위한 〈단발머리〉

글 · **임수진**

안진(1976-)은 한국 민요에서 전자 음향까지 다양한 어법을 넘나들며, 사회 공동체가 즐기고 어우러지는 '장'을 만드는 작곡가이다. 서울대학교에서 백병동 교수의 지도로 작곡과 학사와 석사를 취득하고, 미국 UC 버클리 대학교에서 박사 학위를 받았다. 뿐만 아니라, UC 버클리의 뉴뮤직 앤 테크놀로지 센터(CNMAT)에서 전자음악을 공부하여 한국 전통음악의 요소들을 전자 음향으로 확장하는 작품도 선보인다. 폭넓은 장르를 아우르는 안진은 르네 피셔 콩쿠르와 세종 한국음악 콩쿠르에서 1등을 수상했으며, 호주 여성 작곡가 페스티벌, 뉴욕 전자음악 페스티벌 등 다양한 국제무대에서 소개되었다. 현재 미국에서 앙상블 아리(ARI)의 디렉터와 UC 버클리 대학교의 강사로 재직 중이며, CHIM 스튜디오의 음악 감독으로 특수 교육이 필요한 학생들에게 음악을 가르치고 있다.

공동체와 호흡하는 소리의 탐구자

전통은 누군가에게 과거의 유산이지만, 작곡가 안진에게는 현재를 열어가는 창의적 재료이다. 안진은 전통 선율의 감각을 섬세하게 길어 올려, 오늘의 청중과 만나게 한다. 특히 민요를 현대음악어법으로 표현하여 새로운 울림을 만들어낸다. 동시에 다양한 예술가와의 협업을 통해 음악이 개인의 표현을 넘어 사회적 공명으로 확장될 수 있음을 보여준다. 안진의 음악은 묻는다. 전통은 어떻게 오늘을 말할 수 있는가? 그리고 음악은 어떻게 다양한 공동체와 소통할 수 있는가?

민요, 한국적 감각을 길어 올리는 창의적 언어

안진은 한국의 전통적 정서를 오늘날의 언어로 재구성하는 데 깊은 관심을 가지고 있다. 그에게 민요는 단순한 '인용 대상'이 아니라, 오랜 시간 지역 공동체가 쌓아온 집단적 감각과 기억의 집약체다. 피아노를 위한 〈민요를 찾아서〉(2005–2008)는 '닐릴리', '몽금포', '옹혜야' 3악장 구성으로, 경기도·황해도·경상도 민요 선율을 현대음악기법과 유기적으로 결합한다. 전통 민요의 특징인 메기고 받는 형식과 선율을 있는 그대로 살리면서도, 기존 민요가 지닌 '전통'의 의미를 현대 청중이 새로운 방식으로 경험하도록 만든다는 점에서 재맥락화(Recontextualisation)하는 것으로 이해할 수 있다.

K-Pop과 한국 문화에 대한 세계적 관심이 높아진 가운데, 안진은 기존 한국 가곡이 전통 선율의 풍부함을 온전히 담아내지 못한다는 한계를 체감했다. 이에 소프라노 이래진 박사와 함께 민요를 직접 수집하고 재해석하여, 성악과 피아노를 위한 한국 가곡집 『민요를 찾아서』(K-Folksong Revisited for Voice and Piano, 2016)를 영어로 출간하여 그 의미를 알리고자 했다. 안진의 이러한 작업은 단순히 '한국적인 색채'를 재현하거나 소비하는 데 머무르지 않는다. 그는 민요의 세밀한 음향적 특징과 언어적 뉘앙스를 깊이 탐구하며, 한국어를 모르는 연주자도 가사를 정확히 발음할 수 있도록 국제 음성 기호(IPA)를 제공한다. 예컨대 〈몽금포 타령〉의 경우, '에

헤이요'에 해당하는 가사를 'e he i jo'로 표기하였다. 음악적으로는 장식음으로 시김새를 재현하면서 전통 음악의 감각을 현대적 창작 과정 속에서 새롭게 해석하는 것이다. 이로써 '전통'이 특정 시대나 장르에 한정되지 않고, 새로운 음악적 상상력을 구현할 수 있음을 보여준다. 따라서 안진의 민요 프로젝트는 동시대 작곡가로서 한국 전통음악의 현재적 가능성을 모색하는 독특한 미학적 실천이라 할 수 있다.

협업과 참여로 빚어낸 음악

안진의 작품 세계를 이해하는 데 있어 '협업'은 핵심적인 키워드다. 그는 작곡가 개인의 내면에 머무르기보다, 지역 오케스트라부터 합창단, 앙상블, 개인 연주자들에 이르기까지 다양한 동료 예술가들과의 상호작용, 그리고 공동체와의 교감을 통해 새로운 음악적 가능성을 열어낸다. 그의 협업은 다른 예술 장르와의 실험으로 확장되기도 한다. 한국 무용수 옹경일과의 협업으로 탄생한 〈소금인형〉(2010)은 음악과 무용수의 몸짓이 호흡하며 만들어내는 무대 언어를 탐색한 작업이다. 이 작품에서 피아노 건반과 현을 타악기처럼 두드리고 뜯는 독특한 사운드가 무용의 움직임과 긴밀하게 엮이며 감각적 경험의 확장을 이끌어낸다. 안진의 협업에서 보다 두드러지는 지점은 지역 공동체의 참여를 이끄는 음악적 실천이다. 그는 샌프란시스코 베이 지역의 한국계 미국인 음악가들이 모인 앙상블 아리(ARI)의 음악 디렉터로 활동하며, 청중들이 '참여하는 음악회'를 적극적으로 실천하고 있다. 앙상블 아리는 서구의 주류 레퍼토리에 머물지 않고 한국 전통음악, 현대음악, 여성·소수 인종 작곡가의 작품까지 폭넓게 아우르며, 다양한 문화적 경험을 연결한다. 또한 공연 중에는 연주자와 작곡가가 한국어와 영어로 청중과 직접 소통하고, 장단을 함께 맞추거나 노래에 참여하는 연출을 통해 청중이 단순한 수용자를 넘어 공연의 일부로 끌어들인다. 이 과정에서 음악은 공동체적 경험의 장을 창출한다.

안진의 이러한 협업은 음악을 단순한 예술작품이 아닌, 사회적 관계망과 공동체적 기억을 잇는 살아있는 '장(場)'으로 확장한다. 함께 만드는 공동체적 공간에서 청중과 연주자가 경계를 허물고 소통하는 순간, 음악은 사회적 매개자이자 공명하는 힘으로 작동한다.

오보에와 피아노를 위한 〈단발머리〉
(Short Hair for Oboe and Piano, 2022)

세밀한 음향으로 직조한 한국 신여성의 서사

작곡가 안진은 음악이 역사를 기억하는 또 하나의 방식임을 보여준다. 오보에와 피아노를 위한 〈단발머리〉(Short Hair for Oboe and Piano, 2022)는 여성 해방의 상징이었던 '단발머리'를 모티브로, 한국 신여성들의 서사를 새롭게 열어 보인다. 오보이스트 최정(Jung Choi)과의 협업으로 시작된 이 작품은 단발머리가 단순한 외형적 변화가 아니라, 억압된 여성 주체의 존재가 사회 전면으로 등장한 순간을 상징한다. 안진은 이 작품에서 한 시대의 여성들이 남긴 흔적과 저항의 목소리를 정형화하지 않고, 다양한 현대음악 기법을 통해 음악 자체가 끊임없이 변형되고 확장되는 '열린 구조'를 구현했다. 이는 청중이 작품을 듣는 동안 자신의 감각과 해석을 투영하여 여성들의 이야기를 적극적으로 경험하도록 유도한다.

5악장으로 구성된 〈단발머리〉는 각기 다른 역사적 여성들을 조명하며, 억압과 저항, 주체성과 해방이라는 흐름을 구축한다. 1악장은 신여성의 상징인 단발머리와 하이힐을 음악으로 표현해내고, 2악장부터 4악장까지는 특정 인물의 서사를 보여주고, 마지막 5악장에서는 열린 서사로 확장되는 구조이다.

1악장 '단발머리와 하이힐'에서는 바쁘게 도시를 활보하는 여성의 발걸음을 직접적으로 구현한다. 하이힐 이모지로 시작하는 피아노의 첫 마디는 피아니스트의 발 구름으로 하이힐 소리를 내고, 동시에 반복되는 악센트는 신여성이 지녔던 사회적 자의식을 역동적으로 상기시킨다. 예상치 못한 변박과 급격한 셈여림의 변화, 복잡한 리듬적 흐름은 당대 여성들의 자의식과 규범을 벗어난 리듬감을 만들어낸다. 이러한 리듬적 탈구조화는 2악장에서 더욱 뚜렷해진다. 2악장 오보에의 미분음과 글리산도는 '정확한 음계'를 벗어나 정형화되지 않은 유동적 선율 감각을 불러일으킨다.

3악장과 4악장에서는 보다 급진적인 음악 언어가 등장한다. 무용가 최승희를 다룬 3악장에서 오보에는 처음부터 끝까지 리드를 제거하고 공기만 내뱉으며, 여성의 말할 수 없음과 억압을 표현한다. 동시에 한국 무용수가 숨결과 몸짓으로 드러내는 불규칙한 리듬과 여백을 표현하듯, 악기 역시 정제된 음에서 벗어나 불규칙한 리듬을 구현하는데, 이는 한국 엇모리 장단과 닮아있다. 4악장은 시인 김명순의 이야기에서 영감을 받아, 억눌린 감정의 떨림과 서정을 '소리의 결'로 직조한다. 오보에는 다시 리드를 낀 채, 같은 계이름이더라도 서로 다른 음정을 동시에 내거나(multiphonics), 의도적으로 불협화음을 포르티시모로 내며 숨결 섞인 소리를 연상시킨다. 이러한 음향 처리는 '유리관에 갇힌 나'라는 소제목이 암시하는 폐쇄적이고 억압된 상황을 청각적으로 상상하게 만든다. 유리벽 너머로 외쳐보지만 닿지 않는 목소리처럼, 거칠고 불안정한 오보에의 음색은 김명순이 겪었던 사회적 억압과 내면의 균열을 소리로 구체화한다.

마지막 5악장 '열림(OPEN)'은 기억되지 못한 수많은 여성들의 서사를 향해 열려 있다. 반복되는 반음계적 진행과 끝날 듯 끝나지 않는 종지, 그리고 마지막 음을 'any high note'로 표기한 것은 끝없이 확장되는 음향적 공간을 구현해낸다. 이러한 구조 속에서 역사는 물론 정체성 또한 완결된 의미에 머무르지 않고, 계속해서 새롭게 해석되고 구성될 여지를 남긴다. 따라서 '열림'은 단순히 과거를 환기하는데 그치지 않고, 사회적 차원에서 문화적 기억을 음악적으로 재구성하고, 역사를 현재와 미래로 열어두는 방식으로 작용한다.

이처럼 〈단발머리〉는 섬세하고 다층적인 음향 구조를 바탕으로, 1930년대 신여성들의 내면에 숨겨진 저항과 갈등을 표현한다. 불규칙한 리듬과 미분음, 글리산도, 오보에의 멀티포닉스 주법 등 세밀한 음향 기법들은 여성들의 불안과 희망, 사회적 제약을 넘어서는 열망을 생생하게 드러낸다. 때로는 날카롭게, 때로는 부드럽게 변화하는 음향의 흐름 속에는 단발머리와 하이힐로 상징되는 당대 여성들의 도전과 고통, 그리고 해방의 순간들이 교차한다. 이를 통해 과거의 사실을 고정된 '기록'이 아니라, 현재의 문제의식과 감각을 통해 새롭게 해석하고 구성하는 '살아있는 기억'으로 확장한다. 이러한 음악적 서사는 특정 시대의 인물을 넘어, 시대를 초월한 여성들의 경험을 청중과 공유함으로써, 과거와 현재를 잇는 문화적 기억의 장을 열어 보인다.

[연주영상 보기]

SHORT HAIR for oboe and piano

commissioned by Jung Choi (2022)

I High Heels and Short Hair

"High Heels with short hair, suit and umbrella, glove and hat" Daegu Daily News

Jean Ahn
(b.1976)

임수진: 선생님께서는 미국에서 박사 학위를 받으신 이후 계속 그곳에서 활동하고 계시죠? 한국에서의 경험 중 미국에서 작품을 만드시는데 밑바탕이 된 부분이 있을까요?

- 안진: 지금 한국의 분위기가 어떤지는 잘 모르겠지만, 제가 대학원 다니던 때만 해도 꼭 국악을 배우는 건 아니었어요. 교양으로 국악개론 수업을 듣긴 했지만, 국악과와 교류하거나 국악기를 배울 기회는 거의 없었죠. 그런데 제가 1999년 대학원을 다니던 시절, '사계'라는 가야금 4중주 팀이 만들어져서 활동을 시작했는데, 이들의 활동이 저에게는 매우 혁신적이었어요. 지금이야 물론 국악하시는 분들이 소규모로 챔버 음악이나 크로스오버 장르도 많이 하시지만, 당시에는 이분들이 처음 시도한 것이었거든요. 이분들은 국악뿐만 아니라 캐논 같은 서양음악을 미분음, 추임새, 추성, 전성 등을 활용해 연주했어요. 저는 연주를 보고 '아, 이렇게 연주 잘하는 국악과 사람들이 여기 있었는데, 나는 왜 연주자들을 하나도 모르고 이런 작품을 하지 않았을까?'라는 생각이 들었습니다. 그래서 대학원 2년간 장구와 가야금 레슨을 직접

받으면서 국악에 관심을 키웠고, 졸업 작품에 가야금과 장구가 들어가는 곡을 만들게 되었습니다.

임수진: 국악기의 음색을 활용한 작곡 작업은 아무래도 쉽지 않았을 것 같은데요. 국악적인 어법이나 표현을 담기 위해 따로 공부하신 적이 있었을까요?

- 안진: 사실 저는 제가 어렸을 때부터 국악을 전공하거나 산조를 이수한 사람도 아니었기에, '국악을 제대로 표현해야 한다'는 부담감이 컸거든요. 그래서 저는 도움을 받기 위해, 당시 국악과에 재직 중이신 황준연 선생님께 자주 찾아뵙고, 작품을 보여드리며 조언을 구했어요. 제가 작곡과 학생이라 국악과 교수님을 찾아뵙는 일이 드물었는데, 제가 막 방문 두드려 찾아가 제 음악이 국악이 맞는지 계속 물었죠. 선생님께서는 "굳이 네 음악이 국악에 맞는지 확인받으려 하지 말고, 너는 그냥 네 음악을 하면 된다"고 말씀해주셨어요. 선생님의 말씀 덕분에 오히려 더 자유롭게 음악에 집중할 수 있었습니다.

임수진: 〈단발머리〉라는 곡은 어떻게 만들어지게 되었나요?

- 안진: 〈단발머리〉는 오보이스트 최정(Jung Choi) 교수님이 학교 지원 사업을 진행하시면서 저를 찾아 의뢰해주신 작품입니다. 최 교수님께서 한국의 신여성에 관심이 많아 이와 관련된 음악이 나오면 좋겠다고 하셨죠. 저도 우

리 여성들이 사회에 큰 영향력을 끼쳤다는 것을 어렴풋이 알고 있었지만, 작곡하기 전 리서치를 통해 김마리아, 최승희, 김명순 같은 인물들을 더욱 깊이 알게 되었습니다.

그러나 소재가 한국적일지라도, 저는 음악적으로 국악만을 꼭 표현하려고 한 건 아니었어요. 그런데 한 명씩 인물을 계속 깊이 생각하다 보니, 자연스럽게 국악적인 표현도 나오게 되었습니다. 예를 들어 최승희 안무가의 경우, 춤을 추고 싶은데 거의 숨 막히면서 살아 왔던 것을 느꼈고, 그래서 피아노와 리드를 아예 빼버리고 오보에가 리드에 바람소리 내는 것으로 구성했습니다. 한국 무용가라는 인물에 집중하자, 엇모리장단이 나오더군요. 작곡을 오래 하다 보니 이제는 '한국적인 걸 꼭 써보겠다'라는 테두리를 정한다기 보다, 제 연구 과정에서 익힌 시김새 표현 등 한국적 요소가 자연스레 반영된 것이죠.

임수진: 생각보다 되게 자연스럽게 한국적인 요소가 표현되었네요. 그리고 또 뭔가 어떤 분의 의뢰를 받아 작곡한 곡인지도 몰랐어요. 〈단발머리〉는 올해 8월에 클라리넷 버전으로 페스티벌에 나가신다고 얘기 들었어요.

- 안진: 네, 〈단발머리〉 오보에 버전을 듣고 클라리넷으로 해보고 싶다는 요청이 와서, 지금 악보를 수정하는 중에 있습니다. 〈단발머리〉 외에도, 대개 한국적인 요소를 표현하는 데 있어 서양 악기로 표현할 때 특수 주법들이 굉장히 많이 등장하여 어렵다고 느끼실 수 있는데요. 저

는 연주자가 내기 편한 소리를 낼 수 있도록 노력해요. 예를 들어 M(multiphonics) 표시를 주고 연주자가 자신의 기량에 맞게 중음을 찾아서 낼 수 있게 하죠. 현대곡 중에는 손가락 번호까지 정확히 지정해주어 특정 중음을 요구하는 곡도 많지만, 단발머리에서는 그 특정한 중음이 주요한게 아니라 효과만 중요했기 때문에 M이라고만 적었습니다. 그러면 연주할 때마다 조금씩 다르게 들릴 수 있지만, 작곡가로서는 최대한 이렇게 기법을 살리면서도 연주자에게는 쉬웠으면 좋겠는 마음으로 음악을 쓰고 있어요.

임수진: 선생님께서는 연주자에 대한 철학이 있으시군요. 사회 문제에 대한 관심도 많으신가요? 음악으로 사회적 메시지를 전달하는 것은 어떻게 생각하시나요?

- 안진: 저는 당연히 동의하고요. 동떨어져서 생각한다는 건 불가능이죠. 다만, 예술가로서 사회적 책임감을 가지되, 메시지를 직접 소리 내서 표현하는 것은 좀 불편하다고 생각해요. 저는 신앙이 있는 사람이라, 내재적으로 책임감이 있어요. 이러한 책임감을 말로서 내세우기보다 자연스럽게 음악으로 표출된다면 너무 감사한 일이겠지요.

그리고 제가 음악 디렉터로 활동하는 앙상블 아리(ARI)에서도 공연 때 청중과 교감과 참여를 이끌어내는 편이에요. 예를 들어, 다 같이 덩덕쿵 쿵덕 등의 장단을 친다든가, 〈Black Bird〉(가야금으로 편곡한 비틀즈 연주)에서 새 소리

를 내게 하거나, 〈Eleanor Rigby〉(잊힌 이들에 대한 곡)에서 미처 감사하다고 하지 못하고 잊힌 이들의 이름을 소리쳐 부르는 등의 관객 참여를 적극 유도합니다. 이러한 경험은 공연장이 단순히 듣는 공간이 아니라 서로 소통하고 힐링하는 장이 될 수 있음을 보여줍니다.

임수진: 오늘 얘기를 들어보니, 선생님께서는 사회적인 문제에 대하여 내재적으로 갖고 있었던 문제의식이나 생각들이 자연스럽게 음악적으로 표현되는 것을 지향하시는 것 같은데요. 요즘 관심을 가지고 있는 사회적 주제가 있을까요?
- 안진: 사실 작곡가로서 다루고 싶은 주제가 있으면 이상적일 텐데요. 제가 현재 위촉 받은 작품을 중심으로 작업 중이라, 큰 주제를 설정하기보다는 각 작업의 맥락에 맞춰 곡을 쓰고 있습니다. 차기작으로 우드 리드 퀸텟(Woodwork Reed Quintet)이라고 하는 오보에, 클라리넷, 베이스 클라리넷, 색소폰, 바순 이렇게 젊은 5명의 연주자로 이루어진 굉장히 현대적인 앙상블을 위한 곡을 쓰고 있어요. 곧 LA에서 공연하기로 했는데, 제가 이들과 여러 차례 미팅을 진행하며 곡의 방향성을 고민하다 보니, 자연스럽게 '공동체적인 연결을 만들어보고 싶다'는 생각이 들더라고요. 특별히 그분들이 요청한 것은 아니지만, 사물놀이에서처럼 서로의 에너지가 만나고, 연주자와 관객의 혼이 함께 어우러지는 순간을 만들어보고 싶은 마음입니다.

임수진: 이 작품도 정말 기대가 큽니다! 특히 한국

의 사물놀이를 LA에서 공연한다는 것을 또 다른 의미가 있을 것 같네요. 오늘 얘기 나누어보니, 선생님께서는 음악과 사회는 떼려야 뗄 수 없는 관계라고 생각하시면서도, 그 메시지를 직접적으로 앞세우기보다는 음악에 자연스레 녹여내 관객이 공연에 참여하고 소통하는 장이 되도록 하는 데 중점을 두고 계시다는 인상을 받았습니다.
- 안진: 네, 맞습니다. 저는 특정 사회적 이슈를 명확히 겨냥해 작업하기보다는, 물론 〈단발머리〉처럼 사회적 의미를 담은 작품도 있지만, 궁극적으로는 음악회를 통해 커뮤니티가 형성되고 관객 참여가 자연스럽게 이루어지는 무대를 추구합니다. 모든 곡에 대해서 청중의 참여를 고려하는 것은 아니지만, 참여를 유도하는 곡이라면 그들의 반응은 물론, 공연장과 시간 등 여러 특성을 모두 고려하여 작업합니다. 무대와 관객이 서로 분리되지 않고, 모두가 함께 교감할 수 있는 경험을 만드는 것에 관심이 더 많아요. 사람들이 단순히 감상자로 머무는 것이 아니라, 무대 위의 연주자와 함께 순간을 공유하고 하나의 공동 경험을 만들어가는 그런 사회적 장을 지향하고 있습니다.

임수진: 너무 멋지신 것 같아요. 앞으로의 선생님 행보 응원하겠습니다! 밤늦게 시간 내어주셔서 너무 감사합니다.

작곡가 **장석진**

장 석 진
클라리넷 솔로를 위한 〈설탕으로 만든 칼〉

글 · 안정순

장석진(1975-)은 다채로운 음악 언어와 동시대 감수성으로 소리를 직조해 내는 작곡가다. 학창 시절부터 현대음악, 프로그레시브 록, 헤비메탈 등 다양한 음악에 관심을 가져온 그는 영국 유학 시절 현대무용, 영화, TV, 언더그라운드 기타리스트, 래퍼, 송라이터 등과의 협업을 통해 폭넓은 음악 활동을 펼쳤다. 한국예술종합학교 음악원에서 작곡으로 석사학위를 받은 뒤, 영국 길드홀 음악학교에서 작곡 석사, 런던 칼리지 오브 뮤직에서 영화음악 석사, 서리대학교에서 작곡 박사학위를 취득했다. 제40회 대한민국작곡상(우수상), 아창제 제10회 국악관현악 부문, 제12회 양악관현악 부문에 선정되었으며, 영국 로열 필하모닉 오케스트라, 코리안심포니, KBS교향악단, 경기필하모닉, 화음챔버오케스트라, 서울시국악관현악단 등과의 협업 및 위촉을 통해 활발한 활동을 이어가고 있다.

장르를 넘어, 시대와 공명하는 소리

장석진은 철학적 사유보다는 소리의 결과물을 중시하는 작곡가다. 그에게 음악이란 결국 귀로 들을 수 있는 현실의 진동이며, 개념보다 청각적 경험이다. 12년간 영국 길드홀, 런던음악과미디어 대학, 서리대학교에서 현대음악, 무용음악, 영화음악을 공부한 그는 클래식뿐 아니라 다양한 장르의 음악을 관통하며 유연하게 자신의 목소리를 내는 법을 찾았다. 장석진에게 작곡이란 '내 안의 울림을 어떻게 형상화할 것인가'의 문제로 귀결된다. 다시 말해, 소리를 어떻게 설득력 있는 시간의 구조 안에서 음악적으로 사용하고 변형할 것인가의 문제다. 나아가 그는 추상적이고 내밀한 고백보다는 청중과 공명할 수 있는 진실한 울림을 만들어내는 데 더 큰 가치를 둔다. "기법은 요소일 뿐, 음악의 중심은 아니다"라는 그의 말은, 삶에서 솟아나는 울림이 숙련된 기교보다 더 중요하다는 작곡관을 드러낸다.

소리 팔레트 위에 채색된 전통

장석진은 클래식, 국악, 전자음악, 영화음악, 게임음악 등 다층적인 장르를 자유롭게 활용하지만, 각 장르의 스타일에 종속되지 않고 자신의 고유한 음악언어로 이를 통합해낸다. 다시 말해 서로 다른 장르 간의 경계를 해체하거나 넘나들기보다, 다양한 음악 형식을 자신만의 어법 안으로 끌어들여 일관된 정체성을 유지한다. 이런 측면에서 그의 음악은 다양한 색이 섞여 궁극적으로 균일한 하나의 새로운 색을 창조하는 장소인 팔레트와 같다. 예컨대 서울시국악관현악단 위촉곡 〈어느 날〉(2017)은 가야금, 거문고 등의 전통 국악이 서양 오케스트라와 자연스럽게 조응하도록 설계되었다. 관현악적 균형을 이룬다는 평가를 받는 이 작업은 아창제 국악 부문 당선 등으로 이어지며 계속된 국악관현악 곡의 계보를 형성했다. 2020년 중앙국악관현악단과 협연한 오작교 프로젝트 백년악몽(百年樂夢)에서 연주된 세 개의 일렉트로닉스 협주곡, 〈인공천궁: The Artificail Rainbow〉, 〈공간팔칠구일〉, 〈흙 위에 서다〉는 시나위를 현대적 아이디어로 접근해 미니멀한 진행을 선보이며, 현대적 비트와 실시간 사운드를 통해 1978년 김덕수의 사물놀이를 새롭게 해석한다. 〈생황 협주곡: Alexander Friedman – Expansion of Space〉(2021)은 생황이라는 전통 악기의 음색과 오케스트라, 전자음향을 결합한 작품으로, 우주론의 확장성과 인간의 비존훈을 음악적 은유로 풀어내었다. 이러한 그의 여러 작품에서 특정 장르를 언급하는 것은 더 이상 무의미하다.

현장성을 갖춘 뮤지션

〈천지회귀단일점〉(2018)은 국악·전자음향·오케스트라가 합류한 대형 협주곡으로, 타악과 전자가 함께 무대에 서며 시공간적 울림을 시각화했다. 이 곡은 '하늘과 땅이 다시 하나의 점으로 돌아간다'는 개념 아래, 인간의 무절제한 개발과 자연의 반응에 대한 메시지를 은유적으로 드러낸다. 생황, 타악, 오케스트라, 전자음 등이 어우러져 청중과 공간까지 아우르는 장대한 스펙트럼을 펼친다. 여기에 작곡가는 직접 일렉트로닉 파트를 담당하여 기록된 악보를 넘어 공연과 현장, 청중과 공간에서 완성되어가는 음악가인 뮤지션으로 공연에 참여한다.

장석진은 순수예술음악뿐 아니라 영화음악과 게임음악 분야에도 활발히 활동중이다. 그는 게임음악과 영화음악이 본질적으로 다르지 않다고 말한다. 장석진은 게임 배틀그라운드 PUBG: 비켄디와 테라(TERRA)의 메인 타이틀 곡에서 헤비메탈과 금관 중심의 웅장한 사운드를 통해 극적 에너지를 표현했다. 최근 그는 강릉시립 교향악단과 전자음악, 국악, 오케스트라가 가미된 SF적인 오페라 공연을 준비하고 있다. 장석진에게 장르는 단지 음향적 성격을 부여하는 도구일 뿐이다. 그는 음악이 자신이 전달하려는 감정, 분위기, 메시지를 설득력 있게 담아낼 때 비로소 의미를 가진다고 믿는다. 이러한 신념은 특정 장르를 불문하고 그의 작업 전반을 일관되게 아우른다.

디지털 기술과 매체가 급격히 확장되고, 예술 장르 간 경계가 흐려진 이 시대에 그는, 특정한 양식이나 전통에 얽매이기보다는 다양한 음악 언어를 별다른 진입장벽 없이 학습하고, 감각적으로 섞어 자기만의 색채를 입혀 풀어낸다. 장석진에게 동시대성이란 복잡한 정체성과 감각들이 뒤얽힌 시대를 음악적으로 통합하는 능력이다. 궁극적으로 그는 단순한 메시지 전달이 아닌, 청중의 공간적 체험과 정서적 기억을 자극하는 음악적 구조를 설계하고자 한다. 이것이 그가 사회와 소통하는 방식이자, 시대의 감수성을 담아내는 그의 고유한 음악적 언어다.

클라리넷 솔로를 위한 〈설탕으로 만든 칼〉
(Sickles for Clariniet Solo, 2023)

소리, 역사적 텍스트를 쓰다

장석진의 클라리넷 솔로를 위한 〈설탕으로 만든 칼〉(Sickles for Clarinet Solo)은 2023년 국립현대미술관(MMCA) 현대차 시리즈에서 선정된 정연두 작가의 전시 《백년기행기》의 일부로, 2023년 10월 4일과 11일, 12미터에 달하는 설탕으로 만든 마체테(machete)가 진열된 거대한 벽 앞에서 연주되었다. 정연두의 《백년기행기》는 네 개의 주 전시로 기획되었으며 전시의 마지막에 다다르면 관람자는 '통곡의 벽'을 패러디한 '설탕으로 만든 날의 벽'의 공간을 마주하게 된다.

장석진의 클라리넷 솔로를 위한 〈설탕으로 만든 칼〉은 바로 이 벽 앞에서 울렸다. 고통과 달콤함의 기억이 진열된 날의 벽 앞에서 울리는 토속적 음계의 클라리넷 소리는 120년 전 낯선 이국땅에 도착한 이주민들의 외로움과 슬픔을 되살려냈다. 관을 통해 전달되는 떨리는 숨소리는 이들의 원초적 숨소리와 맞닿아 있었다. 날의 벽을 앞에 둔 전시 공간에서는 멕시코 에네켄(henequén) 농장에서 모래바람을 맞으며 실존의 문제를 직면했던 이들의 외로움과 두려움의 감정이 클라리넷의 소리 자체로 듣는 이의 뼛속까지 전달되었다.

장석진의 〈설탕으로 만든 칼〉은 네 가지 섹션으로 구성된다. 첫 번째 섹션은 잦은 변박과 지속적인 셈여림의 변화와 함께 클라리넷 선율을 긴 호흡으로 성김없이 연결하여 소리에 집중하게 한다. 토속적 색채의 선율 위로 여러 음에 걸쳐 짧은 꾸밈음과 미세한 음고의 흔들림(vibrato, poco sf, molto vib)은 국악의 시김새(혹은 농현)를 모방한다. 급격한 다이내믹의 변화는 감정의 조절 불가능성, 다시 말해 울컥 터지거나 순간적으로 가라앉는 감정의 파도를 음악적으로 표현한다. 두 번째 섹션에서는 악기라는 매체 자체를 해체, 재구성하는 실험이 이어진다. 플러터 텅잉(flutter tonguing), 에어 사운드(air sound), 키 클릭(key click), 트리플 텅잉(triple tonguing), 허밍(humming)의 병행 등은 클라리넷이라는 악기의 경계를 확장하는 시도이자, 인간의 목소리와 숨결, 몸의 떨림을 음악으로 호출하는 제의적 행위처럼 다가온다. 이 과정에서 클라리넷은 '소리를 내는 악기'가 아닌 '소리를 발생시키는 몸'이 된다. 그 몸은 바로 백 년 전 이역만리 사탕수수 밭에서 숨을 헐떡이며 노동했던 이주민의 몸이다. 세 번째 섹션은 비르투오소의 면모를 드러내며 다양한 리듬과 음역을 넘나들며 클라리넷의 다채로운 표현을 끌어낸다. 그리고 이어지는 코다, 네 번째 섹션은 다시 서정적인 선율이 한층 더 진중한 소리로 반복된다. 만약 도입부가 낯선 땅에서의 외로움과 슬픔을 표현했다면, 이 마지막 부분에서 다시 돌아온 선율은 마치 고단했던 이들의 삶을 위로하는 듯하다.

프랑스 문학이론가 제라르 주네트(Gérard Genette, 1930-)의 개념에 따르면, 파라텍스트란 본문을 둘러싼 제목, 서문, 일러두기 같은 주변 요소들로, 텍스트에 대한 접근을 안내하거나 조율하는 일종의 프레임이다. 이 정의를 음악에 확장하여 적용하면 특정한 공간과 맥락에서 울리는 음악은 텍스트(전시)에 대한 감각적·정서적 안내자, 혹은 서사적 중재자가 될 수 있다. 장석진의 클라리넷 솔로는 바로 그러한 파라텍스트다. 그것은 이주민의 기억을 호출하고, '설탕으로 만든 날'이라는 시각적 장면을 청각적 체험으로 확장한다.

그러나 이 곡은 듣는 감정을 유도하지 않는다. 오히려 관객의 감각을 불편하게 하고 몸의 리듬을 교란시킨다. 특히 마지막 부분으로 갈수록 음악은 점점 '설명 불가능한 것'의 영역으로 밀려난다. 낯선 기교와 격정적인 음향, 불협과 정적인 시간의 공존은 서사를 정리하기보다 오히려 열어놓은 채로 남긴다. 이 모호성은《백년기행기》의 주제인 망각된 이주, 복합적 정체성, 식민성과 노동의 잔향과 긴밀하게 결합하며 음악을 다시 '파라텍스트'에서 '텍스트'로 전환시킨다. 장석진의 〈설탕으로 만든 칼〉은 전시 속 음악이 단순한 배경음악을 넘어 서사의 매개체이자 감각의 통로가 될 수 있음을 보여준다. 이 곡은 듣는 이를 소리 안으로 초대하고, 시각적 장면을 청각적 체험으로 확장하고, 전시의 문맥을 다시 들려주며 과거의 통증과 현재의 공명을 연결한다. 설탕으로 만든 날의 벽 앞에서 들리는 낯선, 격정적인, 불협의, 인간 본연의 슬픔의 정서를 담은 이 소리는 단지 달콤하거나 쓰라린 기억의 반영이 아니라, '구체적 역사를 구성하는 하나의 목소리'이며, 전시의 주변적 요소가 아닌 공간과 시간을 지배하는 해석의 중심이 된다.

[연주영상 보기]

Sickles made with sugar
(설탕으로 만든 칼)
for solo clarinet in Bb

SUKJIN CHANG

| 음악과 사회: 비판과 소통의 장場

안정순: 선생님의 많은 작품 중에서, 특히 〈카프카〉(2020)를 인상 깊게 들었습니다. 선생님만의 독특한 음악 장치가 〈카프카〉 선율에 있는 것 같습니다. 또한 어느 인터뷰에서 가곡 〈별 헤는 밤〉을 두고 자신을 잘 표현한 곡이라고 말씀하셨던데 그 이유를 여쭤보고 싶습니다.

- 장석진: 〈별 헤는 밤〉은 감정 그 자체인 곡입니다. 곡 안에 공허함과 외로움, 슬픔이 느껴지죠. 가사에서 '어머니'라는 단어를 부르는 순간 속에 응어리진 슬픔이 확 뿜어져 나옵니다. 이 곡은 여러 로 저 자신의 정서와 닮았습니다. 제 소년 시절을 되돌아보면, 마음 속에 항상 슬픔이 있었어요. 그렇다고 그럴만한 구체적인 사연이 있었다는 것은 아닙니다(웃음). 그냥 저라는 사람이 슬픈 사람인 것 같아요. 슬픔의 경험들이 하나하나 쌓이고 축적되어 나를 이뤘다고 해야 할까.

질문하신 〈카프카〉의 선율에 대해서도 말씀드릴게요. 우리나라는 급하게 개화기를 거치면서 우리 전통의 음악을 소화하지도 못하고 서구의 현대음악 어법을 받아들여야 했죠. 음악적으로 제대로 표현하지 못하고, 음악화하지 못한 채 기술화가 먼저 되었다고 봅니다. 국악적 요소를 기법적으로만 적용하면 빈약하거나 부자연스럽게 들릴 수 있습니다. 먼저 저는 〈카프카〉의 선율을 통해 우리의 정서를 음악으로 표현하고 싶었습니다. 다시 말해 〈카프카〉에서는 국악 선율을 공부하고 익혀서 사용한 게 아니라, 제 몸이 익힌 감각대로 풀어놓았다고 할 수 있습니다. 또 다른 하나는 존 케이지가 언급한 일본의 '젠(禅, Zen)' 개념인 무음의 순간을 활용했어요. 저는 음악적 긴장을 표현할 때 비어진 공간과 멈춰진 시간을, 긴장을 극대화하는 방식으로 사용합니다. 일종의 장석진 작품의 트레이드 마크입니다. 케이지가 무음의 순간을 철학적으로 설명했다면, 저는 그 이론을 실재화된 소리로 표현합니다.

안정순: 2014년 귀국하여 활동하시자마자 아창제 국악과 양악 부분에 수상하셨어요. 선생님의 작품목록을 보면 그 작업량에 놀라게 됩니다.

- 장석진: 2017년, 2021년 아창제 국악 관현악과 양악 부분에서 관현악곡 〈어느 날〉, 생황협주곡 〈알렉산더 프리드만〉이라는 작품으로 상을 받았습니다. 많은 작품을 썼지만, 사실 작품의 수보다 중요한 것은 작품의 질입니다. 저는 작품을 쓸 때 복제를 피하고, 매 작업마다 새로움을 추구하고자 노력합니다. 솔직히 작업 속도가 빠른 것은 제 성향과도 관계가 있고, 무엇보다 작곡에 대한 긴 수련의 기간에 이유가 있습니다. 어느 대중음악가가 한 인터뷰에서 "머릿속에 계속 멜로디가 떠다닌다"라는 말한 적이

있습니다. 저도 그 분과 같습니다. 대중음악이든 클래식 음악이든, 무조음악이든 조성음악이든, 작곡가는 자신만의 느낌과 흐름이 자기 안에 있어 그걸 표현하죠. 글을 쓰는 일도 그렇지 않나요? 작가도, 작곡가도 다 마찬가지입니다. 저는 예술이 다 그러하다고 생각합니다.

안정순: 선생님은 클래식, 대중음악, 전자음악의 경계 없이 자유자재로 음악을 만듭니다. 이와 관련된 어릴 적 음악 경험과 영국으로 유학을 결심하게 된 계기를 듣고 싶습니다.

- 장석진: 저는 어릴 때부터 다양한 음악을 즐겼고, 특정 음악 스타일에 대한 경계가 없었던 것 같습니다. 한참 가요를 듣다가 어느새 클래식을 듣고, 또 어느새에는 80년대 록 음악을 한참 듣는 시기가 있었죠. 원래부터 한 가지 음악 스타일에 묶여 있는 경향이 아니었고, 그러다 보니 자연스럽게 음악을 쓰는 경향도 다양해진 듯합니다. 청소년 시절 압구정동에 '신나라 레코드'가 있었습니다. 큰 교회 건물의 1층과 지하가 신나라 레코드였어요. 지하철에서 집까지 걸어가면서 그곳을 항상 드나들며 CD를 사기도 하고, 클래식 음악, 현대음악 등 음악 듣기를 즐겼습니다. 아마 그 영향으로 저는 어릴 때부터 특정 음악의 스타일에 대한 경계가 없었던 것 같습니다. 그러다가 대학 시절 제임스 맥밀란(James Loy MacMillan, 1959-)이라는 영국 작곡가의 작품을 접하면서 그들이 다양한 음악을 한다고 생각했고, 영국으로 유학 가려고 결심했습니다. 당시 저는 영국 작곡가들은 소위 전통 클래식 음악 안에서도 새로운 음악에 탐구가 있다고 판단했습니다.

안정순: 선생님의 이력을 보니 영국에서 꽤 긴 학습과 활동의 시간을 가졌더라구요. 그곳에서의 경험과 선생님의 작곡 성향과 연관이 있다면 설명해 주십시오.

- 장석진: 막상 영국에 유학을 가니 독일과 비슷하게 음렬음악이 대세이긴 했습니다. 그럼에도 조금 전 언급한 제임스 맥밀란의 경우처럼 영국에서의 경험은 늘 써오던 조성적 현대음악을 지속해도 괜찮다는 확신을 주었습니다. 그 경험 덕분에 저는 지금까지 그 아이디어를 계속 확장해 갈 수 있었습니다. 영국에서 영화음악 포함해서 석사학위를 3개를 취득했는데, 영화음악을 시작한 이유에는 솔직히 영국 현장에서 다른 기회로 이어질 수 있는, 그러니까 영화음악 분야에서 일을 할 수 있으리라는 기대도 있었기 때문입니다. 박사과정의 경우 킹스컬리지와 동시에 서리대학의 입학허가를 받았는데, 전통 서양음악에 특화된 킹스컬리지보다는 다양한 음악을 접하고 써볼 수 있는 서리대학을 택했습니다. 그곳에서의 경험을 통해 사유보다는, 그 결과물인 사운드를 풍부하게 경험했습니다. 결과적으로 영국 유학 생활을 통해 조성을 토대로 새로운 언어를 찾고 싶었던 동기는 충족된 셈이지요.

안정순: 선생님은 전자음악, 크로스오버, 국악과의 협업 등 다양한 작품을 쓰셨네요. 국악 관현악

과 전자음악을 귀한 〈천지회귀단일점〉(2018) 공연에서 직접 무대 위에서 전자음악을 선보이셨어요. 그때 무대를 정말 즐긴다는 느낌을 받았습니다. 또 다른 무대에서 본인이 작곡한 피아노 솔로곡을 직접 연주하는 것도 본 것 같아요. 그리고 조금 더 구체적으로 질문하면 관현악과 함께 할 때 전자음악의 악보는 어떻게 표시하나요?

- 장석진: 마지막 질문에 대해 답을 먼저 드리면, 〈천지회귀단일점〉과 같은 전자음악의 경우 제가 연주해야 하는 부분을 군이 다 표시하지는 않아요. 오케스트라 악보에 전자음악이 어디에 어떻게 들어가야 하는지만 표시를 하죠. 조금 더 기술적인 부분을 설명하자면, 협연의 경우 두 가지 경우가 있습니다. 클릭이 있어서 맞춰 들어가는 경우와, 클릭 없이, 다시 말해 조금 더 즉흥성을 가미하는 경우가 있죠. 클릭이 있으면 오케스트라가 다소 자유롭지 못합니다. 왜냐하면 클릭을 듣고 맞춰야 하니까요. 실제로는 더 많은 경우들이 있지만 결국 이 두 가지로 귀결되는 것 같습니다.

저는 작곡가이지만 지휘도 하고 연주도 합니다. 혼자 연주하거나 즉흥 연주를 하는 경우는 거의 긴장하지 않고 즐기면서 합니다. 아마도 즉흥 연주의 경우 음을 노래하는 데에 집중하기 때문에 오히려 떨지 않는 것 같습니다. 그런데 다른 사람과 맞춰야 하는 경우는 좀 달라요. 저도 긴장을 한답니다.

그리고 크로스오버라는 표현에 대한 조금 설명을 하겠습니다. '크로스오버'라는 표현에 편견이 있을 수 있지만, 저는 모든 음악은 다 크로스오버라고 생각합니다. 물론 크로스오버라는 의미를 어떻게 보느냐에 따라 다르지만, 음악은 결국 다 섞여서 나온다는 의미에서입니다.

안정순: 요즘 어떤 작업에 몰구하고 계신가요? 가까운 미래에 계획 중인 활동을 알려주세요. 국내 활동을 하면서 다른 어려운 점이나 기대하는 점은 없는지 궁금합니다.

- 장석진: 큰 공연으로는 강릉시립 교향악단과 전자음악, 국악, 오케스트라가 가미된 SF적인 오페라 〈해변의 건축가〉라는 작품의 공연을 준비 중에 있구요. 더불어 가까운 시일 내에 전북도립 관현악 무용 작품의 공연도 있습니다. 국내 활동에 대해 무엇보다 많은 공연이 제게 허락된 점에 감사하구요. 아쉬운 점이 있다면 공연예술계에서 작곡가를 예술작품을 쓰는 사람이 아닌 대중적 소비를 위한 작품을 쓰는 사람처럼 대우하는 경우가 가끔 있어 어려움을 겪기도 하는데, 제가 하는 공연은 티켓 판매에만 목적이 있는 것은 아니라고 생각합니다. 물론 티켓 판매도 중요하다는 점은 공감합니다. 특히 저처럼 공연계에서 주로 활동을 한다면 티켓팅 파워가 매우 중요하죠. 그럼에도 저는 음악을 창작하는 그 자체에 목적을 두고 싶습니다. 작가가 글을 쓰는 이유가 독자 수만은 아닌 것처럼요.

안정순: 선생님은 작곡가 본업에 정말 충실하신 분인 것 같습니다. 선생님의 활발한 활동을 기대하고 응원합니다.

작곡가 **오예민**

오 예 민
소프라노, 라이브 비디오, 전자음향을 위한
〈시간 속 소녀〉

글 · 박수인

작곡가 **오예민**(1977-)은 테이프음악부터 라이브 전자음악, 오디오 비주얼 음악, 센서 및 모바일을 이용한 음악 등 기술적으로 최전방의 작곡 수단을 실험하며 음악 언어의 경계를 넓혀오고 있다. 그의 음악은 기본적으로 기법적, 방법론적 실험을 향하나, 그 결과물이 언제나 난해한 복잡성으로 귀결되는 것은 아니다. 그의 음향은 감각적이거나 때로는 피부에 닿는 듯한 촉각적 경험을 일으키기도 한다. 경희대학교 작곡과에서 공부한 후 미국 조지아 서던 대학교(Georgia Southern University)에서 뮤직 테크놀로지 전공 석사를 졸업했고, 이후 루이지애나 주립대학교(Louisiana State University)에서 실험 음악 및 디지털 미디어(Experimental Music & Digital Media)로 박사학위(Ph. D)를 취득했다. 웹 베이스 유저 인터페이스 개발, iCAST 시스템을 위한 소프트웨어 개발, 6채널 헤미 스피커 개발 등에 참여하는 등 작품 발표 외에도 다양한 활동을 이어가고 있다.

방법론적 추상과 사회적 음악

작곡가 오예민과 나눈 대화는 '음악이 사회적이라는 말의 의미는 무엇인가' 하는 물음으로 나를 이끌었다. '음악과 사회'를 주제로 쓰일 『비평과 해석 사이 8권』에서 그의 작품 소프라노와 실황 영상 및 전자음향을 위한 〈시간 속 소녀〉(A Girl in Time, 2019)를 다루고 더불어 인터뷰를 진행하고 싶다는 나의 메일에, 작곡가 오예민은 '좋다'면서도, 사회적인 음악 작품을 작곡하는 것에 대한 길고 긴 생각을 함께 적어 회신해 왔다. 정성스럽고 상세한 생각이 담긴 답장의 요지는 다음과 같았다. 사회적인 주제보다는 "과학이나 자연 현상과 같은 보편적인 주제"를 다루는 작품을 작곡하는 것에 더 익숙하다는 것. 하지만 이상했다. 무엇보다 그가 보내왔던 메일 속 문장들은 그의 사회적 인식이 명민하면 했지, 그 반대는 아니라고 말해주는 것 같았다.

메일을 주고받고 시간이 얼마간 흐른 후 만난 인터뷰 자리에서, 나는 그에게 물을 수밖에 없었다. 사회적이지 않은 음악이 있을 수 있는가, 하고. 인간의 존재 자체가 사회적이라고 할 때 인간의 모든 산물을 사회적인 것이라고 할 수밖에 없지 않은가, 하고. 그와 대화를 나눌수록, 그가 말하는 "과학이나 자연 현상과 같은 보편적인 주제"가 무엇인지, 그가 음악으로 하려는 것이 무엇인지 조금은 이해할 수 있었다. 그런 생각을 풀어놓기까지 사회에 속한 한 명의 구성원으로서, 그중에서도 음악을 만드는 작곡가로서 그가 해 온 고민과 사유의 시간이 결코 모자라지 않았을 것이라는 점 또한.

추상: 개별에서 보편을, 분절에서 총체를

작곡가 오예민이 음악에서 구체적인 이야기를 다루는 방식은 그 자체로 음악을 닮았다. 특수한 주제를 보편으로 끌어올리는 작업은 추상으로서의 음악의 존재 형식을 떠오르게 한다.

뜬구름 잡는 이야기가 될 수 있으므로 '추상으로서의 음악의 존재 형식'이 무엇인가를, 일단 명확히 해야 한다. 추상(abstract)은 개별적인 대상에서 그 대상을 그것이게끔 하는 속성을 추출해 내는 일이다. 가령 은행나무, 벚나무, 버드나무처럼 다 다른 존재인 이 나무들을 '나무'라고 부르는 것은, 줄기가 있고, 잎이 나고, 땅에 뿌리를 내린다는 공통된 속성을 개별 대상에서 추출해 하나의 '보편 개념'으로 언어화한 결과다. 한편, 추상은 구체적인 언어로는 도저히 포착하지 못할 대상, 혹은 현상의 '총체성'을 끌어안는 일이기도 하다. 언어로 환원할 수 없는 감각, 언어로 표현하는 순간 언어 바깥으로 삐져나오고 마는 정서와 경험들을 분절 없이 전체로서 품는 것 또한 추상의 중요한 의미 중 하나다.

사회적인 음악이란 무엇인가

작곡가 오예민의 작곡 방법은 그런 의미에서 추상적이다. 가령 일본군 위안부 문제에서 출발하는 〈시간 속 소녀〉는 구체적인 역사적 문제로부터 현대의 청중에게 여전히 무관하지 않을 '보편적 물음'을 끌어낸다(작품 분석 참고). 또한 이 작품은 일본군 위안부 문제라는 무겁고 첨예한 주제를 담고 있음에도, 같은 주제를 다룬 여느 다큐멘터리를 볼 때의 충격, 분노와는 다른 감각을 불러낸다. 역사적 이야기를 사실적으로, 보고서처럼, 논리적으로 전달하는 다큐멘터리라는 매체와 다르게, 음악은 언어와는 다른 감정적, 감각적 차원의 경험을 주기 때문이다. 억울한 여인의 노래는 덤덤하고, 태연하고, 포기하고, 체념하고, 단념하지만, 동시에 슬퍼하고, 분노하고, 한탄하고, 짓이기고, 저주함으로써 해결되지 않은 문제적 역사가 품고 있을 '총체적 감각'을 초연히 불러 모은다.

그런 점에서, 추상적인 그의 작업은 사회적 인식과 분리되지 않는다. 그의 음악에서 사회적 인식은 '내용'이 아니라 '방법론'에 각인된다. 논쟁적이거나 첨예한 구체적 사건은 인류 보편의 물음으로 추상화된다. 그의 또 다른 작품 〈결정된 혼돈〉(Deterministic Chaos No. 1~2, 2010, 2015)에서처럼, 그 보편의 물음은 나와 아무런 관계가 없어 보이는 특수한 사건이 어째서 나에게도 문제를 일으킬 수 있는가를 생각하게 한다. 사고를, 사건을, 역사를 보편적 문제로 되돌리는 일, 곧 구체적인 이야기를 추상화하고, 그것을 음악의 감각적 총체성으로 끌어안는 그의 방법론은 사회적 인식과 물음에서 스스로를 분리하지 않는 음악가의 작업이, 또 그의 음악이 얼마나 사회적인가를 보여준다.

소프라노, 라이브 비디오, 전자음향을 위한 〈시간 속 소녀〉
(A Girl in Time for Soprano and Live Video and Electronics, 2019)

제의로서의 음악, 죽은 자의 소리를 불러내기

〈시간 속 소녀〉는 일본군 위안부 문제에서 출발한다. 영문도 모른 채 끌려간 소녀들의 비통한 기억을 회상하는 이 작품을, 작곡가는 '시간'이라는 주제로 풀어낸다. 이 작품에는 소프라노와 실시간 비디오 및 전자음향, 스피커에서 흘러나오는 녹음된 말소리, 위안부 다큐멘터리의 파편 영상이 포함된다. 약 9분가량 연주되는 곡이지만, 악보는 단 한 페이지. 구조적으로도, 재료적으로도 단순한 듯 보이지만, 그것들이 만들어 내는 의미론적 층위는 간단하지 않다.

음악은 I부와 II부로 구성된 대칭 구조로 완성된다. 먼저 I부. 음악이 진행되는 동안 중요한 소리 사건들의 기저에는 전자 음향이 안개처럼 깔린다. 그 위에서 두 가지 음악적 사건이 펼쳐진다. 스피커에서 나오는 할머니의 인터뷰 목소리와 무대 위에서 실시간으로 노래하는 소프라노의 목소리가 교대로 등장하는 것. 이때 할머니의 목소리는 다큐멘터리에서 발췌한 목소리 음원을 거꾸로 재생시킨 형태여서, 그것이 할머니 목소리임을 짐작하게는 하나 무어라고 말하는 것인지는 인식할 수 없다.

II부는 I부가 무대에서 수행하는 것을 실시간으로 촬영, 녹음하고, 그것을 정확히 거꾸로 되돌려 재생시키는 방식으로 펼쳐진다. 그러므로 I부에서처럼, 이번에도 전자 음향 위에서 할머니와 소프라노의 목소리가 교대한다. 그러나 II부는 녹음된 것을 거꾸로 돌린 것이므로, 이제 관객은 I부에서 인식할 수 없던 할머니의 말소리를 이해하게 되는 한편 소프라노의 노랫말을 알아들을 수 없는 처지에 놓인다. 역재생된 소프라노의 소리는 할머니 말소리에 대한 메아리인 듯, 혹은 음향적 주석인 듯, 할머니 목소리 사이사이에 끼어들어 기묘한 감응을 형성해 낸다.

그러므로 여기에는 여러 층위의 시간들이 복잡하게 겹쳐지게 된다. 일정하게 흐른다고 인식되는 실시간의 흐름 위에서, 음악의 I부는 그것을 따라서, II부는 그것을 거스르며 진행된다. 게다가 I부의 할머니 목소리와 II부의 소프라노 노랫말은 각각 그 안에서 거꾸로 흐르는 시간이 된다. 이렇듯 이 작품에서 시간은 실시간, 음악 형식의 시간, 음악 재료의 시간과 같이 여러 층위의 복합적인 시간이 압축적으로 포개진다.

이와 같은 시간 조작은 실시간 연주와 녹음이 공존하고, 무대 위 현재와 다큐멘터리에 나오는 과거의 역사적 시간이 중첩됨으로써 강화되지만, 무엇보다도 소프라노와 할머니의 소리가 수반하는 목소리의 음향적, 언어적 층위를 통해 가장 효과적으로 발휘된다. I부에서 의미적 차원에 놓이는 것은 소프라노의 가사(위안부 할머니 인터뷰 중 발췌한 문구, 악보 참조)이고, 음향적 차원에 놓이는 것은 거꾸로 재생되는 할머니 목소리다. 그러나 II부에서는 I부에 발생한 소리가 전체적으로 역재생됨으로써, 이제 의미의 중심은 할머니 목소리로 이동한다. 다시 말해 II부에서 의미적 차원의 소리는 할머니의 목소리, 음향적 차원의 소리는 거꾸로 재생되어 가사 전달의 기능을 잃은 소프라노의 노래가 감당하게 되는 것이다.

음악의 시간 조작을 통한 이러한 흐름은 이 작품을 하나의 '음악적 제의'로 만든다. I부에서 스피커를 통해 역재생되는 할머니 목소리는 실체도 없고 무슨 말인지 알아들을 수도 없지만, 그것이 무대 위에서 실시간으로 노래하는 소프라노의 목소리를 통해 마침내 II부에서 의미를 획득하기 때문이다. 바로 그런 점에서 소프라노는 죽은 자(혹은 죽음과도 같은 침묵 속에 있는 자)를 이승으로 불러오는 '사제'가 된다. 사제(소프라노)가 부르는 실시간 노래(혹은 주문)를 통해, 시간 속에 갇혀있던 할머니의 목소리(I부)가 마침내 말하기 시작(II부)하는 것이다. 그러므로 이 작품은 음악의 복합적인 '시간 구조'와 영상 매체를 통한 '기법' 자체가 소프라노를 사제로, 할머니의 목소리를 죽은 자로 은유함으로써 이 곡을 음악적 제의로 사건화한다.

그러므로 이 작품 제목의 '소녀'(Girl)는 여러 의미로 새길 수 있다. '소녀'가 만일 할머니의 목소리라면, 이 작품 제목은 '시간 속에 갇힌 소녀'(I부), 혹은 '시간에서 불려 나온 소녀'(II부)로 이해할 수 있다. '소녀'가 만일 소프라노의 노래라면, 그것은 현 시간에서 과거의 목소리를 깨우는 소녀이자, 시간 속에 갇힌 소녀의 화신이 되어 그 고통을 다시 경험하는 사제가 된다. 그뿐일까. 그 '소녀'는 차원을 달리하여 다시 한번 확장된다. '소녀'가 만일 우리, 청중이라면, 이 작품은 이제 윤리적 물음이 된다. 이 음악적 제의에 참여하는 현대 청중에게 이렇게 묻는 것이다. 시간 속에 갇힌 것은 누구인가? 침묵 되어 온 목소리는 무엇인가? 지금도 침묵 당하는 소리는 무엇인가? 우리는 무엇에 귀를 열어야 하겠는가?

[연주영상 보기]

A Girl in Time

Yemin Oh

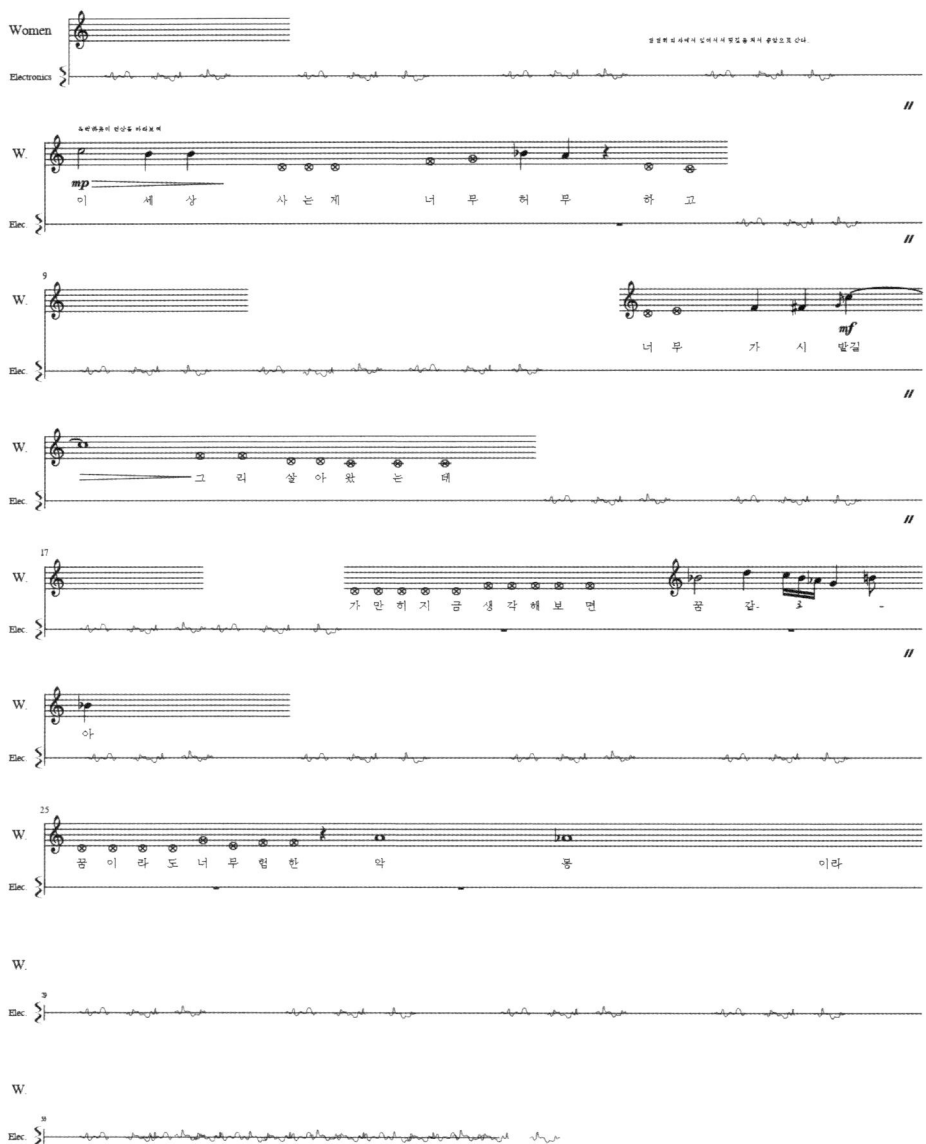

2025년 6월 13일 금요일 오후 2시
서울 창천동 스터디 카페

박수인: 어렸을 때 어떤 어린이였을지 궁금해요. 어려서부터 코딩을 좋아하셨다고, 다른 글에서 읽었거든요. 코딩을 좋아하던 어린이가 어쩌다 작곡가가 되었을까요?

- 오예민: 아버지가 작곡을 하셨어요. 어머니도 피아노 학원을 운영하셨고요. 그러니까 어렸을 때부터 자연스럽게 음악 환경에서 자랐다고 할 수 있겠죠. 그런데 전 그런 환경에서 자연스럽게 음악을 좀 멀리하고 싶었던 것 같아요. 저희 집은 음악학원이 있는 건물 위층에 있었거든요. 제가 집에 가기 위해서는 항상 학원을 지나가야 했어요. 그런데 아이들이 치는 음악은 다 거기서 거기잖아요. 그걸 매일 듣는 것도, 저 또한 그걸 치고 있는 것도 다 재미없고 지루했어요. 제가 너무 지루해하니까, 어머니께서도 딱 6학년 때까지만 피아노를 가르치셨어요.

박수인: 그러다가 다시 음악으로 관심을 돌리게 된 계기가 있으신 거예요?

- 오예민: 제가 중학생 때 교회에서 피아노 반주자를 구했어요. 피아노를 아주 잘 치진 않았지만, 아무튼 제가 반주를 해야 하는 상황이었어요. 그런데 한동안 피아노를 안 치다 쳐서 그런지 재밌더라고요. 게다가 교회에서 피아노 반주 좀 해 본 분들은 아시겠지만, 악보에 있는 대로 안 치잖아요. 주어진 코드에 따라 좀 자유롭게 쳐야 하니까. 악보에 있는 걸 그대로 치는 것에 별로 흥미를 느끼지 못했었는데, 이렇게 치는 건 재밌었어요. 그래도 여전히 음악을 전공하겠다는 생각은 안 했었어요. 고등학교 1학년 때까지도 코딩에 빠져 있었거든요.

박수인: 그럼 그때까지도 지금처럼 음악가가 될 줄은 모르셨겠네요.

- 오예민: 전혀 생각 없었어요. 사실 그때 코딩을 재밌어했던 게, 게임하면서 코딩을 배워서예요. 물론 코딩학원에 다니긴 했지만, 학원에서는 그런 거 안 알려주거든요. 게임 안에서 코드를 해석하고 그걸 바꾸면 이미 알던 게임이 전혀 다른 것이 되는 식이었어요. 그래서 누가 시킨 것도 아닌데 코드 짜는 걸 연구하고 계속 쳐다보고 그랬던 것 같아요. 그때까지 전 제가 공대 가는 줄 알았어요.

하여튼, 그러다 어떤 계기로 음악을 전공하기로 마음먹은 거예요. 그러고서는 아버지랑 먼저 공부를 시작했어요. 그러고서 아마 본격적인 입시를 한 건 고등학교 3학년 때였던 것 같아요. 음악 이론, 화성학 이런 공부들을 특히 재미있어했던 게 기억나요. 그렇게 작곡 전공으로 대학에 진학하고, 제가 지금 하고 있는 컴퓨터 음악이란 분야가 있다는 걸 알게 된 건 군대 다녀오고 나서예요. 작곡이 조금 지루해지던

찰나에 만난 새로운 세계였어요. 코드를 짜서 새로운 소리를 만든다… 엄청난 희열이 있었어요. 0에서부터 소리를 하나하나 만들어 내고 그 소리로 음악을 만드는 거니까요. 그렇게 지금까지 이어진 거예요.

박수인: 기본적으로 새로운 것, 그리고 만드는 것을 좋아하시는 것 같아요. 피아노도 악보대로 치는 것, 늘 똑같은 것만 듣고 치는 것은 질색이지만 코드 보고 원하는 대로 그때그때 새롭게 치면서 흥미를 느끼셨다고 했는데, 코딩이나 컴퓨터 음악도 마찬가지인 것 같아요. 아무것도 없는 것에서 무엇인가를 차츰차츰 만들어 가는 과정을 즐기시는 것 같아서요.

좀 다른 이야기이면서도 이 대화를 종합하는 질문이 될 것 같은데요, 작곡이 소리로 무언가를 말하는 일이라고 할 때, 선생님이 작품을 통해 말하려는 것은 무엇일까요?

- 오예민: 이번 『비평과 해석 사이』의 주제가 음악과 사회니까, 그 이야기를 좀 해볼 수 있을 것 같아요. 제 개인적인 생각이지만, 제가 아는 대부분의 작곡가들은 사회적인 현상을 작품의 주제로 삼는 것을 아주 선호하지는 않는 것 같아요. 저도 어느 정도는 그렇다고 할 수 있고요. 그게 약간 조심스러운 이유가 있어요. 하나는 제 작품이 하나의 관점으로 세계를 바라보는 협소한 이야기를 담게 될 것 같은 우려 때문이고요, 또 하나는 제 음악이 꽤 긴 시간을 관통하면서 사람들에게 의미 있게 들렸으면 하는 바람에서예요. 제 작품이 담은 이야기가 한 시대,

한 시점에만 제한되는 거라면 오래가지 못할 거예요. 그러다 보니 자연스레 자연적이고도 과학적인 현상, 혹은 우주나 신의 존재에 관한 이야기들을 펼치게 되는 것 같아요.

박수인: 그런데 이런 생각도 들어요. '그게 정말 가능할까?' 그러니까, 사회적인 무언가를 담지 않는 것이 가능한가 하는 물음이에요. 일단 어디까지를 '사회'라고 할 것인가 하는 것도 문제예요. 자연 현상이 아무리 객관적이라고 해도 인간적인 관점으로 바라보는 자연일 거구요. 과학도, 사실 마찬가지잖아요. 과학적 사실이라고 하는 그 '사실' 역시도 시대를 지나면서 전복되기도 하니까요. 아주 객관적이고 시대를 초월하는 보편적인 생각, 혹은 가치라고 하는 것도 결국에는 언젠가 변한다는 것은 그것이 곧 인간적인 이해 안에서 벌어지는 현상일 수 있다는 생각이 들어요. 그렇다면 이 모든 것이 사회적일 수밖에 없지 않나, 싶은 거예요.

- 오예민: 그럴 수 있죠. 맞아요. 그 말 충분히 이해가 가요. 저는 사회적인 현상을 음악으로 표현한다고 할 때, 어떤 사회적인 가치, 혹은 정치적인 가치에 대한 '판단' 같은 걸 생각한 것 같아요. 그러니까 나의 어떤 가치판단이 음악 작품 안에 담기기보다는, 어떠한 문제의식, 혹은 주제를 그냥 중립적인 상태로 보여주고 싶은 거예요. 하나의 문제에 관해 사람들은 아주 다르게 생각할 수 있어요. 그렇지만 그 문제에 대해서 '이야기한다'는 점만은 같을 수 있잖아요. 그래서 제가 생각하는 어떤 가치판단을 작품에

표현하기보다, 오히려 내 생각의 대척점에 있는 사람이라도 납득할 만한 이야기를 작품에 담고 싶은 거예요. 그게 동시대 사람만이 아니라 아주 나중의, 미래의 사람이라도요.

박수인: 이야기 나누다 보니, 무슨 말씀인지 좀 더 또렷해지는 것 같아요. 선생님 이야기를 처음 들었을 땐, 사회적이지 않은 인간적 산물이 있을 수 있을까, 라는 생각이 들었지만, 듣다 보니 제가 잘못 이해했다는 생각이 들어요. 그러니까, 아주 구체적인 주제를 직설적인 방식으로 이야기하기보다, 그 주제를 보편의 문제, 일반의 차원으로 끌어올려서 다루고 싶으신 거 같아요. 그러니 지금 사회적인 현상과 음악에 관한 이야기를 하면서, '자연 현상' '객관' '과학' '중립' 같은 말들을 쓰신 것을 이런 맥락에서 이해할 수 있을 것 같아요. 구체적인 문제를 보편의 이야기로 차원을 바꾸려는 접근을 지향한다는 것으로요.

- 오예민: 맞아요. 그러니까, 중의적인 표현, 혹은 은유 같은 걸 통해서 직설적인 이야기의 또렷함을 흐릿하게 하는 것이라고 할 수 있어요. 하나의 음악이라도, 하나의 이야기라도 그것을 받아들이는 사람들이 전부 다르게 이해하고, 판단하고, 생각하고, 느낄 수 있을 거고요. 이렇게 다양한 수용의 스펙트럼을 가질 수 있는 것 자체가 현대음악이 가진 매력이 아닌가 하는 생각도 해요.

박수인: 이번 『비평과 해석 사이』에서 다루는 작품 〈시간 속 소녀〉가 일본군 위안부 할머니들의 이야기에서 시작한 것으로 알아요. 이 작품이야말로 사실 아주 구체적인 주제를 다루고 있죠.

- 오예민: 사실 제가 이렇게 구체적으로 정치적이거나 사회적인 작품을 다룬 경우는 많지 않아요. 이 작품의 제목을 지을 때도 고민이 많았어요. 원래 처음 생각했던 건 영어 제목에서 소녀를 'A Girl'이 아니라 'The Girl'이라고 썼었거든요. 그런데 이 이야기가 그저 일본군 위안부 할머니만의 이야기만은 아니길 바랐어요. 우리 모두의 이야기일 수 있으니까요. 그래서 나중에 'The'를 'A'로 바꾸게 되었죠.

박수인: 저 역시 이 제목이 아주 매력적이라고 생각했어요. 작품 분석 파트에서 더 자세히 다루었지만, 〈시간 속 소녀〉를 아주 다양하게 해석해 볼 수 있겠더라구요. '시간 속에 갇힌 소녀', 혹은 '시간에서 불려 나온 소녀'만이 아니라, 지금 말씀하신 것처럼 'Girl'이 이 음악을 듣는 현대 청중 보편을 암시할 수도 있고요. 구체적인 주제를 보편의 문제로 끌어올리려는 시도가 아주 적절하게 나타난 예가 아닌가 싶습니다.

환경과 자연: 조화와 공생의 류流

기조 강연

박준영 (작곡가, 경희대학교 교수)

인간은 늘 환경과 자연에 영향을 받고 적응해 왔다. 인간이 만든 음악도 마찬가지로 환경과 자연에 영향을 받아왔고 작곡가들은 이러한 것을 반영해 왔다. 오늘날의 음악인 현대음악에 사용되는 현대라는 단어는 우리가 사는 동시대의 환경을 지칭하는 것이라 하겠다. 서양음악사적으로도 음악 예술은 동시대의 유럽의 환경을 잘 반영해 왔고 바로크 시대는 다른 시대보다 많은 종교음악들과 오르간의 아우라를 느낄 수 있으며 고전 시대는 귀족들을 위한 희유곡 엄격한 형식 위주의 소나타 등의 형식미를 그리고 낭만 시대는 그 많은 문학 작품들의 음악화와 이후 민족주의와 함께 국민악파 등이 출현하였다. 이런 유럽의 음악사적 변화는 각 시대의 환경을 작곡가들이 음악 재료로 반영한 결과이며 그러한 것들을 통해 청중은 그 시대 유럽의 리얼리즘을 느끼게 된다.

1. 한국 현대음악에 현대가 있는가?

앞에서 이야기한 유럽의 음악환경과 역사는 19세기 이후 동시대성의 지역적 확산으로 인하여 지구촌이라는 단어도 생겨났고 지구 반대편의 일도 남의 일이 아니며 막대한 영향을 점점 더 받으며 살고 있다. 음악 예술도 과거 19세기까지의 각자의 문화가 아니라 동시대성의 보편성을 추구하게 되었다. 과거 제국주의 시절 힘의 논리와 비슷하게 문화도 제 3세계가 유럽과 미국의 영향을 훨씬 더 많이 받게 되어서 문화 예술도 수입된 측면이 강하고, 우리가 사는 세상을 예술이 잘 반영하는 지에 대하여 생각하게 되었다. 한국의 현대음악은 해방 전 홍난파 이후로 지금까지도 작곡가에게 보이는 세상에 대하여 느끼는 감정을 수입된 서양의 재료를 활용하여 반영하려는 시도에서 많이 앞으로 나가지 못한 것 같고 그런 정체성의 혼란은 비단 문화 예술의 영역만의 문제가 아닌 정치 경제 사회 모든 분야의 문제이기도 하다. 그런 측면에서 백남준은 매우 돋보이는 한국계 예술가이고 그는 새로운 예술적 재료를 예술사적으로 지구촌에 제공하였다. 그러한 독특한 형태를 제외하고 한국 음악 예술이 지구촌에 제공할 만한 현대성이 있는가에 대하여 여전히 의문이 있을 수밖에 없다.

2. 환경과 자연이 예술에 어떻게 반영되는가?

서양음악사적으로 비발디의 사계나 베토벤의 전원, 쇼팽의 빗방울 전주 등과 같이 자연을 묘사한 음악을 낭만시대로 오면 더 많이 발견할 수 있다. 현대로 오면 리게티의 〈아트모스페어〉나 펜데르츠키의 〈히로시마의 애가〉 등이 있다. 우리 국악은 더 환경친화적이고 악기나 소리도 자연에 반하지 않으려는 경향을 가지고 있고 자연 안에서 아름다움을 추구한다.

3. 예술에 있어서 계몽의 문제

현대를 사는 우리는 환경문제를 포함한 많은 위험에 노출되어 있고 과거와 달리 그러한 위험을 많은 사람들이 인지한다. 문화 예술은 사실 이러한 문제에 있어서 정치와 대척점에 있다. 정치는 이러한 위험을 알리고 계몽하여 적극적으로 해결하려는 노력을 하는 역할이라면, 문화 예술은 그러한 것을 작품에 반영하고 현재를 아름다움으로 기록하는 역할이다. 만약 예술이 환경문제에 있어서 적극적인 계몽의 역할을 하게 되면 그 자체가 프로파간다가 될 수 있고 정치 음악이 될 수 있다. 가까운 예로는 새마을 노래가 있고 북한의 예술음악은 대부분 정치 음악이라 할 수 있겠다. 아니면 앞서서도 이야기 한 바와 같이 환경문제를 이용하여 작곡가에게 보이는 세상에 대하여 느끼는 감정을 수입된 서양의 현대적인 재료를 활용하여 그럴듯한 현대풍의 음악으로 탈바꿈 시키는 것이다. 환경과 자연을 반영했는지 이용했는지는 이후 음악사가 평가를 하리라 생각한다.

베토벤의 음악 중에 가장 계몽에 가까운 음악은 개인적으로 〈교향곡 9번〉이라고 생각한다. 물론 텍스트로 인하 그렇다고 해도 텍스트의 선택도 작곡가의 몫이다. 현대에 와서도 슈톡하우젠의 〈빛 시리즈〉도 개인적으로 베토벤스러운 계몽이라고 생각한다. 많은 예술가가 다양하게 아름다움을 만들어 내고 있지만 음악사적으로 적극적인 계몽이 남긴 흔적은 미미하다. 독일의 현대음악작곡가 니콜라우스 아 흐버(Nicolaus A Huber)는 68학생 운동 세대로 음악을 통해 세상을 바꿀 수 있다고 생각하고 노동 리듬으로 비롯된 리듬 작곡이라는 형태의 작곡을 한 작곡가이다. 언젠가 한국에서 강연할 때 전해 듣기로 이분이 은퇴 후에 음악으로 세상을 바꿀 수 없다는 걸 깨닫는 순간 스트라빈스키가 음악으로 들리기 시작했다고 이야기했다고 한다. 그전에는 스트라빈스키가 음악으로 안 들렸고 정의를 실현하는 것이 아름다움이라고 믿은 것이다. 그것은 정치의 영역이라고 개인적으로 생각하고 사실 그것과 예술은 가능한 한 멀리 있어야 더 예술적이라 생각한다. 시대가 바뀌어 인공지능과 가상현실 등의 새로운 현대적인 환경이 조성되고 있고 이러한 환경을 새로운 세대는 어떻게 예술로 반영할 것인지 자못 궁금하다.

디스토피아 미리 체험: 사회를 전율시키며 진동하는 음악의 경고

서울대학교 공과대학 원자핵공학과 최창인

"사회적 문제에 대해 음악가들은 무엇을 할 수 있는가?" 늦가을이 되도록 가실 줄을 모르던 한여름의 더위처럼, (사)음악미학연구회(대표: 오희숙)와 (사)한국작곡가협회(이사장: 이경미)가 공동주최하여 10월 19일 서울대학교에서 열린 한국창작음악연구 '비평과 해석 사이' 학술포럼은 이 질문에 답하고자 한 작곡가들과 음악학자들의 논의로 뜨겁게 달궈졌다. 사회 참여에 있어서 분명 음악은 메시지의 전달자로서 그 역할을 톡톡히 해내 왔다. 음악은 연대의 표상으로서 뜻을 함께하는 군중을 결집하기도 하고, 외부로 하여금 메시지를 전달하는 가장 직관적인 방법으로 활용되었다. 사회 운동이 있는 곳에는 음악이 뒤따랐고, 사람은 음악이 선도하는 길을 따라 전진했다.

그러나 메시지 전달자로서의 음악은 필경 그 자체로 기능하는 것이 아니라 텍스트의 도움이 수반된 형태로 존재해 왔다. 사회 운동을 함에 있어 사람들은 음악 자체로 뜻을 환기하기보다는 "집단이 공감하고 공유하는 내용의 가사를 함께 부른다"라는 데에서 메시지를 인식하고 각인하기 마련이다. 따라서 음악학자들의 고민은 "음악가들이 순수한 음악으로써 사회적 문제에 대해 무엇을 할 수 있을까?"가 되어야 마땅하다. 이번 학술포럼에서 환경을 화두로 한 한국 작곡가들의 작품과 음악학자들의 분석으로 말미암아, 필자는 음악이 음악 그 자체로 텍스트보다 더 강력한 메시지 전달자로서 사회 참여에 이바지할 가능성을 발견하였다.

이민희 연구자는 박명훈 작곡가의 〈베이스 플루트, 바리톤 색소폰 그리고 피아노를 위한 '오염된 땅'〉(2024) (이하 '오염된 땅')에 대해 발표하였다. 〈오염된 땅〉은 전자음악을 통해 음악 외부의 의미를 환기하는 한편, 슬랩 텅잉 등 각 악기가 낼 수 있는 특수 음향을 활용하여 청자에게 독특한 음악적 경험을 제공한다. 전자음악을 통해 제시되는 소음은 악기에서 흘러나오는 선율과 함께 뒤섞여 마침내 선율과 화성으로 나아가며, 최종적으로는 전자 음향이 음악 전체를 감싸게 된다. 이때 불규칙한 리듬의 노이즈가 지배하는 공간에 간헐적으로 고른 리듬의 연주가 등장하고, 클라이맥스로 나아갈수록 불규칙한 피아노의 어택과 화음이 이들과 결합하다 종내에는 느린 단 3도의 연타 속에서 관악기 주자들이 퇴장하는 것으로 마무리된다.

이민희 연구자는 〈오염된 땅〉이 직접적으로 환경을 살리자는 메시지를 제시하거나 구체적인 사례를 작품에 차용하는 것은 아니지만, 위와 같이 추상적인 음향의 변화를 통해 "무언가가 사라지고 있다"는 느낌을 만들어낸다고 설명한다. 〈오염된 땅〉에서 전자음악과 실황 연주는 섬세하게 상호작용을 하면서 긴장감을 쌓아올리고, 음향적으로 독특한 모티브를 제시함으로써 전 지구적인 소멸의 공간을 직조해 낸다. 더하여 단3도의 '장송곡' 무드가 흘러나오는 가운데 퇴장하는 연주자는 '죽음'과 '소멸'의 강렬한 이미지에 쐐기를 박는다. 청자는, 작곡가가 창조한 음악적 공간 속에 머물면서 사라짐을 체험하고 이제 시간이 얼마 남지 않았다는 경각심을 높이게 되는 것이다.

반면 이창성 연구자는 보다 명료하고 직관적인 최한별 작곡가의 음악적 아이디어에 주목했다. 〈멸종위기 동물의 사육제〉(2022)는 카미유 생상스의 〈동물의 사육제〉 등 익숙한 음악들을 인용하고 뒤틀어버림으로써 기후 위기와 환경 파괴에 대해 경고하고 있다. 특히 이창성 연구자는 12개의 악장 중 제1곡 "바람의 경고"와 제2곡 "굴포천 맹꽁이", 제11곡 "백조"에 관하여 발표하며 작품에 사용된 음악적 기법과 그 속에 함의된 환경 문제를 구명하고자 하였다. "바람의 경고"는 〈동물의 사육제〉의 첫 번째 곡인 "서주와 사자왕의 행진"을 인용하는 한편 관악기의 바람 빠진 소리, 원곡에 대조하여 두터워지지 않고 엷어지는 질감의 음향을 통해 '바람만 부는 황량한 초원'의 이미지를 연출하였다. "백조"의 경우 원곡을 길게 제시하다가 이를 변형하고 와해시키는 한편, 제1곡에 나온 황량한 바람의 모티프를 저등장시킴으로써 소멸의 이미지와 환경 파괴의 메시지를 환기한다. 플롯의 터닝으로 연주되는 이 바람의 모티프는 작품 전반에 걸쳐 제시되며 공허하고 메마르게 변하는 환경을 끊임없이 인식시킨다. 이창성 연구자는 〈멸종위기 동물의 사육제〉가 다소 현학적으로 들릴 수 있는 현대음악의 여러 기법을 재치 있게 풀어냄으로써 파괴되어 가는 자연물의 이미지를 음악적으로 충실하게 구현해 냈다고 설명한다. 아울러 그는 최한별 작곡가가 진정으로 전하고자 했던 메시지가 제2곡 "굴포천 맹꽁이"에 있다고 해석했다. "굴포천 맹꽁이"는 상술한 두 곡과 다르게 피아노 클러스터나 목관을 통해 맹꽁이가 펄쩍 뛰어오르는 모습을 그려내는데, 자연물의 멸종위기라는 절망적인 상황 속에서도 여전히 생동하는 생명들은 "우리가 노력한다면 회복될 수 있다"라는 긍정의 전언이자 최후의 희망을 노래한다는 것이다.

이예지 연구자가 소개한 이문희 작곡가의 작품은 시청각적으로 전방위적인 자극을 통해 환경 파괴에 대한 색다른 예술적 경험을 제공한다. 〈독주 타악기와 앙상블을 위한 "재활용 협주곡"〉(2023)은 페트병과 같은 소재를 악기화하고, 온실가스에 관한 여러 뉴스 장면들을 재편집하여 "온실가스"라는 단어를 반복적으로 제시하는 등 일상에서 발견할 수 있는 요소들을 적극적으로 활용한다. 이예지 연구자는 이러한 이문희 작곡가의 방법론을 "낯설게하기"로 요약한다. 일상의 익숙한 것들이 낯선 요소들로 변모하면서 청자는 시청각적인 충격을 받으며 환경 문제에 대한 경각심을 극대화하게 된다. 특히 뉴스와 같이 흔히 접할 수 있는 시청각적 매체를 음악과 융합함으로써 보다 직관적으로 메시지를 전달하고자 했다고 이예지 연구자는 설명한다.

한편, 세 작곡가가 기후 위기에 대해 경고한 것과 달리 이혜성 작곡가는 녹음이 우거진 산사의 모습과 그 속에서 사유하는 인간의 모습을 그려낸다. 안정순 연구자는 〈산사〉(2006)에서 마림바와 다양한 타악기가 산사의 고즈넉한 풍경과 수도승의 복잡한 감정 변화를 묘사하며, 자연이란 무엇인가에 대한 순수한 사유가 투영되어 있다고 설명한다. 특히 3악장은 무대 조명을 끄고 연주하여 관객이 청각적으로 더욱 몰입하게 할 수 있다고 소개한다. 또한 연구자는 〈산사〉에서 곡 전체에 걸쳐 등장하는 "산사 스트로크" 주법에 주목하는데, 이는 수도승의 목탁 소리를 재현하며 자연과 인간의 감정이 교차하는 순간을 포착한다고 이야기한다.

사회 참여는 각인이 인류 앞에 닥친 거대한 변화가 자신의 삶에도 스멀스멀 엄습하고 있음을 인식할 때 이루어진다. 그러나 현대 사회의 인문·자연환경은 신속하게 변화하고 있으며, 산발적이고 과포화된 정보량은 개개인의 시선을 쉬이 분산시키고 하나의 아젠다에 집중하기 어렵게 만든다. 한편 음악 예술의 공간은 현실 세계의 현상을 압축해 둔 강렬한 시뮬라크르이며, 그 속에 놓인 사람은 불과 수십 미터의 거리를 타고 직접적으로 전파되는 음악의 메시지에 귀 기울이게 된다. 이내 〈오염된 땅〉의 전자음악이 그러하였듯, 〈멸종위기 동물의 사육제〉에서 흘러나온 생상스의 선율이 그러하였듯, 〈재활용 협주곡〉의 플라스틱병이 그러하였듯, 가사 한 줄 없이도, 우리는 시나브로 괴이하게 뒤틀리고 변형되는 음악 속에서 '변화'를 인식하게 된다. 그리고 공연장을 헤쳐나오면 마침내, 어둠 속으로 묵연히 침잠하는 세계의 현실을 목도하는 것이다.

작곡가 루이지 노노(Luigi Nono, 1924-1990)는 아우슈비츠를 배경으로 전자음악을 작곡하면서 계획한 음향 공간에 대하여 "관객으로 하여금 상상을 초월하는 감정적 동요를 일으킨다"라고 표현하였다. 피부를 타고 흐르는 소리 에너지는 전신을 진동시키고 감각을 전율케 한다. 그리고 감각을 통한 '공포의 체험'은 사회 문제를 마음에 각인하고 두뇌를 성찰케 한다. 과학은 설명하지만, 예술은 설득한다. 말을 삼킨 음악이 "말보다 더 유창하게" 환경 보호의 담지자로서 역할한다는 것, 이 사실이야말로 전 지구적 위기 앞에서 번쩍이는 음악의 가치이다.

환경을 묻고 재료와 현재로 답하다

서울대학교 음악학 석사과정 김가온

환경, 더 이상 우리의 삶에서 떼려야 뗄 수 없는 키워드가 되어버렸다. 하루가 다르게 환경 문제는 심각해지고 있으며, 그 경각심을 불러일으키는 기사는 매일매일 업데이트되고 있다. 이에 예술가들도 자신의 작품에서 환경을 다루게 되었고, 환경 문제를 주제로 하는 예술 작품들이 계속해서 탄생했다. 이러한 시류 속에서 음악가들은 어떻게 환경을 다루고 있을까? 10월 19일, 서울대학교 220동에서 열린 '한국창작음악 비평과 해석 사이; 조화와 공생의 류 세미나(이하 '비평과 해석 사이 세미나')'를 통해 그 방법과 결과를 엿볼 수 있었다. 세미나는 총 2부 구성으로, 1부는 작곡가 박준영의 기조강연과 함께 4편의 작품을 소개하였으며, 2부는 음악학자, 평론가, 작곡가의 토론을 통해 음악이 환경을 다루는 방법을 살펴볼 수 있었다.

예술로서 음악이 환경을 다루는 방법과 방향은 기조강연에서 살펴볼 수 있었다. 작곡가 박준영은 재료와 현재를 중심으로 창작음악이 나아갈 방향을 제시했다. 지금까지의 서양음악과 예술은 동시대의 유럽을 담아낸 음악에서, 제3세계를 반영하는 음악으로 확장해 왔다. 이를 위해 다양한 음악적 재료가 사용되었으며, 그를 통해 음악을 둘러싼 환경이 작품에 반영된다는 것이다. 따라서, 박준영은 작곡가가 전통적인 서양음악의 재료에서 벗어나 자신의 재료로 오늘날 대한민국의 환경을 표현할 것을 촉구한다. 그러나, 음악이 적극적으로 계몽하는 것에 대해서는 경각심을 드러낸다. 음악이 환경 문제를 드러낼 수는 있지만, '적극적인 계몽'으로서의 역할을 수행하게 되면 예술에서 벗어난다는 것이다. 해결을 위한 방법론을 제시하는 것이 아니라 현재의 아름다움으로 기억할 때, 비로소 예술이 된다고 지적한다.

이어진 발표들에서 소개된 음악들 역시 지금 여기의 환경을 다룬다. 흥미롭게도, 네 명의 발표자 모두 음악 작품 내부에서 찾아볼 수 있는 재료를 통해 음악 속의 환경을 설명하였다. 첫 번째 발표자인 이민희는 탁명훈의 《오염된 땅》을 발표하였다. 박명훈은 전자음향, 다양한 특수주법으로 대표되는 소음이라는 재료, 그리고 선율과 화성으로 대표할 수 있는 전통적인 재료를 함께 사용한다. 총 4개의 부분으로 나눌 수 있는 《오염된 땅》에서 노이즈는 밀도를 높이고, 긴장감을 유발해 소리를 증폭하는 역할을 수행한다. 전통적인 화성 재료는 첫 번째 부분에서 나타나기 시작해, 세 번째 부분에서 배경의 흐름을 멈춘 뒤 마지막 부분에서 단3도 음정을 11번 강타함으로써 '지구를 살릴 시간이 많지 않다'는 강한 메시지를 던진다. 그 후 퇴장하는 연주자 역시도 재료로 해석할 수 있는데, 이 퇴장은 죽음과 소멸을 나타내 작곡가가 던지고자 한 메시지에 힘을 실었다.

두 번째 발표에서는 작곡가 이혜성의《산사》가 안정순을 통해 소개되었다. 나무로 만들어진 마림바와 같은 타악기를 통해 산사를 표현하고 있는데, 나무 본연의 소리와 이혜성이 만들어낸 기법인 '산사 스트로크'라는 재료는 산사라는 자연을 영성이라는 아름다움으로 기억하게끔 한다. 산사 스트로크를 통해 작아지고 소박한 소리를 표현했는데, 이는 결국 자신을 볼 수 있는 '작은 자'가 되도록 인식하는 역할로 이어진다. 즉, 자기 중심적인 거대한 나 대신 자연과의 상호작용을 통해 '작고 가난한 나'가 되어야 한다는 의미를 담고 있는 것이다.

이창성이 세 번째로 발표한 최한별의《멸종위기 동물의 사육제》는 생상스의《동물의 사육제》를 재해석한 음악이다. 흥미롭게도 이 곡은 현재의 관점에서《동물의 사육제》속 동물들의 현주소는 어떠한지 꼬집는데, 발표자 이창성은 이들을 '바람'이라는 주제를 통해 바라보았다. 그에 의하면 위엄 있던《동물의 사육제》속 사자 대신 쓸쓸하게 빈 초원을 바라보는 사자의 모습으로 곡이 시작된다. '바람의 경고'라는 소제목처럼 관악기의 블로잉 기법이 허망한 초원의 바람을 나타내는데, 이 바람은 이후 이어지는 곡들에서도 등장해 음악을 하나로 모은다. 허망한 초원에서 시작했지만, 여전히 공생과 희망의 가능성을 주는 마지막 곡까지 '바람' 키워드를 통해 살펴볼 수 있었다. 발표자에 의하면 최한별은 '대상에 있어 있는 그대로의 모습을 담아내는' 작곡가다.《멸종위기 동물의 사육제》가 다루는 동물들 역시 음악에서 그대로 묘사되었고, 이 지점에서 작곡의 아이디어, 즉 소재가 된 '동물들' 역시 재료로 이해되었다. 발표자가 주목했던 제2곡 '굴포천 맹꽁이'는 절멸의 위기에 처했지만 굴포천 복원 사업 덕분에 다시 자연으로 돌아온 맹꽁이를 묘사한 곡으로, 암울한 중에도 희망의 메시지를 전달한다. 맹꽁이가 처했던 배경을 이해할 때 메시지를 받을 수 있다는 지점에서, 소재 역시도 재료가 되었다.

마지막 발표자인 이예지는 다양한 재료를 통해 환경을 이야기하는 작품, 작곡가 이문희의《재활용 협주곡》을 소개하였다. 총 6개의 곡으로 구성된 모음곡《재활용 협주곡》은 각 곡마다 '플라스틱류와 앙상블을 위한 과대포장', '종이류와 앙상블을 위한 coating' 등의 소제목을 붙여 재활용품을 악기로써 새로이 받아들이게끔 했다. 그뿐 아니라, 각 곡의 주제가 되는 소재와 유사한 질감의 악기를 함께 사용해 악기의 소리와 도구의 소리에 교집합을 만들어 냈다. 이예지는《재활용 협주곡》에 대해 기존의 정형화된 악기의 틀을 깨고 소리의 무한한 가능성을 입증했다고 평하였으며, 폐기물을 쓸모 있는 것으로 탈바꿈하는 재활용을 음악에 접목해 폐기물을 악기, 즉 음악으로 사용해 완성함으로써 음악의 재활용을 기대할 수 있는 음악이라고 설명했다.

2부 라운드테이블에서 지속된 논의에서는 동시대 자연과 환경에 대한 의식, 기후 문제라는 사회 이슈에 음악가가 접근하는 방식과 음악가가 할 수 있는 것, 그리고 환경을 주제로 한 음악의 지속 가능성에 대한 질문으로 논의가 시작되었다. 작곡가 강은경은, 작곡가들은 음악의 문제를 사회적 문제로 확장하고 자신이 처한 상황을 종합적으로 흡수해 각자의 방식으로 내놓는 사람이며, 결과물인 음악을 통해 사회적으로 담론을 불러일으킨다고 주장했다. 이러한 맥락에서 개인적인 반성의 경험담을 들려주며 이 반성이 집단적으로 이루어진다면 더욱 큰 의미를 가질 것이라고 말했다. '그렇다면 이를 표현하지 않을 수 있겠는가?'라는 질문을 던지며 현대의 작곡가, 그리고 창작음악의 의미를 다시금 강조했다. 작곡가 박명훈 역시 이전에는 전달할 수 있는 도구를 연구했다면 현재는 서로 다른 도구를 가지고 이슈에 대해 이야기하는 자들이 작곡가라고 말했다. 동시에 이는 결국 대세에 동참하겠다는 생각이 함께했을 것이라는 의견을 덧붙였다. 음악평론가 송주호는 소재를 통해 사람들과 소통을 이루어냈고, 이는 새로운 양식이라는 의견을 제시하였다.

작곡가는 다양한 재료를 통해 현재의 이야기를 음악으로 풀어내는 사람이다. '비평과 해석 사이 세미나'에서 21세기의 대한민국을 살아가는 작곡가들이 사용하는 재료를 통해 이들이 표현하고자 했던 메시지가 모였다. 이 메시지는 계몽을 목적으로 하는 것이 아니라, 우리 눈앞에 있는 환경과 자연에 대한 이야기를 하는 것이다. 비평가들은 작곡가들의 대화를 우리의 언어로 풀어내고, 음악 안에서 지나치기 쉬운 재료들을 짚어 그 안의 의미를 찾는다. 2024년 '비평과 해석 사이 세미나'는 비평가와 작곡가가 만나, '환경과 자연'이라는 키워드로 질문을 던지고 재료로써 표현하고, 현재의 문제를 음악으로 풀어내는 장이 되었다.

저자 소개 · 가나다순

권애영

경희대학교 성악과를 졸업하고, 서울신학대학교에서 합창지휘로 석사학위(MACM)를, 서울대학교에서 음악학 석사학위를 취득하였다. 서울신학대학교에서 강사로 재직한 바 있으며, 연주 현장에서 활동하던 중 음악이 우리의 삶에 어떤 가치를 지니는지에 대한 깊은 질문을 품게 되면서 음악미학 분야에 관심을 갖게 되었다. 한국현대음악 창작비평 시리즈 6권부터 필진으로 참여하고 있다.

김가온

성신여자대학교 작곡과 이론전공을 졸업하고, 현재 서울대학교 음악학 석사과정에 재학 중이다. 19세기 음악에 대한 관심을 바탕으로 다양한 탐구를 펼쳐나가고 있으며, 현재 음악미학연구회 산하 연주비평단체 '멜로스'의 필진으로 활동하고 있다.

김서림

서울대학교 음악학 석사 학위를 취득하고, 박사과정을 수료하였다. 이화여자대학교 건반악기과 피아노전공(부전공:언론정보학)을 졸업하였으며, 동대학원에서 피아노전공 석사학위를 취득하였다. 음악을 사용한 동시대 미술 작품과 미술관에서 음악이 수용되는 양상에 주목하여 연구를 수행하고 있으며, 근래의 음악과 비평에도 꾸준한 관심을 두고 있다. 2021년 한국서양음악학회 차세대음악학자 우수논문상을 수상했고, 2021,2022년에 서울대학교 학문후속세대 장학생으로 선정되었다. [한국창작음악-비평과 해석 사이] 시리즈 2권(관현악: 사람과 세계의 창窓)부터 필진으로 참여하고 있으며 KBS클래식FM "KBS음악실" 작가로도 활동하고 있다.

김연수

서울대학교 음악대학 작곡과 이론전공을 졸업하고, 현재 동대학원 이론·음악학 석사과정에 재학 중이다. 2024년과 2025년 연속으로 서울대학교 학문후속세대 장학생에 선정되었다. 학부 논문 "개념음악(Conceptual Music)의 양상과 미학 연구"에서 동시대 음악의 미학적, 문화적 함의를 탐구하였다. 주요 연구 관심사는 20, 21세기 현대 음악을 중심으로 한 실험적 작곡, 디지털 기술 활용, 그리고 음악과 사회적 담론의 교차점이다.

김예림

서울대학교 음악대학 작곡과 이론전공(부전공 심리학), 동대학원 석사 후 현재 음악학 박사과정에 재학 중이다. 현재 주로 하고 있는 연구는 음악과 심리학적/신경과학적 요소를 연결하는 것에 중점을 두고 있다. 특히 20-21세기 신기술을 활용한 음악에 집중하고 있으며, 현재는 바이오피드백 음악 연구를 진행하고 있다. 더 나아가 뉴로피드백 음악과 뇌-컴퓨터 음악 인터페이스 분야로 연구 범위를 좁혀, 작곡가들이 뇌파 데이터를 어떻게 다방면으로 활용하는지에 대해 탐구하고 있다.

김주희

성신여자대학교 작곡과에서 이론을 전공하고 서울대학교 음악대학 이론·음악학 석사과정에 재학 중이다. 음악미학연구회 연주 비평 프로젝트 '멜로스'에서 필자로 활동하고 있다. 음악을 미학적 관점에서 연구하는 것에 흥미를 갖고 있으며, 그중에서도 상호텍스트성과 관련된 작품 연구를 진행하고 있다.

노재현

서울대학교 음악대학 작곡과 작곡전공 및 동대학원 음악학과를 졸업하고, 프랑스로 건너가 에꼴노르말과 파리국립고등음악원에서 작곡과 이론 과목을 공부했다. 일드프랑스 대학과 스위스 사허재단 장학금을 받아 "제라르 그리제의 스펙트럴음악 탄생 과정: 친필악보, 받은 영향 및 시간성에 관하여"라는 연구 주제로 파리8대학에서 박사학위를 취득하였다. 2021년, 2023년 그리고 2024년 한국연구재단에서 지원받아 그리제, 메시앙 그리고 불레즈의 음악을 연구한 바 있다. 현재 ACL-Korea와 (사)음악미학연구회 이사로 활동 중이며, 숙명여자대학교 조교수로 재직 중이다.

마들렌 포군트케(Madlen Poguntke)

플루티스트이자 음악학자로서, 예술적 실천과 학문적 연구를 유기적으로 결합하는 작업을 하고 있다. 레겐스부르크 대학교에서 음악학 학사 학위 두 개와 중등학교 음악 교사 자격시험(Staatsexamen)을 마쳤다. 이후 뮌헨 국립음악연극대학교(Hochschule für Musik und Theater München)에서 플루트와 트라베르소 전공으로 각각 음악 석사 학위를, 뮌헨 루트비히 막시밀리안 대학교(LMU)에서는 음악학 석사 학위를 취득하였다. 주요 연구 분야는 역사적 연주 관행, 음악의 사회사적 맥락, 그리고 인공지능이 음악에 미치는 영향이다. 현재는 서울대학교에서 음악학 박사 과정을 밟고 있다. Jugend Musiziert(독일 청소년 음악 경연대회) 1위, Kulturförderpreis der Stadt Marktredwitz(주 문화 진흥상) 등 예술 및 학문 분야에서 여러 차례 수상했으며 글로벌 최우수 장학금, 금호문화예술기금 장학금 등의 여러 장학금을 받았다. 특히 태생 도시, Marktredwitz의 문화 대사로서 그녀의 예술적 성과가 공식적으로 인정받기도 했다. 예술 활동 외에도 저명한 음악 저널에 평론과 전문 글을 기고하며, 음악학적 담론에 활발히 참여하고 있다.

박수인

현대음악에 주된 관심을 가지고 연구, 강의, 음악(회) 비평, 대중을 위한 음악 글쓰기, 공연기획, 음악회 해설 등 학계와 현장을 가로지르며 활동한다. 20세기 음악의 시간성과 형식에 관한 연구로 박사학위를 받은 후 2023년 한국연구재단의 지원으로 박사학위 논문 주제인 음악의 시간성 문제를 매체와의 관계를 통해 살피는 연구를 진행했으며, 2024년부터는 한양대학교 음악연구소 연구교수로 재직하면서 이 주제를 청취환경과 문화적 맥락으로 확장시킨 연구를 수행하고 있다. 현재 한양대학교, 국립경국대학교, 국립청주교육대학교에서 강의하고 있고, 음악학술 뉴스레터 '씨샵레터' 책임편집, 한국작곡가협회 실행이사 직을 맡고 있다.

손민경

서울대학교 작곡과 이론전공을 졸업하고, 미국 노스웨스턴 대학교에서 음악학 전공 석사 학위를 받은 뒤 〈Western Composers' Encounter with Korean Traditional Music〉를 주제로 서울대학교 음악학 박사학위를 취득하였다. 2022-23년 풀브라이트 장학금을 수혜하여 하버드 대학교 음악학과 박사후 연구원에 재직하였고, 이후 미국 노스이스턴 대학 박사후 연구원을 거쳐, 현재 서울대학교 동양음악연구소 연구원으로 재직중이며, 최근에는 더블린 대학 막스(Wolfgang Marx) 교수와 함께 "전후 시기 죄르지 리게티와 진은숙의 아시아 전통의 탈영토화"를 주제로 포스트닥 펠로우쉽을 준비하고 있다. 글로벌 시대 서양과 한국의 음악 문화 교류 현상을 추적하여 음악의 예술 미학적 의미에 주목하고 있다. 한국현대음악 창작비평 시리즈 1권부터 필진과 편집위원으로 참여하고 있으며, 국내 외 학술대회와 저널에 다수의 연구논문을 발표하였다. 주요 논문으로

"Negating Nationalist Frameworks: Aesthetics of Unsuk Chin's Musical Individualism in Twenty-First-Century East Asian Composition," The Journal of Asian Music, 2022), "Reflections on the Challenges of Musical Representations of Korean Historical Texts in Cord Meijering's Marsyas" (Music and Politics, 2024), "탈영토화 미학으로 본 전통악기의 초문화적 변주" (2025), "미국 포스트모더니즘 작곡가 존 존"(2022), "21세기 음악에서의 탈식민주의 담론"(2023) 등이 있다. 단독저서 『21세기 문화적 경계를 넘어서: 서양작곡가들의 한국음악 수용』(서울대학교출판문화원, 2024)은 2024년 대한민국 학술원 우수학술도서로 선정되었다.

송예진

서울대학교 음악대학 작곡과 이론전공(부전공 철학, 언론정보학)을 졸업하였다. 현재는 동대학원 음악학과 석사과정에 진학하여 디지털 미디어 환경, 현대 음악미학, 인공지능, 음향학 등 다양한 분야에 관심을 두고 연구를 이어가고 있다. 최근 『AI시대의 음악과 테크놀로지』(태림스코어, 2024) 편역과 "Shifts in Classical Music Consumption in the Digital Age: From Concert Hall to YouTube" (KAA, 2025) 연구에 참여하였다. 또한 음악과 테크놀로지를 결합한 다양한 공연과 프로젝트를 진행하고 있다.

안정순

한양대학교 음악대학에서 '오페라 《보체크》를 통해 본 베르크의 드라마 『보이체크』 독해'라는 논문으로 박사학위를 받았다. 2022년 5월 한국서양음악학회에서 '차세대 음악학자 우수논문상'과 2022년 화음챔버오케스트라에서 '화음평론상'을 수상했다. 공저로 『고전의 유산』, 『음악, 그리고 이야기』, 『삶, 듣다』가 있다. 현재 한양대학교 교육대학원 강사로 재직 중이며, 화음챔버오케스트라 계간 웹진 『畵/音. zine』의 주필, 한국음악평론가협회 『음악평론 제25집』 책임편집, 음악미학연구회의 『한국 창작음악-비평과 해석 사이』 필진으로 활동하며 음악과 인문학의 경계를 넘나들며 글쓰기에 힘쓰고 있다.

오희숙

서울대학교 음악대학 음악학과 교수로 재직 중이다. 이화여대 피아노과 졸업 후 독일 프라이부르크 대학교 음악학 석사 및 박사학위를 취득하였다. 음악미학과 현대음악 분야를 중심으로 연구하고 있으며, (사)음악미학연구회 대표로 활동 중이다. 대표 저서로는 『문화적 상징으로서의 인용음악. 현대음악에 나타난 상호텍스트성 미학』(2022), 『음악이 멈춘 순간 진짜 음악이 시작된다』(2021), 『상호문화성으로 보는 한국의 현대음악』(2020) 등이 있다. 한국연구재단 우수학자 연구 프로젝트(2021-2026)에 선정되어, 첨단 테크놀로지가 결합된 디지털 현대음악과 AI 음악을 포스트휴머니즘 미학의 관점에서 연구하고 있다.

원유선

이화여자대학교 작곡과와 철학과를 졸업하고, 서울대학교 음악대학에서 음악학 석사 및 박사학위를 취득하였다. 디지털 세계가 아날로그 세계와 맞물리며 나타나는 새로운 음악적 상상력에 주목하며, 음악에 도래한 뉴노멀의 양상과 더불어 기술과 자본이 지배하는 사회의 안티테제가 될 음악을 예의주시하고 있다. 단독 저서로 『뉴노멀의 음악: 디지털 컨버전스 음악으로 미래를 듣다』(2021)가, 책임편집서로 『디지털 혁명과 음악: 유튜브, 매시업, 그리고 인공지능의 미학』(2021)이, 공저로 『음악에서의 AI와 포스트휴머니즘 미학』(2022) 등이 있으며, 세 저서 모두 '세종도서 학술부문 우수도서'로 선정되었다. 주요 연구로 "들리는 음악에서 들리지 않는 음악으로: 디지털 테크놀로지와 개념음악에 관한 소고"(2020)와 "테크놀로지로 재현된 트라우마와 기억: 미셸 판데르아의 오페라 〈기억의 재구성〉에 나타난 구성 및 연출전략"(2022), "작곡가 이돈응의 로봇음악 연구: 드로봇(dRobot)을 중심으로"(2023) 등이 있다. 현재 (사)음악미학연구회 편집위원, 『한국 창작음악-비평과 해석 사이』 시리즈 책임편집자, 서양음악학회 학술이사로 활동하면서, 서울대, 이화여대, 경희대, 가천대, 한양대, 서울예대에서 강의하고 있다.

윤예원

부산대학교에서 즈곡을 전공하였으며, 이후 서울대학교 음악대학 이론·음악학 전공으로 진학하여 "말러의 오페라에 대한 AI의 상상력: AI 작곡 모델 에미(Emmy)와 코프(D. Cope)의 오페라 〈말러〉 연구"로 석사 학위를 취득하였다. 인간과 기술이 교차하는 지점에서 탄생하는 음악의 새로운 가능성에 깊은 관심을 가지고 있다.

이민희

추계예술대학교 작곡과 및 한국예술종합학교 예술전문사 음악학과를 졸업하고 서울대학교에서 논문 "디지털 미니멀 음악(Digital Minimal Music)의 양상과 미학 연구"로 박사학위를 받았다. 주요 연구 분야는 20세기 및 21세기 음악, 음악극, 오페라, 한국의 현대 음악 등이며, 해당 연구대상에 대한 비평적·미학적 작업을 등재학술지에 다수 게재했다. 대표 논문으로 "이건용 오페라에서 나타나는 한국어의 음악적 표현에 관한 연구"(2024), "독립된 음악창작 카테고리로서의 '소극장오페라'에 대한 고찰"(2021), "온·오프라인의 상호작용으로 구축되는 연쇄적 관극 문화에 관한 고찰"(2019), 저서로 『한국오페라 1950~2020 1-3』(2023, 공저), 『북 치는 소년: 박동욱의 삶과 음악』(2023, 공저) 등이 있다. 충남대학교 예술문화연구소 전임연구원 및 충남대, 추계예대 강사를 역임했으며, 현재 (사)음악미학연구회의 이사, 경북대·공주교대·한국교통대 강사, 비평웹진 멜로스의 공동대표이다.

이예지

서울대학교 음악학과에서 석사학위를 취득한 후, 현재 동 대학원 박사과정에 재학 중이다. 주요 관심사는 쇤베르크와 아도르노의 음악미학이다. 음악학을 중심으로 인문학, 철학, 심리학, 미술사를 아우르는 학제간 연구에 깊은 관심을 두고 있으며, 예술작품을 다각적 시각에서 관조하고, 다층적 관점에서 입체적으로 해석하는 작업에 애정을 가지고 있다. 현대사회에서 음악이 지닌 미학적 가치와 사회적 의미를 재조명하고, 음악의 초월적 경험이 지닌 가치를 많은 이들에게 소개하는 음악학자가 되고자 한다.

이창성

서울대학교 음악더학 작곡과 이론전공을 졸업하고 현재 동대학원 이론·음악학 석사과정에 재학 중이다. 학부논문 "《슈퍼 마리오 오디세이》에 나타난 게임음악의 역할과 의미"를 통해 현대사회에서 게임과 음악의 관계에 대해 고찰한 바 있으며, 2023년부터 2025년까지 공연예술 전문잡지 『객석』에 "Play Game & Music" 칼럼을 연재하였다. KBS 1FM(클래식FM)에서 PD 및 작가로 근무하였으며, 현재는 서울대학교 음악학과 조교로 재직중이다.

이혜진

성신여자대학교 음악대학 작곡과 조교수로 재직 중이다. 성신여대 작곡과를 졸업하고, 서울대학교에서 음악학 석사 및 박사학위를 취득했다. 19세기 음악사, 음악미학, 그리고 한국창작음악 분야를 중심으로 연구 활동을 하고 있으며, 주요 논문으로 "19세기 후반기 '표제적 연주회용 서곡'의 장르적 의미에 관한 고찰", "리스트 교향시에 나타난 '음악과 언어의 관계변화'에 관한 고찰", "한슬리크와 19세기 후반 독일음악계" 등이 있다.

임수진

성신여자대학교 음악대학 작곡과(이론전공)를 졸업하고, 서울대학교에서 음악학과 석사과정에 재학 중이다. 다양한 학문적 호기심을 바탕으로, 현재 서울문화재단의 비평활성화지원 〈RC프로젝트〉에 참여하고 있다.

임현택

국립국악원 학예연구사를 거쳐 현재 전주교육대학교 음악교육과 조교수로 재직 중이다. 국립국악고등학교와 단국대학교에서 거문고를 전공한 후 서울대학교에서 국악작곡 전공으로 석사학위를 취득하였다. 이후 베를린 훔볼트대학교에서 음악학 박사과정을 수료하고, 프란츠 리스트 바이마르 음악대학교로 옮겨 음악학 박사학위를 취득하였다. 주요 논문으로는 "초등 국악 교육 활성화를 위한 국악놀이터 앱 기능 개선 방안"(2025), "국립부산국악원 교육사업 운영 현황 및 분석"(2025), "캐릭터 카드를 활용한 율명의 교수・학습 지도 방안"(2024), "김기수의 악전 이론에 적용된 근대 정간보의 부호 제작 원리"(2023), "한글 기록 방향과 연계한 세로형 정간보 교수・학습 지도 방안"(2023), "현행 낙양춘의 형성과정 재고"(2021) 등이 있다.

장유라

중앙대학교 음악대학 피아노과를 졸업하고, 미국 오클랜드 Holy Names 음악대학원에서 피아노교수학 석사, 중앙대학교 대학원 음악학 박사수료, 중앙대학교 대학원 철학과 (예술철학전공) 박사학위를 취득하였다. 국내, 외 다양한 연주활동을 비롯하여 중앙대학교, 서울교육대학교, 국립청주과학대학교, 전주대학교 등에서 강의하였고, 2022년 그리스 아테네에서 열린 세계미학자대회에서 한국현대작곡가에 대하여 발표, 극동정보대학 초빙전임교수를 역임하였다. (사)음악미학연구회 총서 《그래도 우리는 말해야하지 않는가:음악의 연주,분석,작품의 해석》, 《베토벤의 위대한 유산》, 《한국창작음악−비평과 해석사이》 시리즈 2~5권의 공저자로 참여하였다. 현재 서울대 음악대학 대학원 음악학전공 박사과정을 수료하고 두 번째 박사논문을 준비하고 있다.

정다운

음악비평웹진 『멜로스』의 편집위원으로 활동하며 음악에 관한 다양한 글을 쓰고 있다. 이화여대 영어영문학과와 숭실대학교 현대기독교음악(CCM)과를 졸업 후 서울대학교 대학원에서 〈미디어의 미디어가 된 오페라: 존 애덤스의 《닉슨 인 차이나》 연구〉로 음악학 석사학위를 취득하였다. 《실내악: 무한한 상상력의 락(樂)》, 《오페라 속의 미학Ⅱ》, 《베토벤의 위대한 유산》, 《음악, 죽음을 노래하다》 등 여러 저서의 공저자로 참여하였다.

조민경

서울대학교 학부에서 작곡과 이론전공(현 음악학과), 인문대학 미학과를 복수 전공했다. 동 대학원에서 오케스트라 지휘로 석사학위를 받았으며, 현재는 서울대학교 음악학과 박사과정에서 학업을 이어가고 있다. 19세기 연주담론의 지형과 리하르트 바그너의 지휘론을 연계하여 탐구한 논문으로 한국서양음악학회 주관 차세대 음악학자 우수논문 공모전에서 우수상을 수상하였다. 음악사와 미학, 연주 실재를 폭넓게 아우를 수 있는 음악학자로 성장하고자 노력한다.

조인희

성신여자대학교에서 작곡과 이론 전공으로 학사를 졸업하였고, 서울대학교 음악대학 이론・음악학 전공 석사 과정에 재학 중이다. 학부 졸업 논문으로 "맥클러리의 분석과 파워스의 반박: 〈피아노 협주곡 G장조, K.453〉 2악장 분석"을 통해, 음악과 사회를 연결하여 해석하는 맥클러리의 논문을 심도있게 연구한 바 있다. 현재는 브람스와 그의 수용에 대한 백인성 담론에 관심을 가지고 그에 대한 연구를 진행하고 있다.

지형주

연세대학교 음악대학 작곡과와 동대학원을 졸업하고 쾰른대학교 철학부에서 음악학으로 박사학위(Ph.D)를 취득하였다. 현재 홍익대학교 교수로 재직 중이며 한독음악학회 회장 및 음악미학연구회 이사로 활동 중이다. 고대 음악과 창작 음악에 관한 다수의 논문과 『이영조 음악』, 『연희전문학교와 음악』, 『사회문화적 텍스트로 읽는 한국 창작 오페라』 등에 공저자로 참여하였고 『한국창작음악−비평과 해석 사이』 시리즈 편집위원 및 저자로 집필 중이다.

(사)음악미학연구회 Study Group for Music Aesthetics

음악미학연구회는 음악미학에 관심 있는 음악학자들과 서울대학교 음악학 전공 석·박사 학생들을 중심으로 구성된 스터디 모임이다. 정기 세미나를 통해 음악미학의 다양한 주제를 연구하는 한편, 연구서 발간을 통해 음악학을 연구하는 후속세대를 위한 학문적 토대를 마련하고 있다. 또한 현대 사회와 문화 전반에 대한 연구를 통해 음악미학의 영역을 확대하고, 음악애호가 및 대중과의 소통을 시도하고 있다.

연혁

2010년 8월	제1차 정기 세미나 개최
2010년 10월-12월	제2차-제3차 정기 세미나 개최
2011년 1월-12월	제4차-제7차 정기 세미나 개최
2012년 12월	「총서1: 음악 말보다 더 유장한 - 현대 독일·영미권의 음악미학의 논의들」 발간
2013년 1월-12월	제8차-제19차 정기 세미나 개최
2014년 1월-12월	제20차-제26차 정기 세미나 개최
2015년 6월	「총서2: 글로벌 시대의 동아시아 현대음악」 발간
2015년 1월-12월	제27차-제31차 정기 세미나 개최
2016년 8월	「총서3: 작품으로 보는 음악미학」 발간
2016년 2월- 12월	제32차- 제35차 정기 세미나 개최
2017년 7월	「총서5: 한국을 노래하는 세계의 작곡가 : 작곡가 정태봉 음악 연구」 발간
2017년 1월- 12월	제36차- 제41차 정기 세미나 개최
2017년 8월	「총서4: 오페라 속의 미학. 1 : 몬테베르디에서 진은숙까지」 발간
2017년 8월	제1회 공개 학술 포럼 〈오페라 속의 미학 I : 몬테베르디에서 진은숙까지〉 개최
2018년 1월- 7월	제42차- 제44차 정기 세미나 개최
2018년 7월	「총서6: 그래도 우리는 말해야하지 않는가: 음악의 연주·분석·작품의 해석」 발간
2018년 8월	제2회 공개 학술 포럼 〈오페라 속의 미학 II: 오페라, 낯선 사랑을 통역(通譯)하다!〉 개최
2018년 8월- 10월	제45차- 제47차 정기 세미나 개최
2018년 10월 15일	(사)음악미학연구회 사단법인 설립 〈문화체육관광부 및 문화재청 소관 설립허가 제2018-209호〉
2018년 11월 27일	제48차 공개 학술 포럼 (사)한국작곡가협회 공동주최 심포지엄 개최
2019년 2월	「비평과 해석 사이 시리즈 001 『실내악: 무한한 상상력의 락(樂)』 발간
2019년 5월- 7월	제49차- 제52차 정기 세미나 개최
2019년 7월	「총서7: 오페라 속의 미학. 2 : 오페라, 낯선 사랑을 통역하다」 발간
2019년 8월	제3회 공개 학술 포럼 〈오페라 속의 미학 III: 오페라, 시대를 지휘하다!〉 개최
2019년 10월	「비평과 해석 사이 시리즈 002 『관현악: 사람과 세계의 창(窓)』 발간
2019년 10월 26일	제53차 공개 학술 포럼[한국창작음악-비평과해석사이] (사)한국작곡가협회 공동주최 포럼 개최

2020년 1월 11일	제55차 정기 세미나 개최
2020년 3월 16일	「총서8: 바그너의 죽음과 부활: 음악극 연출을 통한 작품의 재탄생」 발간
2020년 6월	제56차 정기 세미나 개최
2020년 7월 10일	「총서9: 베토벤의 위대한 유산: 미학과 사회학으로 바라보기」 발간
2020년 9월	제4회 공개 학술포럼 〈오페라 속의 미학IV: 한국 오페라, 노래가 되어 날아오르다!〉 개최
2020년 10월	「비평과 해석 사이 시리즈 003『독주곡: 사고와 신념의 상想』」 발간
2020년 10월 24일	제58차 공개 학술포럼 〈한국창작음악-비평과해석사이〉 개최
2021년 1월 -6월	제59차-62차 정기 세미나 및 총회 개최
2021년 8월 27일	제5회 공개 학술포럼 〈오페라 속의 미학V: 오페라, 여성의 운명을 변주하다!〉 개최(63차)
2021년 9월 15일	「총서10: 뉴노멀의 음악. 디지털 컨버전스 음악으로 미래를 듣다」 발간
2021년 10월	「비평과 해석 사이 시리즈 004『성악곡: 음유와 서정의 화畵』」 발간
2021년 10월 23일	제64차 공개 학술포럼 〈한국창작음악-비평과해석사이〉 개최
2021년 11월 26일	「총서11: 디지털 혁명과 음악: 유튜브, 매시업, 그리고 인공지능의 미학」 발간
2022년 1월-6월	제65차-68차 정기 세미나 및 총회 개최
2022년 6월 1일	「총서12: 오페라 속의 미학: 동아시아의 목소리를 담다」 발간
2022년 9월 3일	제6회 공개 학술포럼 〈오페라 속의 미학VI: 오페라, 너무나 인간적인 너무나 기계적인〉 개최
2022년 10월	「비평과 해석 사이 시리즈 005『전자음악: 인식과 소통의 감感』」 발간
2023년 1월-6월	제72차-74차 정기 세미나 및 총회 개최
2023년 8월 18일	제7회 공개 학술포럼 〈오페라 속의 미학VII: 음악, 문화, 시대의 교차점에서: 오페라, 오페라〉 개최
2023년 10월 21일	제76차 공개 학술포럼 〈한국창작음악-비평과해석사이〉 개최
2023년 10월	「비평과 해석 사이 시리즈 006『문화융합: 소통과 공명의 합슴』」 발간
2024년 1월-6월	제77차-80차 정기 세미나 및 총회 개최
2024년 8월	「총서13: 오페의 위대한 여정: 탄생, 절정, 현재」 발간
2024년 8월 18일	제8회 공개 학술포럼 〈오페라 속의 미학VII: 오페라, 음악으로쓴 이간의 사유〉 개최
2024년 10월 19일	「비평과 해석 사이 시리즈 007『환경과 자연: 조화와 공생의 류流』」 발간 & 학술포럼 개최
2025년 1월-4월	제83차-84차 정기 세미나 및 총회 개최
2025년 6월 27일-28일	제85차 정기세미나 – 음미연 창립15주년 기념 워크숍
2025년 8월 22일	제9회 공개 학술포럼 〈오페라 속의 미학VII: 오페라가 끝난 순간, 진짜 오페라가 시작된다〉 개최

(사)음악미학연구회 회원명단

강성태(서울대 작곡과 이론전공 학사 및 석사과정)

강예린(서울대 공연예술학 박사과정)

강지영(독일 베를린예술대 박사, 서울대 강사)

권애영(서울대 음악학 석사과정)

김가온(서울대 음악학 석사과정)

김미영(독일 쾰른대 음악학 박사)

김서림(서울대 음악학 석사 및 박사과정)

김석영(서울대 작곡과 이론전공 학사 및 음악학 석사, 미국 텍사스 오스틴 대학교 박사과정)

김소이(서울대 음악학 석사)

김소정(서울대 공연예술학 석사 및 박사과정)

김연수(서울대 음악학 석사과정)

김예림(서울대 작곡과 이론전공 학사 및 석사, 박사과정)

김주희(서울대 음악학 석사과정)

노재현(프랑스 파리8대학 음악학 박사, 숙명여대 교수)

마들렌 포군트케(서울대 음악학 박사과정)

박성우(서울대 작곡과 이론전공 학사 및 음악학 석사, 독일 뮌헨대 박사과정)

박유미(서울대 음악학 박사, 영남대 겸임교수)

박진주(서울대 음악학 석사과정)

배묘정(서울대 공연예술학 박사, 서울대 강사, 서강대 트랜스내셔널인문학연구소 연구교수)

손민경(서울대 작곡과 이론전공 학사, 미국 노스웨스턴대 음악학 석사, 서울더 음악학 박사)

송예진(서울대 음악학 석사과정)

신예슬(서울대 작곡과 이론전공 학사 및 음악학 석사)

심지영(서울대 작곡과 이론전공 학사 및 석사, 마국 뉴욕시립대 박사과정)

오희숙(독일 프라이부르크대 음악학 박사, 서울대 교수)

우혜언(독일 뮌스터대 음악학 박사, 한국예술종합학교 강사)

원유선(서울대 음악학 석사 및 박사, 경희대 및 이화여대 강사)

유선옥(서울대 음악학 석사, 서울대 음악학 박사, 성신여대 강사)

유태연(서울대 작곡과 이론전공 학사, 서울대 음악학 석사)

윤예원(서울대 음악학 석사)

이민희(한국예술종합학교 음악학 석사, 서울대 음악학 박사)

이산하(서울대 작곡과 이론전공 학사, 서울대 음악학 석사)

이예지(서울대 석사 및 박사과정)

이용숙(서울대 공연예술학 박사, 오페라 평론가, 홍익대 교수)

이정민(미국 두크대 음악학 박사, 줄리어드 음악원 교수)

이지연(서울대 작곡과 이론전공 학사 및 음악학 석사, 미국 뉴욕시립대 박사, 미국 휴스턴대 조교수)

이창성(서울대학교 작곡과 이론전공 학사 및 석사과정)

이혜수(서울대 음악학 석사과정)

이혜진(서울대 음악학 석사 및 박사, 성신여대 교수)

이규빈(서울대 공연예술학 석사, 서울대 공연예술학 박사과정)

임수진(서울대 음악학 석사과정)

임현택(독일 바이마르대학교 음악학 박사, 국립부산국악원 학예연구사)

임혜숙(서울대 음악교육학 박사, 서울대 학습과학연구소 객원연구원)

장유라(중앙대 철학과 박사, 서울대 음악학 박사과정)

정다운(서울대 음악학 석사)

정은지(서울대 음악학 석사)

조민경(서울대 작곡과 이론전공 학사, 지휘전공 석사, 음악학 박사과정)

조수현(서울대 음악학 석사 과정)

조유경(미국 퀸스칼리지 학사, 일본 동경대 미학과 석사 및 박사)

조인희(서울대 음악학 석사과정)

지형주(독일 쾰른대 음악학 박사, 홍익대 교수)

진내랑(서울대 음악학 박사, 중국 베이징음대 교수)

최진경(서울대 음악교육학 박사, 목포대 강사)

한상희(서울대 음악학 석사)

* 새싹회원 김주미(서울대 음악학 학사과정)

문화적 텍스트로서의
한국과 일본의 현대 오페라

오희숙, 윤상인, 손유경, 조키 세이지 지음 | 234쪽 | 17,000원

'음악으로 문화 읽기'라는 아이디어에서 출발하여 음악학자와 문학 연구가가 함께 만나, 한국과 일본의 현대 창작오페라를 들여다보았다.

한국의 작곡가 이영조, 이건용, 최우정과 일본의 작곡가 단 이쿠마, 하야시 히카루, 호소카와 도시오!

이들의 작품에서 우리는 「청산리 벽계수」로 유명한 조선시대의 명기 황진이, 식민지 시대의 김유정 문학에 등장하는 악덕 영감, 살인을 저지르고 남에게 죄를 뒤집어씌우려는 술집 아가씨, 그리고 일본의 유명한 전설에 등장하는 은혜 갚는 학, 일본 근대 문학의 아버지로 꼽히는 나쓰메 소세키의 소설에 등장하는 고양이, 그리고 3.11 동일본 대지진으로 가족을 잃은 여인을 만날 수 있다. 전통적 민담과 문학작품, 드라마틱한 삶과 현실 사회의 모습 등 다양한 층위가 음악에 담겨져 있다.

이러한 맥락에서 이 책은 서로 다른 배경을 가진 한국과 일본의 음악학자와 문학 연구가가 '음악으로 문화를 해석하고 이해하자'는 문화적 텍스트로서의 한국과 일본 현대 오페라 공통의 관심사를 가지고 발간하게 되었다. 현대 오페라 연구를 통해 한국과 일본의 문화, 사회를 읽어 내고자 하는 것이 필자들의 바람이다.

중국 현대 오페라의
문화적 정체성

오희숙, 이창숙, 진내량, 신혜경 지음 | 358쪽 | 18,000원

왜 중국인가?

중국의 현대 오페라! 우리에게는 매우 낯선 영역이다. 한국의 현대음악도 대중들에게 잘 알려지지 않은 상황에서, 중국의 현대 오페라는 한국에서 거의 공연되지 않을 뿐만 아니라 학술적 연구도 드물다. 이 미지의 세계를 중문학자, 한국과 중국의 음악학자, 미학자가 함께 탐해해 보았다.

21세기 글로벌 시대에 들어서면서 '중국'이 정치·경제적으로 중요한 역할을 하는 상황 속에서, 이제 현대음악 분야에서도 중국의 뉴웨이브 경향이 주목받고 있다. 과연 중국의 긴 역사적 전통과 문학적 맥락은 서양음악과의 만남을 통해서 어떤 모습을 만들어내는가? 이러한 문제의식을 가지고, 이 책에서는 중국의 대표적인 현대 오페라 궈원징의 〈광인일기〉, 저우룽의 〈백사전〉, 탄둔의 〈진시황〉과 브라이트 셩의 〈홍루몽〉을 중심 연구대상으로 삼았다. 이 작품들은 모두 중국의 역사와 문화를 반영하는 주제를 가지고 있으며, 직간접적으로 중국의 전통문화와의 밀접한 관련성을 보여주고 있다.

중국의 현대 오페라는 어떤 문화적 정체성을 담고 있을까? 이러한 궁금증을 이 책에서 풀어보고자 한다.

도서출판 모노폴리 경기도 파주시 회동길 480 아트팩토리 B동 437호 Tel.031-944-6692 / Fax.031-944-6693 / mpmusic.co.kr